KNOTEN

Colin Jarman

KNOTEN

Richtig geknüpft und angewandt

pietsch

This edition published in 2003 by Adlard Coles Nautical
an imprint of A & C Black Publishers Ltd, 37 Soho Square,
London W1D 3QZ with the title KNOTS IN USE.

Deutsche Fassung: **Hermann Leifeld**

Einbandgestaltung: Katja Draenert unter Verwendung
von Bildern der Originalausgabe

Dank und Anerkennung
Der Autor dankt den Firmen English Braids Ltd. und
Matlow Ropes Ltd. für ihre Unterstützung bei der Produktion dieses Buches.

ISBN 3-613-50455-3

1. Auflage 2004

Lektor: Oliver Schwarz
Druck und Bindung: Tien Wah Press in Singapore

Inhaltsverzeichnis

Begriffe rund ums Tauwerk

1½-Rundtörn: Ein Tampen wird so um ein Objekt gelegt, dass er eineinhalb Kreise (540 Grad) beschreibt und die laufende parallel zur stehenden Part verläuft.

Aufdröseln: Auftrennen der Kardeele bei geschlagenem und Entflechten von geflochtenem Tauwerk.

Bekleiden: Festes Umwickeln mit leichtem Takelgarn oder – heutzutage häufiger – Klebeband.

Betakeln: Sichern des Tampens gegen unbeabsichtigtes Aufdröseln.

Bucht: In Haarnadelform gelegter Teil einer Leine bzw., seemännisch augedrückt, eines Endes.

Dünnung: Punkt, an dem zwei Teile eines Ende nach dem Herumführen um eine Kausch oder am Ausgangspunkt eines Auges wieder zusammentreffen.

Fasern: Kleinster Bestandteil von Tauwerk; werden zu Garnen versponnen, die zu Kardeelen verdrillt werden, aus denen dann die Leine geschlagen oder geflochten wird.

Kabelgarne: Fasern werden zu Garnen versponnen, aus denen wiederum Kardeele entstehen.

Kardeel: Bestandteil von Tauwerk. Erste Unterteilung bei geschlagenen Enden.

Kausch: Kunststoff- oder Metallöse in einem Augspleiß.

Mantel: Äußere Umkleidung der Seele bei geflochtenem Tauwerk.

Schlagen: Verbinden von Kardeelen zu einem Ende.

Seele: Innenstrang von Leinen. Bei modernem Tauwerk sind Seele und Mantel getrennt aufgebaut.

Dreischäftiges Ende

Hohlgeflochten

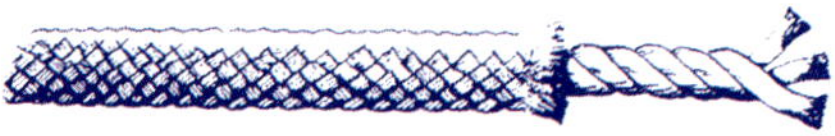

16-Fach-Flechtung mit dreischäftiger Seele

Geflochten mit geflochtener Seele

Stecken: Umeinanderlegen der Kardeele beim Spleißen.
Stehende Part: Hauptteil einer Leine, mit dem nicht gearbeitet wird.
Takling: Ergebnis des Betakelns.
Tampen: Anfangs- und Endstück einer Leine.
Trossenschlag: Geschlagenes dreischäftiges – aus drei Kardeelen bestehendes – Tauwerk.
Zusammenspleißen: Verbinden einzelner Kardeele in einem Spleiß.

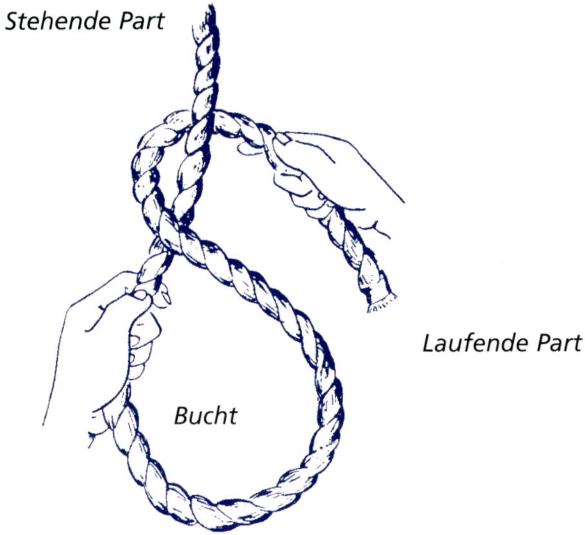

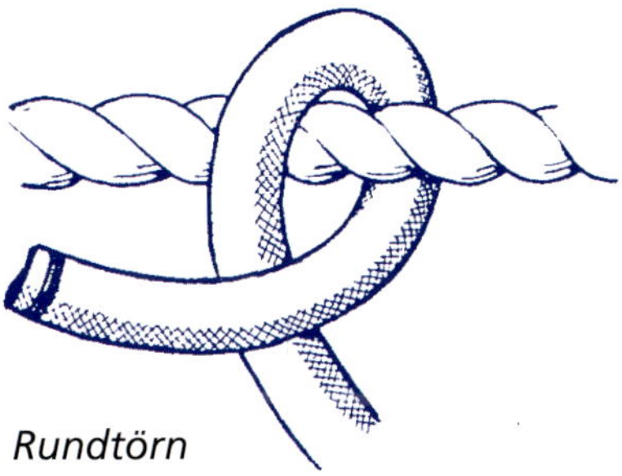

Rundtörn

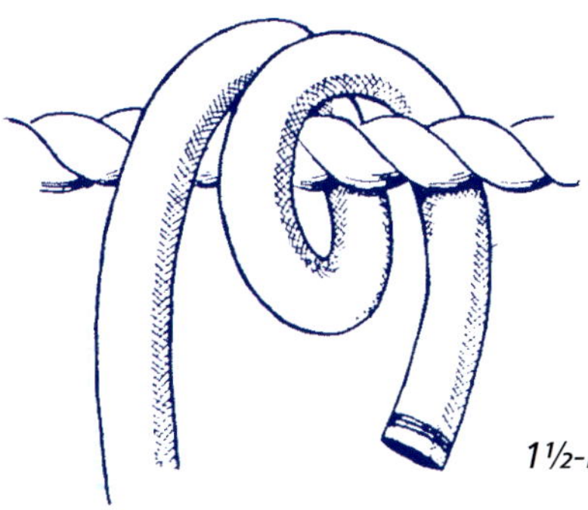

1½-Rundtörn

1

Knoten

Kreuzknoten

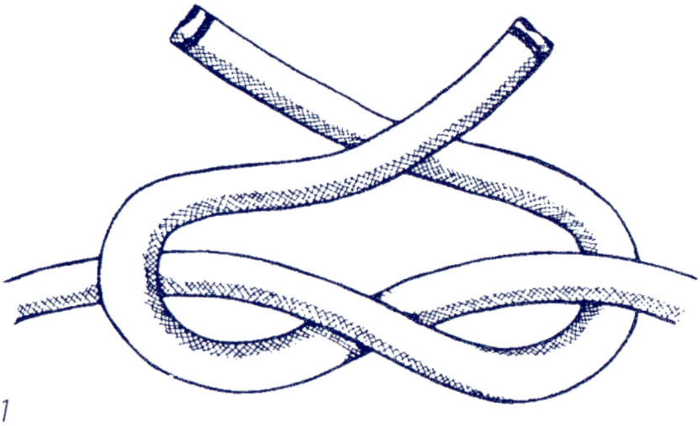

1

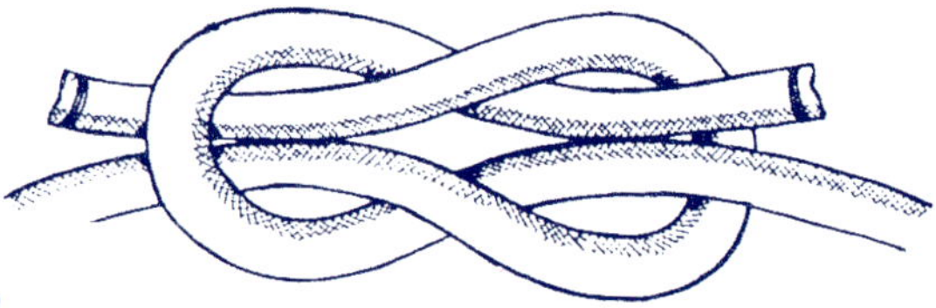

2

Ursprünglich zum Festzurren der Reffbändsel beim Reffen verwendet, lässt sich dieser symmetrische, flache Knoten mit Zug auf beiden stehenden Parten stecken und auch wieder lösen. Zum Verbinden zweier Enden eignet er sich nur, wenn diese den gleichen Durchmesser aufweisen und aus dem gleichem Material bestehen; andernfalls hält er nicht.
Der Kreuzknoten besteht aus zwei in entgegengesetzter Richtung gesteckten Überhandknoten, deren Tampen auf der selben Seite aus der Bucht des jeweils anderen Tampens herauskommen.

Kreuzknoten zur Befestigung eines aufgetuchten Segels an der Reling.

Kreuzknoten zur Sicherung eines Spinnakerbaums im Decksbeschlag.

Kreuzknoten auf Slip

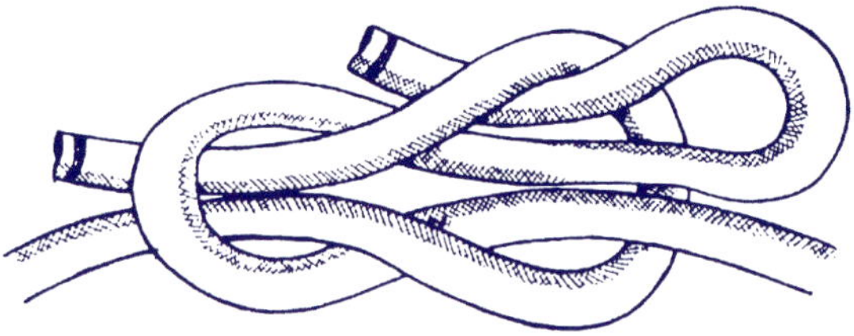

Dieser Knoten wird wie der Kreuzknoten gesteckt, wobei jedoch der eine Tampen noch einmal zurückgeführt wird, so dass sich eine Art Schlaufe ergibt (wie bei Schnürsenkeln). Seine Vorteile zeigt er, wenn er sehr fest zugezogen ist und gelöst werden muss. Dann braucht man nur kurz und heftig an dem doppelt gelegten Tampen zu ziehen, damit der erste Überhandknoten sich löst. Durch die Zugspannung kommt dann auch der zweite Teil lose. Das ist eine große Erleichterung, wenn die Finger kalt und taub sind.

Achtknoten

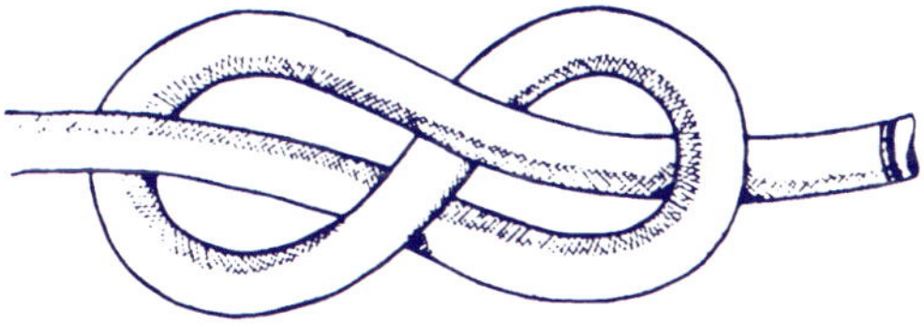

Dieser Knoten sieht genauso aus, wie sein Name besagt. Er dient als Stopperknoten, der das Ausrauschen eines Tampen aus einem Block oder einer Leitöse verhindert. Allgemeine Verwendung findet er bei Fallen, Schoten, Reffleinen, Niederholern und Ähnlichem.

Segler geben ihm den Vorzug vor einem Überhandknoten, weil er größer ist und daher auch bei größeren Öffnungen das Ausrauschen verhindert und weil er sich nicht so fest zusammenzieht und deshalb bei Bedarf leichter zu lösen ist.

Achtknoten im Tampen einer Fockschot.

Palstek

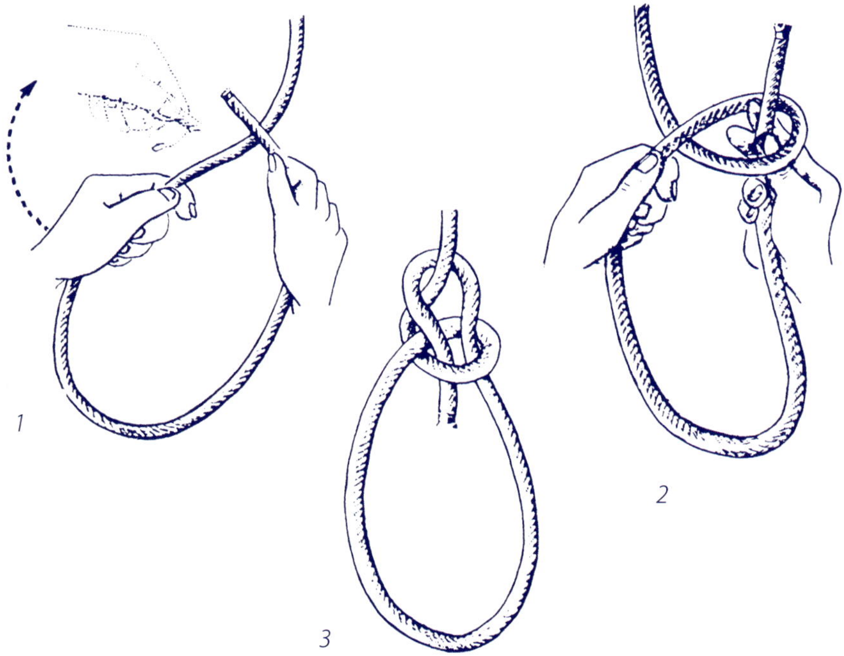

Der Palstek als wohl nützlichster Knoten an Bord bildet ein festes Auge im Tampen eines Endes. Er lässt sich leicht stecken und auch unter starker Spannung leicht wieder lösen.
Der Palstek lässt sich auf unterschiedlichste Art und Weise stecken. Der Tampen kann innerhalb oder außerhalb des Auges liegen. Mit leichtem Tauwerk gelingt er am einfachsten, indem man in der stehenden Part zunächst ein Auge bildet. Dann führt man den Tampen von unten in dieses Auge ein, hinten um die stehende Part herum und von oben wieder durch das Auge. Das ist sehr schnell zu lernen.
Der Palstek muss besonders bei elastischen Kunststoffleinen fest zugezogen werden.

1½-Rundtörn und zwei halbe Schläge

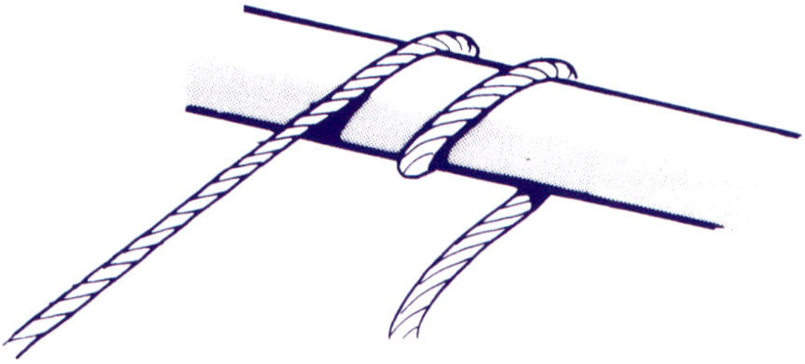

1

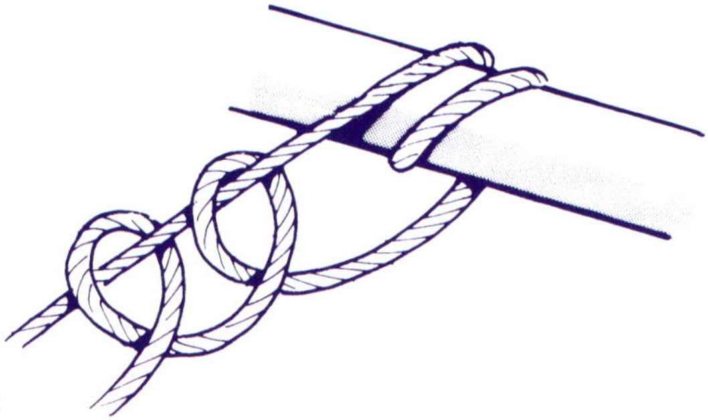

2

Dieser Knoten, der zum vorübergehenden Festmachen dient, wird gebildet, indem man den Tampen eineinhalb Mal um eine Spiere oder einen Ring legt – so dass die laufende Part parallel zur stehenden Part liegt – und dann zwei halbe Schläge folgen lässt, die letzten Endes einen Webeleinstek ergeben (siehe S. 22). Dazu wird die laufende Part zweimal über die stehende Part und unter ihr hindurch geführt, so dass sie sich selbst kreuzt, wie in den Bildern zu sehen ist.
Verwendung findet der Knoten häufig beim Festmachen von Fendern an Relingsdrähten und -stützen, zum Befestigen einer Vorleine am Beiboot und zum Festmachen an Vertäuringen am Anleger.

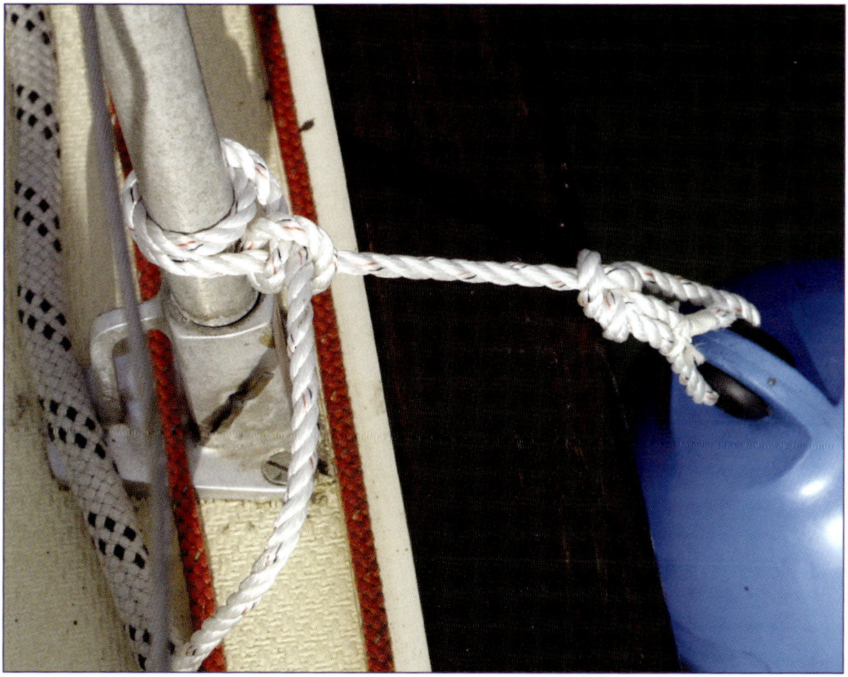

Fischerknoten oder Roringstek

Dieser Knoten wird ähnlich wie der Rundtörn mit zwei halben Schlägen gesteckt, ist aber etwas sicherer. Wie zu sehen ist, führt die laufende Part unter dem Rundtörn am Roring (Ankerring) durch, so dass sie bekniffen wird, wenn das Ende unter Zug steht. Die halben Schläge werden dann wie beim Rundtörn mit zwei halben Schlägen gesteckt. Damit der Knoten ganz sicher hält, kann man den Tampen zum Schluss wie auf dem Bild oder mit einem Palstek an der stehenden Part belegen.

Webeleinstek

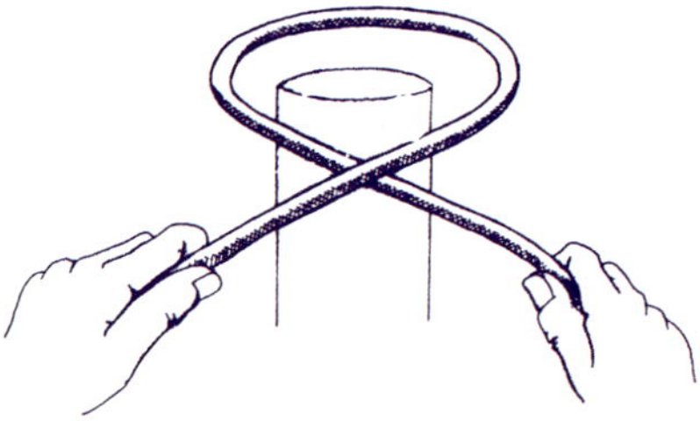

1

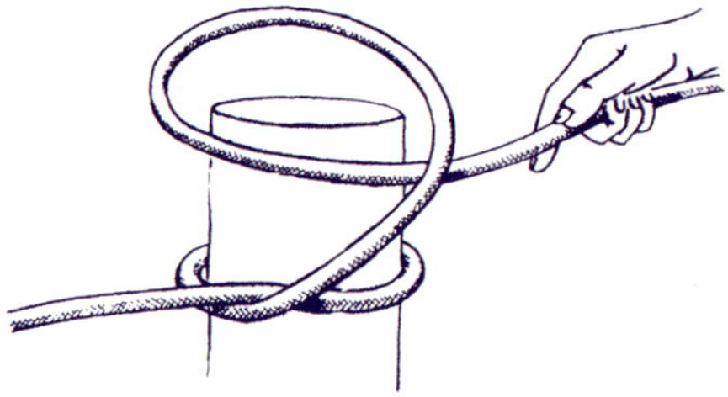

2

3

Dieser Knoten wird sehr häufig falsch verwendet. Er muss auf beiden Seiten dauernd unter gleicher (oder zumindest annähernd gleicher) Zugspannung stehen, weil er sich sonst dreht und schließlich lose kommt. Er darf deshalb nicht zum Festmachen des Bootes verwendet werden, weil der Zug dabei nur auf eine Seite wirkt und das Boot früher oder später frei kommt.

Der Webeleinstek wird entweder gesteckt oder – beispielsweise bei einem Poller – geworfen, wie in der Zeichnung zu sehen ist. Letzteres ist einfacher, aber nicht immer möglich. Bei geschlagenem Tauwerk müssen die Augen in Richtung des Schlags gebildet werden.

Oben: *Webeleinstek zum Festlaschen der Pinne.*

Links: *Webeleinstek zum Abbinden der Fallen.*

Vertäuknoten

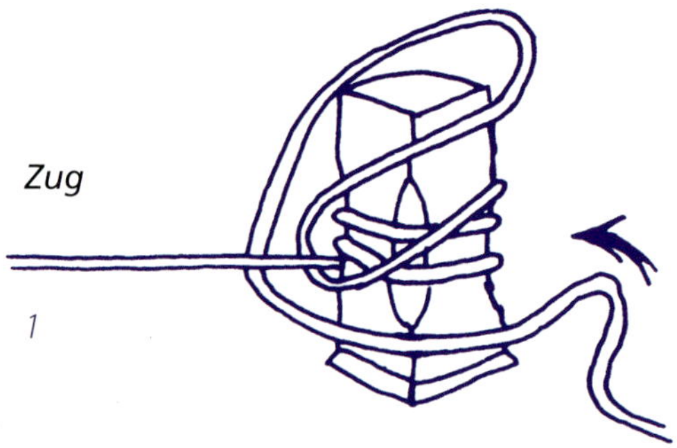

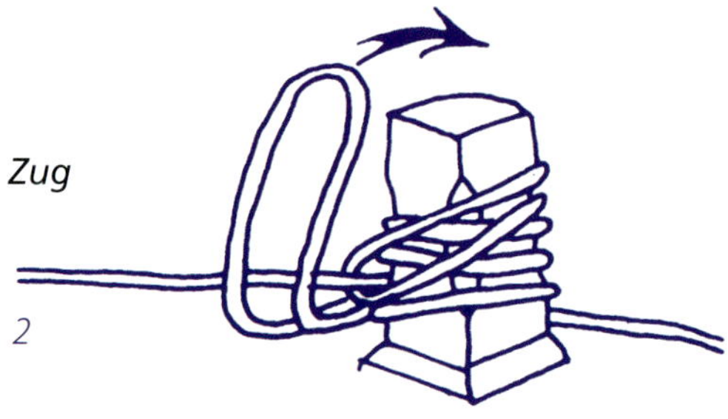

Dieser Knoten, auch als Schlepperknoten bezeichnet, ist besonders zum Schleppen zu gebrauchen, weil er sich auch unter größter Belastung lösen lässt. Man legt einen Rundtörn um den Pfosten und führt eine Bucht unter der stehenden Part hindurch und legt sie oben über den Pfosten. Nach einem weiteren Törn um den Pfosten wird wieder eine Bucht unter der stehenden Part durchgeführt und über den Pfosten gelegt. Dieser Vorgang kann beliebig oft wiederholt werden, um sicher zu stellen, dass der Knoten unter Belastung nicht slippt.

LEWMAR 16

Einfacher Schotstek

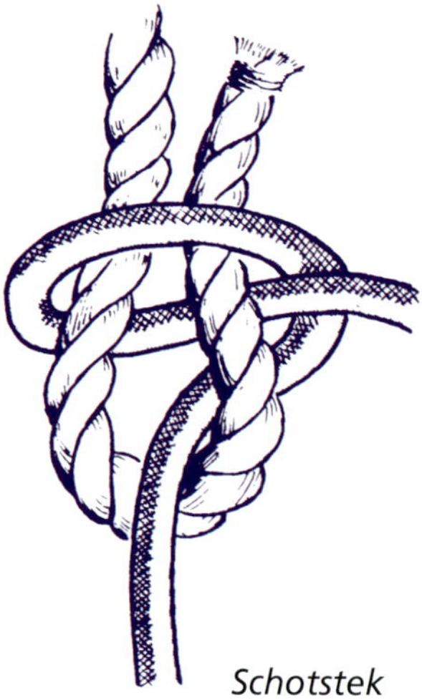

Schotstek

Der Schotstek dient zur Verbindung zweier Enden, von denen das eine auch ein festes Auge haben kann.
Wenn kein festes Auge vorhanden ist, bildet man mit dem Tampen des einen Endes (normalerweise des dickeren) eine Bucht und führt den Tampen der anderen Leine entweder von oben in die Bucht ein, um die Bucht herum, unter sich selbst durch und unten wieder heraus oder von unten in die Bucht hinein, um die Bucht herum, unter sich selbst hindurch und oben wieder heraus. Dabei muss darauf geachtet werden, dass die laufenden Parten der beiden Tampen sich auf der selben Seite befinden. Der Knoten muss fest zugezogen werden.

Oben: *Schotstek.* Unten: *Schotstek in festem Auge.*

Doppelter Schotstek

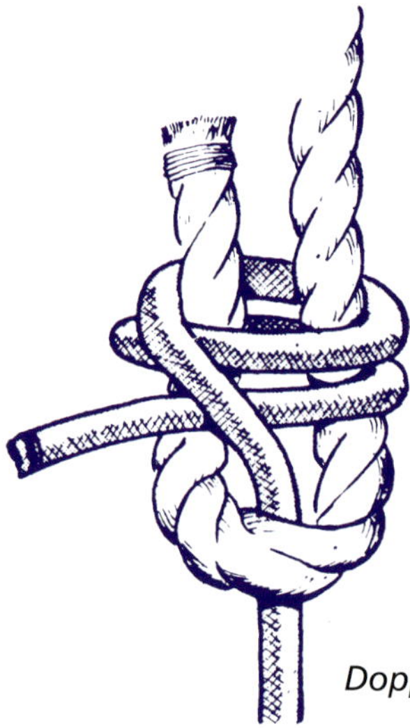

Doppelter Schotstek

Aus dem einfachen Schotstek (vorherige Seite) kann man schnell einen doppelten machen, indem man den Tampen nicht nur unter der Bucht hindurch-, sondern ein weiteres Mal herumführt.
Dieser Doppelte Schotstek ist zwar aufwändiger, in glattem und elastischem Kunstfasertauwerk aber auch viel sicherer, weil er bei fehlender Zugspannung nicht so schnell lose kommt.

Oben: *Doppelter Schotstek.* Unten: *Doppelter Schotstek in festem Auge.*

Stopperstek auf Leine

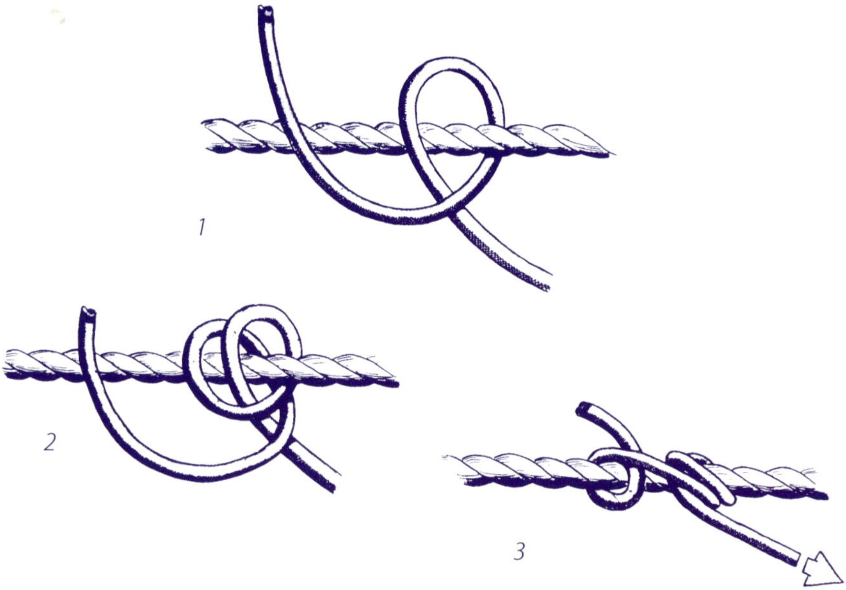

Der Stopperstek dient zum Anstecken einer Leine an eine andere, um beispielsweise den Zug von dieser zu nehmen. Er hält am besten, wenn die Kraft ungefähr parallel zum festen Ende einwirkt.
Er wird gesteckt, indem man einen Rundtörn um das feste Ende legt und den Tampen ein zweites Mal durch den Rundtörn steckt. Dadurch bekneift sich das Ende sofort und kann mit einem halben Schlag gesichert werden. Am sichersten hält der Knoten, wenn die Rundtörns in der gleichen Richtung aufgesetzt werden wie der Schlag des festen Endes.
Bei sehr steifem oder elastischem Kunstfasertauwerk kann es passieren, dass der Stopperstek rutscht, weil die Rundtörns nicht richtig greifen. In diesem Fall macht man zu Anfang nicht zwei, sondern drei Rundtörns.

Stopperstek auf Spiere

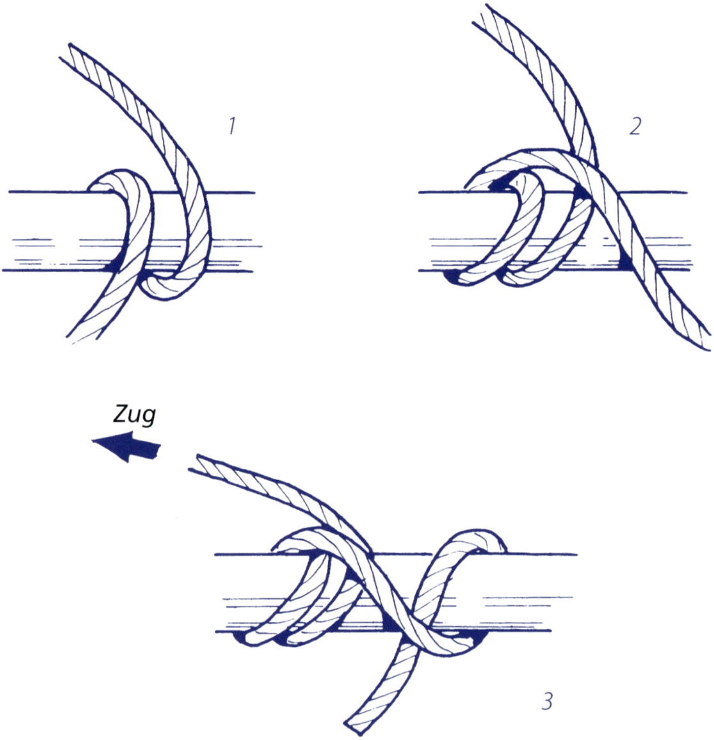

Zum Anstecken eines Endes an eine Spiere oder Stange wird der Stopperstek etwas anders gesteckt: Die anfänglichen Rundtörns liegen nicht über Kreuz, sondern nebeneinander. Der abschließende halbe Schlag bleibt aber neben der Stelle, an der der feste Teil des Endes auf die Spiere trifft.

Achtschlaufe

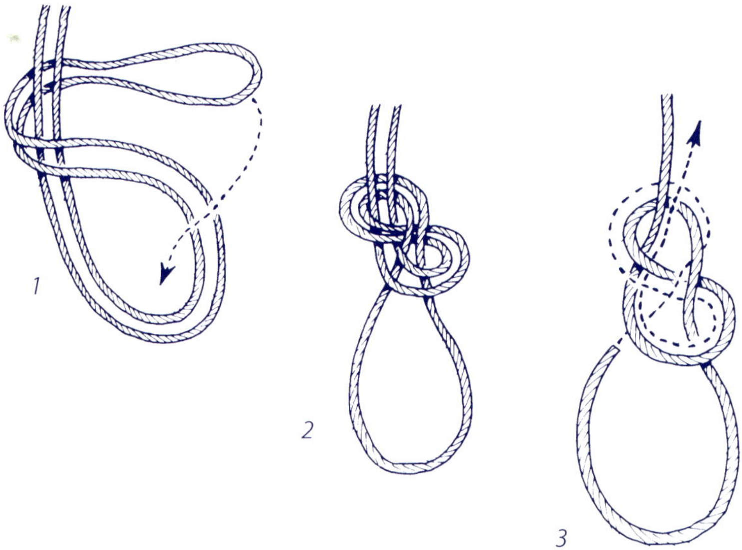

1

2

3

Der Palstek eignet sich zwar in allen Fällen, in denen ein festes Auge benötigt wird, hält aber möglicherweise in sehr hartem, glattem Tauwerk nicht richtig und kann dann durch eine Achtschlaufe ersetzt werden. Weil sie schneller zu stecken ist als ein doppelter Palstek, findet eine solche Achtschlaufe auch oft Verwendung, wenn ein Auge in der Mitte einer Leine benötigt wird. Dann bildet man statt mit dem Tampen mit einer Bucht einen einfachen Achtknoten (Abb. 1 und 2).
Wenn das Ende an ein Auge oder einen Ring gesteckt werden muss, geht man nach Abb. 3 vor. Man steckt in einem langen Tampen einen Achtknoten, legt den Tampen um den Ring und verdoppelt den Knoten in der umgekehrten Richtung. Beide Vorgehensweisen ergeben identische Knoten.

Würgeknoten

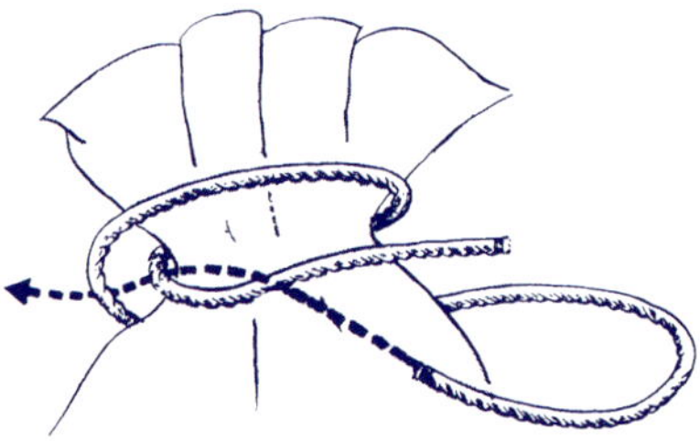

1

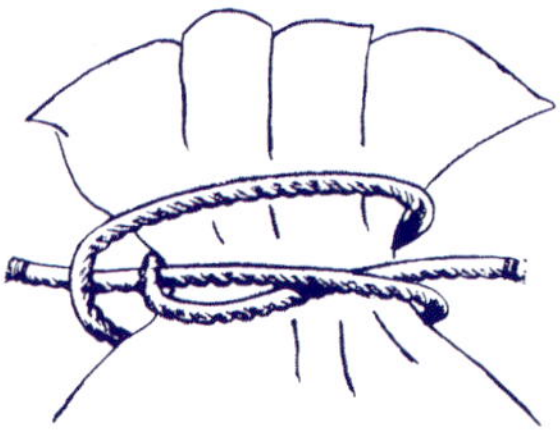

2

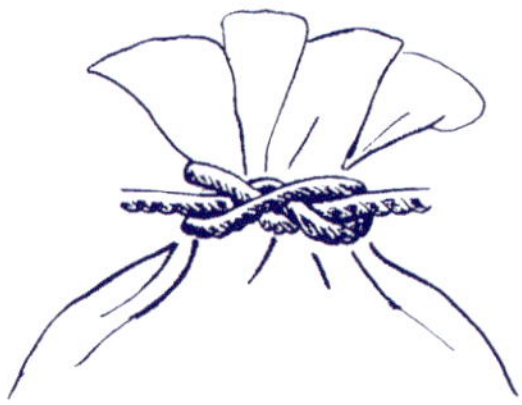

3

Der von Clifford W. Ashley stammende Würgeknoten lässt sich sehr gut als provisorischer Takling oder zum Beibändseln einsetzen. Er kann auch zum Zubinden eines Segelsacks dienen, sollte dann aber auf Slip gebunden werden, damit er sich leichter lösen lässt.
Das Wesen dieses Knotens besteht darin, dass er beim Zuziehen immer fester wird, ohne sich zu lösen, wenn die Zugspannung nachlässt.
Man bildet einen Rundtörn, so dass die laufende diagonal über der stehenden Part liegt (wie zu Beginn eines Stopperstekss) und macht unter dem Kreuzungspunkt einen Überhandknoten, wie aus den Zeichnungen ersichtlich ist. Anschließend zieht man den Knoten so fest, wie es nötig ist. Damit er sich leichter lösen lässt, steckt man den Überhandknoten in einer Bucht in der laufenden Part auf Slip.

Chirurgenknoten

Das ist der Kreuzknoten für elastisches oder glattes Kunstfasertauwerk, da er die gleichen Aufgaben erfüllt, in modernem Material aber besser hält. Den Chirurgenknoten gibt es in zwei Formen; die gebräuchlichere wird genau wie der Kreuzknoten gebildet, aber jeweils mit einem zweiten Törn. Aus einem eher quadratischen wird auf diese Weise ein rechteckiges Gebilde.
Die zweite Form besteht wieder aus zwei anfänglichen Überhandknoten, die jedoch nicht um zwei, sondern nur um einen weiteren ergänzt werden. Fest angezogen, führt der obere parallel über den unteren Überhandknoten hinweg, so dass die Tampen einander gegenüber liegen. Der Knoten sieht nicht so ordentlich aus, hält aber sehr gut. Die Abbildungen zeigen die Unterschiede.

Normaler Chirurgenknoten.

Alternativer Chirurgenknoten.

Trossenstek

1

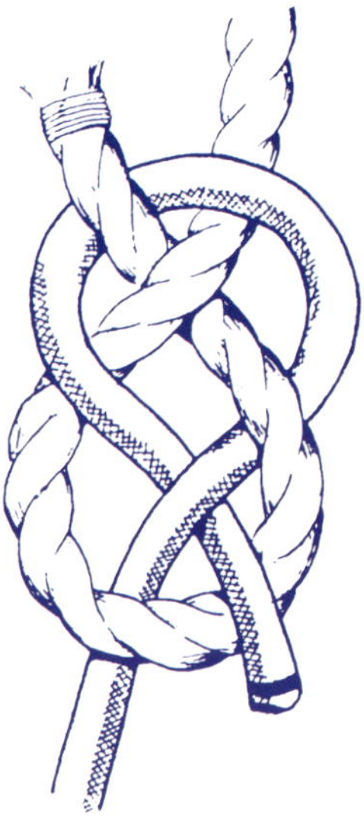

2

Dieser Knoten eignet sich ausgezeichnet zur Verbindung zweier Enden – unabhängig vom Material und vom Durchmesser – und wird oft dazu verwendet, ein zusätzliches Ende an eine Warpleine anzustecken.
Man bildet mit dem Tampen des einen Endes ein Auge, bei dem die laufende Part die stehende kreuzt. Die laufende Part des anderen Endes wird dann unter dem Auge hindurch, über die stehende Part des ersten Endes, unter dessen laufendem Ende hindurch, über den ersten Teil des Auges, unter sich selbst hindurch und über die andere Seite des Auges geführt. Auf diese Weise werden die Parten wie in den Zeichnungen miteinander verwoben. Beim Festziehen »knickt« der Knoten, so dass die beiden Tampen parallel zueinander stehen.

Trompetenstek

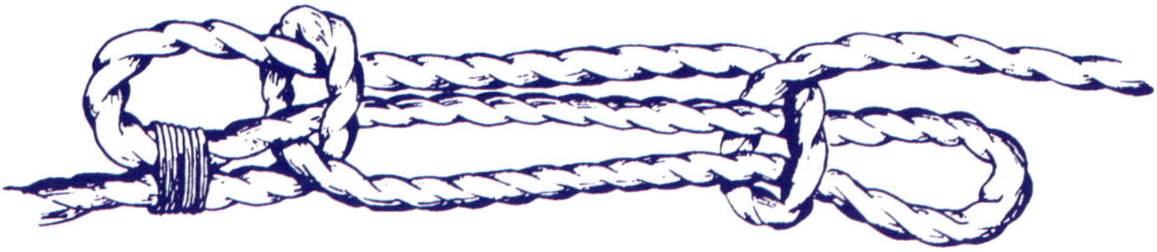

Häufig als Knoten zur vorübergehenden Verkürzung eines Endes beschrieben, hat der Trompetenstek in der Praxis einen größeren Wert als Mittel zur Umgehung eines beschädigten Abschnitts in einem Stück Tauwerk (siehe untere Abbildung auf der nächsten Seite).
Dazu bildet man ein gutes Stück neben dem beschädigten Bereich eine Bucht, die parallel zur stehenden Part auf die andere Seite des Schadens geführt wird. Dort wird sie an die stehende Part gelegt und wie beim Palstek verdreht und durch ein Auge in der stehenden Part geführt. Die verbleibende Bucht wird daneben auf die gleiche Weise an die stehende Part gelegt. So ergibt sich eine »Trompete« mit dem beschädigten Stück in der Mitte. Wenn der Stek richtig gesteckt ist, kann dieses Stück sogar durchgeschnitten werden, solange der Zug erhalten bleibt.
Damit der Trompetenstek nicht auseinander fällt, wenn kein Zug vorhanden ist, bändselt man die überstehenden »Ohren« wie gezeigt an den stehenden Parten fest.

Marlschlag

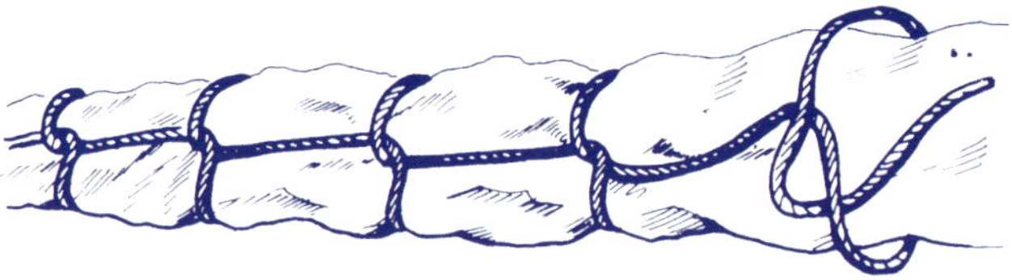

Mit einer Reihe von Marlschlägen kann man beispielsweise ein aufgetuchtes Segel am Baum oder an der Reling anlaschen.
Die einzelnen Marlschläge werden gebildet, indem man das Ende von oben nach unten um das Segel legt, es anschließend nach oben über den waagerechten Teil führt und dann unter sich selbst hindurch in Längsrichtung zieht. Zeichnung und Foto machen den Vorgang klar. Statt die laufende Part unter sich selbst durchzuführen, kann sie auch aufwärts gelegt werden. In beiden Fällen ergibt sich eine Kette von Überhandknoten, die sich in Längsrichtung um das Segel verteilen.

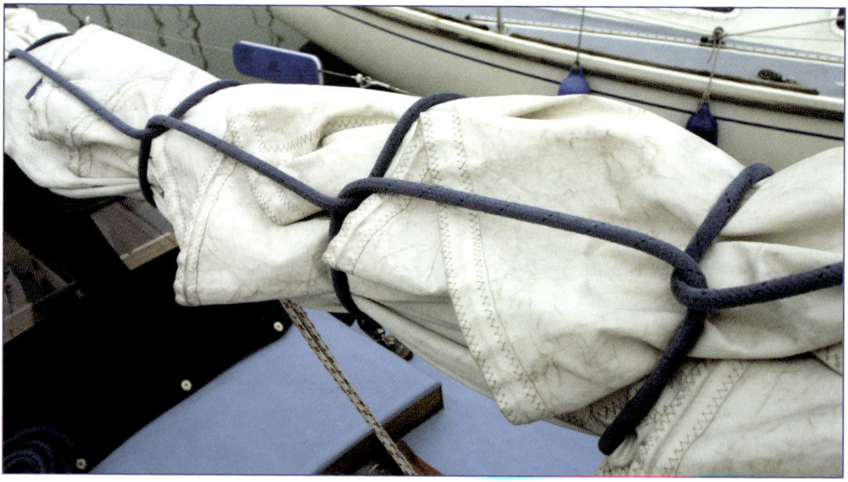

Verzurrknoten

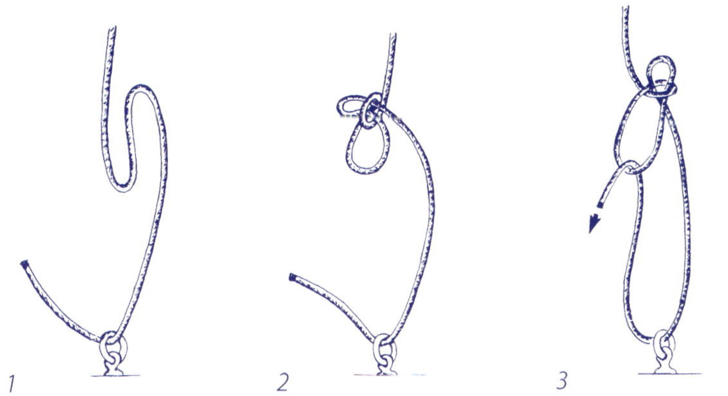

Dieser vielfach zum Verlaschen von Lasten auf Lastkraftwagen verwendete Knoten ergibt ohne Taljen oder sonstige Vorrichtungen eine Hebelwirkung von 2:1. Er ist einfach zu stecken und fällt auseinander, wenn er nicht belastet wird.

Als erstes wird das Ende durch ein starkes Auge oder unter einen Haken gelegt. Oberhalb dieses Haltepunkts bildet man zwei parallele Buchten, eine nach oben und eine nach unten. Die nach oben zeigende Bucht wird dann durch ein Auge in der stehenden Part geführt. Anschließend zieht man die laufende Part durch die andere (nach unten zeigende) Bucht und holt sie dicht.

Verzurrknoten.

Gordingsknoten

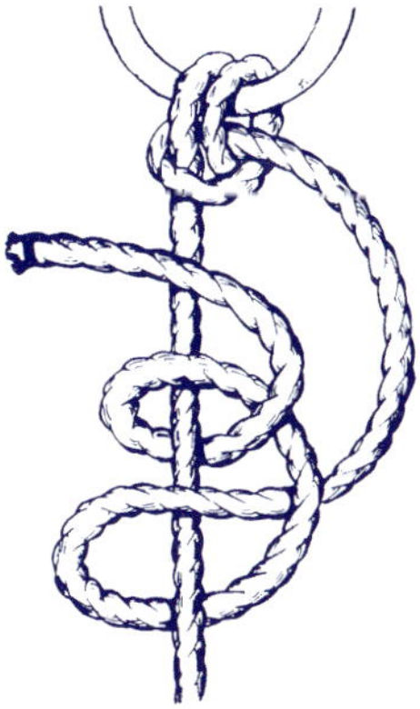

Das ist eine Abwandlung des Fischerknotens, die sich besonders für glattes Kunststofftauwerk eignet.
Der erste Rundtörn erfolgt wie beim Fischerknoten, d.h., die laufende Part führt unter dem Rundtörn hindurch. Anschließend legt man sie um die laufende Part und macht einen Webeleinstek *in Richtung* des Ankerrings (oder eines anderen Objekts), der dann fest angezogen wird.

Spierenstich

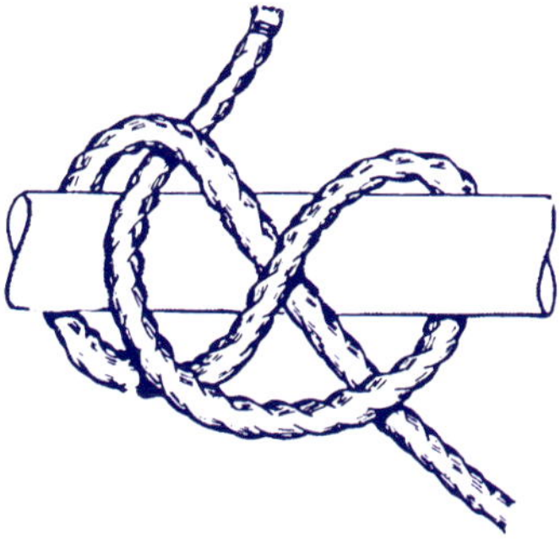

Dieser Knoten ist eine Art Kreuzung zwischen Webeleinstek und Würgeknoten. Er hält besser als der Webeleinstek, wenn der Zug auf einer Seite größer ist als auf der anderen, ist aber leichter zu lösen als der Würgeknoten. Man legt einen Törn um die Spiere, bei dem die laufende die stehende Part kreuzt, bevor sie noch einmal herumgelegt wird. Anschließend wird sie über sich selbst geführt und unter die stehende Part gesteckt. Jetzt braucht man den Knoten nur noch festzuziehen.

Doppelte-Acht-Ansteckknoten

Dieser einfache Knoten leistet die selben Dienste wie ein Trossenstek, indem er zwei ungleich starke Enden miteinander verbindet und gleichzeitig leicht zu lösen ist.
Man legt die laufenden Parten beider Enden in entgegengesetzter Richtung nebeneinander. Anschließend steckt man in beiden Tampen einen Achtknoten um die stehende Part des jeweils anderen Endes, d.h. letzteres muss von einem Törn der Acht umschlossen sein (von welchem, spielt keine Rolle). Beide Achtknoten werden festgezogen und zusammengeschoben. Zum Lösen braucht man nur einen Achtknoten aufzudröseln und kann das eine Ende aus dem anderen herausziehen.

Stopper

Der Stopper ist eigentlich gar kein Knoten, weil seine Wirkung im Wesentlichen auf Reibung beruht. Er kommt überwiegend zum Einsatz, wenn es darum geht, die Spannung auf einem Ende durch Anstecken eines anderen zu verringern, z.B. um einen Überläufer auf einer Winsch zu lösen oder den Zug auf einer Muringleine abzufangen.
Man legt die laufende Part des zweiten Endes in einem Rundtörn so um das zu entlastende Ende, dass sie sich kreuzt (siehe Foto). Anschließend rollt man den Tampen mehrfach um das Ende herum und kann ihn dann mit der Hand halten oder mit einem halben Schlag feststecken. Jetzt kann Zug auf das entlastende Ende ausgeübt werden. Der Stopper lässt sich auch unter Belastung lösen, indem man die Törns abrollt.

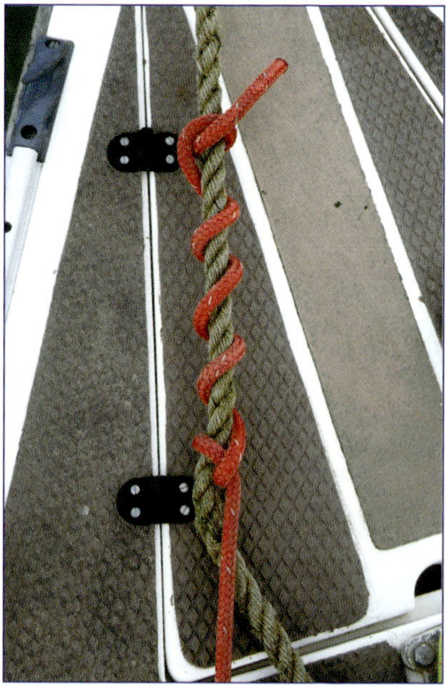

Doppelter Palstek

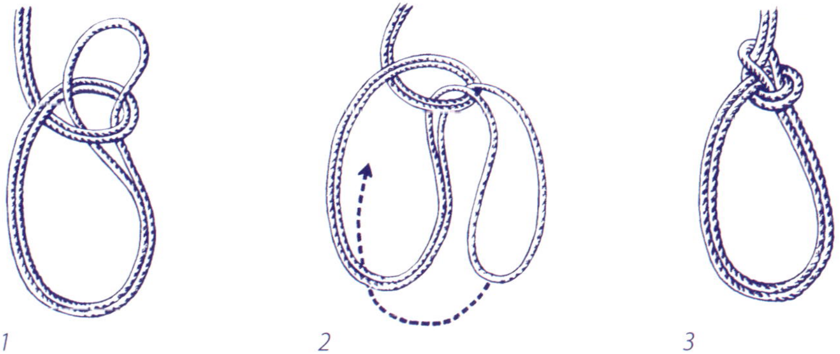

Dieser Knoten bietet eine gute Möglichkeit, mitten in einem Ende ein festes Auge zu bilden oder einen provisorischen Bootsmannsstuhl anzufertigen, in dem man zwar nicht bequem sitzt, der aber zum Arbeiten ausreicht.
Gebildet wird der Doppelte Palstek, indem man eine Bucht in der üblichen Weise durch ein Auge in der stehenden Part führt. Der hervorstehende obere Teil wird durchgezogen, dann auseinander gezogen und über die zweiteilige Hauptschlaufe geführt. Er wird über das Auge in der stehenden Part gelegt und festgezogen. Das Ganze sieht dann wie ein zweifacher Palstek ohne das übliche Endstück im großen Auge aus.

Spanischer Palstek

1

2

3

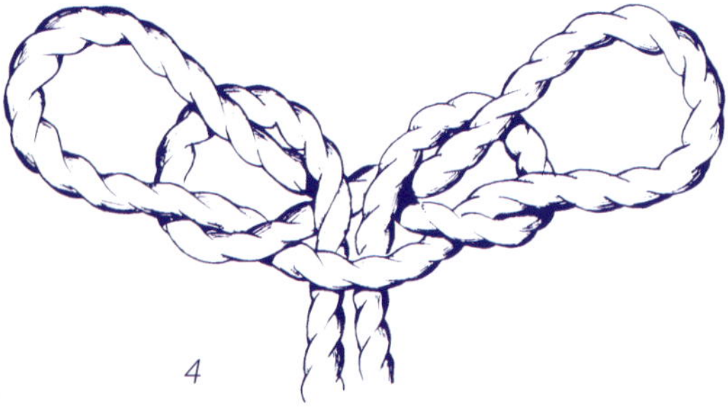

4

Der Spanische Palstek ergibt wie der Doppelte Palstek zwei Augen und kann somit als Ersatz für einen Bootsmannsstuhl dienen oder vielleicht als Aufhängung für eine Leiter oder Planke, die als Arbeitsbühne an der Seite herabgelassen wird.
Der Spanische Palstek wird anders als der echte Palstek gesteckt und ist etwas komplizierter. Man legt das Ende mittig aus und bildet drei Augen wie in der ersten Zeichnung zu sehen. Das mittlere, große Auge wird nach unten umgelegt und auseinander gezogen, so dass die beiden kleineren Augen innen liegen; anschließend zieht man jeweils eine Bucht aus dem großen Auge durch die kleinen Augen, so dass sie wie »Ohren« hervorstehen. Zum Schluss wird der Knoten festgezogen.

Oben links: *Bootsmannsstuhlersatz mit einem Auge für jedes Bein.*
Oben rechts: *Bootsmannsstuhlersatz mit einem Auge zum Sitzen und einem Auge als Rückenstütze.*

Masttopp- oder Notmastknoten

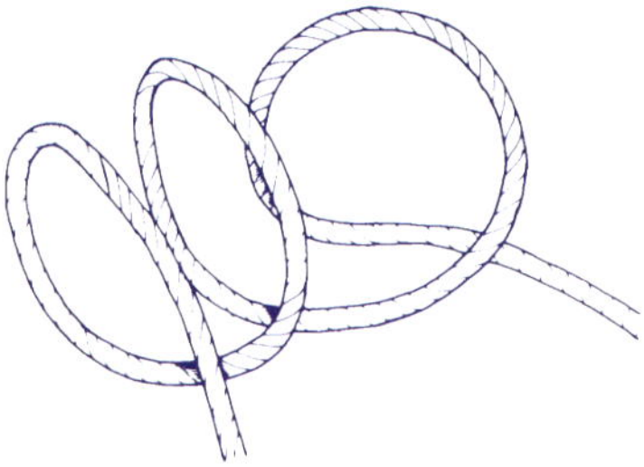

1

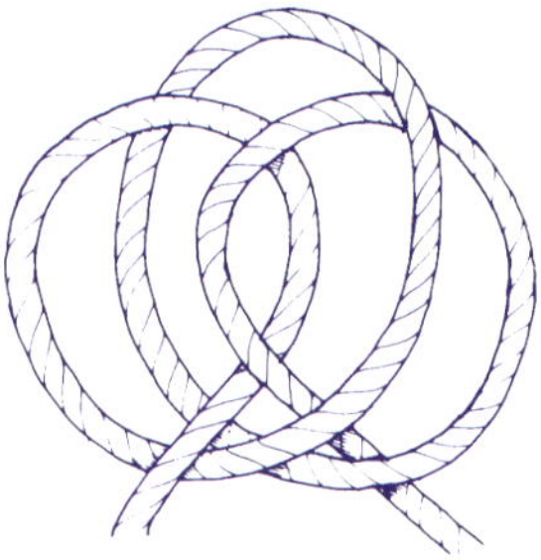

2

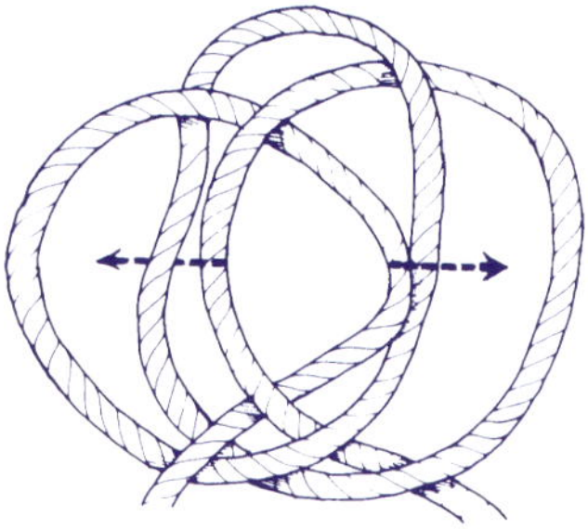

3

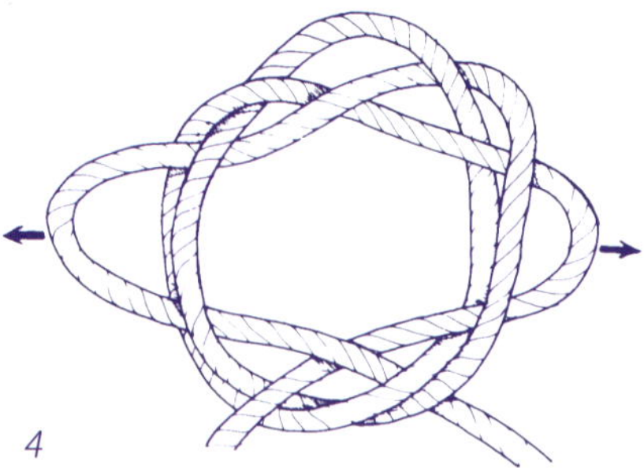

4

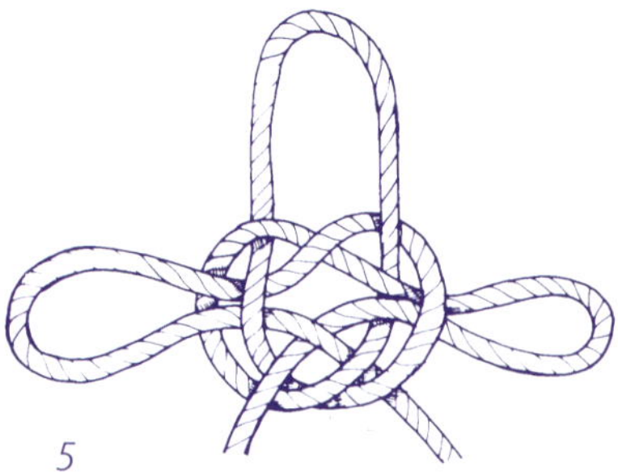

5

Dieser Knoten kann zum Anbringen von Wanten an einem Notmast, zum Aufrichten eines provisorischen Flaggenmasts und für viele ähnliche Zwecke verwendet werden.

Man bildet drei Augen, die so miteinander verwoben werden, dass der linke Teil des unteren in der Mitte des mittleren über der rechten Seite des oberen Auges liegt. Diese beiden werden dann – wie gezeigt – abwechselnd über- und untereinander nach außen gezogen, während der obere Teil des mittleren Auges nach oben gezogen wird. Das ergibt drei Augen und zwei Endstücke, die sich zu einem weiteren Auge verbinden lassen. In die Mitte des ganzen Knotens kommt der Masttopp. An den äußeren Augen werden dann mittels Schotstek die Wanten oder Abstagungen befestigt.

Hunter-Knoten

1

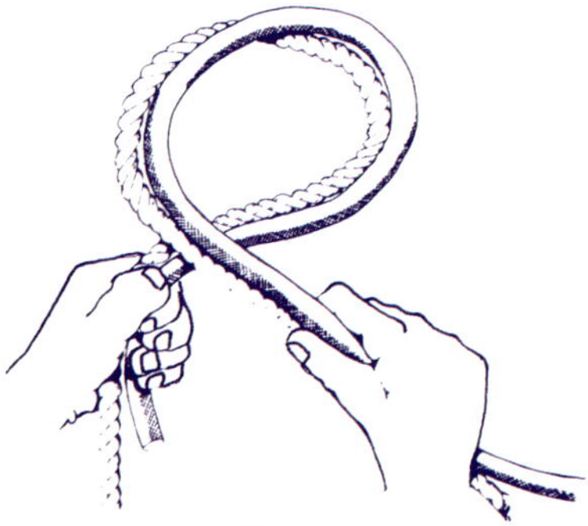

2

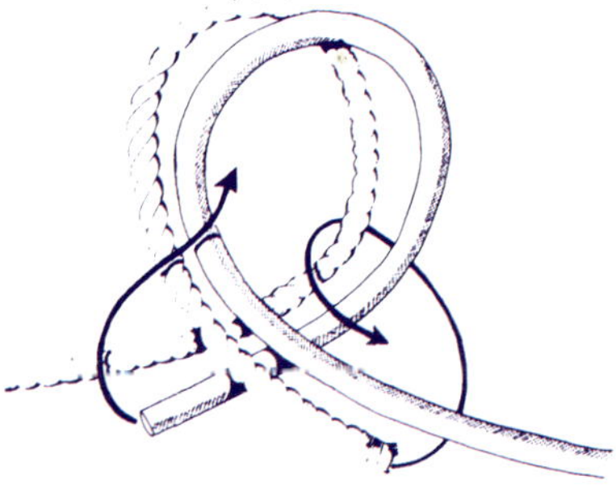

3

4

Der nach einem Engländer benannte Hunter-Knoten dient zur Verbindung zweier Enden und eignet sich gut für steifes oder glattes Kunstfasertauwerk. Man legt die beiden laufenden Parten parallel zueinander, aber in entgegengesetzter Richtung, bildet ein Auge und steckt die laufenden Parten hindurch. Anschließend zieht man den Knoten fest.

Tauwerk aufschießen

Fall

Falle sollten immer möglichst schnell vom Deck verschwinden und aufgeschossen werden, weil sie unklar kommen und damit ernsthafte Probleme verursachen können. Am schnellsten und einfachsten geht das, wenn man an der Klampe beginnt und in Richtung auf das freie Ende arbeitet. Geschlagenes Tauwerk wird immer *mit* dem Schlag aufgeschossen, während geflochtenes Tauwerk – wie hier gezeigt – in Achten gelegt wird. Nach dem Aufschießen nimmt man das Fall in die linke Hand, greift mit der rechten Hand hindurch und fasst es nahe an der Klampe. Man zieht eine Bucht heraus, verdrillt sie und hängt sie über das obere Horn der Klampe, entweder direkt oder indem man sie zusätzlich hinter der stehenden Part des Falls durchzieht.

Leine zum Aufhängen

Ein Ende, das aufgeschossen und verstaut werden soll, muss irgendwie gesichert werden, damit es sich nicht abwickelt. Das geht am schnellsten, indem man mit einem Tampen wie gezeigt ein Auge bildet und den Tampen oben über die Wicklungen und wieder unten durch das Auge führt. Anschließend wird das Ganze mit einem halben Schlag gesichert. Das Ende bleibt ordentlich aufgeschossen, wenn man es an der laufenden Part an einen Haken oder anderen Befestigungspunkt hängt, so dass der halbe Schlag durch das Gewicht unter Zug gehalten wird.

Leine zum Aufhängen oder Verstauen

Anders als bei der vorhergehenden Methode kann man ein auf die folgende Weise aufgeschossenes Ende auch liegend in der Backskiste verstauen, ohne dass es sich aufwickelt. Das Ende wird normal aufgeschossen, aber so, dass ein langer Tampen übrig bleibt. Diesen Tampen windet man mehrfach (in Aufwärtsrichtung) um die Windungen, um zum Schluss oben eine Bucht durchzuziehen. Diese Bucht wird über den Kopf gezogen, so dass sie über dem Bindetörn liegt. Nach dem Zusammenziehen kann das aufgeschossene Ende aufgehängt oder abgelegt werden. Auf diese Weise kann man auch eine in Gebrauch befindliche Leine aufschießen, wie auf der nächsten Seite zu sehen ist.

2

Taklings

Das Betakeln eines Tampens sorgt dafür, dass er am Ende nicht ausfranst oder sich aufdreht; außerdem stellt der Takling sicher, dass der Tampen problemlos durch Blöcke oder Augen läuft.

Einfacher Takling

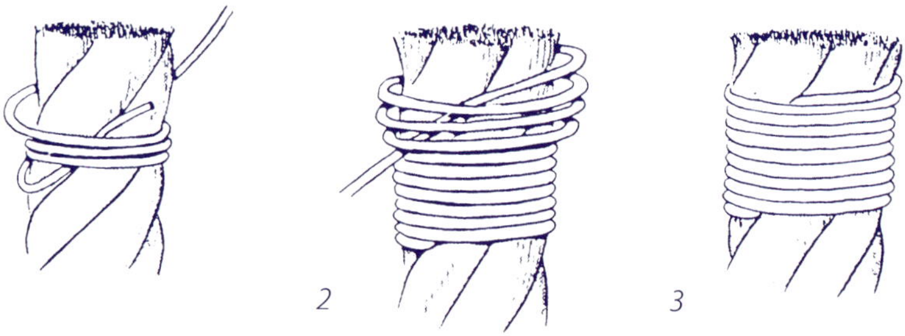
1 2 3

Der einfache Takling ist zwar nicht unbedingt der haltbarste, reicht aber für die meisten Zwecke völlig aus. In der Grundausführung legt man das Endstück des Takelgarns längs an den zu betakelnden Tampen und umwickelt es mit ein paar festen Törns. Die letzten Törns bleiben locker, damit man das Takelgarn darunter stecken kann, bevor es festgezogen wird. Überstehendes Takelgarn wird bündig abgeschnitten.
Alternativ legt man als erstes eine Bucht aus Takelgarn an den Tampen. Man umwickelt sie von unten nach oben so oft wie erforderlich, steckt das Garnende durch die Bucht und zieht sie bis zur Mitte unter den Takling. Beide Garnenden werden bündig abgeschnitten.

»West Country«-Takling

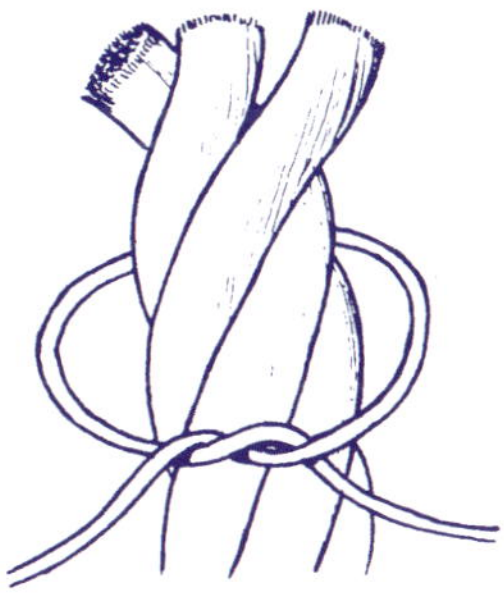

1

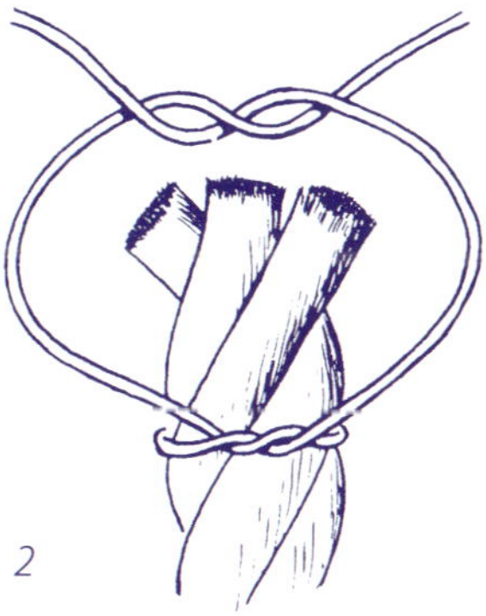

2

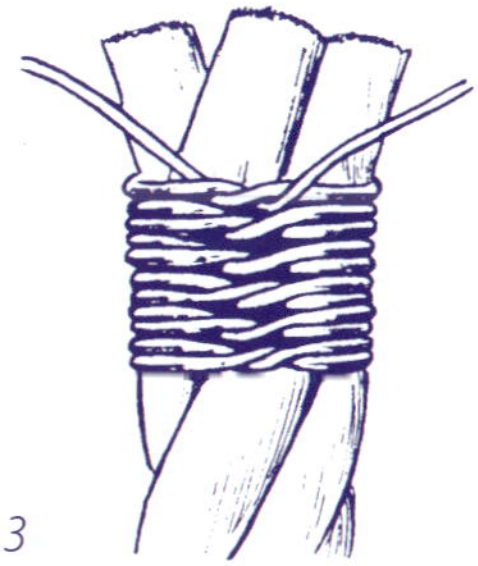

3

Dieser Takling ist haltbarer, braucht aber etwas mehr Zeit als der einfache Takling. Er besteht aus einer Reihe von Überhandknoten, die abwechselnd auf der Vorder- und der Rückseite des Tampens gesteckt werden. Wenn der Takling breit genug ist, schließt man ihn mit einem Kreuzknoten ab (siehe S. 12).
Zusätzliche Sicherheit gibt neben gewachstem Takelgarn ein zweiter Törn in den einzelnen Überhandknoten (wie beim Chirurgenknoten, S. 37).

Genähter Takling

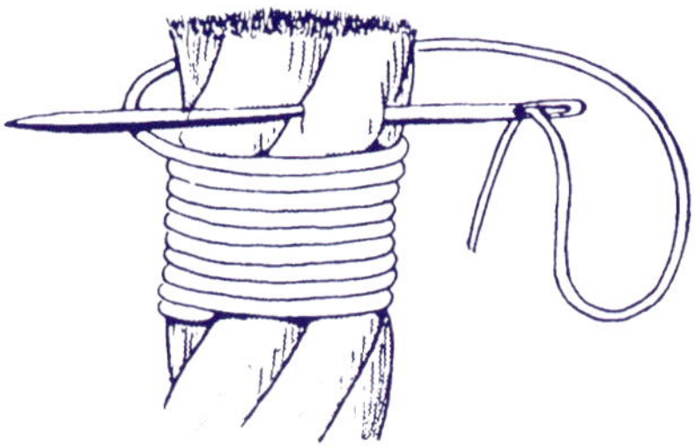

1

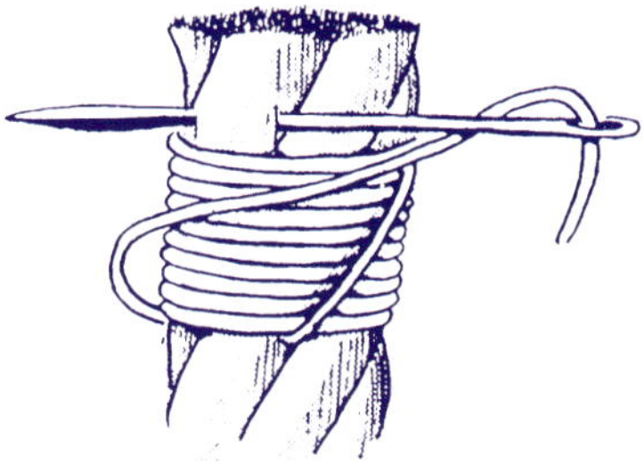

2

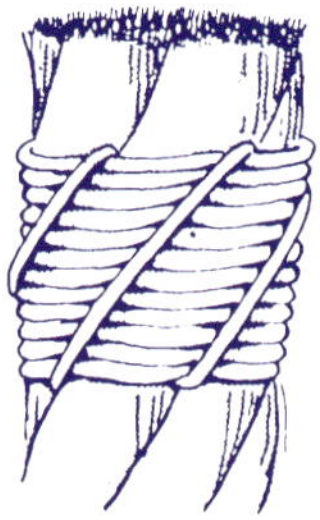

3

Das ist einer der sichersten unter den verbreiteten Taklings, da er, wie der Name schon sagt, aufgenäht wird. Man beginnt wie beim einfachen Takling, und wenn genügend Törns herumgelegt sind, fädelt man das Takelgarn in eine Nadel ein. Damit sticht man das Garn durch ein Kardeel und führt es in der Keep diagonal nach unten. Dort sticht man unter dem nächsten Kardeel durch und führt das Garn in der Keep wieder nach oben. So geht es weiter, bis in allen Keepen zwei Reihen Takelgarn liegen. Zum Schluss wird das Takelgarn im Tampen vernäht.

Segelmachertakling

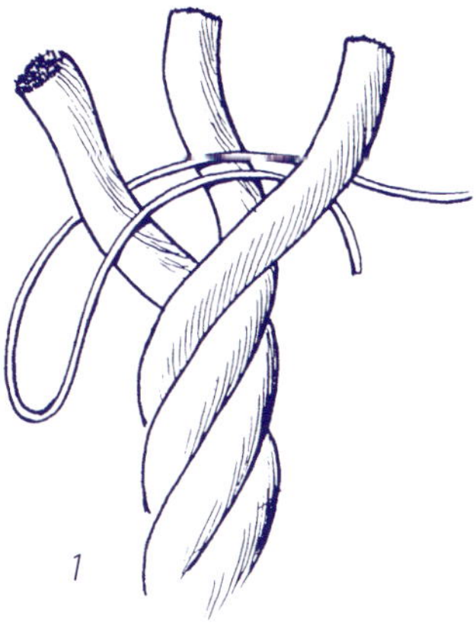

1

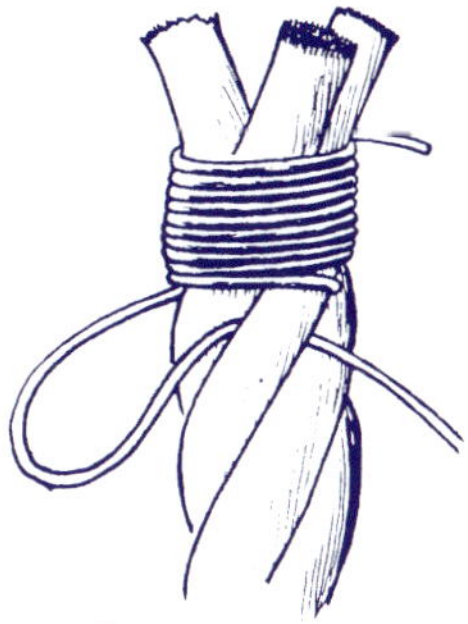

2

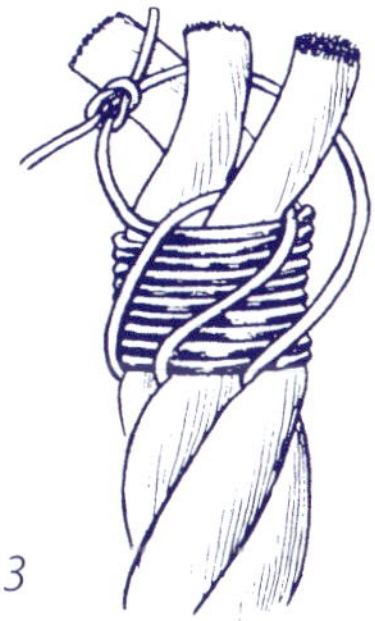

3

Der Segelmachertakling sieht genau wie der genähte Takling aus, wird aber ohne Nadel aufgesetzt. Zu Beginn legt man eine Bucht aus Takelgarn um ein Kardeel des aufgedrehten Tampens, der dann insgesamt mit Takelgarn umwickelt wird. Die ursprüngliche Bucht wird über das Ende des Kardeels gelegt, um das sie gebildet wurde, und an dem unter dem Takling hervorragenden Stück festgezogen. Dieses Endstück wird dann spiralförmig nach oben geführt und mittels Kreuz- oder Chirurgenknoten mit dem anderen Ende verknotet.

Alternativen zum Betakeln

Eine sehr schnelle, provisorische Methode, einen Tampen am weiteren Ausfransen oder Aufdrehen zu hindern, besteht darin, ihn mit Klebeband zu umwickeln. Das ist erstaunlich effizient, kann aber nur als reine Notmaßnahme gelten.
Ein sehr sauberes Ergebnis bringt das Aufsetzen einer Kunststoffhülse. Diese Hülsen sitzen lose auf dem Tampen, bis sie in einer offenen Flamme erhitzt werden. Dann schrumpfen sie und sitzen anschließend fest auf dem Tampen.
Kunstfasertauwerk wird heute meistens verschweißt. Damit der Tampen am Ende sauber aussieht, muss man ihn nach dem Verschweißen in Form bringen, ohne sich die Finger zu verbrennen. Man könnte beispielsweise das Ende mit Papier abbinden, sauber abschneiden und in die Flamme halten, wobei das Papier die Kardeele zusammenhält. Alternativ bringt man das Ende zum Schmelzen, macht die Finger richtig nass und drückt es in die richtige Form. Auch eine heiße Messerklinge tut gute Dienste.

Alternativen zum klassischen Takling: Klebeband, Verschweißen, Schrumpfhülsen.

3

Spleiße

Kurzspleiß

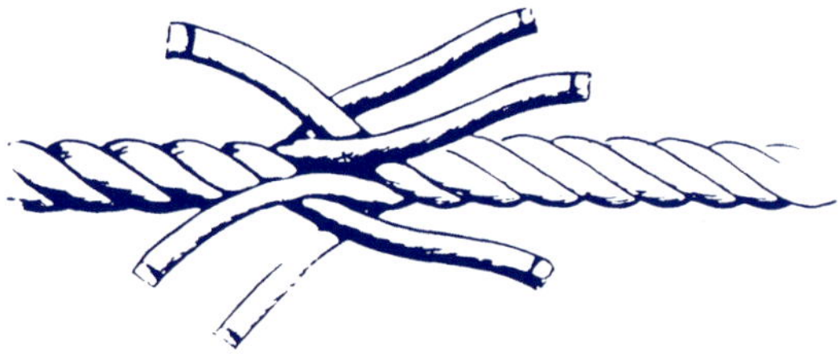

1

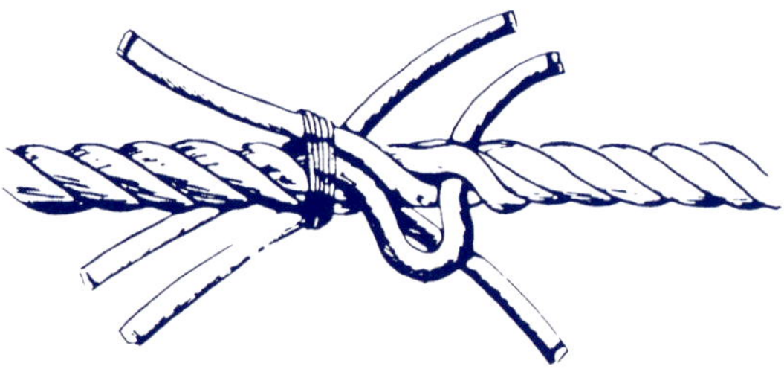

2

3

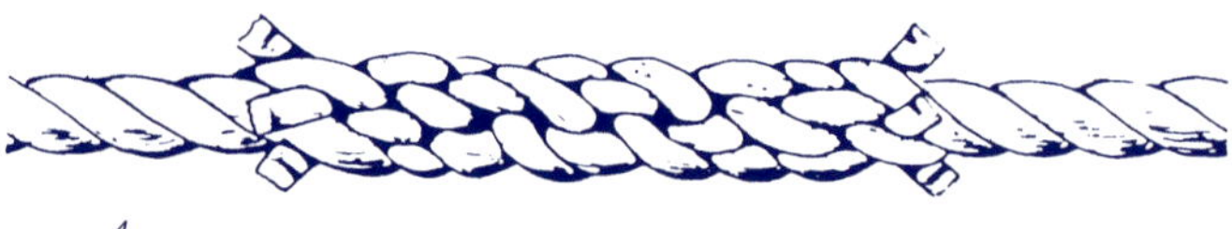

4

Um zwei Enden miteinander zu verbinden, stehen mehrere Knoten zur Verfügung, von denen aber keiner so fest ist wie ein Kurzspleiß. Der Kurzspleiß kann problematisch sein, weil er den Durchmesser des Endes vergrößert, so dass es nicht mehr durch einen Block geschert werden kann; in einem solchen Fall muss ein Langspleiß zur Anwendung kommen. Um einen Kurzspleiß herzustellen, dröselt man die zu verbindenden Tampen am Ende auf und umwickelt die einzelnen Kardeele mit Klebeband oder Takelgarn, das mit einem Würgeknoten belegt wird. Anschließend werden die Kardeele der beiden Tampen verspleißt und auf der einen Seite mit Klebeband (oder Würgeknoten) am anderen Tampen befestigt. Nun steckt man die freien Kardeele abwechselnd gegen den Schlag über und unter die Kardeele des anderen Tampens. Das Gleiche passiert nach Lösen des Klebebands oder Würgeknotens auf der anderen Seite. Nach drei- oder viermaligem Einstecken werden die Kardeele so abgeschnitten, dass noch ein Stück übersteht. Dadurch kann sich der Spleiß setzen, ohne dass er lose kommt. Damit er sich richtig setzt, rollt man ihn mit dem Fuß hin und her.

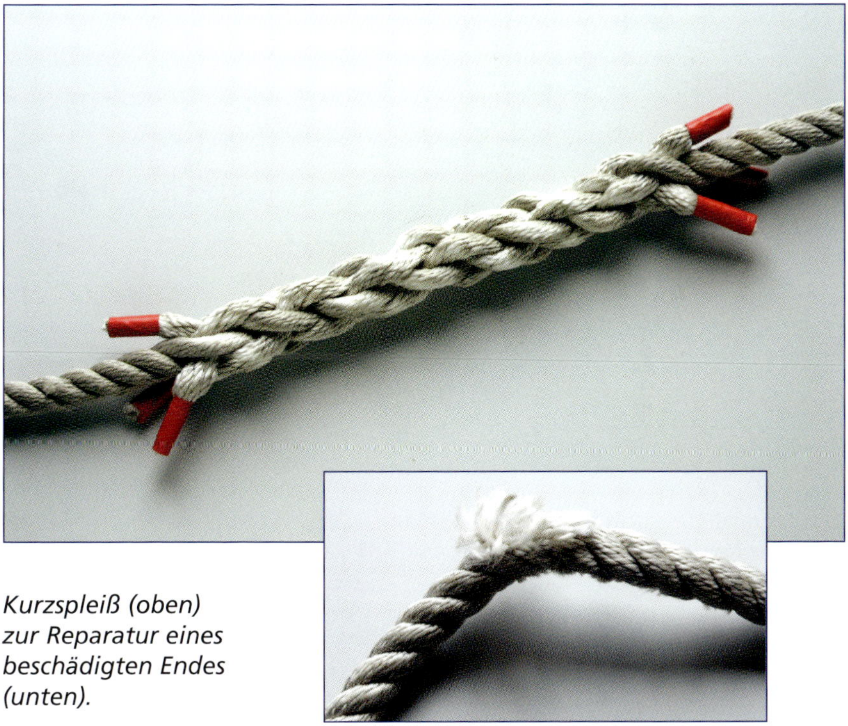

Kurzspleiß (oben) zur Reparatur eines beschädigten Endes (unten).

Langspleiß

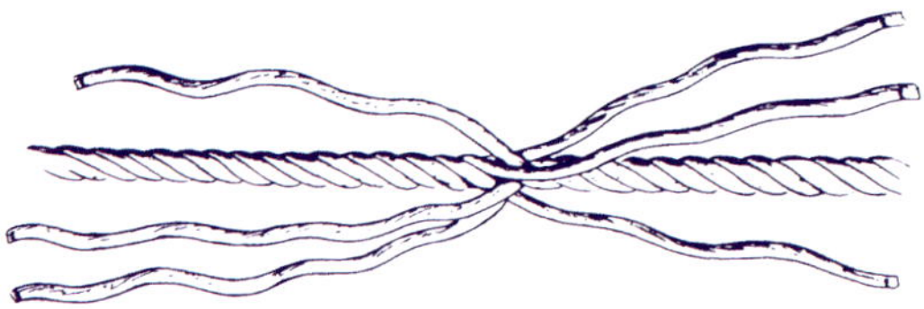

1

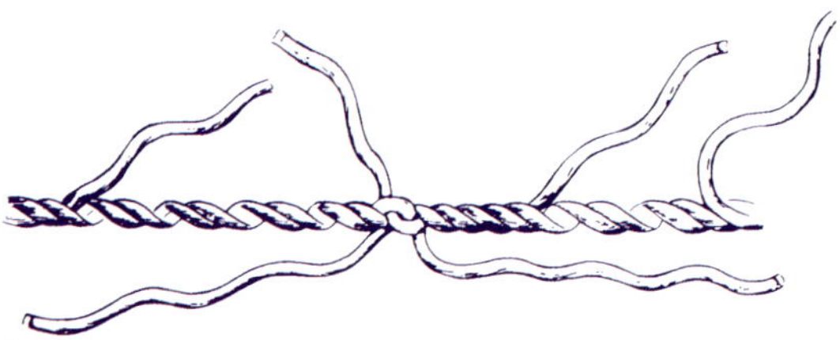

2

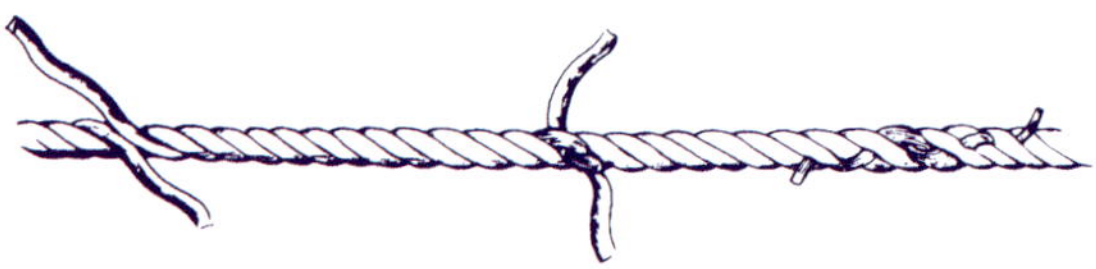

3

Ein Langspleiß erhöht den Durchmesser des Endes kaum, ist aber etwas weniger fest als ein Kurzspleiß. Er lässt sich auf viele verschiedene Arten herstellen; die folgende Vorgehensweise ist weit verbreitet: Man dröselt beide Tampen ein Stück weit (etwa zehn Törns) auf und spleißt die Kardeele zusammen. Auf jeder Seite wird ein Kardeel noch etwas weiter (etwa sechs Törns) aufgedröselt und durch sein jeweiliges Gegenstück ersetzt. Auf diese Weise ergibt sich immer das Bild eines vollständigen geschlagenen Endes. Die drei Kardeelpaare werden nun jeweils mit einem Überhandknoten mit dem jeweiligen Nachbarpaar verknotet, bevor man sie mit einem scharfen Messer »ausdünnt« und gegen den Schlag unter und über die anderen Kardeele steckt. Auch diesen Spleiß rollt man mit dem Fuß hin und her, damit er sich richtig setzt.

Dreischäftiger Augspleiß

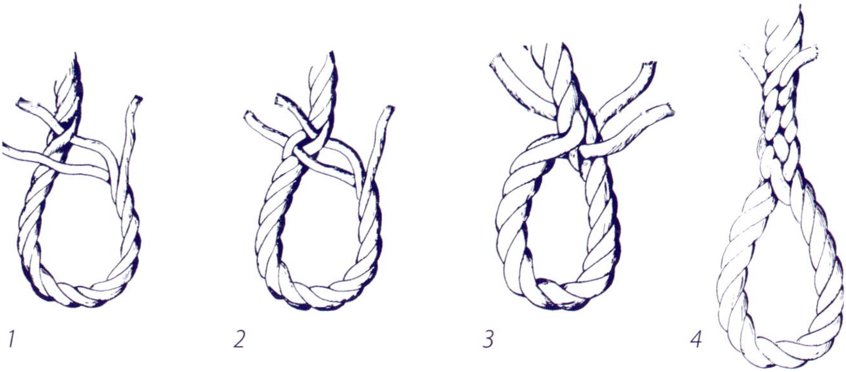

Ein Augspleiß ergibt das stärkste und haltbarste Auge in einem Tampen. Der Tampen wird aufgedröselt, und die Kardeele werden provisorisch betakelt. Man steckt an der Stelle, an der das Auge entstehen soll, das mittlere Kardeel gegen den Schlag unter ein Kardeel der stehenden Part. Das Kardeel, das jetzt auf der Innenseite des Auges liegt, steckt man an der gleichen Stelle unter das nächste Kardeel, um dann das dritte Kardeel unter das verbleibende Kardeel auf der Rückseite der stehenden Part zu stecken. Alle Einstichpunkte sollten auf gleicher Höhe liegen. Als nächstes steckt man die Kardeele nacheinander weitere drei oder vier Mal ein. Die überstehenden Enden werden – nicht zu kurz – abgeschnitten und vorzugsweise nicht betakelt, es sei denn, das Aussehen spielt eine Rolle. Damit der Spleiß sich richtig setzt, rollt man ihn mit dem Fuß hin und her.

Augspleiß in Flechttauwerk

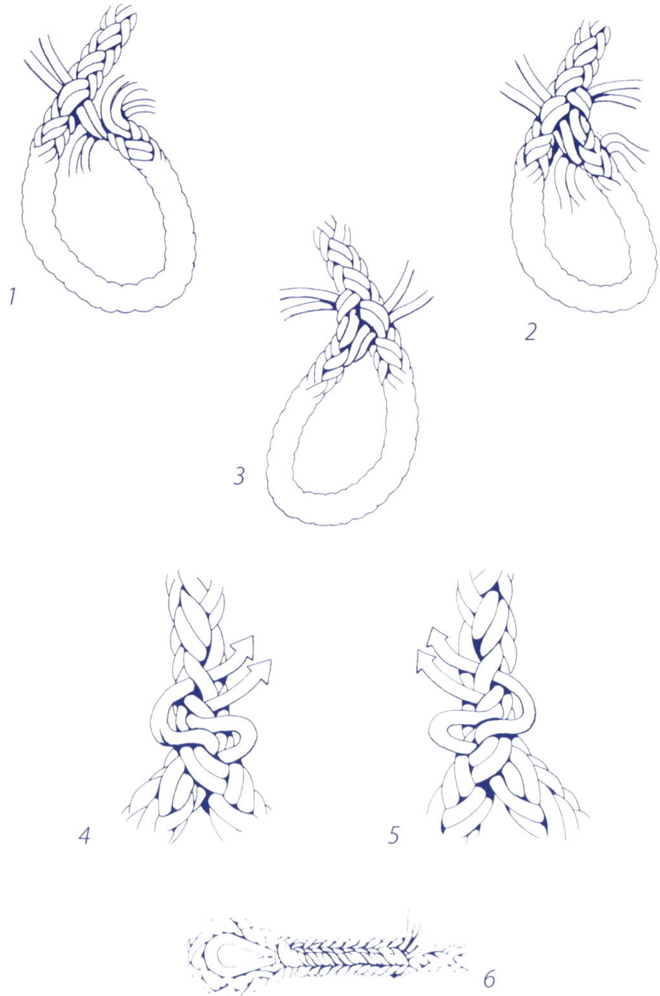

Flechttauwerk besteht aus einem Geflecht von rechts- und linksherum geführten Kardeelpaaren. Die rechtsherum laufenden Kardeele sind an einer schwarzen Markierung zu erkennen. Man dröselt den Tampen auf, legt ein Auge und steckt ein rechtsherum laufendes Kardeelpaar unter ein passendes rechtsherum laufendes Paar in der stehenden Part. Auf die gleiche Weise steckt man nun das daneben liegende linksherum laufende Kardeelpaar unter das benachbarte linksherum laufende Paar in der stehenden Part. Jetzt dreht man das Auge um und wiederholt die Prozedur mit den beiden restlichen Paaren. Nun werden die Paare getrennt und die Kardeele einzeln eingesteckt, so dass der Spleiß das charakteristische Aussehen mit parallel laufenden Kardeelen erhält. Die Kardeele werden fünfmal durchgesteckt und anschließend paarweise betakelt.

Auge mit genähtem Takling in Flechttauwerk

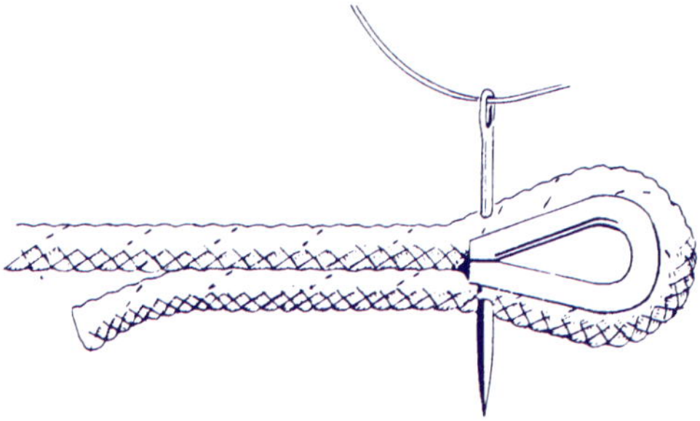

1

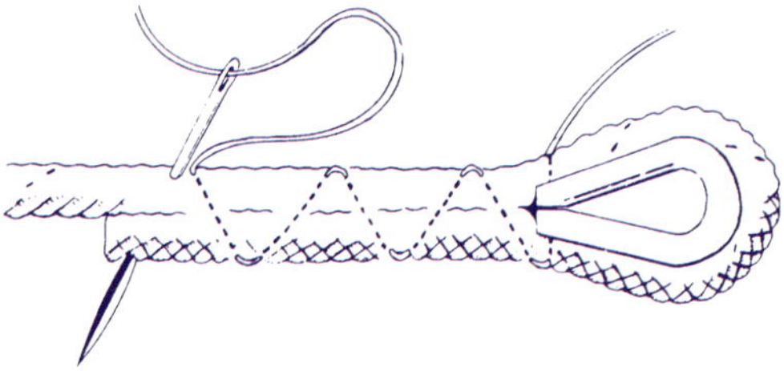

2

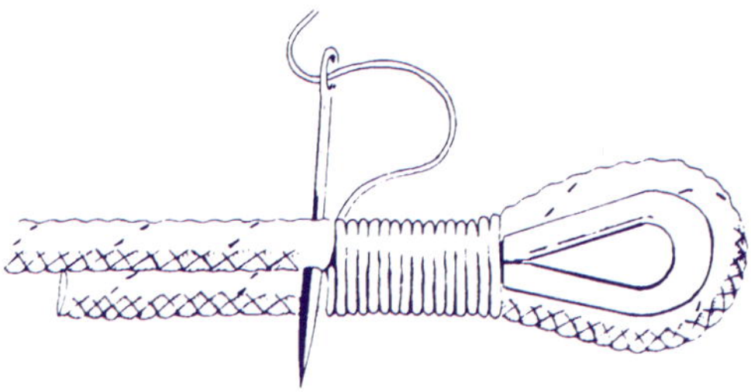

3

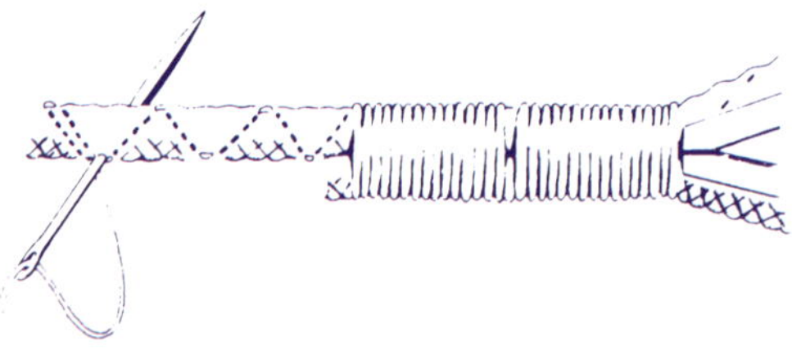

4

Dieses Auge ist zwar nicht so belastbar wie ein Augspleiß, aber da geflochtenes Tauwerk kaum zu spleißen ist, muss es genügen. Man legt ein Auge in der erforderlichen Größe und lässt den Steert mindestens 75 Millimeter überstehen. Steert und stehende Part werden mit gewachstem Garn vom Auge bis zum Ende und zurück zusammengenäht. Dann schneidet man den Faden ab und hämmert die Parten zusammen. Jetzt setzt man – am Auge beginnend – einen Takling auf und hämmert das Ganze nach ein paar Törns fest. Auf halber Länge sticht man das Takelgarn durch den Tampen, damit sich der Takling nicht lösen kann. Man betakelt weiter bis zum Ende und schließt das Ganze mit ein paar Stichen durch die stehende Part ab.

Augspleiß in Flechttauwerk mit geschlagener Seele

Für diesen Spleiß wird ein langer, nadelähnlicher Fitt oder Marlspieker benötigt. Zuerst macht man etwa zwei Meter vor dem Ende des Tampens einen festen Überhandknoten, um Mantel und Seele zu fixieren; anschließend misst man vom Ende aus ca. 250 mm nach innen und markiert die Stelle als A.

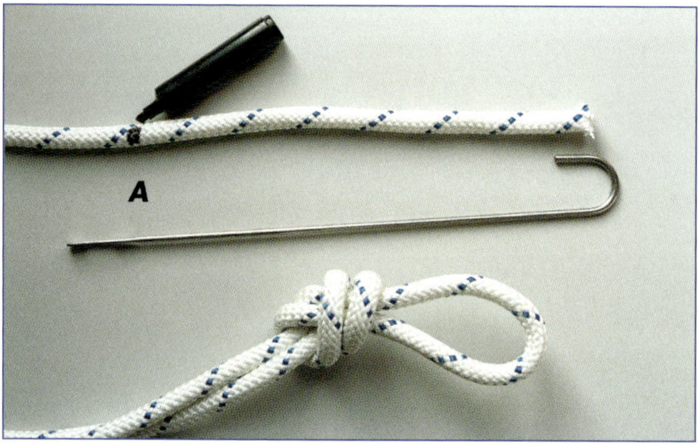

Man legt ein Auge und markiert den Punkt, an dem die beiden Parten bei A zusammengeführt werden, auf der langen Part als B.

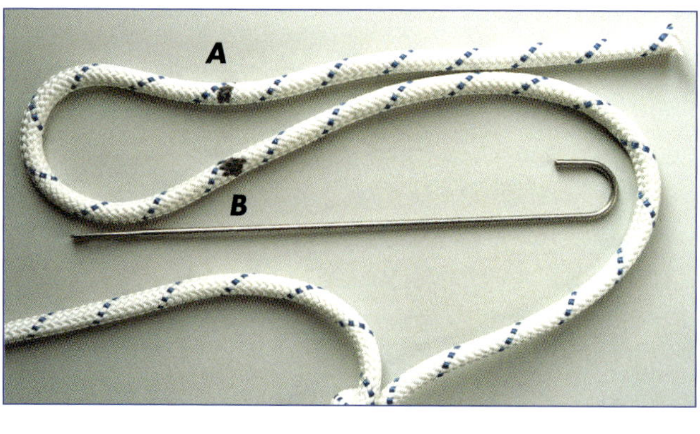

Nun öffnet man den Mantel (mit einem normalen Marlspieker) bei B, zieht die Seele heraus und umwickelt sie in Höhe der Markierung A mit Klebeband.

Man dröselt die Seele bis zu diesem Klebeband auf und schneidet ein Kardeel zur Hälfte und ein anderes zu drei Vierteln ab. Die einzelnen Kardeele werden jetzt am Ende fest mit Klebeband umwickelt, bevor sie ebenfalls mit Klebeband miteinander verbunden werden (weil die Fasern sich schnell aufdrehen, ist es nicht leicht, das Klebeband fest herumzuwickeln, aber das ist unbedingt erforderlich, damit sich das Ganze im nächsten Schritt wieder in den Mantel einziehen lässt).

Man führt die Nadel bei Punkt B in den Mantel ein und bei A wieder heraus. Nun fädelt man die Seele in das Nadelöhr ein und zieht sie durch den

Mantel bei Punkt B wieder heraus. Man setzt gegebenenfalls eine Kausch ein, streift den Mantel glatt und zieht die Seele um die Kausch fest.

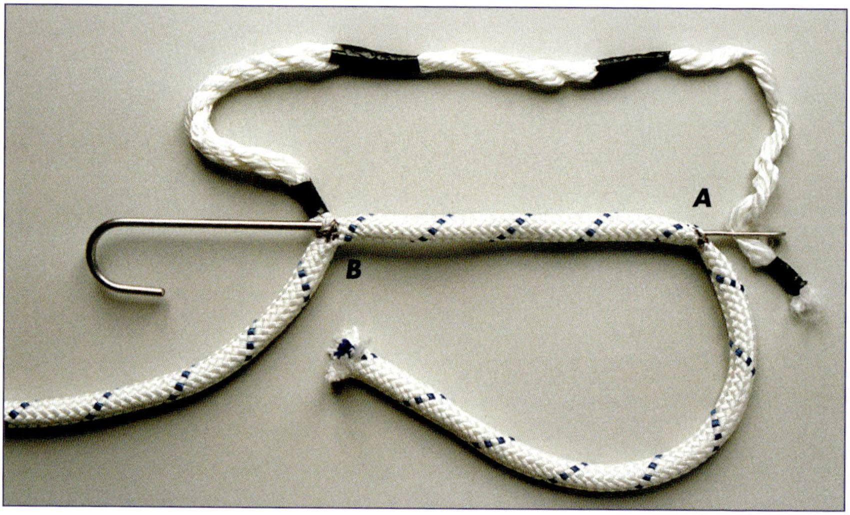

Jetzt wickelt man das Klebeband um die Seele ab und legt die drei Kardeele längs neben den Tampen.
Man führt die Nadel kurz vor dem Ende des längsten Kardeels in den Mantel ein und bei Punkt B wieder heraus. Nun fädelt man das längste Kardeel ein und zieht es in den Mantel ein. Dasselbe geschieht mit den beiden gekürzten Kardeelen.

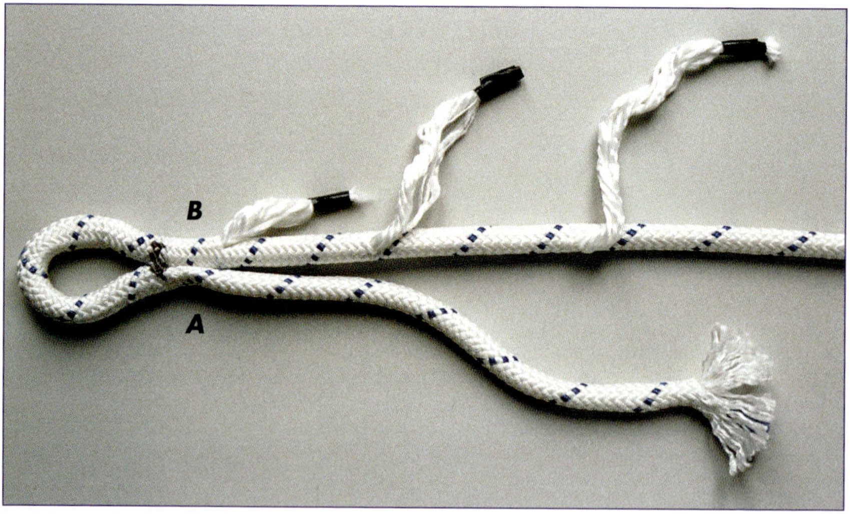

Anschließend wird das Auge an den freien Enden festgezogen. Man schneidet die freien Enden ab und streicht den Mantel aus, so dass sie darin verschwinden.

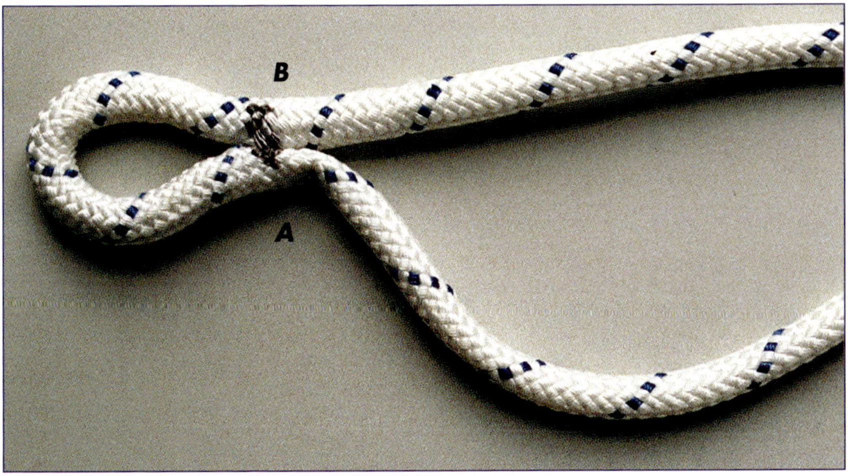

Für den Abschluss gibt es zwei Möglichkeiten. Entweder dröselt man das leere Mantelstück bis zum Auge auf und zieht die Kardeele einzeln (oder in kleinen Gruppen) wie die Seelenkardeele in den Mantel ein. Dort verteilt man sie um den Tampen herum und kürzt sie auf verschiedene Längen; anschließend streicht man den Mantel glatt aus, so dass die Enden verschwinden. Diese Verfahrensweise ist sehr mühselig und oft extrem schwierig (weil unterhalb des Auges so viel Material untergebracht werden muss), im Ergebnis aber ordentlich, sauber und sehr sicher. Oder man kürzt einfach das leere Mantelstück und überzieht es mit einem festen Takling wie auf S. 62.

Augspleiß in Flechttauwerk mit geflochtener Seele

Geflochtene Seele in geflochtenem Mantel ist die wohl häufigste Tauwerkskonstruktion, und wenn der hier gezeigte Augspleiß auch kompliziert erscheint, so erhält er doch rund 85 Prozent der Festigkeit des Endes. Zum Anfertigen ist ein spezieller rohrförmiger Fitt erforderlich.
Zuerst macht man etwa drei Meter vor dem Ende des Tampens einen festen Überhandknoten, um Mantel und Seele zu fixieren. Als nächstes markiert man (mit Filzstift) eine Fittlänge vor dem Ende (Punkt A), legt das Auge in der erforderlichen Größe und markiert Punkt B gegenüber von A.

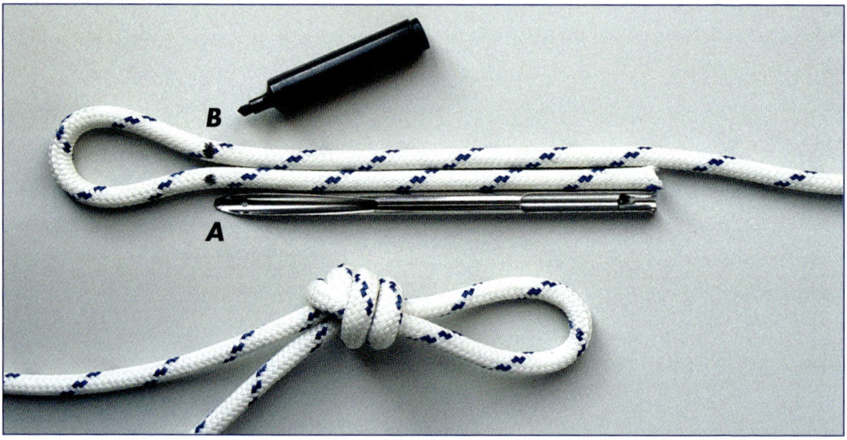

Bei B öffnet man mit der Fittspitze den Mantel und zeichnet an der frei liegenden Seele Punkt C an.

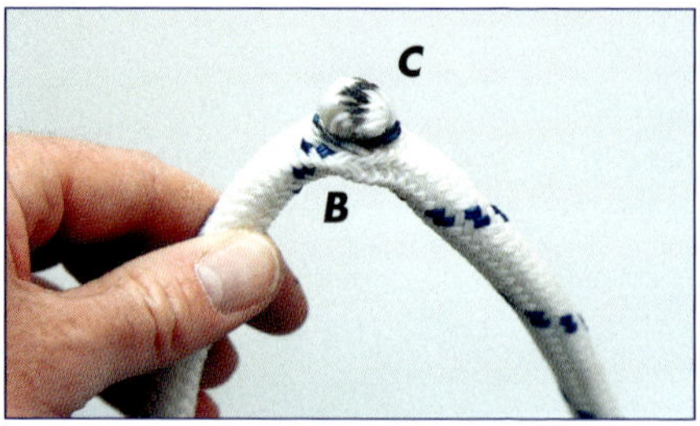

Jetzt zieht man die Seele aus dem Mantel heraus, zieht den Mantel weiter zurück und markiert eine Fittlänge hinter C den Punkt D sowie den Punkt E in zwei Drittel Fittlänge Abstand von D.

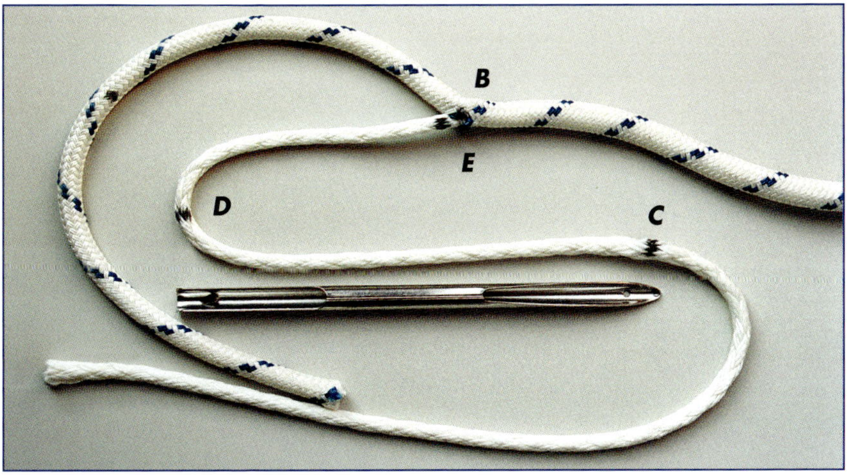

Man drückt das Mantelende in den Fitt und achtet dabei darauf, dass es fest auf dem eingebauten Haken sitzt, führt den Fitt vorsichtig bei D in die Seele ein und zieht ihn bei E wieder heraus. Jetzt hakt man das Mantelende los und zieht es in die Seele zurück, so dass es gerade darin verschwindet.

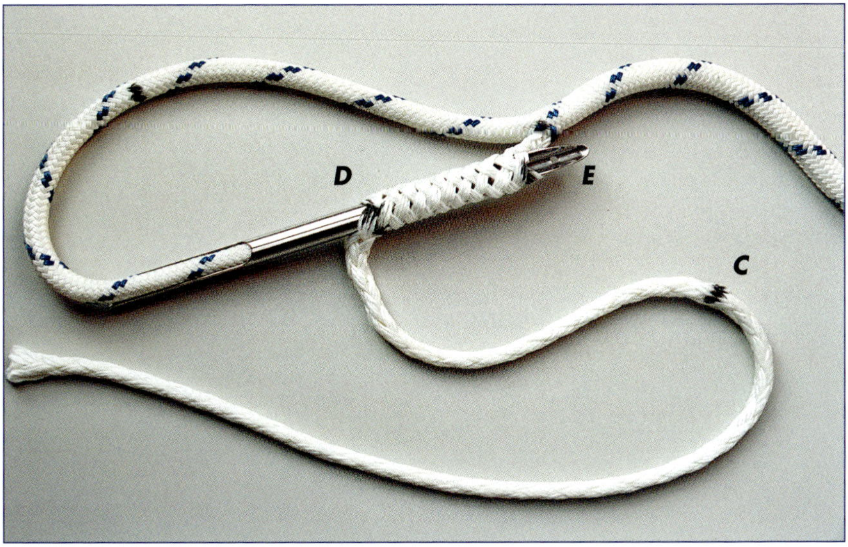

Man befestigt das Ende der Seele im Fitt, führt den Fitt bei A in den Mantel ein und zieht ihn unmittelbar hinter B wieder heraus.

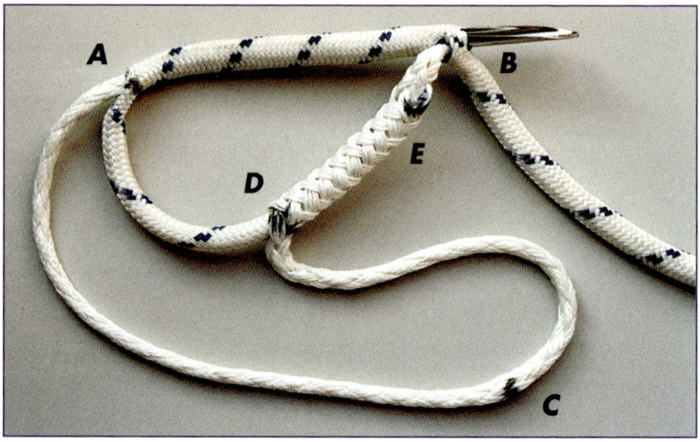

Vom Überhandknoten aus streicht man nun den Mantel in Richtung Auge und von B nach A um das Auge herum glatt, so dass Seele und Mantel ineinander greifen.

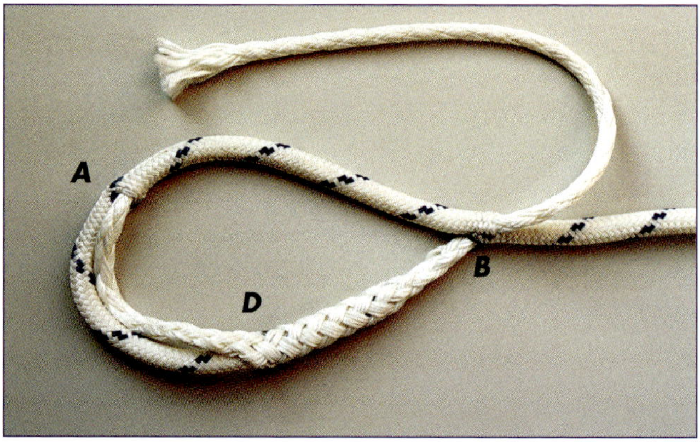

Schließlich zieht man die Seele wieder ein Stückchen heraus, schneidet sie ab und streicht das Ganze um den Spleiß herum glatt, damit das gekürzte Ende verschwindet. Zum Schluss hängt man das Auge über einen stabilen Haken und zieht kräftig daran, damit sich der Spleiß richtig setzt.

Viel Technik, wenig Reck

Bei Materialien und Konstruktionstechniken hat sich in den letzten Jahren viel getan, und die Entwicklung wird immer noch überraschend schnell vorangetrieben, um mit den Bedürfnissen teurer Rennyachten Schritt zu halten.
Leider sind die etwas exotischeren Materialien teilweise wirklich sehr teuer; aber zum größten Teil ist hohe Leistung zu einem akzeptablen Preis zu bekommen.
Der wichtigste Pluspunkt dieser High-Tech-Leinen liegt in ihrem geringen Gewicht in Verbindung mit hoher Festigkeit und wenig Reck. Die Festigkeit oder Stärke ist allerdings kein Thema, über das man sich auf einer durchschnittlichen Yacht Gedanken machen müsste. Wenn das Ende so dick ist, dass man noch problemlos damit umgehen kann, ist es auch stark genug für die betreffende Aufgabe (unter der Annahme, dass Scheiben und Leine ein Durchmesserverhältnis von mindestens 5:1 aufweisen, dass keine Kinken oder scharfen Knicke vorhanden sind und dass sorgfältig geknotet wird). Zu klären wären angesichts dieser Tatsache nur noch die Fragen, welches Maß an Reck entweder erforderlich oder akzeptabel ist und was die beste Konstruktionsweise ist. Was die Stärke angeht, darf man jedoch nicht vergessen, dass ein permanentes Auge (beispielsweise zur Befestigung eines Schäkels am Fall) immer eingespleißt sein sollte und nicht mit einem Knoten gebildet werden darf. Ein guter Spleiß erhält über 80 Prozent der Festigkeit eines Endes, während ein Knoten die Festigkeit um bis zu 50 Prozent verringert. Nicht gerade beruhigend, oder?

Materialien und ihre Eigenschaften

Polyester, gelegentlich auch als PES bezeichnet, dient als Ausgangsmaterial für dreischäftiges geschlagenes Tauwerk, geflochtenes Tauwerk, Leinen mit geschlagener Seele und geflochtenem Mantel sowie Tauwerk mit geflochtener Seele und geflochtenem Mantel. Die Oberfläche kann glatt oder zum besseren Handling leicht angeraut sein. Es ist ein ausgezeichnetes Allround-Material mit wenig Reck, haltbar und relativ widerstandsfähig gegen Schamfilen und Chemikalien. Es weist bei weitem nicht den geringsten Reck auf (25 Prozent bei Bruchlast) und ist auch nicht das stärkste Material (8 g/den), bietet dem durchschnittlichen Bootseigner aber einen guten Gegenwert für sein Geld und ein problemloses Handling im täglichen Einsatz.

Nylon (eine Zusammenziehung aus »New York« und »London«, den beiden Städten, in denen das Material entwickelt wurde) besitzt eine ähnliche Festigkeit wie Polyester, weist aber mehr Reck auf (35 Prozent bei Bruchlast). Dadurch wurde Nylon-Tauwerk zeitweise gern für Anker- und Festmacheleinen genommen; aber UV-Strahlung und Seewasser (bzw. die Schadstoffe im Seewasser) lassen Nylon-Tauwerk schnell verblassen und steif werden, so dass der Umgang mit den Leinen mühsam wird. Aus diesem Grund gehen viele Segler zu Polyester-Tauwerk über; in Situationen, in denen man vorher wegen des Recks zu Nylonleinen gegriffen hätte, sollte man allerdings kein vorgerecktes Polyester-Tauwerk nehmen. Nylon-Tauwerk gibt es dreischäftig in geschlagener Ausführung sowie in der speziellen Ankerleinenversion geflochten mit acht Kardeelen.

Polypropylen, manchmal zu PP verkürzt, gilt allgemein als preisgünstig – Polypropylenleinen liegen am unteren Ende der Preisskala und sind in mehreren Farben erhältlich, was aber heute angesichts der auf dem Markt verfügbaren Farbpalette bei geflochtenem Tauwerk längst nicht mehr so bemerkenswert ist wie bei der Einführung. Polypropylenleinen fühlen sich ziemlich hart an, und die glatten Ausführungen sind recht rutschig. Aus Stapelfasern gesponnenes Polypropylen besitzt eine rauere Oberfläche, die für einen besseren (um nicht zu sagen, komfortableren) Griff sorgt. PP-Leinen sind im Vergleich zu Tauwerk aus anderen Kunstfasern nicht besonders fest, dafür aber leicht und schwimmfähig, d.h., nützlich für Rettungsausrüstung, aber gefährlich für Propeller.

Kevlar®, eine Handelsmarke der Firma Du Pont, gehört zur Gruppe der Aramide und war das erste exotische Material, das als Tauwerk Verwendung fand. Es ist leicht und fast dreimal so fest wie Polyester, aber teuer und wegen seiner Anfälligkeit gegenüber UV-Strahlung und Abrieb bei Verwendungen auf See nicht lange haltbar. Kevlar® hat mittlerweile zum größten Teil neueren Entwicklungen weichen müssen.

Dyneema® und **Spectra**® sind Handelsnamen der Firmen DSM High Performance Fibers und Allied Fibers. Was den Segler angeht, gibt es zwischen diesen Fasern keinen Unterschied. Sie sind mit ihrer hohen Festigkeit (35 g/den bzw. das Vierfache von Polyester) und ihrem geringen Reck (nur 3,5 Prozent bei Bruchlast) das Material der Wahl für Hochleistungsyachten, aber sehr teuer. Die hohen Kosten werden jedoch auf solchen

Booten aufgewogen durch die Vorteile wie Haltbarkeit und UV-Festigkeit. Leinen aus diesen Materialien bestehen immer aus Mantel und Seele; gespleißt werden sie in der Regel von Rigg-Fachleuten und nicht von normalen Seglern, weil die Prozedur nicht ganz einfach ist.

LCP (Liquid Crystal Polymer), unter der Bezeichnung **Vectran**® (eine Marke der Firma Celanese) im Handel, ist ein hübsches goldfarbenes Material, das auch fast so teuer wie Gold ist. Es ist leicht, weist bei Bruchlast nur 3,3 Prozent Reck auf, ist äußerst temperaturbeständig, aber nur mäßig abriebfest. Es ist so anfällig gegenüber UV-Strahlung, dass es vor der Verarbeitung zur Seele von Tauwerk wirklich keinerlei Tageslicht ausgesetzt werden darf. LCP ist dreimal so fest wie Polyester, also weniger als Dyneema® und Spectra® und kostet gegenwärtig etwa das Zwanzigfache.

PBO (Polyphenylen-2,6-Benzobisoxazol) oder **Zylon**® (eine Handelsmarke der Toyobo Co.) liegt an der Spitze der exotischen Materialien. Mit 3,5 Prozent Reck bei Bruchlast ist es fünfmal so fest wie Polyester, aber anfällig gegenüber UV-Strahlung und Chemikalien; Hitze macht ihm allerdings nichts aus. Bei einem Preis, der 35-mal so hoch ist wie bei Polyester, dürfte dieses Material für die meisten Segler ins Reich der Träume gehören.

Knoten verringern die Festigkeit

Diese Tatsache ist weitaus weniger bekannt, als sie sein sollte. Jeder Knoten wirkt sich negativ auf die Festigkeit der Leine aus, in der er sich befindet. Um das zu beweisen, hat die Firma English Braids exklusiv für dieses Buch eine kurze Versuchsreihe durchgeführt.

FESTIGKEIT

	Bruchlast in kg				
Durchmesser (mm)	6	8	10	12	14
geflochten/geflochten	1230	2000	2550	4000	6000
Dyneema®	1800	3200	4200	5700	7800
Polyester, matt, 16er-Gefl.	600	1460	1580	3400	4350
Polyester, dreischäftig		1700	2340	3310	4180
Nylon, dreischäftig	780	1800	2800	3100	4900
Ankerleine, 8er-Geflecht		1400	2400	3000	3800
Polypropylen, dreischäftig	480	960	1430	2030	2790

Dabei ergab sich, dass die Festigkeit durch einen Palstek um 30 Prozent, durch eine Achtschlaufe um 28 Prozent und durch einen Kreuzknoten um 50 Prozent verringert wird. Wenn man bedenkt, wie häufig diese Knoten an Bord Verwendung finden, darf man diese doch relativ hohen Zahlen bei der Wahl von Tauwerk und Knoten für eine bestimmte Aufgabe nicht einfach außer Acht lassen.

Welches Material für welche Aufgabe?

Trotz der Tatsache, dass Knoten die Festigkeit von Tauwerk reduzieren und dass die Bruchlast einer Leine nicht unberücksichtigt bleiben darf, könnte man durchaus sagen, dass es im Allgemeinen wichtiger ist, das richtige Material mit dem passenden Durchmesser für eine bestimmte Anwendung zu wählen. Wenn das Material stimmt und der Durchmesser so gewählt wird, dass die Leinen leicht zu handhaben sind, reicht die Festigkeit aus.

Schoten und Fallen

Für Schoten und Fallen nimmt man meistens Tauwerk mit geflochtenem Mantel über geflochtener Seele oder 16er-Polyester mit seiner angerauten Oberfläche, die sehr gut in der Hand liegt und auf der Winsch gut greift. Das durchgehend geflochtene Tauwerk braucht an der Oberfläche erst ein wenig Abrieb, bevor es im Handling so angenehm wird wie das 16er-Polyester. Das macht sich bei Schoten eher bemerkbar als bei Fallen, und hinzu kommt, dass Schoten in der Regel mit einem Palstek am Schothorn angesteckt werden, während man Fallen am Segelkopf anschäkelt, und dazu benötigt man ein Auge im Fall. Ein guter Augspleiß lässt sich aber weitaus leichter in Leinen mit geflochtenem Mantel über geflochtener Seele machen als in 16er-Flechttauwerk. Außerdem macht es der Leine mit geflochtenem Mantel und geflochtener Seele nicht viel aus, wenn der Mantel leichte Schamfilstellen aufweist: Die Festigkeit einer solchen Leine kommt von der Seele.
Auf Yachten, die stärker auf Leistung getrimmt sind, setzt man zumindest als Fallen zunehmend Leinen aus Dyneema® oder Spectra® ein, weil sie so wenig Reck aufweisen und dazu beitragen, dass das Vorliek immer gut durchgesetzt bleibt. Im Gegensatz dazu findet sich auf vielen traditionellen (d.h. in der Regel gaffelgetakelten) Booten gelbbraun gefärbtes dreischäftiges Polyester-Tauwerk, weil es sehr griffig ist und wie das alte Hanf- oder Baumwolltauwerk aussieht.

Ankern und Festmachen

Zwar sind viele Bootseigner mit einem Stück Ankerkette in Verbindung mit einer dreischäftigen Nylonleine durchaus zufrieden, aber die geflochtene 8er-Ankerleine ist viel besser, weil sie speziell für diesen Zweck konstruiert wurde. Auch diese Leine benötigt einen ausreichenden Kettenvorlauf, der für den horizontalen Zug sorgt und den Abrieb auf rauem Ankergrund aufnimmt. Aber sie neigt viel weniger dazu, unklar zu kommen, und kann sich nicht zu Kinken vertörnen, wie es bei geschlagenem Tauwerk passiert, wenn man es falsch herumdreht. Wie alles geflochtene Tauwerk dürfen diese Ankerleinen niemals in den sauberen Buchten aufgeschossen werden, die man mit geschlagenen Leinen in Verbindung bringt. Stattdessen muss man sie zu Achten legen oder, besser noch, in einer Hin- und Herbewegung aufschichten, wobei jede Schicht im rechten Winkel zur darunter liegenden ausgerichtet ist. Geflochtenes Tauwerk vertörnt sich beim Aufschießen in Buchten und kommt beim Ausrauschen unklar, während geschlagenes Tauwerk beim Aufschießen (in Richtung des Schlags) gedreht werden muss, damit es nicht unklar kommt. In dieser Hinsicht besitzen die beiden Arten von Tauwerk nahezu gegensätzliche Eigenschaften.

Eine spezielle Ankerleine ist außerdem elastischer und absorbiert ruckartige Belastungen besser als geschlagenes Tauwerk. Wenn eine Yacht bei Starkwind und rauer See vor Anker liegt, werden Ankergeschirr und Decksbeschläge beträchtlich belastet, und eine geflochtene Leine kann diese Belastungen einmal durch die Elastizität der Flechtung und zum anderen durch die Elastizität des Nylons besser auffangen. Geschlagenes Tauwerk besitzt bauartbedingt weitaus weniger Elastizität.

Ankerwinden und -winschen sollten mit beiden Arten von Tauwerk gleichermaßen zurechtkommen.

Was Festmacheleinen angeht, so sieht man alles mögliche im Gebrauch – geschlagen, geflochten/geflochten und Ankerleine, ob aus Nylon, Polypropylen oder Polyester. Nur zu oft werden zum Festmachen die Reste alter Schoten genommen, die schon bessere Tage gesehen haben. Es ist zwar zu verstehen, dass manch ein Eigner solche Leinen lieber weiter verwendet, als sie in den Müll zu werfen, aber ratsam ist es nicht. Wenn eine Leine das Ende ihres Arbeitslebens für die eine Aufgabe erreicht hat, kann man davon ausgehen, dass sie auch für eine andere nicht mehr viel taugt – schon gar nicht dafür, das wertvolle Kapital fest am Steg oder Anleger zu vertäuen.

Für jedes Material – Nylon, Polyester, Polypropylen – lassen sich gute Gründe ins Feld führen, aber nach dem Preis kommt auf jeden Fall die UV-Beständigkeit, denn die Festmacher sind die Leinen, die am längsten der Sonne ausgesetzt sind. Es ist nämlich eine traurige Tatsache, das die Mehrheit aller Yachten mehr Zeit am Anleger zubringt als auf See, d.h., die Festmacheleinen unterliegen dem stärksten Gebrauch.

Der Umgang mit Leinen

Es dürfte nicht erstaunen, dass der Umgang mit diesen High-Tech-Leinen und ihre Pflege gewisser Überlegungen bedürfen.

Gebote:

- Leinen sauber aufschießen, damit sie sich nicht vertörnen.
- Leinen vorsichtig ausbringen, damit es keine Kinken oder Knoten gibt.
- Geschlagene Leinen in Buchten im Uhrzeigersinn (bei Rechtsschlag), geflochtene Leinen in Achtform aufschießen.
- Salz, Sand und Schlick abwaschen, damit die Fasern nicht beschädigt werden.
- Aufgeschossene Leinen nach Möglichkeit in einem Schapp aufhängen und nicht in einem unordentlichen Haufen ablegen.
- Leinen vor Schamfilen schützen.
- Zum Anbringen permanenter oder großer Lasten Augspleiß statt Knoten verwenden.
- Der Scheibendurchmesser in Blöcken sollte mindestens das Fünffache des Leinendurchmessers betragen.
- Die Leine muss bequem in die Keep der Scheibe passen.
- Leinen am Ende verschweißen und betakeln. Besonders geflochtene Mäntel fransen sehr schnell aus.

Verbote:

- High-Tech-Leinen nicht längere Zeit hoher UV-Strahlung aussetzen.
- Leinen nicht knicken oder vertörnen.
- Nicht auf Leinen treten.
- Leinen, und zwar speziell solche aus Polypropylen, nicht zu schnell um Winschen oder durch Klemmen rauschen lassen.
- Keine Stopper verwenden, die die Seele beschädigen könnten; das gilt speziell für die exotischeren Materialien.

Ordnung im laufenden Gut macht das Segeln einfacher und sicherer.

Flämischer Drahtaugspleiß

Anders als bei den meisten Spleißarbeiten in Draht brauchen die Kardeele bei diesem Augspleiß nicht untereinander durchgeführt zu werden, so dass das Arbeiten sehr leicht ist.

Das Ende wird in zwei Teile aufgeteilt: einer mit drei, der andere mit vier Kardeelen, darunter das gerade Seelenkardeel. Die Kardeelgruppen werden am Ende abgeklebt, dann dröselt man das Ganze auf mindest das Vierfache der Länge des Auges auf. Nun bildet man das Auge, indem man den einen Teil über den anderen legt.

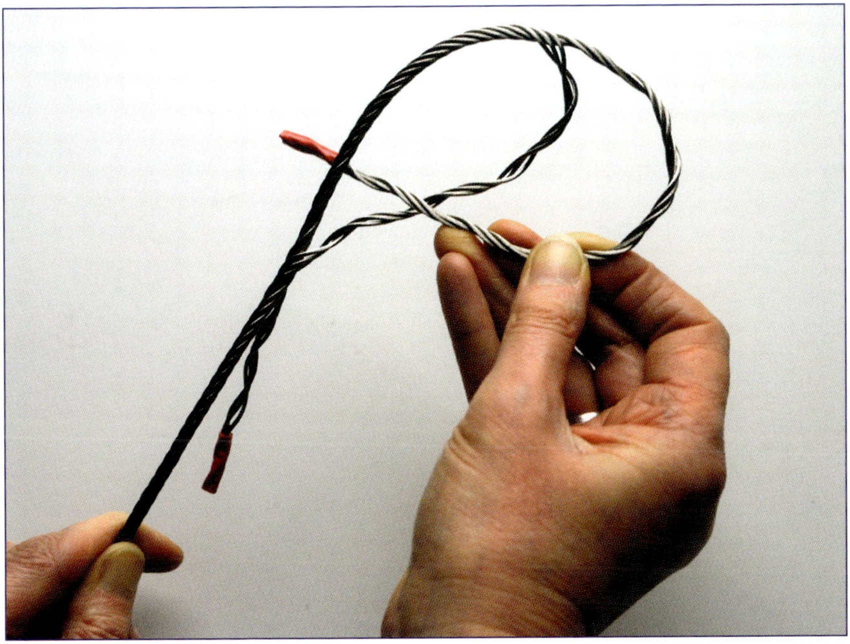

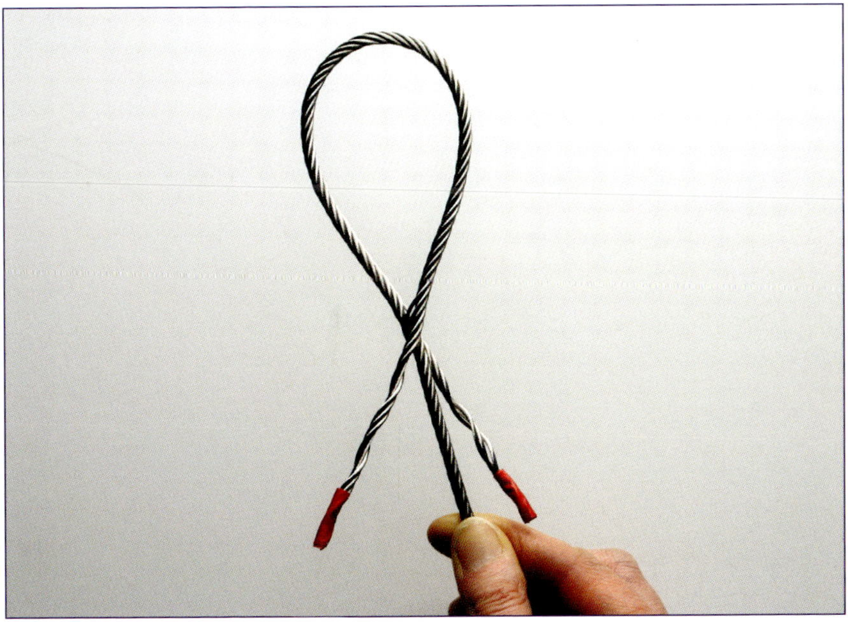

Jetzt legt man die beiden Teile abwechselnd in die leere Keep auf der anderen Seite.

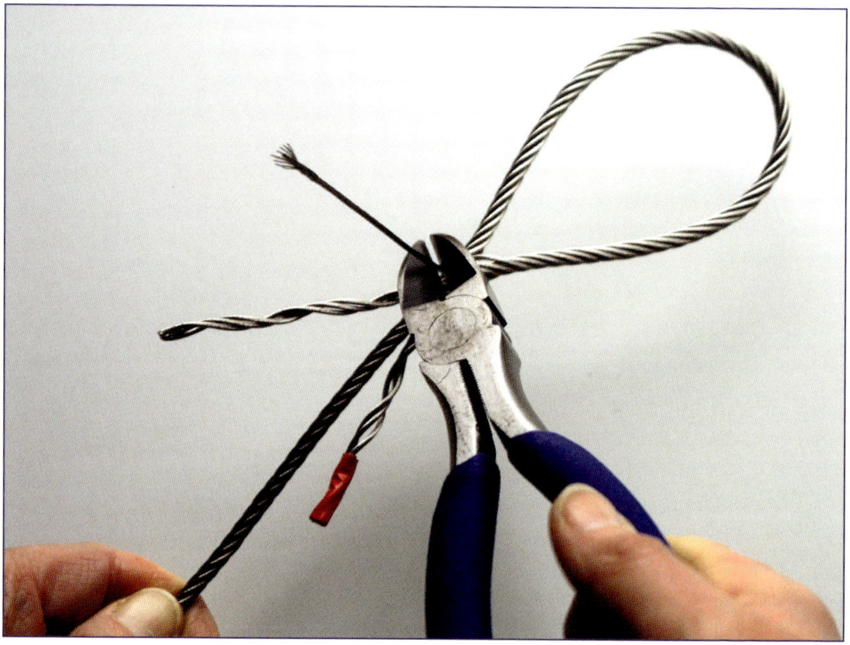

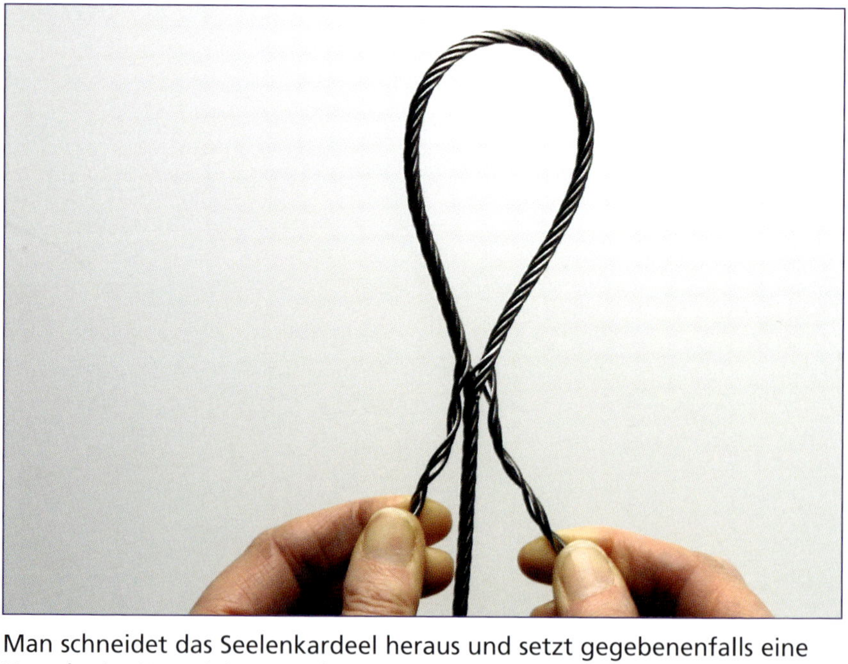

Man schneidet das Seelenkardeel heraus und setzt gegebenenfalls eine Kausch ein. Nun zieht man die einzelnen Teile auf die eigene Seite zurück

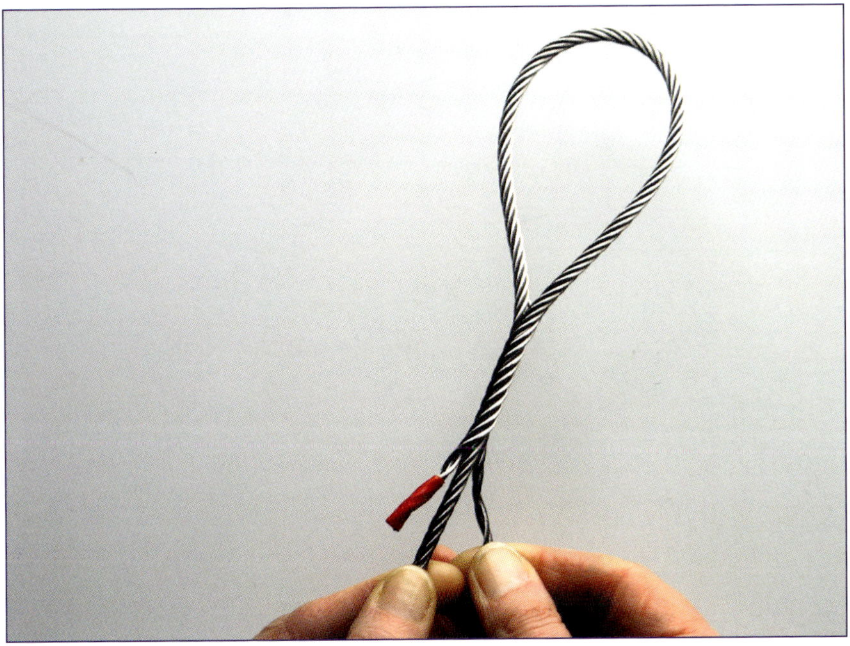

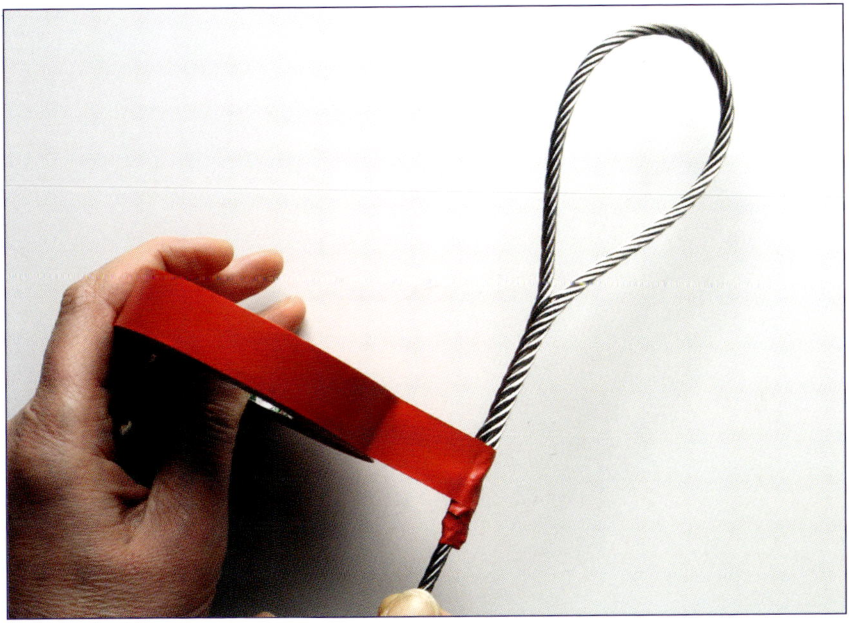

und führt sie spiralförmig um die stehende Part herum.
Zum Schluss wird das Ganze mit Klebeband betakelt.

Verspleißen von Flechttauwerk und Kette

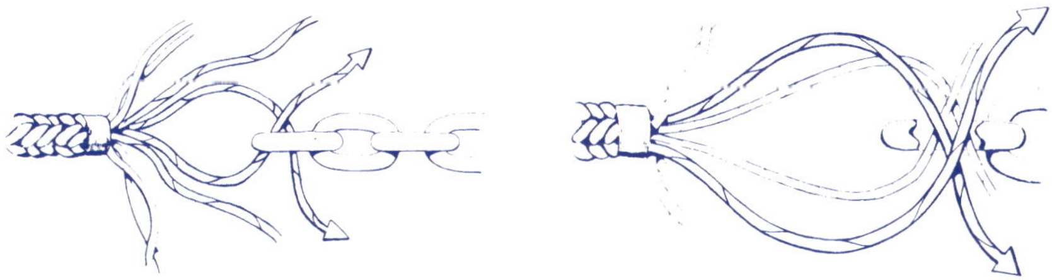

Mit diesem Spleiß passt ein Verbindungsstück zwischen Leine und Kette durch eine Rohrklüse oder Leitöse. Vier Kardeelpaare werden auf eine Länge von zwölf Kettengliedern aufgedröselt und am unteren Ende mit Klebeband zusammengehalten. Ein genauer Blick zeigt, dass von den vier Kardeelpaaren eines oben und eines unten liegt und zwei sich in der Mitte kreuzen. Mit dem über Kreuz liegenden Paar wird der erste Einstich gemacht. Beide haben entweder einen schwarzen Markierungsfaden oder sind ohne Markierung. Man trennt die Kardeele in den einzelnen Paaren auf und steckt sie durch das erste Kettenglied, zwei von oben und zwei von unten.

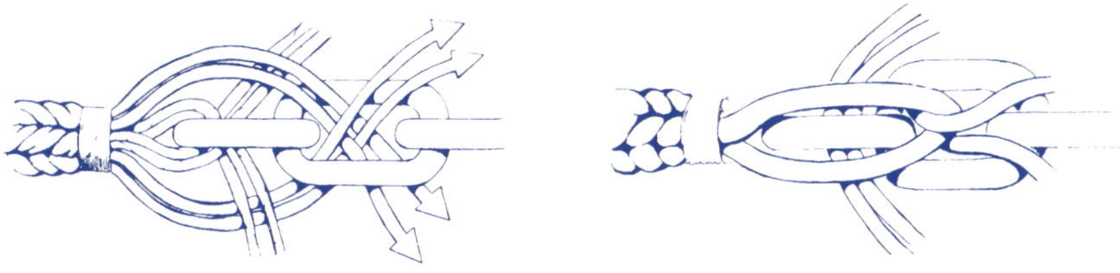

Als nächstes führt man die Kardeele auf beiden Seiten am ersten Glied entlang und steckt sie kreuzweise durch das zweite Kettenglied.

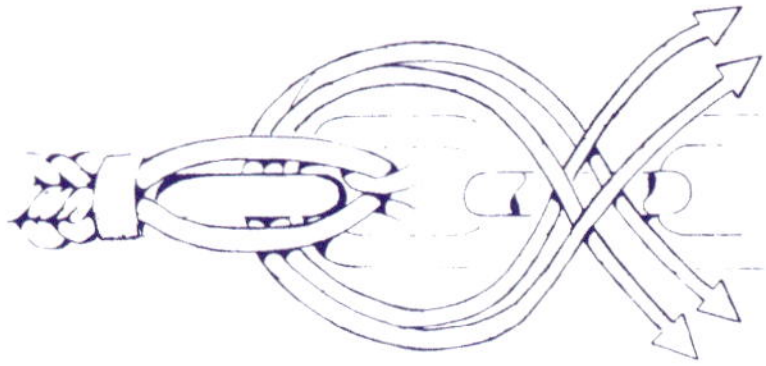

Nach dem Festziehen steckt man abwechselnd weitere Kardeelpaare ein.

Stichwortverzeichnis

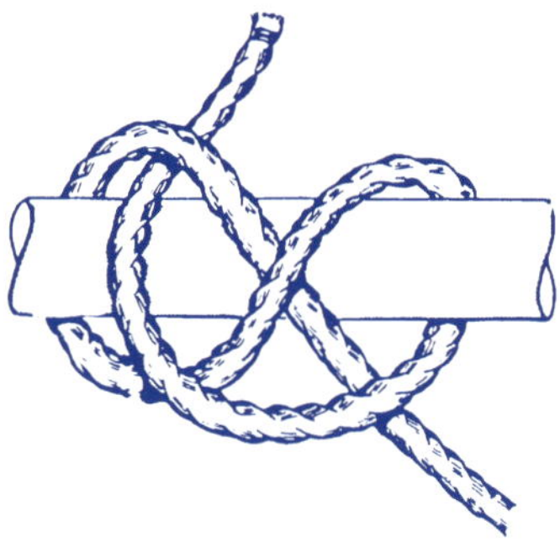

MIRANDA J. FOX

Zwei Brüder, plus Ich, gleich Chaos

LIEBESROMAN

Deutsche Erstausgabe Mai 2019

Lektorat: Lilian R. Franke

Facebook: Miranda J. Fox
www.mirandajfox.com

Impressum:
Thomas Wiens, Rinchnacher Weg 20, 10318 Berlin
mirandajfox@outlook.com
Facebook: Miranda J. Fox
www.mirandajfox.com

ISBN: 9781070272382
Imprint: Independently published

Kapitel 1

„Aufwachen Schatz“, weckte die sanfte, melodische Stimme meiner Mutter mich. Einen Moment orientierungslos öffnete ich die Augen und kniff sie sofort wieder zusammen, als grelles Sonnenlicht mich blendete.

Ich war eingenickt, begriff ich.

Blinzelnd nahm ich die Stirn von der Fensterscheibe und drehte den Kopf zu Mom, die hinter dem Lenkrad saß und flüchtig in meine Richtung lächelte. Dann kehrten die Erinnerungen zurück. Scheidung meiner Eltern. Umzugswagen. Neue Stadt.

„Sind wir schon da?“, fragte ich gähnend und nahm die Wasserflasche aus dem Seitenfach. Mein Hals fühlte sich an, als hätte man mir Sand in den Rachen geschüttet, und auf meiner Zunge lag ein pappiger Geschmack.

„Gleich. Wir fahren bereits durch Cleeveville.“

Ich trank ein paar Schlucke, dann stellte ich die Flasche zurück und blickte neugierig aus dem Fenster. Grundstücke mit den verschiedensten Häusertypen reihten sich auf beiden Straßenseiten aneinander. Mal waren es einfache Bungalows, mal massive, mehrstöckige Häuser, die offenbar allesamt darum wetteiferten, wer den schönsten Garten vorzuweisen hatte. Villen gab es nur wenige, dafür reichlich Grün, penibel gestutzte Hecken und saubere Gehwege. Die Nachmittagssonne bretterte durch die Windschutzscheibe, als wollte sie sie schmelzen, sogar die Straße flimmerte vor Hitze. Inmitten des Hochsommers wirkte Cleeveville beinahe wie eine Oase in der Wüste.

Das war also meine neue Heimat. Ein kleiner Vorort der Metropole Houston, in der ich zukünftig aufs College gehen würde.

Knapp vier Stunden hatten wir von Dallas aus mit dem Transporter hierher gebraucht. An sich machte mir der Umzug nichts aus, auch nicht die offizielle Scheidung meiner Eltern – zumal die beiden schon seit Jahren nicht mehr zusammenlebten –, aber meine Freunde zu verlassen, schmerzte sehr. Besonders würde ich meine Kindergartenfreundin Nicki vermissen, mit der ich so viel Blödsinn erlebt hatte und gern zusammen studiert hätte.

Dass Mom nicht schon viel eher aus Dallas abgehauen war, lag an mir – beziehungsweise an meiner Schule. Sie hatte gewartet, bis ich mit der High School fertig war, und nun wollte sie hier neu anfangen. In einer neuen Stadt, mit einem neuen Mann an ihrer Seite, der nur einen Katzensprung von Cleeveville entfernt lebte.

Was das College anging, war ich nur milde aufgeregt. Freunde zu finden war mir noch nie schwergefallen – ich war ein unkomplizierter Mensch. Das

Einzige, das mir Sorgen bereitete, war, dass ich vielleicht die einzige 19-Jährige in meinem Jahrgang sein könnte. Als Kind war ich eine Spätzünderin gewesen und deshalb ein Jahr später eingeschult worden.

„Es ist wirklich schön hier", sagte ich und nahm jedes Detail meiner Umgebung in mich auf.

„Warte ab, bis du dein Zimmer siehst", meinte Mom augenzwinkernd. „Es ist riesig. Du hast die ganze, zweite Etage für dich."

Anders als Mom war ich zum ersten Mal in Cleeveville. Schon vor Monaten hatten sie und Ben sich im Umkreis von Houston erschwingliche Häuser angesehen. Wobei ich erstaunlich fand, wie viel günstiger die Häuser hier im Vergleich zu anderen Großstädten waren. In Dallas hätten wir für den Preis nur eine Drei-Zimmer-Wohnung bekommen.

Ben zog nicht mit uns ein – jedenfalls noch nicht. Die beiden waren erst seit einem Jahr zusammen und wollten es langsam angehen lassen. Ich war mir aber sicher, dass er seine Wohnung in Houston spätestens in ein, zwei Jahren aufgeben und zu uns ziehen würde. Genügend Platz hatten wir ja.

Damit Moms und Bens Privatsphäre nicht zu kurz kam, würde sie künftig drei Tage in der Woche bei ihm übernachten. So konnten die Turteltauben ihre Zweisamkeit genießen und ich in Ruhe zeichnen – dabei brauchte ich nämlich absolute Ruhe. Unsere Vorbesitzerin war eine verwitwete, alte

Dame gewesen, dementsprechend verwaist war das Haus, als Mom es gekauft hatte. Eine Malerfirma hatte dem Innenleben eine Rundumerneuerung verpasst und jetzt sah es, zumindest von innen und laut den Fotos wie ein Neubau aus.

Hoffentlich bekam ich keine Albträume, weil die Vorbesitzerin in diesem Haus gestorben war. Ich war nicht abergläubisch oder so, aber bei dem Gedanken, ihr Geist könnte ganz *Crimson Peak*- mäßig nachts durch die Flure kriechen, während ich allein im Haus war, stellten sich mir sämtliche Nackenhaare auf. Vielleicht sollte ich aufhören, so viele Horrorfilme zu gucken.

Mom und ich bildeten die Spitze eines kleinen Konvois, bestehend aus meinen Großeltern, die direkt hinter uns fuhren, und meiner Tante und meinem Onkel im dritten Wagen. Onkel Alan würde den Transporter später nach Dallas zurückfahren und für uns abgeben, sodass Mom nicht noch mal zurückmusste und wir uns voll und ganz aufs Einrichten konzentrieren konnten.

Fehlte nur noch eine Person.

„Ist Ben schon im Haus?“, erkundigte ich mich nach Moms Freund, als sie in eine breite Querstraße einbog. Laut Navi waren wir jeden Moment am Ziel.

Mom schüttelte ihren Lockenkopf. „Er durfte leider nicht früher gehen und kommt nach. Aber ich hab‘ die Nachbarsjungs angeheuert. Vielleicht freundet ihr euch ja an, sie sind in deinem Alter.“

Wie in Zeitlupe drehte ich den Kopf zu meiner Mutter, die mit ihrem naturroten Haar und den winzigen Sommersprossen im Gesicht wie eine ältere Version meiner selbst aussah.

Söhne in meinem Alter? Und das sagte sie mir erst jetzt?!

Ich schaffte es noch, mir die zerzausten Haare zu einem provisorischen Dutt hochzubinden, dann hielten wir auch schon vor einem pastellgrünen Haus mit der Nummer 21.

Zum ersten Mal sah ich unser neues Heim live und in Farbe. Es wirkte kleiner als auf den Fotos, aber das täuschte vermutlich nur, denn die Zimmer auf den Bildern hatten riesig ausgesehen. Unsere Vormieterin musste einen grünen Daumen gehabt haben – oder in dieser Gegend stand die Todesstrafe auf unsaubere Gärten –, denn die runden Buchsbäume neben der Treppe wirkten wie mit der Nagelschere gestutzt. Die Sommer in Texas konnten unbarmherzig sein, und doch entdeckte ich weder verbrannte Blätter noch dürre Grashalme.

Scheinbar hatte die ganze Nachbarschaft einen Garten-Faible. Na, die würden sich noch umgucken. Mit Pflanzen hatte ich so gar nichts am Hut. Bei mir überlebten nicht mal die anspruchslosesten Kakteen. Ich würde es sogar fertigbringen, dass künstliche Pflanzen bei mir eingingen.

Mein Blick wanderte zu den beiden Jungs, die auf der Treppe herumlungerten, und ich stöhnte innerlich auf. Natürlich warteten sie schon auf uns, sodass ich auch ja keine Gelegenheit mehr hatte, in salonfähigere Kleidung zu wechseln. *Ich bring meine Mutter um!*, dachte ich und hätte mich am liebsten geduckt durch die Fahrertür davongemacht. Mit glühenden Wangen schaute ich an mir herab. Schlabbershirt und ausgefranste Jeansshorts. Große Klasse! Einen besseren ersten Eindruck als in vermodernden Lumpen konnte man nicht machen, oder? Warum hatte Mom mich nicht früher vorgewarnt? Ich hatte angenommen, Ben, Onkel Alan und Grandpa wären die einzigen Männer, die beim Umzug helfen würden. Und jetzt saßen da diese gut aussehenden Typen!

Nachdem Mom den Motor ausgestellt hatte, kamen sie zu uns, sodass mir nichts anderes übrigblieb, als meinen Stolz hinunterzuschlucken und mit ihr auszusteigen. Seufzend schnallte ich mich ab und kletterte aus dem Transporter. Wenigsten hatte ich nicht die gepunkteten Leggings angezogen, tröstete ich mich – dafür war es zum Glück zu warm gewesen.

Trockene, heiße Luft schlug mir entgegen, als ich das klimatisierte Fahrzeug verließ, und ich fing sofort an, zu schwitzen.

„Danke, dass ihr gekommen seid. Ich hoffe, ihr habt nicht zu lange auf uns gewartet?“, begrüßte Mom die Jungs.

Ich gab mir einen Ruck und verdrängte die kindischen Gedanken. Ich war 19 Jahre alt, keine 12 mehr.

Bei einem Umzug konnte man wohl kaum erwarten, dass ich in Abendgarderobe aufkreuzte.

„Nein, alles gut“, antwortete der kleinere der beiden und reichte ihr lächelnd die Hand. Er war nicht wirklich klein – er überragte sowohl Mom als auch mich –, aber sein Bruder war noch ein paar Zentimeter größer als er.

„Oliver, das ist meine Tochter Alison. Alison, das ist Oliver Jackson“, stellte Mom mich dem Jungen vor.

Oliver hatte dunkelblondes, volles Haar und ein wahnsinnig hübsches Gesicht. Freundlich strahlten seine grauen Augen mich an, und als er lächelte, ging in meinem Herzen die Sonne auf. Wenn das nicht der Inbegriff eines Sonnyboys war, dann wusste ich auch nicht! Oliver war auf jeden Fall schon vergeben. Es konnte gar nicht anders sein, so gut wie er aussah.

Ich schüttelte seine Hand und zerfloss im Geiste vor Verzückung zu Butter. Ein angenehm frisches Parfüm haftete ihm an, und mir entging keineswegs, wie sein Blick an meinem Körper hinabglitt. Mann, warum hatte ich mich ausgerechnet heute wie eine Flodder angezogen?!

Oliver trat beiseite, und Mom stellte mich dem Größeren vor. „Ethan, Alison. Alison, das ist Ethan Jackson.“

Noch bevor ich seine Hand schüttelte, wusste ich, dass Ethan nicht annähernd so ein Sonnenschein war wie sein Bruder. Sie hatten dieselbe

Stupsnase und geschwungenen Lippen, aber Ethan wirkte viel draufgängerischer als Oliver. Angefangen damit, dass er schwarze, anstatt blonde Haare hatte und seine Gesichtszüge kantiger und härter waren. Ethan trug schwarz und grau. Keine Farben, die ich bei der Hitze bevorzugt hätte, aber sie passten zu seinem verwegenen, geheimnisvollen Typ. Er sah wie die Art Jungs aus, die einfach so zum Spaß Häuser anzündeten. Selbst ohne meine schrillenden Alarmglocken hätte ich gespürt, dass ich mich von ihm fernhalten sollte.

Mom wurde von Grandma gerufen und ließ uns drei stehen. Ich machte einen Schritt auf Ethan zu und reichte ihm die Hand. „Du kannst mich Allie nennen."

Wenn ich mich entscheiden müsste, welchen Bruder ich lieber daten würde, müsste ich wohl eine Münze werfen. Sowohl der Sonnyboy als auch der Bad Boy strahlten auf ihre Art etwas Faszinierendes aus. Nicht, dass ich mir anmaßte, in ihr Beuteschema zu passen – die beiden sahen aus, als hätten sie an jedem Finger zehn Freundinnen –, aber man durfte ja wohl noch träumen.

Als Ethan keine Anstalten machte, meine Hand zu ergreifen, senkte ich sie stirnrunzelnd. Mit einem Gesichtsausdruck, den man nur als gelangweilt bezeichnen konnte, glitt sein Blick an mir herunter, dann sah er über meinen Kopf hinweg zum Transporter. „Sag mir einfach, wohin ich die Kisten tragen soll. Ich will das hier so schnell wie möglich hinter mich bringen.“ Damit ging er zu Mom, die gerade den Laderaum öffnete und ihn zum Glück nicht gehört hatte. Ähm, okay?

Irritiert schaute ich zu Oliver, der erst missbilligend den Kopf schüttelte und mich dann entschuldigend ansah. „Sorry, er ist heute nicht gut drauf.“

„Schon gut“, winkte ich ab und gesellte mich dann zu den anderen. Inzwischen hatten sich auch Tante Jenna und Onkel Alan vor dem Laderaum versammelt. Sie begrüßten unsere neuen Nachbarn, dann berieten die Männer, welche Möbel sie zuerst ausräumen sollten. Leichtfüßig wie eine Katze kletterte Ethan auf die Ladefläche, und ich kam nicht umhin, seine athletische Figur zu bewundern. Dieser Junge schien kein Gramm Fett am Körper zu haben, dafür jede Menge definierter Muskeln. Ich schätzte, dass er zwei, vielleicht drei Jahre älter war als ich, Oliver dürfte in meinem Alter sein. Nach einem kurzen Wortwechsel stieg auch Onkel Alan auf die Ladefläche, dann begannen sie, sie auszuräumen.

*

Drei Stunden später schwitzte ich aus allen Poren. Ben war vor einer guten Stunde dazu gestoßen und hatte mit den Brüdern die schweren Möbel ins Haus getragen. Wir Frauen hatten die weniger wuchtigen Gegenstände übernommen – was natürlich nichts daran änderte, dass ich völlig kaputt war.

Daran war diese blöde Hitze schuld. Wenn es eines gab, dass mich neben der lästigen Katzenhaarallergie besonders fertigmachte, dann waren es heiße, trockene Sommertage. Wie praktisch, dass die Sonne es sich heute zur Aufgabe gemacht hatte, uns bei lebendigem Leibe zu rösten! Ich hatte mal eine Phase gehabt, in der ich jeden Sommer mindestens einmal zusammengeklappt war. Seitdem ich regelmäßig Wasser trank, blieben diese Schwächeanfälle zum Glück aus.

Unser Haus war erstaunlich gut gedämmt und im Inneren angenehm kühl, sodass wir uns drinnen abkühlen konnten. Grandmas selbst gemachte Limonade versorgte uns zudem mit Vitaminen und Zucker. Ich schleppte das letzte Utensil – eine Stehlampe – auf mein Zimmer, dann betrachtete ich erschöpft, aber zufrieden den Kartonhaufen, der sich teilweise bis zur Decke stapelte. Mom hatte nicht gelogen: Mein Zimmer war riesig. Selbst mit den ganzen Kisten war es noch geräumig genug, um hier eine Party feiern zu können. Ich fragte mich, was ich mit dem ganzen Platz anfangen sollte.

Neben meinem Zimmer gab es in der zweiten Etage noch ein Bad, einen Abstellraum, eine ausziehbare Treppe zum Dachboden und ein zweites Schlafzimmer, das Mom als Büro nutzen würde.

Ich hatte schon genaue Vorstellungen davon, wie mein Zimmer später aussehen sollte. Die Wand hinter dem Bett würde ich dunkelgrau streichen, den rissigen Boden durch einen weißen, gekachelten ersetzen und mein Kleiderschrank würde einen schwarzen Anstrich bekommen. Die einzigen Dinge, die ich nicht austauschen oder umgestalten würde, waren mein Bett, der Schreibtisch und meine weiße Stehlampe. Mit Rosa und kitschiger Deko konnte man mich jagen. Ich hatte es lieber klar und ohne Schnickschnack.

Mir fiel ein, dass Mom mich gebeten hatte, nach einer Schere zu suchen. Ich wusste, dass sie sich im Karton mit der Aufschrift *Schreibtisch* versteckte. Leider thronte dieser ganz oben auf dem Kistenstapel, wo ich unmöglich drankommen würde, ohne zu klettern. Kurz überlegte ich, jemanden zur Hilfe zu holen, aber dann verwarf ich den Gedanken wieder, schob den Bürostuhl zum Stapel und stieg darauf. Die anderen hatten genug zu tun, und so schwer konnte es ja nicht sein, an diese Kiste zu kommen.

Der Bürostuhl balancierte mein Gewicht perfekt aus, sodass ich mich bedenkenlos strecken und nach der obersten Kiste greifen konnte. Sie war nicht besonders schwer, deshalb konnte ich sie mit einer Hand halten, während ich mich mit der anderen an einem Karton abstützte. Ich hob die Kiste auf meinen Kopf und wollte gerade vom Stuhl steigen, als jemand hinter mir sagte: „Deine Mom braucht immer noch eine …"

Ich erschrak so heftig, dass ich das Gleichgewicht verlor und samt Kiste nach hinten kippte. Im

Geiste sah ich mich schon auf dem Boden aufschlagen und sämtliche spitze Gegenstände wie auf einer Dartscheibe in meinem Gesicht landen, als mich plötzlich kräftige Arme auffingen. Der Inhalt des Kartons ergoss sich über meinen Kopf und vermutlich auch über den meines Retters. Harte, wie eingemeißelt wirkende Bauchmuskeln drückten von hinten gegen meinen Rücken und warmer Atem kitzelte an meinem Ohr. Es war ein Wunder, dass die Monster-Schere uns verfehlte. Dafür wurde ich von Notizblöcken, einem Tacker und Stiften erschlagen, bevor sie scheppernd auf dem Boden landeten.

„Bist du immer so schreckhaft?“, fragte mein Hintermann und ließ mich los.

Schaudernd erkannte ich, dass es Ethan war, der von hinten seine Arme um mich geschlungen hatte. Mit glühenden Wangen brachte ich einen Schritt Abstand zwischen uns, drehte mich um und blickte zu ihm hoch. Im Grunde war Ethans Miene genauso ausdruckslos wie schon die ganze Zeit über, jetzt bildete ich mir aber zumindest ein spöttisches Funkeln in seinen Augen ein.

Sieh an.

Er war also kein völliger Zombie.

Das Herz schlug mir bis zum Hals, und der Schrecken musste mir deutlich ins Gesicht geschrieben stehen. „'Tschuldige“, murmelte ich und bückte mich etwas zittrig nach der Schere auf dem Boden.

Als ich mich wieder aufrichtete, nahm Ethan sie kommentarlos entgegen, drehte sich weg und ging aus dem Zimmer. Einfach so. Als hätte er mir nicht eben den Hals gerettet. Komischer Vogel.

Nachdem das Gröbste verteilt war, gab Mom den Brüdern ein Trinkgeld und lud sie zum Abendessen ein. Es dämmerte bereits und die backofenmäßigen Temperaturen kühlten auf ein angenehmes Maß herunter. Ethan lehnte ab und machte sich mit den Moneten einfach aus dem Staub. Auch nach seiner Rettungsaktion hatte er mich nicht weiter beachtet. Nur zu Mom war er halbwegs gesprächig und freundlich gewesen.

Wenigstens pflegte *einer* der Brüder gute Umgangsformen. Oliver nahm das Angebot begeistert an und schlug sogar vor, mich zum Supermarkt zu begleiten, als Mom mich dorthin beorderte. Sie gab mir eine Einkaufsliste und Geld, dann stiegen wir in den blauen Volvo und düsten los.

Hätte Grandma uns neben der eisgekühlten Limonade nicht zusätzlich mit belegten Sandwiches verköstigt, wären wir inzwischen wohl längst alle verhungert, aber jetzt brauchte ich unbedingt etwas Warmes, Würziges.

„Sorry noch mal wegen meines Bruders“, entschuldigte sich Oliver, kaum, dass wir losgefahren waren.

„Du musst dich nicht entschuldigen“, meinte ich „Wir sind euch unheimlich dankbar für eure Hilfe. Und jeder hat mal einen schlechten Tag.“

Meine Worte entlockten ihm ein Schnauben. „Ich fürchte, er ist auch sonst nicht der Umgänglichste. Besonders Fremden gegenüber ist er … nun ja, du hast es ja gesehen.“

Allerdings, und offenbar hatte er Oliver nichts von unserem kleinen Zwischenfall erzählt. Überhaupt hatten sich die Brüder während des Umzugs kaum unterhalten.

Wir ließen die Siedlung hinter uns und wechselten auf die Hauptstraße.

„Wie hat Mom euch eigentlich dazu überredet? Hat sie ihre berühmte Mitleidsnummer abgezogen oder euch mit dem Trinkgeld geködert?“, fragte ich und drehte die Klimaanlage voll auf.

Das Geräusch der zuströmenden Luft war ohrenbetäubend – Moms Volvo war nicht mehr der Jüngste –, aber wenigstens vertrieb sie die drückende Hitze.

„Weder noch. Sie hat vor ein paar Wochen mit selbst gebackenen Cookies an unserer Tür geklopft und sich vorgestellt.“

„Oh, Gott!“, stöhnte ich. „Wie klischeehaft!“ Typisch meine Mutter. Nie um eine Peinlichkeit verlegen.

Olivers tiefes, sonores Lachen bescherte mir eine Gänsehaut. „Also, ich fand’s süß, und die Cookies waren der Hammer. Von mir aus kann sie jeden Tag welche vorbeibringen. Jedenfalls sind unsere Eltern so ins Gespräch gekommen und da hat Dad angeboten, dass wir – Ethan und ich – euch beim Umzug helfen könnten. Die nächste musst du rechts abbiegen."

Das tat ich, und zehn Minuten später betraten wir einen gigantischen Supermarkt. Zügig hakte ich die Einkaufsliste ab und stellte fest, dass Oliver ein fabelhafter Gesprächspartner war. Locker, witzig und mit einer gesunden Portion Selbstironie – genau nach meinem Geschmack.

Es kam mir vor, als wären wir schon seit Ewigkeiten befreundet. Dass er obendrein noch unfassbar süß war, ließ ihn auf meiner Traummänner-Leiter weit nach oben klettern, direkt hinter Henry Caville alias *Men of Steel*.

„Wie lange lebt ihr schon in Cleeveville?", fragte ich und hievte eine 5-Kilo-Packung Vollwaschmittel in den Einkaufwagen. Immer wieder bot Oliver mir seine Hilfe an, aber er hatte heute schon genug für uns geschleppt, er sollte nicht auch noch als Einkaufs-Packesel herhalten.

„Fast mein ganzes Leben. Vorher haben wir in Houston gewohnt, aber nachdem meine Mutter gestorben ist, sind wir aus der Stadt weggezogen."

Ich stoppte so abrupt, als wären der Einkaufswagen und ich mit einem Regal kollidiert. „Eure Mutter ist … tot?"

Oliver schob die Hände in die Hosentaschen und lächelte tröstlich, als wäre *ich* diejenige, die hier zu bemitleiden wäre. „Schon seit einer ganzen Weile. Ich war neun, Ethan zwölf. Inzwischen erinnere ich mich kaum noch an sie."

„Oh, Gott, das tut mir so leid!" Mit einem dicken Kloß im Hals schob ich den Wagen weiter. Vor drei Jahren, als es mit dem Eheleben meiner Eltern bergab gegangen war, war für mich eine Welt zusammengebrochen. Ich hatte die beiden angefleht, nicht immer zu streiten und sich wieder zu versöhnen, aber weder meine Gebete noch ein Eheberater hatten sie retten können. Ein Jahr später hatte ich mich bereits an den Gedanken gewöhnt, dass sie sich irgendwann trennen würden, und nun waren beide in neuen Beziehungen und ihre Scheidung amtlich.

Im Vergleich zu Oliver hatte ich es noch gut getroffen. Ob getrennt oder nicht, meine Eltern waren immer für mich da. Sollte die Sehnsucht nach Dad zu groß werden, bräuchte ich nur zum Telefon zu greifen oder nach Dallas zu fahren. Oliver konnte das nicht. Seine Mutter war für immer fort.

„Danke. Und was führt euch nach Cleeveville?", ließ er erst gar nicht beklemmendes Schweigen aufkommen. Ich stoppte vor dem nächsten Regal und bereicherte meinen Einkauf um Bagels und Sandwiches.

„Die Scheidung meiner Eltern." Ganz Old-School-mäßig hakte ich die besagten Lebensmittel auf dem Zettel mit einem Stift ab, dann schob ich den Wagen weiter. „Beziehungsweise meine bevorstehende *Einschulung* aufs College. Mom hat gewartet, bis ich alt genug bin. Sie wollte mich nicht mitten aus dem letzten High School-Jahr reißen."

„Auf welches College gehst du?“

„Das *South Texas College*, in Houston.“

Überrascht blieb Oliver stehen. „Sag bloß! Was für ein Zufall, ich auch.“

„Echt?“ Begeistert lächelte ich ihn an. „Cool, dann kenne ich ja schon jemanden. Was studierst du?“

Wir kamen in die Getränkeabteilung und Oliver nahm einen Energydrink aus dem Regal. „Jura.“

„Oho, dann halte ich mich auf dem Rückweg mal lieber penibel an die Geschwindigkeitsbegrenzung. Nicht, dass der ehrenwerte Herr Richter mich verklagt!“, machte ich mich über ihn lustig. „Wie kommst du auf Jura?“

„Keine Ahnung. Schätze, ich hasse Menschen und habe gern recht“, meinte Oliver augenzwinkernd. „Und was studierst du? Comedy?“

„Knapp daneben. Kunst und Design“, antwortete ich grinsend und nahm verschiedene Limonaden aus dem Getränkeregal. „Ich male gern. Mein Traum ist es, später in einer Kunstgalerie zu arbeiten, vielleicht sogar eigene Werke auszustellen.“

„Interessant. Zeigst du mir mal ein paar Bilder?“

Verblüfft sah ich Oliver an. Ich wusste ja inzwischen, dass er der nettere der Jackson-Brüder war, aber dass er ernsthaftes Interesse an meinem Hobby zeigte, überraschte mich dann doch. Das ging weit über die Freundlichkeit unter Nachbarn hinaus. Ich hatte angenommen, dass er nur zum Einkaufen mitgekommen wäre, weil er nicht mit

Mom und meinen Großeltern allein im Haus warten wollte. Ihm meine Bilder zu zeigen implizierte aber, dass wir uns auf jeden Fall noch mal treffen würden.

„Ähm, klar, gern", sagte ich und lud die Getränke in den Wagen.

Fünf Minuten später standen wir an der Kasse und ich stellte fest, dass Oliver noch immer den Energydrink in der Hand hielt. „Legst du den bald mal aufs Band?", fragte ich neckend. Ich wusste, dass er ihn bezahlen wollte, aber das konnte er vergessen.

„Nope, den übernehme ich."

Kopfschüttelnd wollte ich ihm die Dose abnehmen. „Mach dich nicht lächerlich. Du hast beim Umzug geholfen, der Einkauf geht auf uns."

Doch Oliver guckte mich nur erheitert an und hielt die Dose außerhalb meiner Reichweite.

„Ich meine das ernst", sagte ich und machte eine auffordernde Geste. „Leg sie aufs Band!"

Offenbar amüsierte ihn mein Versuch, autoritär zu sein. Leider ließ sich Oliver von einer halben Portion wie mir nicht beeindrucken, und warum auch? Er war einen guten Kopf größer, deutlich breiter und bestimmt 20 Pfund schwerer als ich. Stattdessen schenkte er mir ein Lächeln, das zum Niederknien war und meine Coolness innerhalb eines Wimpernschlags ausradierte. Plötzlich beschleunigte mein Puls und ich wandte eilig den Blick ab, damit Oliver nicht sah, wie ich rot anlief.

Zum Glück zog die Kassiererin in diesem Moment die Ware über den Scanner und gab mir damit einen Vorwand, ans Ende des Förderbands zu gehen und den Einkauf in den Wagen zu legen.

*

Zum Abendessen kochte Grandma Chili con Carne – ihre Spezialität. Wie die Hyänen fielen wir über den pikanten Eintopf her und überschütteten sie dabei mit Lobgesang. Auch Oliver war begeistert und langte ordentlich zu.

In solchen Momenten wünschte ich mir, ich könnte auch kochen. Aber mal ehrlich, welcher junge Mensch fand denn heute noch Zeit dafür? Wenn wir nicht in der Schule hockten oder Freizeit-Kurse besuchten, mussten wir für Klausuren und Prüfungen büffeln. Und mit unseren Freunden wollten wir uns auch hin und wieder treffen. Da blieb nicht viel Zeit, um sich an den Herd zu stellen und einen auf Jamie Oliver zu machen.

Um kurz nach 20 Uhr trat mein Nachbar den Rückzug an. Die Jacksons wohnten direkt nebenan. Von meinem Zimmer aus konnte ich in den Raum mir gegenüber gucken, aber ich musste erfahren, dass er Ethan gehörte. Schade. Wäre bestimmt lustig gewesen, sich abends per Handzeichen mit Oliver zu verständigen. Er hatte sich nichts anmerken lassen, als er gegangen war, aber er hatte erschöpft ausgesehen.

Der Arme. Ethan und er hatten heute am meisten geschleppt. Für mich ging es noch lange nicht ins Bett. Zuerst verabschiedeten wir meine Großeltern, Tante Jenna und ihren Mann, dann räumten Mom und ich die Küche auf. Ben kümmerte sich derweil um die Elektronik und schloss den Fernseher und das Festnetztelefon an.

Ich mochte Ben. Er war witzig, locker und ein Filmeliebhaber, womit er bei mir schon mal hoch oben im Kurs stand. Er war ein unscheinbarer Typ, freundlich, bescheiden und immer darauf bedacht, die Gemüter zu schlichten. Streit konnte er gar nicht ab – vermutlich bekam er deshalb jedes Mal fast einen Nervenzusammenbruch, wenn Mom und ich etwas lauter wurden. Und ja, wir beide zickten uns öfter an, aber das war nie ernst gemeint – wir waren einfach so. Nach dem Aufräumen putzte ich im Obergeschoss mein Badezimmer, dann sprang ich unter die Dusche und bezog anschließend mein Bett. Erst danach gönnte ich mir den ersehnten Schlaf und sank erschöpft ins Kissen.

*

Die letzte Ferienwoche raste nur so dahin und allmählich nahmen die Zimmer wohnliche Gestalt an. Ethan bekam ich nie wieder zu Gesicht. Ich vermutete, weil er einen kilometerweiten Bogen um unser Haus machte, damit er ja nicht noch mal mit anpacken musste.

Sollte mir nur recht sein, Oliver war sowieso viel netter. Im Laufe der Woche kam er noch zweimal vorbei, half beim Möbelrücken und zeigte mir die Einkaufsmöglichkeiten in und um Houston. Dabei entdeckten wir gemeinsame Interessen wie Marvel-Filme und Netflix-Serien. Außerdem fand ich heraus, dass Oliver 18 und Ethan 21 waren.

Ihr Vater war Offizier bei der Navy und nur etwa alle drei Monate für wenige Tage zu Hause. Den Rest der Zeit verbrachte er auf See. Ich fragte Oliver, ob es nicht schwierig für ihn wäre, seinen Vater nur so selten zu sehen – zumal er das einzige Elternteil war, das Ethan und er noch hatten –, aber die Brüder hatten sich angeblich schon so sehr an ihren Freiraum gewöhnt, dass sie ihn nicht mehr missen wollten.

Aber ob ich ihm das so einfach abnehmen konnte? Ich wusste aus eigener Erfahrung, dass es belastend sein konnte, seinen Vater nur selten zu sehen. Mit den Jahren hatte ich mich daran gewöhnt, aber es hatte viele Situationen gegeben, in denen ich mir gewünscht hätte, Dad wäre dabei gewesen. Und bei den Brüdern war es noch extremer, da sie monatelang allein waren.

Am Freitag fuhren Oliver und ich zusammen zum College, und ich war total happy, dass ich den Einführungstag nicht allein überstehen musste. Niemand mochte den ersten Uni-Tag. Man hatte das permanente Gefühl, angestarrt zu werden und irrte wie ein kopfloses Huhn durch die Gänge, weil man sich nicht auskannte. Schade nur, dass wir nicht dieselbe Fachrichtung studierten, daher wohl auch nicht jeden Tag zusammen fahren würden. Mit etwas Glück hatten wir ein paar allgemeinbildende Fächer zusammen und saßen dabei im selben Hörsaal.

Das hieß, falls Oliver überhaupt Interesse daran hatte, neben mir zu sitzen und nicht lieber mit seinen High School-Freunden abhängen wollte, die er mir im Bus vorstellte und die mit ihm zusammen Jura studieren würden. Auf keinen Fall wollte ich Oliver ein Klotz am Bein werden, deshalb musste ich mir auch dringend eigene Freunde suchen.

Vorzugsweise welche in meinem Hauptfach.

Das *South Texas College* bestand aus drei Gebäuden, die jeweils vier Stockwerke hoch waren und ganz unterschiedliche Fachrichtungen lehrten. Die Gebäude waren durch verglaste Gänge im Erd- und Obergeschoss miteinander verbunden, wobei das mittlere Gebäude das Zentrum bildete. Dank der zentralen Achse der Gänge fanden wir uns erstaunlich schnell zurecht, und das trotz der Betriebsamkeit in den Fluren.

Das Treffen der Erstsemester fand im großen Hörsaal im Mittelgebäude statt. Es wurden ein paar Begrüßungsworte gesprochen, dann begann der mehrstündige Rundgang, bei dem wir jeden Winkel des Colleges erkundeten und alteingesessene Studenten mit Fragen bombardieren konnten. Unsere individuellen Stundenpläne, so sagte man uns, könnten wir im Laufe des Tages auf der Homepage einsehen. Den Zugangscode würde man uns per E-Mail schicken. Eine Elite-Uni war das *South Texas College* nicht, aber es punktete mit einer beachtlichen Auswahl an Freizeit- und Sportangeboten, und der Knaller war die hauseigene Galerie im Kellergeschoss.

Nach dem Rundgang wurden wir in die große Halle geschickt, um mit dem Rest der Studentenschaft zu Mittag zu essen.

Hier fackelte man offenbar nicht lange, sondern schmiss uns *Ersties* kopfüber ins Collegeleben. Die große Halle war – wie der Name schon vermuten ließ – groß. Das musste sie auch sein, denn hier trafen sämtliche Studenten des dreigliedrigen Gebäudekomplexes aufeinander.

Ich hatte mich während des Rundgangs mit einem Mädchen angefreundet – okay, anfreunden war übertrieben. Gelegentlich hatten sich unsere Blicke gekreuzt und immer, wenn das geschehen war, hatten wir uns zögerlich angelächelt. Total bescheuert, aber mit ihren schwarzen Haaren, den blutroten Lippen und den dunklen Klamotten war sie mir sofort ins Auge gefallen. Sie war ein Mädchen ganz nach meinem Geschmack: hipper Kleidungsstil, rebellischer Blick und irgendwie … anders.

Jedenfalls kam dieses Mädchen jetzt mit einem beladenen Tablett in unsere Richtung und ich winkte sie kurzerhand zu mir.

„Ist das okay, ja?“, fragte sie, als sie an unserem Tisch war. Neben mir saß Oliver, gegenüber von uns seine beiden Kumpels Fred und George. Und ja, sie hießen wirklich so, und nein, sie waren keine eineiigen, rothaarigen Zwillinge. Genaugenommen waren sie nicht mal miteinander verwandt. Das Schicksal hatte in ihrem Fall bloß offenbar besonders viel Humor gehabt.

„Klar“, sagte ich und klopfte auf den freien Platz neben mir.

„Hübsche Mädchen sind uns immer willkommen“, konnte Fred sich, der gerade von seinem Burger abgebissen hatte, einen Kommentar nicht verkneifen.

Als er mit vollem Mund grinste, gewährte er uns einen unappetitlichen Einblick in seine Futterluke, aber entweder hatte dieser Junge keine Hemmungen oder es war ihm nicht bewusst. Schon bei dem Rundgang hatte er lieber die Studentinnen abgecheckt, anstatt sich auf die Worte des Tutors zu konzentrieren, und mit seinen fragwürdigen Kommentaren sowohl mir als auch Oliver und Georg genervte Blicke entlockt. Georg war ganz anders als sein Kumpel, eher schüchtern und anständig. Oliver schien die goldene Mitte der beiden zu sein.

Höflich lächelnd setzte sich das Mädchen zu uns, aber mir entging nicht, wie sie auf Freds Kommentar hin eine Braue hochzog. „Ich bin Willow.“

„Allie“, sagte ich lächelnd. „Schön, dich kennenzulernen.“

„Ich bin Fred." Zumindest hatte er den Happen jetzt runtergeschluckt.

„Oliver."

„George."

Willow stellte ihr Tablett ab, dann beugte sie sich vor und gab jedem die Hand. Die Schüler saßen hier nach Rängen gestaffelt. Wir, die *Freshmen* an den äußeren Tischen, die Studenten, die bereits im zweiten und dritten Jahr waren, in der Mitte und die *Seniors* auf einem Podest.

Ich biss in meinen Chicken-Wrap, der unerwartet saftig war, und sah mich verstohlen um. „Kommt es mir nur so vor oder sitzen wir hier wie auf dem Präsentierteller?"

„Stimmt, fehlt bloß noch, dass sie uns *Frischfleisch* auf die Stirn tätowieren", meinte Willow naserümpfend und nahm den Milchshake von ihrem Tablett.

Fred grinste über ihren Kommentar, als hätte sie etwas Anzügliches gesagt. Oliver und George mampften genüsslich weiter. Okay, offenbar war das wieder so ein Frauending und nur *wir* fühlten uns beobachtet. Ich war ja schon immer der Meinung gewesen, dass speziell Jungs einen stark unterentwickelten Sinn für Diskretion hatten – jedenfalls die meisten. Das wurde mir hiermit bestätigt.

Kopfschüttelnd wandte ich mich an Willow. „Was studierst du?"

„Geschichte. Im dritten Jahr will ich mich auf Wirtschaft- und Sozialgeschichte spezialisieren, aber ich könnte mir auch gut vorstellen, Geschichtslehrerin zu werden."

„Klingt cool", meinte ich.

„Ehrlich?" Willow sah überrascht aus. „Die meisten Leute, denen ich erzähle, dass ich Geschichte unterrichten will, gucken mich an, als hätte ich nicht mehr alle Tassen im Schrank."

Verständnislos blinzelte ich sie an. „Warum das denn?"

Da wackelte Willow mit ihren schwarz lackierten Fingern. „Vermutlich, weil ich wie ein halber Grufti herumlaufe."

„Wie beschränkt ist dann denn bitte? Ist doch furzegal, wie du aussiehst!"

Dankbar lächelte sie mich an. „Der Meinung ist meine Mutter auch. Sie hat mich dazu ermutigt und inspiriert. Mom war früher selbst Geschichtslehrerin. Jetzt leitet sie mit ihrer Freundin eine Jugendhilfeeinrichtung."

Wir blieben noch eine Weile bei dem Thema, dann erzählte ich Willow, dass ich Kunst und Design studierte und Grandma es war, die mich zum Malen inspiriert hatte. Das Künstler-Gen lag praktisch in unserer Familie. Nun ja, um meine Mutter hatte es einen großen Bogen gemacht, aber Grandma hatte ihr Leben lang in Galerien und Kunstmuseen gearbeitet und *ihre* Mutter hatte auch gemalt.

Immer, wenn wir meine Großeltern besucht hatten, war ich als Erstes ins Dachgeschoss gerannt und hatte Grannies Privatgalerie bewundert, die teilweise aus ihren eigenen Werken bestand. Jetzt wohnten wir leider in einer anderen Stadt, sodass ich nicht mehr spontan vorbeischauen konnte, aber als Andenken hatte sie mir ein Bild aus ihrer Sammlung vermacht, und das hing jetzt über meinem Bett an der Wand.

Nachdem ich meinen Wrap verspeist hatte, fragte ich Oliver: „Wann geht die Erstsemester-Party noch mal los? Mom hat mir gerade geschrieben. Sie will sich heute endlich um den Garten kümmern und muss vorher noch mit mir in den Baumarkt. Das kann ‘ne Weile dauern. Falls ich dann noch Lust habe, muss ich wahrscheinlich nachkommen."

„Um 8, glaube ich", sagte er, während Willow gleichzeitig fragte: „Du willst ernsthaft zur Erstsemester-Party? Die wird doch bestimmt total öde."

Die drei Kumpels, die bereits angekündigt hatten, dorthin zugehen, horchten auf. „Wer erzählt denn so was?", erkundigte sich Fred fast schon beleidigt. Er sah ganz gut aus. Ich konnte mir vorstellen, dass viele Mädchen auf seinen braunen Lockenschopf standen. Für meinen Geschmack ging er nur etwas zu offensiv an die Sache – sprich die Mädchen – heran, was viele abschrecken dürfte.

George verkörperte das genaue Gegenteil. Er war groß, schlaksig und mehr der nette Kamerad, mit dem man sich in die Bibliothek setzte und lernte, anstatt mit ihm zu knutschen. Neben dem

Schönling Oliver und dem Aufreißer Fred ging der Arme total unter.

„Das weiß doch jeder“, antwortete Willow schmunzelnd.

„Ich weiß nicht, ich hätte schon Lust“, meinte ich. „Besser, als den Abend zu Hause zu hocken.“ Als Willow nur schulterzuckend an ihrem Strohhalm nuckelte, fragte ich: „Was machst du denn heute Abend?“

„Ich bin auf eine Party eingeladen. Na ja, eigentlich ist es nicht wirklich eine Party. Eher ein Battle.“

„Ein Battle?“, fragte ich.

„Ja, aber worum es genau geht, weiß ich nicht. Alle machen ein Riesengeheimnis daraus und man kommt nur durch Kontakte ran.“

Hm. Klang interessant. „Und du hast so einen Kontakt?“, hakte ich neugierig nach.

Sie nickte. „Ich kenne den Veranstalter. Er meinte, wenn ich Lust hätte, könnte ich heute vorbeischauen.“ Dann musterte sie mich nachdenklich und fragte: „Willst du vielleicht mitkommen? Er hat bestimmt nichts dagegen, wenn ich eine Freundin mitbringe. Und du bist cool, also ...“

Plötzlich lag Olivers Hand auf meinem Unterarm. Als ich den Kopf zu ihm drehte, sah er mich eindringlich an. „Lass uns doch lieber zur Uni-Party gehen. Ich hab‘ schon von diesen Battles gehört, und die sollen alles andere als legal sein. Ich verspreche dir, wir werden uns mindestens genauso gut amüsieren.“

Willow schwieg dazu, vermutlich, weil sie sich nicht zwischen uns stellen wollte. Hin und her gerissen, bis ich mir auf die Unterlippe. Wenn Oliver wüsste, dass er meine Neugierde soeben nur noch mehr angeheizt hatte! Ich mochte ihn, und ich wollte ihn nicht verprellen, aber Willows Party klang viel aufregender.

Außerdem war das meine Chance, sie näher kennenzulernen und in ihr vielleicht eine neue Freundin zu finden. Das klang jetzt vielleicht gemein, aber Oliver war mein Nachbar, er rannte mir also nicht weg.

„Wie wäre es damit? Ich gehe mit Willow und sollte ihre Party ein Flop sein, komme ich nach", schlug ich vor.

„Hey, und was ist mit uns?", warf Fred empört ein. „Vielleicht wollen wir ja auch auf diese supergeheime Party!"

„Sorry, die Plätze sind begrenzt", verkündete Willow augenzwinkernd, woraufhin Fred sich beleidigt zurücklehnte.

Olivers Enttäuschung war ihm deutlich anzusehen, trotzdem zwang er sich zu einem – wenn auch unglücklichen – Lächeln. „Bist du sicher?", fragte er. „Es gefällt mir nicht, dass du da allein unter Fremden bist."

Wie niedlich! Machte er sich Sorgen um mich?

„Sie ist nicht allein. Ich passe auf sie auf", versprach Willow und schlürfte gut gelaunt ihren Shake.

Oliver sah erst Willow, dann mich an, dann zuckte er resigniert die Schultern und wandte sich wieder seinen Kumpels zu.

Manno. Jetzt hatte ich voll das schlechte Gewissen! Andererseits hatte ich vorhin nicht direkt zugesagt, als Oliver mich gefragt hatte, ob ich ihn zur Uni-Party begleiten wollte. Er konnte mir also nicht vorwerfen, dass ich ihn versetzen würde. Als ich zu Willow schaute, lächelte sie glücklich und formte mit den Lippen die Worte: *Gute Entscheidung*. Wir tauschten unsere Nummern, dann gönnte ich mir zum Nachtisch einen Muffin und 15 Minuten später war die Pause rum.

Kapitel 2

Nach der Uni holte ich Mom von der Anwaltskanzlei ab. Sie hatte dort eine gut bezahlte Stelle als Sekretärin gefunden und arbeitete heute nur bis 15 Uhr. Olivers und meine Wege hatten sich an der Bushaltestelle getrennt, aber es hatte nicht den Eindruck gemacht, als wäre er mir böse. Enttäuscht vielleicht, aber er hatte ganz normal mit mir gesprochen und mich beim Verabschieden sogar gebeten, auf mich aufzupassen.

War er nicht ein Engel? Im Grunde verkörperte er alles, was einen perfekten Partner ausmachte: Charme, Intelligenz, Humor, gutes Aussehen und Hilfsbereitschaft.

Leider hatte ich noch nicht herausgefunden, ob er eine Freundin hatte, geschweige denn ob er überhaupt auf Mädchen stand. Könnte ja sein, dass er schwul war. Das würde zumindest erklären, warum er bisher noch keine feste Freundin erwähnt hatte.

Willow und ich trafen uns um 20 Uhr an einem verlassenen Park, nur wenige Busstationen von meiner Siedlung entfernt. Die Sonne war seit geraumer Zeit untergegangen, aber die angestaute Wärme hielt sich hartnäckig in der Luft.

Die Gartenarbeit war anstrengend und total öde gewesen. Ich würde nie ein Freund von Heckenschnippeln und Unkrautzupfen werden, aber was tat man nicht alles für den nachbarlichen Frieden? Mom hatte nämlich tierische Angst, dass die Anwohner mit Mistgabeln auf sie losgehen könnten, wenn sie ihren Garten nicht regelmäßig pflegte. Sogar Ben fand, dass sie übertrieb, aber hey, *sie* war die Chefin. Nach einer belebenden Dusche hatte ich einen schwarzen Rock mit Gummibund und ein dünnes, weinrotes Oberteil angezogen, dann hatte ich mich auf den Weg gemacht.

Willow kam in einem bauchfreien Top und trug komplett schwarz. Schwarzes Oberteil, schwarze Damenshorts, sogar das Bauchnabelpiercing war schwarz. Ich mochte ihren Grufti-Look. In Verbindung mit der bleichen Haut und den blutrot geschminkten Lippen sah sie aus wie ein Hipster-Vampir. Sie erinnerte mich an eine ehemalige Klassenkameradin, die sich auch immer so düster gekleidet hatte und mir mit ihrer charmant rebellischen Art schnell ans Herz gewachsen war.

„Die Veranstaltung findet in einer Lagerhalle in einem verlassenen Teil des Hafengeländes statt", informierte Willow mich und zwängte sich durch die Lücke eines schiefen Baustellenzauns, der mit einem Betreten-Verboten-Schild dekoriert war. „Mein Cousin hat mir den Standort geschickt. Laut Navi müssen wir noch ungefähr 20 Minuten laufen, dann sind wir da."

„Jetzt weiß ich zumindest, was Oliver mit illegal gemeint hat“, bemerkte ich trocken und folgte ihr.

Hinter dem Zaun erstreckte sich ein verlassenes, gigantisches Gelände voller Container, gruseliger Lagerhäuser, Kräne und anderen Gerätschaften. Was zum Teufel war das hier? Eine Art Hafen-Friedhof?

Aus der Ferne wehte das monotone Rauschen der Autobahn zu uns herüber, aber es war so dunkel und die Gebäude teilweise so dicht platziert, dass ich sie nicht sehen konnte.

Hach, wie gut, dass es hier nicht unheimlich war! Schaudernd rieb ich mir die Arme und versuchte, mich nicht zu genau umzusehen. Ich wollte gar nicht wissen, was da alles im Dunkeln lauerte. „Was sind das für Leute, zu denen wir gehen?“

„Gute Frage“, meinte Willow. „Mein Cousin, der im Übrigen der Veranstalter ist, hat von den Battles immer nur erzählt, mich aber nie mitgenommen. Ich war ihm wohl zu jung, oder er hatte Angst, dass ich ihn bei seinen Eltern verpetze. Jetzt, da ich im Kreise der Studierenden aufgenommen wurde, hält er mich offenbar endlich für *würdig* genug.“

Inzwischen hatten wir uns so weit von der Straße und damit sämtlichen Lichtquellen entfernt, dass ich mein Handy herausholen musste. Die schwache Beleuchtung, die von Willows Display ausging, genügte nicht mehr, um sich hier gefahrlos fortbewegen zu können.

„Die meisten seiner Kumpels kenne ich noch von früher, die sind in Ordnung“, erklärte Willow weiter und schaute immer wieder auf ihr Handy.

Ich hatte meine Taschenlampenfunktion eingeschaltet und leuchtete uns den Weg, damit wir nicht über ominöse Baustellengegenstände stolperten. Ich wollte mich nur ungern an einem spitzen, rostigen Gegenstand schneiden und hier draußen verbluten.

„Aber Idioten gibt‘s immer. Halte dich einfach an mich oder sag, dass du meinen Cousin Curtis kennst, dann macht dich keiner dumm an.“

Na, das klang doch richtig gastfreundlich. „Du lockst mich aber nicht zu einem okkulten Sektentreff, oder? Ich will nicht auf einer Tafel geopfert werden, ich hänge an meinem Leben.“

Willows Lachen hallte gespenstisch von den rauen Gebäudefasseden wider. „Wer weiß? Lass dich überraschen.“

*

Zuerst vernahm ich ein entferntes, dumpfes Wummern, aber je näher wir unserem Ziel kamen, desto deutlicher mischten sich Musik, Stimmen und das Klirren von Flaschen darunter. In Anbetracht des Geräuschpegels wunderte es mich, dass die Party noch nicht aufgeflogen war. Andererseits waren wir tief in das Gelände vorgedrungen, und von der Straße aus hatten wir ja auch nichts gehört.

„Ach ja, eins noch, und ich sage das nur, damit Curtis mir nachher nichts vorwerfen kann: Nichts, von dem, was du hier siehst, darf nach außen getragen werden. Und damit meine ich nicht, dass du jemandem von den Battles erzählst, denn dass es sie gibt, ist bekannt. Ich rede von den Leuten, die hier mitmachen. Den Kämpfern und Veranstaltern."

Ich zog einen imaginären Reißverschluss vor meinen Mund. „Klar. Versteht sich von selbst." Dann steckte ich mein Handy weg, denn das Licht brauchte ich jetzt nicht mehr.

Dutzende Autos parkten auf dem freien Platz um die Lagerhalle. Einige Leute saßen auf den Autodächern, tranken und lachten, andere lungerten weiter hinten in dunklen Ecken herum.

Irgendwo im Schatten kotzte sich jemand hörbar die Seele aus dem Leib, aber auf Einzelheiten konnte ich verzichten, daher sah ich nicht zu genau hin.

Die Lagerhalle aus rotem Sandstein war in einem armseligen Zustand und wollte nicht so recht zum Gesamtbild des Geländes passen.

Die Gebäude waren zwar allesamt bunt zusammengewürfelt, aber das hier schien aus einer völlig anderen Epoche zu stammen. Das Gestein war bröckelig und Teile des Dachs fehlten, als hätte ein Hurrikan sie weggepustet.

Links und rechts neben dem Eingang standen zwei Scheinwerfer, die so penetrant strahlten, dass sie jedem, der sich ihnen näherte, das Augenlicht rauben mussten. Ich sah, dass die Kabel unter der geschlossenen Pforte verschwanden, dann fiel mein Blick auf die vier Gestalten neben dem Eingang – die Türsteher. Sie waren mindestens fünf Jahre älter als wir und beäugten uns argwöhnisch, während wir näherkamen. Einer von ihnen stellte sich uns in den Weg.

„Ich bin Willow, Curtis' Cousine", erklärte sie, bevor er das Wort ergreifen konnte. „Das ist meine Freundin, Allie."

Mit einem abschätzenden Blick verschränkte der Typ die Arme vor der Brust. Schwarze Haarsträhnen fielen ihm ins pickelige Gesicht und sein Shirt drohte, jeden Moment unter den angespannten Muskeln zu reißen.

Was auch immer hier gekämpft wurde, er sah aus, als wäre er ein Anwärter. „Komisch, ich hab' euch noch nie hier gesehen."

„Weil wir zum ersten Mal hier sind."

Er lächelte grimmig. Offenbar war das die falsche Antwort.

„Hör zu, ihr seid nicht die Ersten, die mir erzählen wollen, dass sie Curtis kennen, und wir mögen hier keine Touristen. Wenn ihr also keinen Ärger wollt …"

„Wir sind keine Touristen. Wenn du mir nicht glaubst, hol Curtis doch raus", schlug Willow vor. „Oder noch besser: Ich rufe ihn an, dann kann er dir sagen, dass er mich kennt."

Demonstrativ hielt sie ihr Handy hoch und wollte gerade eine Nummer wählen, als plötzlich jemand von hinten seinen Arm um ihre Schultern legte.

Es war ein schwarzhaariger Typ, der Willow um einen guten Kopf überragte. „Sieh einer an! Lässt Curtis dich endlich in die Underground-Szene? Ich bin schockiert!“

Lachend befreite sie sich aus seinem Griff und sagte: „Allie, das ist Desmond, mein anderer Cousin. Von denen habe ich leider ‘ne Menge.“

„Hey, nicht frech werden!“ Entrüstet wollte Desmond sie in die Seite boxen, doch sie wich aus und drückte seine Arme herunter.

Grinsend wandte er sich an mich. „Willst du mir deine Freundin nicht *näher* vorstellen?“

Er sah mich an, sprach aber mit Willow, die ihn daraufhin schnaubend losließ und sich bei mir einhakte.

„Träum weiter, Kumpel! Allie ist tabu, und zwar für jeden hier!“

Ähm. Durfte ich da auch ein Wörtchen mitreden?

Willows Cousin sah gar nicht so schlecht aus. Er hatte dichtes, zerzaustes Haar, dunkle Augen und beneidenswert lange Wimpern. Winzige Muttermale bedeckten sein Gesicht und der Drei-Tage-Bart gab ihm etwas Verwegenes. Mit einem durchtriebenen Grinsen und erhobenen Händen trat er einen Schritt zurück, dann wies er den Türsteher an, uns einen Stempel zu geben und gratis reinzulassen.

Ich hatte gar nicht gewusst, dass man hier Eintritt verlangte. Bevor ich Willow darauf ansprechen konnte, zog sie mich zum Eingang und Desmond verschwand aus unserem Blickfeld.

*

Ein unangenehmer Cocktail aus abgestandener, drückender Luft, Zigarettenqualm, Schweiß und verschüttetem Alkohol erwartete uns im Inneren. Die Luft war so stickig, dass ich im ersten Moment dachte, ich würde gegen eine unsichtbare Wand laufen – dabei war die Lagerhalle riesig und an etlichen Stellen undicht. Dann sah ich, dass man grüne Planen über die Lücken im Dach gespannt hatte, und vor den eingeschlagenen Fenstern klebten durchsichtige Folien. Scheinbar wollte man so die Geräuschkulisse dämmen. Entweder das, oder man versuchte mit allen Mitteln, den Sauerstoff draußen zu halten.

Die Halle war gut gefüllt und die Kämpfer leicht von den Gästen zu unterscheiden. Hier und da stachen nackte, verschwitzte Oberkörper, stählerne Bauchmuskeln und aufgepumpte Arme aus der Menge heraus. Alle potenziellen Kämpfer trugen Box-Bandagen, womit schnell klar war, um welche Art Veranstaltung es sich hier handelte: Underground-Boxing.

Willow zog mich an dicken, schwarzen Stahlträgern vorbei, die inmitten der Halle bis zur Decke ragten und wohl der einzige Grund waren, warum sie den Leuten noch nicht auf die Köpfe gefallen war. Auch von innen machte das Gebäude keinen sonderlich robusten Eindruck, aber ich musste gestehen, dass das spröde Gestein einen gewissen Charme hatte. Die Kulisse würde sich wunderbar als Club eignen.

Was die Sitzgelegenheiten anging, waren die Gäste recht anspruchslos.

Manche saßen auf gestapelten Ziegelsteinen, andere chillten am Rande auf dem Boden oder standen in Gruppen zusammen. Ich entdeckte die Musikanlage, deren Bass schon von Weitem unter meinen Füßen vibriert hatte und deren Sound jetzt meine Ohrhärchen kribbeln ließ. Eine Power-Station versorgte sämtliche Elektronik mit Strom. Auch die Kabel der Außenscheinwerfer verliefen dorthin.

Das Zentrum der Aufmerksamkeit lag in der Mitte der Halle, wo eine Menschentraube einen großen Kreis gebildet hatte. Die Schaulustigen grölten, wedelten mit Geldscheinen, riefen wild durcheinander und schubsten sich gegenseitig aus dem Weg.

Ganz offensichtlich fand dort hinten ein Kampf statt. Leider war ich nicht besonders groß und es ragten zu viele Kerle vor mir auf, um etwas erkennen zu können.

Ich hatte noch nie einen Kampf live gesehen, doch Willow hatte offenbar gar nicht vor, sich bis nach vorne durchzudrängeln. Auf Zehenspitzen wandte sie sich nach allen Seiten um, dann zog sie mich zum Rand der Halle, zu einer fünfköpfigen Jungsgruppe, die lautstark über etwas lachte. Endlich ließ sie mich los, ging zu einem blonden Typen, der mit einem angewinkelten Bein an der Wand lehnte und umarmte ihn.

„Ah, du hast es geschafft.“ Er löste sich von der Wand und küsste sie auf die Schläfe.

Willow ließ von ihm ab und deutete auf mich. „Mit moralischer Unterstützung. Das ist meine Freundin Allie. Ich hoffe, es ist okay, dass ich sie mitgebracht habe?“

„Klar doch. Wenn du ihr vertraust, tue ich das auch.“ Er beugte sich vor und gab mir die Hand. „Curtis.“

„Allie. Hi.“ Den anderen winkte ich flüchtig.

„Und? Was sagst du?“ Curtis schloss die Halle mit einer stolzen Geste ein.

„Ist cool hier“, meinte Willow und nickte anerkennend. „Aber du hättest all die Jahre echt nicht so einen Aufriss machen müssen. Ich hab‘ mir immer sonst was für perverse Partys vorgestellt!“

Grinsend nippte er an seinem Bier. „Du kennst mich doch, Vorsicht ist mein zweiter Vorname. Immerhin bin ich für den Schuppen hier verantwortlich. Sollten die Kämpfe jemals auffliegen, bin ich der Erste, der am Arsch ist.“

„Trotzdem. Ein bisschen mehr Vertrauen hättest du in deine Cousine schon setzen können", meinte Willow und verschränkte pikiert die Arme vor der Brust.

Ungläubig hob Curtis eine Braue. „Sagt diejenige, die vor zwei Jahren noch wie eine Barbie rumgelaufen ist und von Alkohol und Partys nichts wissen wollte. Glaubst du ernsthaft, da weihe ich dich in meine illegalen Geschäfte ein? Du hättest doch einen Herzinfarkt bekommen, wenn ich dich mitgenommen hätte."

Barbie? Als ich verblüfft zu Willow schaute, lachte Curtis. „Exakt *so* habe ich auch geguckt, als sie plötzlich in Schwarz vor mir stand. Es ist noch gar nicht so lange her, da ist unser Grufti hier noch als Vorzeige-Diva durch Houston spaziert. Ich konnte nicht riskieren, dass sie mich an meine Eltern verpfeift. Außerdem war sie noch viel zu jung."

Gegen meinen Willen musste ich lachen. „Du? Eine Diva?"

„Ich war eben in der Findungsphase", verteidigte sie sich grinsend.

Curtis schnaubte. „War aber eine *lange* Findungsphase."

„Klappe jetzt!", meinte Willow nur und erntete ein liebenswürdiges Grinsen von ihrem Cousin.

Dann stieß er seinen Kumpel mit der Schulter an. „Lass mal zwei Bier für die Ladys rüberwachsen." Der Angesprochene bückte sich nach einer

Kühlbox und drückte uns dann jeder eine kalte Flasche in die Hand. „Nimm das als Zeichen der Wiedergutmachung", meinte Curtis zu seiner Cousine. „Wenn ihr mehr wollt, bedient euch einfach."

Damit war Willow einverstanden. Ich versuchte, sie mir in kitschigen Klamotten vorzustellen, doch meine Fantasie streikte. Ich kannte Willow zwar erst seit wenigen Stunden, aber nach allem, was ich bislang von ihr gesehen und gehört hatte, musste sie eine 180 Grad-Wandlung hingelegt haben.

Während wir an unseren Getränken nippten und mit Curtis plauderten, sah ich mich weiter um. Kühltaschen, externe Stromquellen, Licht, Musik … Hier hatte man an alles gedacht. Kurz flammte schlechtes Gewissen in mir auf, und ich fragte mich, was Oliver und Co. wohl gerade machten, aber dann fing Curtis wieder an, Willow wegen ihrer Diva-Phase aufzuziehen, und sie konterte, indem sie ihn einen unhygienischen, bebrillten Ex-Nerd schimpfte. Die beiden waren herrlich.

Irgendwann zogen Willow und ich weiter und kletterten spontan auf einen Betonklotz, um uns den Kampf anzusehen.

„Ich verstehe nicht, warum man sich das antut", meinte ich und konnte kaum hingucken. Der Kampf musste schon eine Weile dauern, denn das Blut spritzte nur so und die Boxer torkelten mehr, als dass sie standen.

„Ist das nicht offensichtlich?" Es war nicht Willow, die mir antwortete, sondern Desmond. Wie aus dem Nichts war er neben mir aufgetaucht und lächelte zu mir hoch. „Um zu sehen, wer der Bessere ist, natürlich.“ Er schob die Hände in die Hosentaschen und zwinkerte mir frech zu. „Du weißt doch, Männer lieben es, ihre Schwänze zu vergleichen. Außerdem verdienen die Sieger hier bis zu 2.000 Dollar am Abend.“

Hitze stieg mir ins Gesicht. Hatte er das gerade wirklich gesagt? Und warum lächelte er so anzüglich?

Willow rettete mich, indem sie sich zu mir herüberlehnte und mit der Hand vor seinem Gesicht fuchtelte, als wäre er eine lästige Fliege. „Hab‘ ich dir nicht gesagt, du sollst sie in Ruhe lassen? Außerdem sucht Curtis nach dir.“

„Was will er denn?“, fragte Desmond überrascht und warf einen Blick in seine Richtung.

„Keine Ahnung, aber er meinte, es sei wichtig“, behauptete Willow. Als Desmond davonging, nippte sie grinsend an ihrem Bier.

„Das war aber nicht nett“, kommentierte ich schmunzelnd.

Sie machte eine wegwerfende Handbewegung. „Damit habe ich dir einen Gefallen getan, glaub mir. Desmond kann unglaublich charmant sein, aber er ist und bleibt ein Schwein. Der will dir nur an die Wäsche.“

Ich trank einen Schluck Bier, dann beobachtete ich wieder die Boxer. „Curtis organsiert das Ganze also. Was hat er davon?“

„Ich hab' mal ein Telefonat mit angehört, bei dem er ein bisschen ins Detail gegangen ist. Er bekommt wohl 10 Prozent von jedem Preisgeld. Damals wusste ich noch nicht, worum es ging, aber rechnet man den Eintritt dazu und berücksichtigt die Tatsache, dass die Kämpfe jedes Wochenende stattfinden, kann er gut davon leben. Jetzt weiß ich wenigstens, wie es sein kann, dass sich dieser Arsch immer die neuesten Klamotten leisten kann!"

„Wie ist er darauf gekommen?", fragte ich, denn die meisten Studenten – und ich nahm jetzt einfach mal an, dass Curtis einer war – zogen doch eher *legale* Nebenjobs vor.

Willow hatte einen Tropfen Bier verschüttet und wischte ihren Ärmel an der Hose ab. „Ich schätze, durch jemanden aus seinem Freundeskreis oder er hat die Idee allein ausgeheckt. Auf jeden Fall macht er das schon ein paar Jahre."

Der Kampf endete damit, dass der kleinere Boxer dem größeren einen Kinnhaken verpasste. Und was für einen.

Der Große fiel wie eine tote Mücke um, regte sich nach ein paar Sekunden aber wieder. Einige wenige brachen in Jubelgeschrei aus, der Großteil der Zuschauer fluchte, was das Zeug hielt.

Offenbar hatte die Mehrheit auf den Hünen gesetzt, dabei wusste doch jeder, dass es beim Boxen nicht auf die Muskelmasse ankam.

Hände wurden geschüttelt, mürrische Blicke getauscht und Dollarscheine herumgereicht. Dann schleifte man den Verlierer aus dem Ring, wischte das Blut weg und keine drei Minuten später standen die nächsten Kämpfer auf der Matte. Das lief ja wie am Fließband hier.

Ich beobachtete, wie der Sieger mit dem Preisgeld zu Curtis ging und ihm seinen Anteil gab. Willows Cousin genoss offenbar großen Respekt hier, dabei sah er mit seiner – wenn auch stylischen – Brille, dem karierten Hemd und den Hosenträgern tatsächlich ein bisschen wie ein Nerd aus. Gut, die Tattoos unter seinen hochgekrempelten Ärmeln machten den Eindruck wieder wett, aber er war auf jeden Fall ein interessanter Charakter, den ich noch nicht ganz einschätzen konnte.

Ich trank noch mein Bier aus, dann hatte ich genug aufgeplatzte Lippen und geschwollene Augen gesehen. Willow und ich schlenderten weiter und stoppten hier und da, um zu plaudern. Es stellte sich heraus, dass sie einige Leute von früher kannte, und so war ich hauptsächlich damit beschäftigt, Hände zu schütteln und zu erklären, wie Willow und ich uns kennengelernt hatten.

Zwei Stunden später war ich leicht angeheitert und brauchte frische Luft. In diesem Kabuff war es stickiger als in einem Grab! Willow war in einen heftigen Flirt mit einem Boxer verwickelt, deshalb gab ich ihr nur Bescheid und ging dann allein vor die Tür.

Von ihrem Selbstbewusstsein konnte ich mir noch eine Scheibe abschneiden.

Trotz ihres ungewöhnlichen Kleidungsstils strahlte Willow enormes Selbstvertrauen aus, und dass ohne arrogant zu wirken. Als Kerl hätte ich totale Hemmungen, sie anzusprechen. Meine Stärke waren ja eher spöttische Kommentare, Willow war dagegen der Inbegriff weiblicher Selbstsicherheit. War fast schon lustig, mit anzusehen, wie sich nur die besonders großen und gut aussehenden Kerle trauten, sie anzusprechen.

Draußen kollabierten meine Lungen fast vom Ansturm frischer Luft. Der erste Atemzug fühlte sich an, als wäre mein Kopf stundenlang unter Wasser gewesen und ich würde zum ersten Mal wieder Luft holen. Wenige Meter vom Eingang entfernt lehnte ich mich an die rissige Gebäudewand. Das kühle Gestein war erfrischend an meinen nackten Schultern, fast wie eine kalte Dusche. Die Kehrseite der Medaille war, dass mir der Sauerstoff unmittelbar zu Kopf stieg und ich einen regelrechten Sauerstoff-Flash bekam. Aber ich brauchte das jetzt. Von dem Zigarettenqualm und den vielen Gesprächen, die ich in den letzten Stunden geführt hatte, war mein Hirn ganz matschig.

Wäre meinen Ohren doch nur dieselbe Auszeit vergönnt. Aber nein, irgendwo in meiner Nähe musste jemand seine Auto-Soundanlage ja dermaßen aufdrehen, dass meinem Trommelfell auch noch die letzten Fasern rissen!

Seufzend lehnte ich den Hinterkopf an die Wand und betrachtete den Sternenhimmel. Die

Boxkämpfe einmal ausgenommen war die Party wirklich toll. Die Leute waren durchweg gut gelaunt – selbst unter den Boxern herrschte friedliche Stimmung –, die Musik konnte sich auch hören lassen und abgesehen davon, dass die Leute Alkohol tranken und vereinzelt Zigaretten rauchten, hielt sich der Drogenkonsum auch in Grenzen.

Jetzt konnte ich gar nicht verstehen, was Oliver gegen diese Veranstaltung hatte. Sicher, Underground-Boxing war nicht jedermanns Sache, aber es zwang sie ja niemand zum Kämpfen, und wenn die Leute etwas zum Mitfiebern hatten und die Boxer sogar daran verdienten, warum nicht? Wirkte doch alles ganz human.

Die Musik endete so abrupt, als hätte jemand den Stecker gezogen. Ich wollte schon ein Dankesgebet zum Himmel schicken, als ein dumpfer Laut die Stille zerriss. Es klang, als würde jemand fest gestoßen werden. Das Echo der Musik klingelte mir noch in den Ohren, aber ich war mir sicher, dass die Quelle des Geräusches schräg hinter mir lag.

„Was soll das heißen, die Lieferung verzögert sich? Du hattest *eine* verfickte Aufgabe und jetzt kreuzt du mit leeren Händen auf?! Was soll ich jetzt meinen Kunden sagen, hä?!“ Das war ein Junge, und er klang rasend vor Wut.

„Reg dich ab!“, antwortete ein Mädchen. „Und hör auf, mir wehzutun! Du bekommst dein Zeug noch. Ich hatte nur ein paar …“

„Jetzt, Stella! Ich brauche den Stoff *jetzt* und nicht irgendwann!“

Ich hatte genug gehört. Entschlossen stieß ich mich von der Wand ab und lief die wenigen Schritte zum Gebäudeende, von wo die Stimmen kamen. Als ich um die Ecke trat, entdeckte ich einen stämmigen Kerl, der ein blondes Mädchen gegen die Wand drängte. Er war riesig, überragte sie bestimmt um zwei Köpfe.

„Hey! Was machst du da?“ Ich blieb so stehen, dass ich den Eingang und die Türsteher noch im Blick hatte. Das Scheinwerferlicht reichte nur knapp bis zur Ecke, deshalb konnte ich ihre Gesichter kaum erkennen.

Hinter den beiden erstreckte sich Dunkelheit, daher hielt ich einen Sicherheitsabstand und hoffte, dass meine Präsenz genügte, um die Gemüter zu schlichten.

Die Hand in den Kragen ihrer weißen Bluse gekrallt fixierte der Typ sie an der Wand und ließ auch nicht los, als ich mich bemerkbar machte. „Verpiss dich! Das hier geht dich nichts an“, spuckte er lediglich in meine Richtung.

Ich ignorierte ihn und suchte den Blick des Mädchens. Ängstlich sah sie nicht aus, aber auch nicht besonders glücklich. „Ist alles in Ordnung bei dir?“

„Ich sagte, du sollst dich verpissen!“

„Und *ich* fragte, ob hier alles in Ordnung ist“, entgegnete ich unbeeindruckt.

Knurrend ließ der Typ das Mädchen los und stampfte auf mich zu. So schnell wie er bei mir war, konnte ich gar nicht gucken. Im Nu überwanden seine langen Beine die wenigen Meter bis zu mir, dann drängte er mich, genau wie das Mädchen, gegen die Wand. Klatschend landete eine Hand neben meinem Kopf an der Mauer. Jetzt war er mir so nahe, dass ich den Tabak in seinem Mund riechen konnte. „Du hältst dich wohl für besonders tapfer, was?!"

Furchtlos erwiderte ich den bohrenden Blick seiner dunklen Augen, auch wenn ich dabei den Kopf in den Nacken legen musste. Die Bandagen um seine Hände sagten mir, dass er ein Boxer war, aber ich ging jetzt einfach mal davon aus, dass er kein Mädchen schlagen würde. Wäre auf jeden Fall armselig von ihm.

Außerdem verlieh mir die Tatsache, dass wir im Blickfeld der Türsteher standen – die jetzt auch zu uns herüberspähten – zusätzlich Mut. Im Notfall würden sie doch eingreifen, oder?

Ich wollte dem Hünen gerade verklickern, dass ich Curtis' Cousine kannte, als die Eingangstür aufflog und ein rothaariger, schlaksiger Junge herausgeschossen kam. Scheppernd knallte die Metalltür gegen den Scheinwerfer und brachte ihn bedrohlich ins Wanken. Die Türsteher schnauzten den Rothaarigen an, der sich daraufhin halbherzig entschuldigte und dabei hektisch nach allen Seiten umsah.

„Scheiße, Marlon, was zum Geier machst du da?", rief er, als sein Blick an uns hängen blieb. „Rummachen kannst du später noch, dein Kampf fängt gleich an!"

Der Typ namens Marlon sah wieder zu mir und verengte die Augen. Dann ging sein Blick zu dem Mädchen – Stella hatte er sie genannt. „Besorg mir meine Ware!", zischte er sie an, dann nahm er den muskulösen Arm herunter und folgte seinem Kumpel hinein.

Erst jetzt wurde mir klar, dass ich den Atem angehalten hatte. Erleichtert stieß ich ihn aus. Okay, mit diesem Marlon war schon mal nicht gut Kirschen essen! Noch etwas überrumpelt blieb ich an der Wand stehen und wartete, bis er in der Lagerhalle verschwunden war, dann sah ich zu Stella.

„Danke", sagte sie und kam zu mir. „Aber das hättest du nicht tun sollen."

Ich drückte mich von der Wand ab und fuhr mir mit zittrigen Händen durchs Haar. Trotz meiner vorgetäuschten Coolness rauschte das Adrenalin wie ein reißender Fluss durch meine Adern. „Was? Dir helfen?"

Stella war auf eine unscheinbare Art hübsch. Blondes, lockiges Haar, große, unschuldige Augen ... Ein typisches, nettes Vorstadtmädchen. Warum jemand wie sie mit Typen wie Marlon abhing, war mir ein Rätsel.

Sie strich ihre Bluse glatt und linste noch einmal zum Eingang, als befürchtete sie, dieser Marlon könnte wieder herausgerannt kommen, dann sagte sie: „Dich mit Mr. Riesen-Ego anzulegen. Er lässt sich nicht gern etwas sagen, schon gar nicht von aufmüpfigen Mädchen.“

Ich zog eine Braue hoch.

„Wahrscheinlich hat er dich jetzt auf dem Kieker, und mit dem Typen ist echt nicht zu spaßen … wie du ja gesehen hast.“ Ihr Blick glitt an mir herab. „Du bist neu hier, oder? Ich gebe dir einen Rat: Geh nach Hause und vergiss den Kerl, wegen dem du hier bist. Die Jungs hier bringen nur Ärger.“

„Ich … was?“ Doch da wandte sie sich schon zum Gehen. Wie kam sie darauf, dass ich wegen eines Jungen hier wäre? Kopfschüttelnd folgte ich ihr hinein und suchte in der Halle nach Willow. Ich fand sie mit einem roten Becher in der Hand zur Musik wippend. Von ihrem Flirt fehlte jede Spur.

„Hey“, sagte sie und lächelte mich träge an. Bei ihr wirkte das Bier wohl auch schon. „Genug frische Luft geschnappt?“

„Ja. Wo ist dein Date?“

Willow schnaubte. „Dachte, er könnte mir an die Wäsche gehen, nachdem er mir einen Drink ausgegeben hat! Ich habe gedroht, dass ich ihm Curtis auf den Hals hetze, wenn er seine Griffel nicht bei sich behält – da hat er die Fliege gemacht.“

Kopfschüttelnd stibitzte ich ihr den Becher. „Wir hatten wohl beide Begegnungen mit Idioten!“ Ich trank einen Schluck und hätte das Gebräu fast wieder ausgespuckt. Was zum Henker war das denn? Benzin mit Erdbeergeschmack?!

Hustend gab ich ihr den Becher zurück, und Willow fragte lachend: „Was war denn los?“

„Ich hab‘ mich mit einem gewissen Marlon angelegt“, erklärte ich und schüttelte mich wegen des ekligen Nachgeschmacks. „Beziehungsweise, ich hab‘ ihn dabei erwischt, wie er ein Mädchen belästigt hat, woraufhin er auf mich losgegangen ist.“

Willows Lachen erstarb und ihre Augen weiteten sich. „Marlon ist auf dich *losgegangen*?!“

Ich hatte nicht erwartet, dass sie so reagieren würde, deshalb machte ich eine beschwichtigende Geste. „Na gut, losgegangen ist vielleicht übertrieben, aber er hat mir deutlich gemacht, dass ich mich aus seinen Angelegenheiten raushalten soll.“

„Oh, ja, das solltest du!“

„Woher kennst du ihn überhaupt?“, wunderte ich mich.

Da biss Willow sich ertappt auf die Unterlippe und erklärte nach kurzem Zögern: „Okay, sei nicht sauer, aber möglicherweise war ich nicht ganz ehrlich, was meine Unkenntnis über die Veranstaltung betrifft.“

„Inwiefern?“

Unbehaglich kratzte Willow sich am Kopf. „Ich wollte vor Oliver und den anderen nicht zu viele Details preisgeben, deshalb habe ich so getan, als hätte ich keine Ahnung, worum es bei der Veranstaltung geht. Tatsächlich hat Desmond mir schon ein bisschen darüber erzählt – er ist viel lockerer als Curtis. Er hat mir ein paar Kämpfe auf YouTube gezeigt, und unter den Gewinnern war fast immer Marlon, deshalb kenne ich seinen Namen. Desmond meinte, dass der Kerl manchmal freidreht und ein Arschloch ist."

„Letzteres kann ich bestätigen!"

„Tut mir leid", fügte Willow hinzu. „Ich wusste nicht, ob du überhaupt reinkommst, deshalb wollte ich nicht zu viel verraten. Aber ich war wirklich noch nie hier. Zumindest das stimmt."

„Ach, schon gut. Wir kennen uns erst seit ein paar Stunden, da musst du mir nicht gleich deine dunkelsten Geheimnisse verraten. Ich bin schon froh, dass du mich überhaupt mitgenommen hast."

Freudestrahlend hakte sie sich bei mir ein. „Danke. Ich glaube, wir zwei werden uns wunderbar verstehen."

„Das hoffe ich doch", meinte ich grinsend.

„Aber wirklich, Allie. Von Marlon musst du dich fernhalten", wurde Willow wieder ernst. „Curtis duldet ihn nur, weil er ihm regelmäßig neue Kämpfer heranschafft und er vermutlich einen Aufstand anzetteln würde, wenn man ihn vor die Tür setzen würde. Wenn du willst, rede ich mit Curtis. Dann kann er Marlon freundlich verklickern, dass er dich in Ruhe lassen soll."

„Bloß nicht! Ich will hier als Neuling keinen Wirbel machen", winkte ich heftig ab. „Außerdem soll er nicht denken, ich würde mich hinter Curtis verstecken. Ich habe keine Angst vor Marlon, und sollte er mich wirklich auf dem Kieker haben, regle ich das lieber selbst mit ihm."

Willow sah nicht angetan von der Vorstellung aus, sagte aber nichts mehr, sondern nippte schulterzuckend an ihrem Benzin.

*

Der nächste Gegner wurde auf die Matte geschickt, was ich an den mir mittlerweile vertrauten Jubelschreien erkannte. Die Boxkämpfe erfolgten im Minutentakt, sodass ich sie irgendwann ausblendete und mich lieber auf die Musik und die *nicht* blutenden Menschen konzentrierte.

Nur einen Katzensprung von Willow und mir entfernt bereitete Marlon sich offenbar auf seinen bevorstehenden Kampf vor. Er kontrollierte seine Bandagen und boxte dann probehalber in die Luft, während der Rothaarige energisch auf ihn einredete. Was er zu ihm sagte, konnte ich wegen der Lautstärke nicht verstehen. Vermutlich besprachen sie Marlons Kampftaktik, dabei wäre es mir lieber, er würde ihm ein paar Manieren einpauken.

Gott, wie ich diesen Großkotz jetzt schon gefressen hatte! Hielt sich für den Obermacker, nur weil er gut boxen konnte, pah! Am liebsten würde ich in den Ring steigen und selbst gegen Marlon kämpfen. Vorzugsweise mit in Gips getränkten Bandagen, damit es auch richtig wehtat.

Finster lächelnd wandte ich den Blick ab und wollte Willow gerade meine – vermutlich nicht mehr ganz so nüchternen – Gedanken mitteilen, als mein Blick auf den hochgewachsenen, schwarzhaarigen Jungen fiel, der soeben aus dem Ring kam.

Was zum …?!

Das war doch Ethan Jackson!

In einer schwarzen Profi-Boxshorts und oberkörperfrei bahnte mein Nachbar sich einen Weg in unsere Richtung. Ungläubig betrachtete ich seinen nackten, schweißglänzenden Oberkörper, den gleich mehrere blaue Flecken zierten. Die unterschiedlichen Schattierungen, in denen sie schimmerten, sagten mir, dass manche Blutergüsse älter, andere noch ganz frisch waren. Ethan hatte gerade gekämpft, und den Glückwünschen nach zu urteilen, die ihm zugerufen wurden, offenbar siegreich.

Mein Nachbar erkannte mich nicht sofort. Zunächst streifte sein Blick mich nur, doch gerade als er an mir vorbeigehen wollte, zuckte er zu mir zurück, und seine Augen weiteten sich.

„Was machst *du* denn hier?", fragte Ethan fast schon entsetzt und blieb schlagartig stehen.

Ich hatte Mühe, nicht auf seinen Waschbrettbauch zu starren. Oder auf seine gewölbte Brust. Oder die sehnigen, trainierten Arme. Sein Körper war ein Kunstwerk. Schlank, aber muskulös und mit Wölbungen an genau den richtigen Stellen.

„Dasselbe könnte ich dich fragen", brachte ich stockend heraus.

Es wurmte mich, dass ausgerechnet Ethan mich so aus der Fassung brachte. Ich hatte ja schon beim Umzug fast einen Kollaps gekriegt, als er mich an sich gedrückt hatte, dabei tummelten sich hier Dutzende halbnackte, verschwitzte Körper. Unerklärlicherweise wirkte seiner aber ganz besonders ansprechend auf mich.

„Könntest du, wobei es offensichtlich sein dürfte, oder?“ Mit einem selbstgefälligen Blick deutete er auf seinen anbetungswürdigen Körper, doch ich widerstand der Versuchung und fixierte sein Gesicht.

„Ihr kennt euch?“, fragte Willow überrascht und sah zwischen uns hin und her.

„Wir sind Nachbarn!“, erklärte Ethan in einem Ton, als wäre ich eine muffige Kanalratte, die sich neben seinem Haus eingenistet hatte. „Warum hast du sie hergebracht?“

„Warum nicht? Ich kenne sie aus der Uni“, erklärte Willow.

Ethan zog die Brauen hoch. „Bedeutet: Ihr habt euch heute erst kennengelernt. Und da bringst du sie ernsthaft hierher mit?“

Willow runzelte die Stirn. „Ich verstehe nicht, wo das Problem ist.“

„Das würde mich auch interessieren“, stimmte ich zu.

Mit drei Schritten war Ethan bei mir und baute sich vor mir auf. Nicht, dass das nötig gewesen wäre, denn er überragte mich ohnehin um gefühlt hundert Meter. Schweiß glänzte auf seiner nackten, Brust, und an seinem Hals pulsierte eine Ader. „Mein Problem ist, dass Leute wie *du* hier nichts verloren haben! Du bist bei uns nicht willkommen!“ Die Härte in seiner Stimme schockierte mich, trotzdem hielt ich seinem bohrenden Blick stand.

„Leute wie ich? Du kennst mich doch nicht!“

Er starrte mich an, als würde er mich am liebsten an den Haaren vor die Tür schleifen. Was dachte er denn, was ich tun würde? Zur Polizei oder zu seinem Vater rennen und ihn verpetzen? War mir doch egal, ob sie sich hier gegenseitig die Köpfe einschlugen, solange es nicht mein Kopf war.

„Muss ich auch nicht. Mir reicht es schon, dass du mit meinem Bruder abhängst!“

„Bitte was?“

Gleichzeitig fragte Willow mich: „Du kennst seinen Bruder?“ In dem Moment begriff ich, dass sie Ethan kannte, aber offenbar keine Ahnung hatte, wer sein Bruder war, und dass sie ihn heute selbst kennengelernt hatte.

Ethans Aufmerksamkeit galt allein mir. Mit einer Stimme, so schneidend wie eine Rasierklinge, sagte er: „Verschwinde von hier. Diese Welt ist nichts für dich.“

„Jetzt mal halblang.“ Entschieden machte Willow einen Schritt vor. „Hier hat immer noch Curtis das Sagen, und Allie ist hier *sehr wohl* willkommen. Sie geht nirgendwohin!“

Dankbar, dass sie sich für mich einsetzte, sah ich zu meiner Freundin. Ethan atmete genervt aus und wollte offenbar zu einer Erwiderung ansetzten, als jemand hinter ihm fragte: „Was ist los, Ethan? Kleines Beziehungsdrama?“

Langsam drehte mein Nachbar sich zu der Person um, und als ich seinem Blick folgte, stöhnte ich auf. „Ich wüsste nicht, was dich das angeht, Marlon!“

Amüsiert schwenkte Marlons Blick zwischen Ethan und mir hin und her. „Wer ist sie? Deine neue Schlampe? Ich dachte, du trauerst noch Samantha hinterher.“

Mir klappte die Kinnlade herunter und ich machte automatisch einen Schritt vor. „Was hast du gerade …?!“

Ein ausgesteckter Arm schnitt mir den Weg ab. Es war Ethans, und nur sein beschwörender Blick hielt mich davon ab, ihn dafür anzufahren. Er sah alarmiert aus, und das alarmierte *mich*. Ethan sollte nicht so dreinschauen. Sein Körper war so stählern, dass er damit vermutlich durch Wände rennen konnte.

Aber dann musterte ich Marlon und die Jungs hinter ihm, die meinen Nachbarn wie eine Horde mordlustiger Hyänen anfunkelten. Ethan war nicht das einzige Raubtier hier, nur eins unter vielen. Und offenbar warteten die anderen nur darauf, ihn zu zerfleischen. In was für eine Fehde war ich hier hineingeraten?

„Misch dich hier nicht ein“, warnte Ethan mich und schob mich den Schritt wieder zurück.

„Ist ja niedlich! Sag bloß, die Kleine bedeutet dir was?“, fragte Marlon mit einem spöttischen Blick in meine Richtung.

Ethan schnaubte abfällig und senkte die Hand wieder. „Sehe ich aus, als stünde ich neuerdings auf Kinder?“

Wütend ballte ich die Hände zu Fäusten, doch Ethan hatte sich so positioniert, dass er jetzt zwischen Marlon und mir stand. Seine Worte kratzten an meinem Stolz, aber es war auch offensichtlich, dass er mich vor Marlon abschirmen wollte.

„Stimmt, du bevorzugst ja einen *anderen* Typ Frau, nicht wahr?“

Was auch immer diese Worte bedeuteten, sie sorgten dafür, dass sich Ethans Körper anspannte. Jetzt, da ich hinter ihm stand, konnte ich seine Rückenmuskulatur bewundern. Und was sollte ich sagen?

Dieser Junge schien eine einzige wandelnde Muskellandschaft zu sein. Mit ihm zusammenzustoßen musste sich anfühlen, als liefe man gegen eine Mauer!

Ethan schwieg, und als Marlon nichts weiter hinzufügte, wandte er sich mit mahlenden Kiefern ab. Musste ich das verstehen? Kopfschüttelnd hakte ich mich bei Willow ein und wollte in die andere Richtung abziehen, als Marlons Stimme hinter mir polterte.

„Du!“, sagte er, und ich wusste instinktiv, dass er mich meinte. „Ich bin noch nicht fertig mit dir.“

Betont langsam wandte ich mich ihm zu. „Ich aber mit dir.“

Aus dem Augenwinkel sah ich, wie Ethan, der gerade mal drei Schritte weit gekommen war, ebenfalls innehielt und sich wieder zu uns umdrehte.

Marlon schenkte mir ein überlegenes Grinsen, das mir sämtliche Nackenhaare aufstellte. „Glaube ich weniger. Ich bin nämlich der nächste Herausforderer auf der Liste.“

„Und?“, fragte ich gelangweilt.

Da lachte er überrascht. „Kann es sein, dass du unsere Regeln gar nicht kennst?“

Mein verständnisloser Blick war wohl Antwort genug, denn jetzt stimmten auch seine Kumpels mit ein.

„Das nenne ich mal Pech … für dich zumindest. Indem du diese Lagerhalle betrittst, unterwirfst du dich unseren Regeln, und die besagen, dass ein Herausforderer um alles kämpfen darf, was sich in diesem Raum befindet. Geld, Schmuck …“

Sein Blick wanderte zu meinem Rock. „Klamotten …“

Ein, zwei Sekunden lang blinzelte ich ihn nur an, dann sah ich stirnrunzelnd an mir herunter. „Und was soll das bedeuten? Dass du meinen Rock haben willst, oder was?“

Erheiterung leuchtete in seinen Augen auf. „Und dein Top.“

Gelächter erhob sich, überwiegend männliches. Ich lachte ebenfalls, denn er konnte unmöglich ernst meinen, was er da sagte. „Willst du mich verarschen?“

Marlon sah aus, als könnte er sein Glück gar nicht fassen. „Scheiße, du hast wirklich keine Ahnung, oder? Na, das wird ja ein Spaß.“

Als ich hilfesuchend zu Willow blickte, schüttelte sie bestürzt den Kopf. „Davon höre ich zum ersten Mal, das schwöre ich!“

Tja, das half mir jetzt nur leider nicht. Marlon würde sich nicht so freuen, wenn es nur ein Scherz wäre, oder? Was mich zu der Frage brachte, wer sich diese hirnrissige Regel ausgedacht hatte und weshalb die Leute freiwillig so einen Scheiß mitmachten? Um Wertsachen kämpfen. Was sollte das? Ich bezahlte doch keinen Eintritt, um mir dann mein Handy oder meine Klamotten abziehen zu lassen! Mittlerweile hatte sich ein lockerer Halbkreis von Schaulustigen um uns versammelt, und kam es mir nur so vor oder war die Musik leiser geworden?

Von so viel Aufmerksamkeit bekam ich rote Ohren. Was machte ich denn jetzt?

Mein Blick fiel auf Desmond, der sich in dieser Sekunde einen Weg zu uns bahnte und schließlich bei uns stehen blieb. Er konnte mir diesen Spinner doch bestimmt vom Hals schaffen.

„Gibt’s hier ein Problem?“, fragte er und zündete sich eine Zigarette an.

Ich nickte zu Marlon. „Er behauptet, dass er einen Anspruch auf meine Sachen hätte. Bitte sag mir, dass das ein Scherz ist!"

Genüsslich zog Desmond an seiner Kippe und pustete den Rauch nach oben aus.

„Bist du der nächste auf der Liste?", fragte er Marlon.

„Jep. Kannst gern nachsehen, wenn du willst", kam die heitere Antwort.

Desmond sah zu mir. „Dann kann ich leider nichts für dich tun."

Ungläubig starrte ich ihn an. „Aber …"

„Jeder, der will, kann sich zu Beginn des Abends auf eine Herausforderer-Liste eintragen, die dann der Reihenfolge nach abgearbeitet wird", erklärte Desmond, ohne mich weiter zu Wort kommen zu lassen. „So verhindern wir, dass sich hier alle wild die Köpfe einschlagen, und jeder bekommt die Chance, mindestens einmal gegen seinen Wunschpartner zu kämpfen – ob Mann oder Frau ist egal. Natürlich sind die meisten hier, um sich mit Gleichgesinnten zu messen und die dicke Kohle abzustauben – Mann gegen Mann und Frau gegen Frau –, aber im Grunde dürfen die Herausforderer gegen jeden kämpfen, und sie entscheiden auch, um *was* gekämpft wird: Geld, Ehre, materielle Dinge … Ausgeschlossen sind Autos und Handys – es sei denn, beide Parteien wollen es so." Mitleidig blickte er auf meinen Rock. „Klamotten gehören leider nicht dazu."

„Wer hat sich denn *diesen* Schwachsinn ausgedacht?!“, empörte sich Willow neben mir und sprach mir damit aus der Seele.

„Guck nicht mich an. Ich erkläre euch nur, wie der Hase läuft“, verteidigte sich Desmond, wobei er für meinen Geschmack etwas zu locker wirkte. Immerhin ging es hier um meine gefährdete Blöße! „Am Anfang war es nur ein Gag, aber dann haben immer mehr Leute mitgemacht und irgendwann ist es zur Tradition geworden.“ Er sah zu mir. „Tut mir leid, aber so sind die Regeln.“

„Ihr könnt nicht ernsthaft von mir erwarten, dass ich mich hier in Unterwäsche präsentiere“, sagte ich an Desmond und Marlon gewandt. „Ausgeschlossen!“

„Du darfst deinen Besitz gern verteidigen. Ich überlasse dir sogar den ersten Schlag“, spottete Marlon und deutete übertrieben freundlich zum Ring. Hasserfüllt starrte ich ihn an. „Nicht? Dann bleibt dir noch die Option, eine Strafe zu zahlen. Aber ich warne dich, sie ist saftig.“

„*Wie* saftig?!“, fragte ich bissig.

„300 Dollar.“

„Was?!“ Vor Unglaube überschlug sich meine Stimme. Ich hatte nicht mal 30 dabei!

Marlon ergötzte sich an meiner Ahnungslosigkeit. „Was dachtest du denn, wie das hier läuft? Viele von uns finanzieren ihr Studium mit den Kämpfen, reisen teilweise aus anderen Städten her, um dabei zu sein. Wenn jeder die Herausforderung einfach ausschlagen könnte, wo wäre dann der Spaß? Genau das ist es ja, was diese Events so besonders macht: Der Kick, dass du jederzeit herausgefordert werden könntest."

Gesprochen mit der Begeisterung eines Süchtigen, dachte ich. Und genau das schien Marlon zu sein: süchtig nach den Kämpfen. Nach dem Respekt und Einfluss, die ihm die Siege einbrachten.

„Ich finde es nur fair, dass wir eine Entschädigung bekommen, wenn uns ein Kampf und damit ein möglicher Gewinn verweigert wird. Außerdem haben die Zuschauer ein *Recht* auf Unterhaltung, immerhin finanzieren sie die Preisgelder, indem sie Eintritt bezahlen. Du hättest dich eben vorher informieren sollen", sprach Marlon weiter. Das zustimmende Gemurmel sagte mir, dass ich hier keine Verbündeten finden würde.

Tief atmete ich durch, bemüht, die aufkeimende Panik zu drosseln. Wenn ich vernünftig mit Marlon redete, könnte ich das Schlimmste vielleicht noch abwenden. „Meine Klamotten sind so gut wie nichts wert. Sie dürften dir keinen nennenswerten Betrag einbringen, wenn du sie verkaufst."

Doch mit einem Lächeln, das man nur als boshaft bezeichnen konnte, erwiderte er: „Oh, das macht nichts, Kohle habe ich genug. Ich will nur, dass du dich für mich ausziehst – deine Sachen sind mir egal."

Sämtliche Farbe wich aus meinem Gesicht, und es juckte mich in den Beinen, einfach aus der Halle zu stürmen. Stella hatte recht gehabt: Marlon *hatte* mich auf dem Kieker. Wie von allein huschte mein Blick zur Eingangstür. Wenn ich schnell genug war, schaffte ich es vielleicht, die Bullen zu rufen, bevor man mich schnappte.

„Wird's bald?", drängte Marlon provozierend.

Offenbar hatte Desmond nun doch Mitleid mit mir, denn er fragte an ihn gewandt: „Willst du das wirklich durchziehen? Was hat sie dir überhaupt getan?"

„Das geht nur sie und mich was an", zischte Marlon mit einem warnenden Blick in meine Richtung. Es bedeutete wohl, dass ich für mich behalten sollte, was ich in der Gasse gesehen und gehört hatte. Als ob ich so lebensmüde wäre, ihn *noch* mehr zu reizen! Desmond warf mir einen *Sorry-ich-hab's-versucht*-Blick zu, und auch Willow entschuldigte sich kleinlaut, dass sie nicht genug Geld dabei hätte, um mir zu helfen.

„Natürlich steht es jedem frei, sie zu verteidigen", redete Marlon an alle gewandt, wobei ich bezweifelte, dass sich hier jemand meine Demütigung entgehen lassen wollte. Sein Blick fand Ethan. „Was ist los, Eth? Willst du deine Freundin nicht verteidigen?"

Ich konnte mir nicht helfen, aber das Funkeln in Marlons Augen vermittelte fast den Eindruck, als wollte er genau darauf hinaus. Und war er nicht – jetzt, da ich darüber nachdachte – erst auf mich zugekommen, nachdem er gesehen hatte, dass Ethan sich mit mir unterhielt? Bedauerlicherweise ließ mein mürrischer Nachbar sich nicht provozieren, sondern schnaubte nur abfällig. Großartig! Mir würde also niemand helfen. Kein Ethan, keine Willow und schon gar nicht diese elendigen Gaffer.

Die Einsicht kam ja bekanntlich immer zu spät, aber was täte ich jetzt nicht dafür, die Zeit zurückdrehen und Oliver auf die Uni-Party begleiten zu können? Eine langweilige Studentenfete hätte ich im Augenblick liebend gern vorgezogen. Doch Marlon musste eine Gehirnzelle zu viel beim Boxen verloren haben, wenn er ernsthaft glaubte, dass ich mich freiwillig vor versammeltem Publikum ausziehen würde.

„Wisst ihr was? Das ist mir zu blöd! Ich verschwinde jetzt!“, verkündete ich und machte auf dem Absatz kehrt.

Mir reichte es, und ich konnte mir auch nicht vorstellen, dass sie mir die Klamotten vom Leib reißen würden. Was hätten sie denn davon, außer, dass ich mit einer Horde Polizisten wiederkommen und jeden einzelnen hier anzeigen lassen würde? So dumm konnte Marlon nicht sein.

Doch nach wenigen Schritten trat mir jemand in den Weg. Ein lebendig gewordener Berg in Form eines Boxers. „Lass mich durch“, verlangte ich mit so viel Autorität, wie ich aufbieten konnte. Er warf nur einen Blick über meine Schulter.

„Du begreifst es nicht, oder? Aber bitte, dann eben auf die harte Tour“, sprach Marlon hinter mir.

Ich drehte mich nicht zu ihm um, aber er musste dem Boxer ein Zeichen gegeben haben, denn der machte jetzt Anstalten, mich mit seinen riesigen Pranken zu packen. Fassungslos wich ich zurück, und er langte ein zweites Mal nach mir.

„Fass sie an und ich breche dir den Arm!“

Der Typ hielt inne, und ein Raunen ging durch die Menge. Die Worte kamen von niemand Geringerem als Ethan. Überrascht, dass er sich nun für mich einsetzte, sah ich zu ihm … und erschauderte bei seinem Anblick. Ethans gleichgültige Fassade hatte Risse bekommen. Zorn und Entschlossenheit zeichneten jetzt sein Gesicht. Dagegen war der finstere Blick, den er mir zugeworfen hatte, nichts.

„Kann ich daraus schließen, dass du es dir anders überlegt hast und doch für sie kämpfst?“, fragte Marlon hocherfreut. Als Antwort warf Ethan ihm einen vernichtenden Blick zu. „Dann hätten wir das ja geklärt.“ Euphorisch klatschte Marlon in die Hände. „Lass uns anfangen.“

*

Man könnte meinen, der Kampf des Jahrhunderts stünde bevor, so greifbar war die Spannung in der Luft. Auf den Schock hin, nur knapp einer Erniedrigung entgangen zu sein, stürzte ich die Reste von Willows abscheulichem Getränk hinunter. Währenddessen begaben sich die Kämpfer unter tosenden Begeisterungsrufen in den Ring.

Die Retourkutsche ließ nicht lange auf sich warten – schon schwirrte mir der Kopf von dem hochprozentigen Alkohol, aber das war mir egal. Ich nahm auch kaum die Entschuldigungen wahr, die Willow in einer Endlosschleife neben mir herunterratterte.

Ich hatte nur Augen für Ethan, dessen Miene so versteinert war, dass selbst Medusa es nicht besser hingekriegt hätte. Meinetwegen musste er sich jetzt mit dem selbst ernannten Champion schlagen. Und das, obwohl er ohnehin nicht gut auf mich zu sprechen war.

Der Kampf ging nicht sofort los. Vorher hatten die Kandidaten noch Gelegenheit, einen Schluck zu trinken und sich mit ein paar Luft-Übungen aufzuwärmen. Und natürlich bekamen die Leute ausreichend Zeit, um ihre Wetten abzuschließen. Niemand wollte sich den Kampf der *Champions* entgehen lassen. Wie ich aus Gesprächsfetzen erfuhr, waren Ethan und Marlon wohl erklärte Erzeifinde, und da Ethan heute schon gekämpft hatte, hätte er Marlons Herausforderung nicht annehmen müssen. Desmond erklärte mir, dass es gar nicht so einfach war, gegen seinen Wunschpartner zu kämpfen – jedenfalls nicht, wenn die Hütte so brechend voll war wie heute.

Bei so vielen Boxern war es unmöglich, alle Wünsche zu berücksichtigen, und ein Kampf war schon kräftezehrend genug, daher durfte ein Wettstreiter nur einmal herausgefordert werden – was diese Wunsch-Gegner-Sache zu einem Lottospiel machte. Kein Wunder, dass Marlon so scharf auf den Kampf war. Ich war nur der Köder gewesen, um Ethan in den Ring zu locken.

Nachdem alle Wetten abgeschlossen waren, wurde es ernst. Ein letztes Mal kontrollierten die Boxer ihre Bandagen, dann setzten sie einen Mundschutz ein, jemand hielt ein Handy hoch und spielte den Laut eines Gongs ab.

Der Kampf begann.

„Hat Ethan eine Chance?", fragte ich Desmond neben mir, während sich die beiden wie Raubtiere umkreisten. Wir standen ganz vorn, und meine Nerven waren zum Zerreißen angespannt.

„Normalerweise würde ich sagen, ja. Ethan und Marlon gehören zu den Besten, aber Ethan hat heute schon einen Kampf hinter sich, und Marlon ist noch fit." Desmond schenkte mir ein schiefes Lächeln. „Wobei es mich jetzt nicht stören würde, wenn er verliert." Innerlich rollte ich die Augen. Hatte der Typ auch einen Ausschalter? „Und vergessen wir nicht die Tatsache, dass Marlon ihm die Freundin ausgespannt hat. Das dürfte Ethan zusätzlich zu schaffen machen."

Vor Schreck wäre mir fast der leere Becher aus der Hand gefallen. „Marlon hat *was*?!"

Desmond zündete sich die nächste Kippe an. Dass es in der Halle ohnehin schon an Sauerstoff mangelte und er diesen Zustand mit seinem Gepaffe nur noch verschlimmerte, schien ihm egal zu sein. „Deshalb hassen sie sich ja so. Marlon war schon hinter Samantha her, als sie noch mit Ethan zusammen war, weshalb die beiden ständig aneinandergeraten sind. Das war ein Drama, sage ich dir! Aber am Ende hat Marlon bekommen, was er wollte, und das macht Ethan fertig."

Bestürzt schaute ich zu meinem Nachbarn, und Mitgefühl und Schuld regten sich in mir. Letzteres ergab eigentlich keinen Sinn, denn ich hatte ja nicht gewusst, worauf ich mich hier einließ. Ich gab auch Willow und ihren Cousins nicht die Schuld, aber einen vermeintlich aussichtslosen Kampf gegen den Jungen führen zu müssen, der ihm die Freundin ausgespannt hatte – und das auch noch für ein Mädchen, das er augenscheinlich nicht mochte –, hatte Ethan nicht verdient. Egal, wie kühl er sich mir gegenüber verhalten hatte.

Zumindest verstand ich jetzt, warum Marlon gesagt hatte, er hätte gedacht, Ethan würde noch um Samantha trauern.

„Ist sie hier? Seine Exfreundin?", fragte ich und ließ Ethan keine Sekunde aus den Augen. Marlon täuschte ein paar Hiebe an, doch Ethan wich ihnen tänzelnd aus. Er mochte angeschlagen sein, mit der richtigen Technik und seiner Gewandtheit könnte er Marlon aber vielleicht trotzdem besiegen.

Desmond schüttelte den Kopf. „Hab sie heute zumindest noch nicht gesehen."

Marlon kassierte den ersten Schlag, und ich erwischte mich dabei, wie ich mit der Menge aufjubelte.

So weit so gut, nur hatte der Fausthieb offenbar nicht genügend Power gehabt. Marlon stolperte zwar einen Schritt zurück, schüttelte sich aber nur und ging dann seinerseits zum Angriff über.

Die erste Attacke zielte auf Ethans Gesicht – er wich ihr geschickt aus –, die zweite auf seine Rippen, aber auch die ging daneben. Beeindruckt verfolgte ich Ethans Beinarbeit, bewunderte, wie leichtfüßig er sich bewegte. Ethan war schlanker und leichter als Marlon, was ihm einen gewissen Vorteil verschaffte. Allerdings befürchtete ich, dass Marlons Treffer umso fataler wären.

Und meine Sorge wurde bestätigt.

Der dritte Schlag traf Ethan hart am Kinn und ließ ihn mehrere Schritte nach hinten taumeln. Wieder rastete die Menge aus, und ich wurde Zeugin, wie hier und da schnell noch die Wetteinsätze erhöht wurden. Nur zu gern hätte ich Ethan diese Bürde abgenommen, aber ein Boxhieb von Marlon, und ich wäre vermutlich nie wieder aufgestanden.

Wo Ethans Körper schlank und definiert war, punktete Marlon mit Masse und Kraft. Am beängstigendsten fand ich aber seinen Blick. Klar, zum Boxen gehörte ein gewisses Vergnügen dazu – sonst würde man sich den Quatsch ja nicht antun –, aber Marlon hatte nicht einfach nur Freude daran, Ethan zu schlagen, sein Gesichtsausdruck war geradezu wild und besessen. Boxen war nicht nur ein Hobby von ihm, wie er behauptet hatte, es war sein *Leben*, und in seinem Blick las ich, dass er nicht vorhatte, heute als Verlierer aus dem Ring zu gehen.

Den nächsten Schlag parierte Ethan, indem er im letzten Moment die Unterarme hochriss, dann teilte er ein paar Hiebe aus, die Marlon in die Defensive brachten. Das gefiel ihm nicht. Zähnefletschend wich er vor Ethan zurück, bis er mit dem Rücken gegen einen Zuschauer stieß. Dabei musste er ein paar heftige Schläge einstecken. Unbarmherzig prasselten Ethans Fäuste auf ihn nieder, jeder Schlag präzise ausgeführt. Doch gerade als ich dachte, Marlon könnte schlappmachen, duckte er sich blitzschnell unter Ethans Armen hinweg und durchbrach seine Schlagtirade damit.

Ganz zum Leidwesen des Zuschauers, der das Pech hatte, in unvermittelter Flugbahn von Ethans Faust zu stehen. Es war unvermeidbar, dass Ethan seine Nase traf. Zum Abbremsen hatte er zu viel Kraft in den Schlag gesteckt. Wie ein Schlosshund heulte der Junge auf, und die Menge grölte vor Lachen. Mehr brauchte Marlon nicht. In der Sekunde, in der Ethan abgelenkt war, holte er zum alles entscheidenden Schlag aus … und traf ihn seitlich im Gesicht.

Ethan ging in die Knie, und mein Herz setzte unter dem tosenden Beifall gefühlt eine Sekunde lang aus. *Komm schon, steh auf!*, flehte ich und versuchte, Ethan durch die bloße Kraft meiner Gedanken wieder auf die Beine zu zwingen. Marlon kostete den Moment voll aus. In Siegerpose wandte er sich dem Publikum zu und ließ sich feiern, als wäre der Kampf schon vorbei.

So schnell gab Ethan jedoch nicht auf.

Unter sichtbarer Anstrengung rappelte er sich wieder auf und ging in Abwehrstellung. Er atmete schwer und sein Stand war auch nicht mehr der sicherste. Als ein Raunen durch die Zuschauer ging, hielt Marlon inne und drehte sich wie in Zeitlupe zu Ethan um. Sein Siegerlächeln verrutschte. Scheinbar hatte er nicht damit gerechnet, dass sein Gegner nach dieser Aktion wieder aufstehen würde. Ein Anflug von Stolz und Schadenfreude durchzuckten mich. *Da staunst du, was, Arschloch?*

Doch Marlon hatte seine Überraschung schnell überwunden. Offenbar gewillt, den Kampf ein für alle Mal zu beenden, stürmte er auf Ethan zu. Vielleicht, überlegte ich, ging ihm ja allmählich die Puste aus. Obwohl Ethan sichtbar am Ende seiner Kräfte war, wich er Marlons ersten Fausthieben aus.

Keine Frage, seine Schnelligkeit war seine Stärke. Nach dem fünften oder sechsten Schlag – genau zählte ich nicht mit –, flog Ethans Kopf jedoch brutal nach hinten.

Blut spritzte, und er ging ein weiteres Mal in die Knie. Aber Marlon war noch nicht fertig mit ihm. Das gnadenlose Funkeln in seinem Blick sagte mir, dass er diesmal keine halben Sachen machen würde, und ehe ich mich versah, war ich einen Schritt vorgetreten, um mich ihm in den Weg zu stellen. Marlon hatte doch schon gewonnen. Kein Grund, Ethan krankenhausreif zu prügeln.

Desmond erkannte meine Absicht und packte blitzschnell mein Handgelenk. „Wow! Was soll das denn werden?“

Ich versuchte, mich loszureißen. Vergeblich. „Lass mich los! Marlon wird ihn umbringen!“

„Wird er nicht. Ethan kann ‘ne Menge einstecken, und er wusste, worauf er sich einlässt. Nicht einmischen.“

Hilflos musste ich zusehen, wie Marlon sich breitbeinig vor Ethan stellte und dann grimmig auf ihn herunterlächelte. Er zögerte den Moment noch ein, zwei Sekunden lang hinaus, dann versetzte er ihm den Todesstoß. Ethan werte sich nicht mal, er blinzelte nur benommen. Und so traf ihn Marlons Fausthieb mit der geschätzten Wucht einer Abrissbirne und beförderte ihn rücklinks auf den Boden. Der tosende Beifall brandete wie eine Flut über mich hinweg und verschluckte mein Keuchen.

Es war vorbei.

*

Der Gong war noch nicht erklungen, da eilten Desmond, Willow und ich bereits zu Ethan und halfen ihm hoch. Er war, Gott sei Dank nicht bewusstlos, nur benebelt. Ein paar Leute standen schon bereit und reichten uns Handtücher, eine Wasserflasche und feuchtes Toilettenpapier. Kaum war der

Kampf vorbei, verflog das Interesse der Zuschauer und der gebildete Kreis lichtete sich. Alle waren jetzt nur noch daran interessiert, ihre Gewinne einzukassieren und dem Sieger zu gratulieren.

Finster sah ich in Marlons Richtung, der von allen Seiten Glückwünsche und Schulterklopfen erntete. Genau wie Ethan vorhin. Lange schien die Begeisterung der Leute ja nicht anzuhalten – geschweige denn das Siegesgefühl. In einem Moment wurde man auf Händen getragen und im nächsten lag man selbst auf der Matte.

Für mich wäre das nichts. Da blieb ich lieber bei meiner Malerei. Daran hatte ich wenigstens längerfristig Freude.

Desmond schraubte die Wasserflasche auf und flößte Ethan – der irgendetwas Unverständliches murmelte – den Inhalt ein. Ich zog ein paar Feuchttücher aus der Packung und Willow tupfte seine schweißnasse Stirn ab.

Als ich Ethan das Blut von der Brust wischte und ihn dabei unweigerlich berührte, stellte ich fest, dass seine Haut regelrecht glühte. Und obwohl er so ramponiert aussah, konnte ich nicht anders, als einen Moment seine gewölbte Brust und seine Bauchmuskeln anzustarren, die durch den Schweißfilm nur noch stählerner wirkten. War es sehr pervers, dass der Schweiß mich anmachte? Kopfschüttelnd wischte ich weiter, dabei fiel mein Blick auf sein immer stärker anschwellendes, rechtes Auge.

Ethan sah fürchterlich aus. Blutig, verschwitzt … und auf einmal sehr zornig.

„Lass den Scheiß!“, fauchte er Desmond plötzlich an und schlug ihm die Flasche aus der Hand, als wäre er ruckartig aus seiner Benommenheit erwacht.

Kommentarlos hob Desmond die auslaufende Flasche auf und schraubte sie wieder zu. Willow zog sich zurück, dann schwenkte Ethans Blick zu mir, und ich erstarrte mitten in der Bewegung. Ich hatte ihm gerade den Mundwinkel abtupfen wollen, aber so wie er mich jetzt anfunkelte … wohl besser nicht.

Fluchend stemmte er sich hoch, wankte zu einem nahegelegenen Steinklotz und plumpste darauf nieder. Willow und ich verharrten unschlüssig. Ich war vermutlich die letzte Person, die Ethan jetzt um sich haben wollte. Desmond war da weniger diskret. Ethans finstere Blicke ignorierend, ging er ihm hinterher, reichte ihm ein sauberes Handtuch und danach die Wasserflasche, damit er selbst daraus trinken konnte. Mir drängte sich der Verdacht auf, dass die beiden miteinander befreundet waren. Das würde auch erklären, woher Willow Ethan kannte – auch wenn ich immer noch nicht verstand, warum er ihr dann nichts von Oliver erzählt hatte.

Als ich sah, wie Ethans Blick hinter mich wanderte und sich seine Miene verdüsterte, wusste ich, dass Marlon auf mich zukam. Mit verengten Augen wirbelte ich zu ihm herum. „Fass mich an und ich zerkratz dir das Gesicht!“

Marlon lachte unbeeindruckt. „Danke, aber *eine* Wildkatze reicht mir völlig.“ Verständnislos blinzelte ich ihn an.

Was zum Teufel meinte er damit?

Doch dann sagte er über meine Schulter hinweg an Ethan gewandt: „Außerdem habe ich bekommen, was ich wollte ... auch wenn es für meinen Geschmack viel zu schnell vorbei war.“

Gott, dieser … dieser … Mir fiel nicht mal eine angemessene Beleidigung für diesen Unmenschen ein!

„Dir ist schon klar, dass du mich nur besiegt hast, weil ich angeschlagen war, oder?“, spuckte Ethan aus. Schmerzvoll verzog er beim Reden das Gesicht, für eine gesunde Portion Hochmut reichte es aber scheinbar noch.

Marlon schnaubte. „Wenn du dich damit besser fühlst, red‘ dir das ruhig ein.“

Ethan setzte zu einer Antwort an, doch er kam nicht dazu, denn der Chef persönlich gesellte sich zu unserer Runde. „Marlon!“, sagte Curtis, und zum ersten Mal schwang Autorität in seiner Stimme mit.

„Ihr habt die Zuschauer für heute genug unterhalten, findest du nicht? Ich schlage vor, du und Ethan geht euch den restlichen Abend aus dem Weg. Und ihr zwei“, Curtis wandte sich an Willow und mich, „verschwindet wohl besser von hier.“

„Das musst du uns nicht erst sagen!“, fauchte Willow mit einem todbringenden Blick in Marlons Richtung. Schwer zu sagen, wer von uns dreien die stärkeren Wellen der Verachtung aussandte: Ethan, Willow oder ich.

In jedem Fall müsste Marlon unter dem geballten Ansturm längst zusammenbrechen. Mit einem finsteren Lächeln kehrte er uns den Rücken zu und marschierte samt Anhang davon.

Curtis sah ihm noch einen Moment lang nach, als wollte er sichergehen, dass Marlon auch weit genug Abstand nahm, dann schwenkte sein Blick zu Ethan und schließlich zu mir. Jegliche Belustigung von vorhin war aus seinem Gesicht verschwunden, dann ging er ebenfalls.

„Na, das war doch richtig unterhaltsam!“, bemerkte Desmond trocken, bevor er zu Willow sagte: „Machen wir ‘nen Abflug. Ich fahre dich.“

Sie sah zu mir. „Und was ist mit Allie?“

„Ich kann leider nur eine auf dem Motorrad mitnehmen.“

„Allie kommt mit mir“, sagte Ethan.

Verdattert starrten Willow und ich ihn an. „Was?“

„Du kommst mit mir“, wiederholte er, jetzt an mich gewandt, und stand ächzend auf. „Ich hab‘ mich nicht für dich geprügelt, damit du dich auf dem Nachhauseweg gleich mit dem nächsten Irren anlegst. Ich sorge persönlich dafür, dass du zu Hause ankommst!“

Seine Worte trieben mir die Schamesröte ins Gesicht und bewirkten, dass ich mich wie ein Kleinkind fühlte. Als ob ich zu blöd wäre, allein zurückzufinden! Aber Ethan hatte gerade buchstäblich die Wange für mich hingehalten, deshalb schluckte ich meinen Stolz und den Kommentar, der mir auf der Zunge lag, herunter. Ich sah zu Willow und gab ihr nickend zu verstehen, dass ich damit einverstanden war.

„Dann nix wie weg", sagte Desmond und klopfte Ethan kumpelhaft auf die Schulter. Dieser zog scharf die Luft zwischen den Zähnen ein und warf seinem Freund einen bitterbösen Blick zu, den Desmond aber ignorierte. Ich verabschiedete mich von den beiden, und Willow entschuldigte sich noch mal bei mir, dann gingen sie.

Etwas verloren blieb ich mit Ethan zurück, denn der musste erst noch seine sieben Sachen packen und sich umziehen. Nachdem er sich von diversen Leuten, unter anderem Curtis, verabschiedet hatte, verließen wir endlich die Halle. Es war kühler geworden und der vorhin sternenklare Himmel war jetzt wolkenverhangen.

Als wir vor Ethans Wagen standen, staunte ich nicht schlecht. Er fuhr einen silbergrauen Mercedes. A-Klasse, wenn mich nicht alles täuschte. Ich war zwar noch nicht bei den Jacksons gewesen, aber von außen machte das Haus nicht den Eindruck, als wären sie besonders vermögend. Nicht mehr als wir jedenfalls.

Wie konnte sich ein 21-Jähriger also einen Schlitten wie diesen leisten? Ein Geschenk von Papi? Diebesgut?

„Steig ein", befahl Ethan, der ein lockeres, schwarzes Shirt übergezogen hatte, und ging zur Fahrerseite. Sein herrischer Ton sagte mir, dass er innerlich vor Wut kochte. Dennoch lag mir etwas an meinem Leben, deshalb fragte ich vorsichtig: „Bist du sicher, dass du fahren willst? Dein rechtes Auge ist ganz schön zugeschwollen."

„Na, dich lasse ich bestimmt nicht fahren! Ich kann deine Fahne bis hierher riechen."

Über das Autodach hinweg starrte ich Ethan an, und wieder musste ich mich zusammenreißen. *Lass ihn. Er muss sich abreagieren, und du stehst tief in seiner Schuld,* sagte ich mir und atmete tief durch. „Schön, aber bau ja keinen Unfall."

„Nicht, dass es einen großen Unterschied machen würde, so, wie ich mich fühle!", hörte ich ihn murmeln, bevor er einstieg. Mir entging weder, wie vorsichtig er sich dabei bewegte, noch, wie angestrengt er atmete.

Prompt kehrte mein schlechtes Gewissen zurück, und ich stieg geknickt ein. „Hör mal, Ethan …"

„Nicht!", schnitt er mir harsch das Wort ab und startete den Motor.

„Ich will weder eine Entschuldigung noch sonst was hören! Und du sagst auch kein Wort zu Oliver. Einigen wir uns darauf, dass das nie passiert ist!"

Fest biss ich mir auf die Unterlippe und schnallte mich an. Da waren noch so viele ungeklärte Fragen. Warum waren Oliver und er verstritten? Wie war Ethan in die Underground-Szene gerutscht? Und vor allem, wie hatte Marlon es geschafft, ihm die Freundin auszuspannen? Da ich befürchtete, dass Ethan ausrasten und dann erst recht einen Unfall bauen würde, wenn ich ihm auch nur eine dieser Fragen stellte, hielt ich die Klappe.

Aber leicht fiel es mir nicht.

*

Selbst auf einem Friedhof herrschte mehr Stimmung als auf der 20-minütigen Heimfahrt. Hätte bloß noch gefehlt, dass ihm Rauch aus den Nasenlöchern stieg, so wütend war Ethan. Als er mich schließlich zu Hause absetzte, schien er auch kein bisschen runtergekommen zu sein. Seine Hände umklammerten das Lenkrad so fest, dass seine Fingerknöchel weiß hervortraten, aber er schien es gar nicht zu merken.

„Noch mal: kein Wort zu Oliver oder sonst jemandem! Und ich muss wohl auch nicht erwähnen, dass es das Beste ist, wenn du nie wieder dorthin kommst."

Dorthin. Er meinte die Lagerhalle.

Ich schnallte mich ab und stieg aus. Mit der Hand am Türrahmen drehte ich mich noch einmal zu ihm um. „Und was ist mit dir? Wirst *du* wieder hingehen?" Die Worte waren raus, noch ehe ich sie aufhalten konnte. Ich schaffte es auch nicht, den Trotz in meiner Stimme zu unterdrücken. Wir waren *beide* Opfer von Marlons Machtspielchen geworden, nicht nur er. Ich weigerte mich, auch nur den kleinsten Hauch Verantwortung oder gar Schuld für die heutigen Geschehnisse zu übernehmen.

Ethan kniff die Augen zusammen – oder besser gesagt, das heile Auge. „Halt dich aus meinen Angelegenheiten raus!" Mehr hatte er dazu nicht zu sagen. Kopfschüttelnd warf ich die Beifahrertür zu und stapfte zum Haus, während Ethan die wenigen Meter bis zu seinem Grundstück fuhr.

Was für ein Einführungstag!

Kapitel 3

Die Ereignisse verfolgten mich in meinen Träumen, was dazu führte, dass ich in dieser Nacht immer wieder aufwachte und mich unruhig herumwälzte. Als ich am nächsten Tag erwachte, fühlte ich mich so gerädert wie nach einer dreitägigen Sauforgie.

Und Kohldampf hatte ich auch.

Mom, die offenbar schon damit gerechnet hatte, dass ich bei der *Uni-Party* über die Stränge schlagen würde, war so fürsorglich und brachte mir French-Toast und Orangensaft ans Bett. Eine halbe Stunde später machte sie sich auch schon auf den Weg zu Ben, um das Wochenende bei ihm zu verbringen.

Ich bestellte ihm schöne Grüße, dann sank ich pappsatt ins Kissen zurück und rief meine beste Freundin an, um ihr alles zu berichten. Ethan konnte nicht wirklich glauben, dass ich Stillschweigen darüber bewahren würde – irgendwie musste ich diese verrückten Ereignisse ja verarbeiten. Wir telefonierten bestimmt eine Stunde lang, und als ich es im Bett nicht mehr aushielt, stellten wir auf Video-Chat um und ich nahm Anna mit in die Küche. Wir frühstückten zusammen. Also, Anna frühstückte. Ich trank Früchtetee und erzählte ihr alles, was ich bis dato über Oliver und Ethan herausgefunden hatte.

Sie nötigte mich dazu. Aber ich war selbst schuld, da ich neulich am Telefon von meinen *heißen* Nachbarn geschwärmt hatte, und seitdem wollte sie alles über die Brüder wissen.

Annas Einführungstag war weniger spektakulär gewesen – wie sie nörgelnd beklagte. Sie hatte auf der Uni-Party ein paar nette Leute kennengelernt, aber so richtig war der Funke wohl nicht übergesprungen. Das tat mir leid für sie. Anna war sehr wählerisch, was ihre Freunde betraf, und sie war auch nicht so aufgeschlossen wie ich. Ich würde sogar mit einem Schimpansen Freundschaft schließen, wenn er mich in der Schule ansprechen würde – da musste sie leider allein durch. Ich konnte ihr nur anbieten, so oft wie möglich mit ihr zu telefonieren, aber ich war zuversichtlich, dass sie die richtigen Leute bald kennenlernen würde. Leute, die zu ihr passten. Die denselben Humor mit ihr teilten, so wie Oliver und ich zum Beispiel.

Um kurz nach 11 nahm ich ein heißes Bad. Das hatte ich auch bitter nötig, da meine Haare nach Zigarettenrauch stanken. Ich benutzte gern ätherische Öle. Lavendel, Mandel, Jasmin ... Grandma hatte mich damit angesteckt, nachdem sie letztes Jahr von einer dreiwöchigen Kur wiedergekommen war. Seitdem badete ich nur noch damit.

Schnell setzte die Wirkung des Lavendel-Öls ein und lockerte meine steifen Muskeln. Auch meine

Haut wurde so richtig schön durchblutet, und ich hatte das Gefühl, gleich besser atmen zu können. Am liebsten wäre ich noch stundenlang in der Wanne geblieben. So lange, bis das Wasser kalt und meine Haut schrumpelig geworden wäre.

Leider hatte ich noch etwas zu erledigen, und das tat ich lieber, *bevor* die Sonne ihren Höchststand und damit ihr Temperaturmaximum erreichte. Mom und ich hatten gestern bis in den Abend Unkraut gezupft. Nicht auf dem gepflegten Vordergrundstück, das aussah wie aus einem Bilderbuch ausgeschnitten, sondern auf der Rückseite des Hauses, wo man offenbar weniger Wert darauf gelegt hatte. Dann war ich jedoch mit Willow verabredet gewesen und hatte es auf heute verschoben, die Blumen vor der Veranda einzupflanzen.

Seufzend stieg ich aus der Wanne, trocknete mich ab und zog dann eine bequeme Jeans-Shorts und ein roséfarbenes Stricktop an. Bewaffnet mit einer eisgekühlten Limonade, Gartenhandschuhen, einer Blumenkelle und einer Gartenschere ging ich schließlich vor die Tür. Einige Buchsbäume waren Mom zu wuchtig und mussten zurückgeschnitten werden. Ich hatte sie gewarnt, dass sie das lieber selbst machen sollte, anstatt meine zwei linken Hände damit zu betrauen, aber sie hatte nur lachend geantwortet, dass ich das schon hinkriegen würde.

Ansonsten kannten wir uns aber, ja? Bei meinem gärtnerischen Talent würde ich mir vermutlich sämtliche Fingerkuppen abschneiden, aber versprochen war versprochen, also Augen zu – oder lieber doch nicht – und durch.

*

Die Hitze war erbarmungslos. Schon nach 10 Minuten hatte ich das Gefühl, die Sonne würde sich fröhlich durch den UV-Schutz meiner Sonnencreme brennen, aber wenigstens kam ich zügig voran. Meine *vornehme Blässe* – wie Dad immer sagte – machte mich extrem hitzeanfällig, deshalb wagte ich mich im Sommer auch nicht ohne Sonnenschutz aus dem Haus. Bei der kleinsten Überhitzung ging ich in Flammen auf. Da war ich empfindlicher als ein Vampir.

Die Limo hatte ich auf die unterste Verandastufe gestellt, daneben lag mein Handy und spielte Radiomusik.

Ich war gerade dabei, den letzten Buchsbaum zu schneiden – mein Top klebte inzwischen wie eine zweite Haut an mir –, als sich plötzlich ein Schatten über mich legte. Viel zu schnell, als dass es eine Wolke hätte sein können.

„Sieh mal einer an, sie lebt noch."

Tiefer als beabsichtigt schnitt ich in den Buchsbaum … und machte damit mein ganzes Werk zunichte.

Ich musste dringend an meiner Schreckhaftigkeit arbeiten.

„Hey, erschreck mich doch nicht so!", rief ich, als ich die Stimme erkannte, und wandte ihr meinen Oberkörper zu. Breit lächelte Oliver auf mich herab. Durch das einfallende Sonnenlicht in seinem Rücken sah er wie ein strahlender Engel aus.

„Sorry." Er ging zur Veranda, sodass ich mich wieder nach vorn drehen konnte. „Ich hab dich nur vom Küchenfenster aus gesehen und mir in meiner Langenweile gedacht, ich belästige dich ein bisschen."

Schmunzelnd stand ich auf und klopfte mir den Dreck von den Knien. Konnten wir nur hoffen, dass meine Mutter *aka* die Gartenpolizei den Verschnitt nicht bemerkte. Noch mal stutzte ich das blöde Ding nicht komplett. „Du belästigst mich doch nicht. Willow und du seid die einzigen Freunde, die ich hier habe."

„Apropos Willow", sagte er und lehnte sich mit verschränkten Armen an den Pfeiler. „Wie war die Party gestern?"

Mein Blick wanderte zu seinem weißen, ärmellosen Shirt und den verschränkten Armen. Oliver hatte natürlich nicht so einen stählernen Körper wie Ethan – also vermutete ich –, dennoch war er weit davon entfernt, schlaksig oder gar mager zu sein.

Wenn ich es mir recht überlegte, hatte er sogar einen richtig guten Körper, und was die Anziehungskraft anging, konnte er locker mit seinem Bruder mithalten. Wo in Ethans Nähe bei mir sämtliche Alarmglocken schrillten, läuteten bei Oliver meine inneren Hochzeitsglocken. Er war der Traum aller Schwiegermütter. Gut aussehend, nett und charmant. Bestimmt trug er seine Freundinnen auf Händen. Mit leicht geröteten Wangen sah ich ihm wieder in die Augen und zögerte. Es war nicht so, dass ich Oliver nicht vertraute, aber es war eine Sache, ob ich meiner kilometerweit entfernt lebenden Freundin davon erzählte oder Ethans jüngerem Bruder.

Kein Wort zu Oliver! Ethans Worte hallten mir noch deutlich im Kopf. Und ich wusste ja nicht mal, was zwischen den Brüdern vorging. Was, wenn ich etwas ausplauderte und es damit nur noch schlimmer machte?

Als er sah, dass ich zögerte, lächelte Oliver grimmig. „Keine Sorge, du verrätst mir nichts, was ich nicht schon weiß."

Überrascht und auch ein bisschen erleichtert sah ich ihn an. „Du weißt, was Ethan … nun ja … treibt?"

Schnaubend nahm Oliver auf einer Verandastufe Platz. „Klar weiß ich das. Und wenn er denkt, es fällt nicht auf, dass er sich jeden Freitagabend aus dem Haus schleicht, ist er dümmer als er aussieht."

Also, *dumm* war so ziemlich das letzte Wort, mit dem ich Ethan beschreiben würde. Auf mich wirkte er mehr wie ein in Ungnade gefallener Engel, der sich aus mir unbekannten Gründen vom guten Pfad abgewandt hatte und lieber illegalen Aktivitäten nachging. Aber das konnte auch der Fantasy-Nerd sein, der da aus mir sprach.

Die Heckenschere noch in der Hand musterte ich Oliver. Als er mich begrüßt hatte, war er heiter gewesen. Unbeschwert.

Diese Heiterkeit war jetzt verflogen. Ich schätzte, weil ich nicht gleich mit der Wahrheit rausgerückt war.

Er nahm mein Handy und drehte es scheinbar geistesabwesend in der Hand.

„Du und Ethan, ihr mögt euch nicht besonders, oder?" Ich wusste, es ging mich nichts an, aber ich konnte mir die Frage einfach nicht verkneifen.

Mit einem bitteren Lachen legte er es wieder hin. „*Das* ist noch leicht untertrieben, würde ich sagen." Aber er ging nicht weiter ins Detail.

Ich wischte mir über die nasse Stirn. „Woher weißt du von den Boxkämpfen, wenn Ethan nicht mit dir darüber spricht?"

Oliver lehnte sich auf der Treppe zurück und winkelte die Ellenbogen an. Ich kniete mich wieder auf den Rasen. Mit den Buchsbäumen war ich fertig. Jetzt musste ich nur noch die Blumen einpflanzen, dann hatte ich für heute genug gegärtnert. „Von Fred. Sein Bruder ist quasi Stammboxer in der Halle. Er erzählt Fred alles, und Fred erzählt es mir."

„Also weiß Ethan gar nicht, dass du im Bilde bist?" Ich legte die Heckenschere weg, streifte die rauen Handschuhe über und begann, mit der Schippe unterschiedlich große Löcher in die Erde zu graben.

„Ist mir scheißegal, ehrlich gesagt."

Schockiert sah ich auf. Das klang nicht so, als hätten die beiden nur einen harmlosen Streit. „Was ist mit euch? Warum habt ihr so einen … Hass aufeinander?"

Oliver fuhr sich durch das dichte, blonde Haar. Er schien sich unbehaglich mit der Frage zu fühlen. „Ist 'ne längere Geschichte."

Mit anderen Worten: Es ging mich nichts an. Okay, ich hatte es kapiert. Schulterzuckend widmete ich mich wieder meiner Gartenarbeit.

Nach ein paar Sekunden fragte Oliver: „Soll ich dir helfen?" Schlechtes Gewissen schwang in seiner Stimme mit, dabei hatte ich vollstes Verständnis für seine Schweigsamkeit. Jede Familie hatte Leichen im Keller, und mir war noch keine begegnet, die ihre freiwillig und gut sichtbar in ihrem Vorgarten aufgehängt hätte.

Abermals schaute ich auf und warf einen Blick auf seine helle Leinenshorts. „Wenn du dich dreckig machen willst."

Schmunzelnd stand er auf und kam zu mir. „Ist ja nicht so, als würde ich nicht direkt nebenan wohnen und mich umziehen könnte." Damit nahm er mir die Schippe aus der Hand und hockte sich so dicht neben mich, dass sein nackter Schenkel meinen Arm berührte. Haut traf auf Haut, und mir stockte der Atem. Plötzlich war er mir viel zu nahe. Seine Präsenz übermächtig. Ich sah, dass Oliver die Lippen bewegte, doch das Rauschen in meinen Ohren übertönte seine Worte.

Er sah so gut aus!

Außerdem duftete er nach gewaschenen Haaren, Weichspüler und seinem Eigengeruch. Die Kombination war berauschend. Vielleicht etwas *zu* berauschend, denn als Oliver den Kopf zu mir drehte und mich halb schmunzelnd, halb stirnrunzelnd musterte, wusste ich, dass er eine Frage gestellt hatte.

„Was hast du gesagt?"

Er lachte leise. „Ich habe gefragt, welche Blumen wohin sollen."

„Ähm, egal. Such dir was aus", stammelte ich und wandte peinlich berührt den Blick ab. Als mir der Schweiß im Nacken ausbrach, hatte das ausnahmsweise nichts mit der Sonne zu tun. Vergeblich suchte ich nach einem coolen Spruch oder Kommentar. Irgendetwas, das von der abgrundtief peinlichen Tatsache ablenkte, dass ich gerade einen Aussetzer gehabt hatte, nur wegen seiner *Berührung*.

„Allie?" Diesmal klang Oliver besorgt. „Langsam wird's creepy."

Oh, Scheiße! Hatte er etwa wieder etwas gefragt? Ich hielt es in seiner Nähe nicht mehr aus und stand auf. „Sorry. Ich glaub, ich … muss mal was trinken." Erleichtert, dass mir eine Ausrede eingefallen war, eilte ich zu meiner Limo und trank mehrere große Schlucke. Es musste ja authentisch aussehen.

Oliver beobachtete mich, dann sagte er: „Lass mich den Rest machen."

„Quatsch. Mir geht's gleich wieder besser", behauptete ich, doch da hatte er schon die ersten Pflanzen genommen und in die Erde gesteckt.

*

„Du hast mir immer noch nicht erzählt, wie es auf der Party gestern war", sagte Oliver, nachdem er mit Einpflanzen fertig war, und zog die Handschuhe aus.
Sie gehörten Grandpa, deshalb waren sie auch viel zu groß für meine zarten Hände. Selbst Oliver konnte sie sich zweimal umwickeln. Er legte sie zu den anderen Gartenutensilien, dann setzte er sich zu mir.

Nach meiner Ausrede mit dem Flüssigkeitsmangel hatte er mich auf die Treppe verbannt und ermahnt, heute keinen Finger mehr zu rühren. Auf der einen Seite hatte ich ein schlechtes Gewissen deswegen, auf der anderen genoss ich seine Fürsorge auch. „War Ethan nicht überrascht, dich dort zu sehen? Oder seid ihr euch gar nicht begegnet?"

Jetzt war ich diejenige, die schnaubte. „Oh, Ethan war sogar *sehr* überrascht! Willst du wirklich wissen, wie es gestern war? Beschissen!" Und dann verstieß ich ein zweites Mal an diesem Vormittag gegen Ethans Verbot und erzählte Oliver in knappen Sätzen, was geschehen war. Wenn ich so weitermachte, würde in einer Woche ganz Amerika davon wissen.

„Scheiße! Ich hab' ja schon einiges über diese Kämpfe gehört, aber das ist heftig! Und Ethan hat sich echt für dich geschlagen?" Als ich nickte, sagte er schnaubend: „Dann ist er zumindest kein völliges Arschloch."

Ich musterte Oliver, der den Blick grübelnd in die Ferne gerichtet hatte. „Du weißt nicht zufällig, was er gegen mich hat, oder?" Ethans finsterer Blick, als er mich gestern erkannt hatte, ging mir nicht mehr aus dem Kopf.

Oliver blinzelte, als hätten meine Worte ihn aus einem tiefen Gedanken gerissen, und sah wieder zu mir. Er schien kurz zu überlegen, dann sagte er: „Na ja, du siehst ein bisschen wie seine Exfreundin aus."

Ich verschluckte mich an meiner Spucke. „*Was?!*"

„Was heißt ein bisschen? Eigentlich siehst du ihr sogar sehr ähnlich. Rote Haare, Sommersprossen, schlank …" Er stockte, als hätte er noch mehr sagen wollen, sich im letzten Moment aber zurückgehalten.

Mit etwas Verzögerung fügte er hinzu: „Als ich dich am Einzugstag das erste Mal gesehen habe, dachte ich erst, sie wäre es. Vielleicht erinnerst du ihn an sie."

Mir fiel wieder ein, was Marlon zu mir gesagt hatte, dass er schon *eine* Wildkatze hätte.

„Na toll! Ich erinnere Ethan also an ein Mädchen, das ihn in den Wind geschossen hat. Das erklärt natürlich einiges!" Kopfschüttelnd schlang ich die Arme um die angewinkelten Beine. Mich würde ja brennend interessieren, was Oliver noch hatte sagen wollen. Aber das konnte ich ihn unmöglich fragen, deshalb lenkte ich das Gespräch wieder auf Ethan. „Wie kann er sich eigentlich so einen teuren Schlitten leisten? Hat er ihn gestohlen?"

Oliver schmunzelte. „Ich nehme an, er hat ihn durch seine illegalen Boxkämpfe finanziert. Ist auf jeden Fall kein Neuwagen. Aber Ethan traue ich alles zu, also wer weiß?" Kopfschüttelnd strich er über den Buchsbaum neben der Treppe, den ich vorhin geschnitten hatte. Er sprach zwar abfällig über seinen Bruder, aber ich hörte auch Bitterkeit in seiner Stimme mitschwingen. Hier ging es nicht um simple Brüderrivalität. Irgendeiner hatte den anderen verletzt.

„Weiß euer Vater, dass er boxt?"

Mit einem tonlosen Lachen zog Oliver die Hand zurück. „*Wenn* er es wüsste, würde er Ethan in ein Erziehungslager stecken ... was ich nicht bedauern würde." Und trotzdem hatte Oliver ihn nicht verraten. So sehr konnte er seinen Bruder also gar nicht verabscheuen. „Aber Dad weiß, dass er sich an den Wochenenden herumtreibt, und ich vermute, er weiß auch, dass Ethan Dreck am Stecken hat. Die blauen Flecken lassen sich schwer verbergen."

„Und wie vertreibst du dir die Wochenenden?", wechselte ich das Thema. Genug über Ethan geredet. Der Typ verursachte schon schlechte Laune, wann man nur an ihn dachte.

„Ich arbeite an der Kinokasse." Überrascht sah ich Oliver an. „Oben, in Houston. In den Ferien habe ich fast jeden Tag dort gearbeitet. Manchmal sogar in Doppelschichten. Man verdient echt gut dort. Liegt vermutlich an den grottigen Arbeitsbedingungen. Aber ich bin hart im Nehmen, deshalb bin ich da so was wie *Der Mitarbeiter des Jahres*." Er lachte. „Die meisten Studenten werfen schon nach kurzer Zeit das Handtuch, aber ich ziehe es durch, solange ich noch kann – das Trinkgeld kann sich nämlich auch sehen lassen."

Ich unterdrückte ein Schnauben. Konnte ich mir vorstellen, dass er gutes Trinkgeld bekam, wenn die Hälfte der Kinobesucher junge Frauen waren. Man musste schon Tomaten auf den Augen haben, um Oliver nicht attraktiv zu finden.

„Ich hab in kürzester Zeit einen ordentlichen Batzen Geld zusammengespart", erzählte er stolz. „Aber jetzt kann ich nur noch am Wochenende arbeiten. Und ich befürchte, nicht mal das werde ich lange machen können. Das Jura-Studium hat's in sich. Vielleicht nicht gleich das erste Trimester, aber spätestens ab dem zweiten werde ich die Wochenenden komplett zum Lernen brauchen."

Bei mir würde es sich ähnlich verhalten. Den Göttern sei Dank wurde ich von einem Vater gesponsert, der es ganz schrecklich fand, dass Studenten arbeiten mussten, um sich ein Taschengeld zu verdienen oder gar ihr Studium zu finanzieren. Er war der Auffassung, dass Schüler in die Schule gehörten und sich gefälligst nur um ihre Noten kümmern sollten.

Ich Glückspilz.

„Was hast du mit dem Geld vor? Wofür sparst du?“, fragte ich und trank den Rest meiner Limo aus. Sie war lauwarm. Lecker.

Olivers Blick ging wieder in die Ferne. Diesmal auf eine verträumte, glückliche Art. „Für meine Weltreise. Sobald ich mit dem Studium fertig bin, will ich reisen. Mich einfach treiben lassen.“

Ich starrte Oliver an, als sähe ich ihn zum ersten Mal. Intelligent, gut aussehend, witzig und jetzt auch noch ein Abenteurer. Die Liste seiner Vorzüge wurde länger und länger. „Das ist … bewundernswert“, sagte ich. „Und deprimierend. Da fühlt man sich automatisch kleiner.“

Er lachte. „Du bist ja auch klein. Selbst die Gartenzwerge da drüben lachen schon über dich.“

Er deutete auf das Grundstück gegenüber, von dem aus uns tatsächlich ein paar Figuren angrinsten.

„*Sehr* witzig!“, sagte ich und stieß ihn amüsiert mit dem Ellenbogen an. „Du weißt, was ich meine. Eine Weltreise ist schon was Großes. Ich will zum

Beispiel einfach nur malen und mein Studium beenden."

„Ein Studium beenden ist doch was *Großes*", meinte Oliver schmunzelnd.

Ich zog eine Grimasse. Das sagte er doch bloß, damit ich mir nicht blöd vorkam. Menschen, die ganz allein auf Reisen gingen, hatte ich schon immer bewundert. Denn ganz ehrlich? Ich glaubte nicht, dass ich das könnte. Ich war zwar ein weltoffener Mensch, aber schon allein bei dem Gedanken, mich allein in einen Flieger zu setzen und ans andere Ende der Erdkugel zu fliegen, machte ich mir in die Hosen. Selbstverständlich hätte ich nichts dagegen, wenn Oliver mich mitnehmen würde. Aber allein? No way!

Wir schwiegen wieder, und diesmal fühlte es sich kein bisschen beklemmend an. Eher angenehm. Aber es gab ja auch kaum etwas, das *nicht* angenehm an Oliver war:

Seine Stimme, sein Lachen, die Ruhe und Ausgeglichenheit, die er ausstrahlte. Einzige Ausnahme waren seine Berührungen – die lösten wohl eher Herzrhythmusstörungen bei mir aus –, aber da fand sich bestimmt eine Lösung. Im Notfall müsste ich künftig einen Sicherheitsabstand zu ihm einhalten.

„Du arbeitest also im Kino", durchbrach ich die Stille. „Gibt es sonst noch etwas, womit du dir die Freizeit vertreibst?" *Mit einer Freundin etwa? Komm schon, muss ich dir jede Info über dein Privatleben aus der Nase ziehen?*

„Mit Lernen?", schlug er vor.

Ich rollte die Augen. „Klingt aufregend!"

In gespielter Empörung stieß er mich mit der Schulter an.

„Hey, ich verbiete mir diesen sarkastischen Unterton, ja?! Schule ist nun mal nicht aufregend. Was soll ich außer lernen und jobben deiner Meinung nach sonst machen? Illegal boxen, so wie Ethan? Ist es das, worauf ihr Mädchen steht?"

Ich lachte trocken. „Bestimmt nicht."

„Also doch lieber der Nice Guy?", fragte er augenzwinkernd.

Mein Lachen verrutschte etwas. Flirtete er etwa mit mir? Nein, bestimmt machte er sich nur über mich lustig. „Da fragst du die Falsche, glaube ich."

Abschätzend neigte Oliver den Kopf. In seinem Blick lag jetzt eine Last, die eben noch nicht da gewesen war. „Weil du schon einen Freund hast?"

Ich merkte, wie ich schon wieder errötete, und schalt mich dafür. Ich musste meine Gefühle besser in den Griff kriegen. Besonders, da sich Oliver mit dem Thema kein bisschen unwohl zu fühlen schien.

Weil ja auch nichts dabei ist. Oliver steht nicht auf Gartenzwerge! Also hör auf, etwas in seinen Blick hineinzuinterpretieren!

Ich straffte die Schultern und sagte: „Wohl eher, weil ich nicht an Beziehungen interessiert bin. Ich will mich einfach nur aufs Studium konzentrieren und meine malerischen Fertigkeiten verbessern.

Für alberne Beziehungsdramen habe ich keine Zeit."

Bravo, Allie! Sollte Oliver dich aus Interesse gefragt haben, dürftest du ihn spätestens jetzt in die Flucht geschlagen haben. Ja, klar! Oliver war doch schon zehnmal vergeben und sprach nur nicht über seine Freundinnen, weil er ein Gentleman war, der schweigend genoss.

Ich bemerkte Olivers Blick, einen Blick, den ich nicht deuten konnte, und erwiderte ihn stirnrunzelnd. „Was?", fragte ich. Doch er schüttelte nur schmunzelnd den Kopf und sah dann wieder in die Ferne.

Kapitel 4

Eine Woche verging. Ich lebte mich gut zu Hause ein, und die Gänge und Räume im College wurden mir zunehmend vertrauter. Als ich am Mittwochnachmittag zum ersten Mal die schuleigene Galerie im Kellergeschoss besuchte, fiel ich aus allen Wolken. Ich hatte ja keine Ahnung gehabt, dass so talentierte Schüler auf unserer Uni gewesen waren. Vergleichbar mit den Meisterwerken, die dort hingen, war meine Malerei bloß Geschmiere.

Willow hatte mich zunächst begleitet. Nachdem ich eine geschlagene Stunde später immer noch nicht aus dem Staunen rausgekommen war, hatte sie allerdings die Biege gemacht. Kunst begeisterte nun mal nicht jeden, und hey, ich konnte das absolut verstehen. Mit meiner Leidenschaft für Fantasy-Filme und überhaupt alles Übernatürliche war es dasselbe.

Ich blieb noch eine weitere Stunde, verharrte reglos wie ein Zombie vor den Bildern und ließ sie auf mich wirken. Dann fuhr ich mit dem Bus nach Hause, aß Tütenfraß zum Mittag und ging zu Oliver rüber. Heute war ich zum ersten Mal bei den Jacksons eingeladen, und ich war deswegen schon den ganzen Tag aufgeregt gewesen.

Die verschiedensten Gefühle durchzuckten mich, als ich mit meiner Schultasche zum Nachbargrundstück rüber lief. Einerseits war ich gespannt darauf, wie Oliver lebte, andererseits hatte ich keine große Lust, Ethan zu begegnen, und der wohnte nun mal im selben Haus, also war es leider nicht auszuschließen.

Wir hätten natürlich auch bei mir lernen können. Allerdings war Mom zu Hause, und die war dafür bekannt, mich gern vor meinen männlichen Freunden zu blamieren. Jedes Mal, wenn ich einen Klassenkameraden zum Lernen mit nach Hause gebracht hatte, war sie total ausgeflippt und hatte ihn wie ihren Schwiegersohn behandelt. Kuchen hier, Plätzchen da und – ganz wichtig – die Frage nach unserer Verhütung. Nach dem dritten Mal war ich so traumatisiert gewesen, dass ich mir geschworen hatte, nie wieder einen männlichen Artgenossen mit nach Hause zu bringen.

Jetzt, da ich in einem Alter war, in dem man sich erst recht Gedanken über die Verhütung machte, galt diese Regel ganz besonders. Nicht, dass ich viel Erfahrung auf dem Gebiet hätte. Ich hatte mal eine Zeit lang mit einem Mitschüler rumgeknutscht, okay, und ein bisschen gefummelt, aber das war's auch schon. Also nein. Ich schleppte Oliver garantiert nicht mit nach Hause.

„Hey", begrüßte er mich, nachdem er mir die Tür geöffnet hatte, und ließ mich rein. „Hast du Hunger oder wollen wir gleich anfangen?"

„Hab schon gegessen, danke.“ Lächelnd trat ich ein.

Mittwochs war ein Tag, an dem wir uns kaum sahen, da unsere Unterrichtspläne so verschieden waren. Heute Morgen hatte ich zum Beispiel Sport gehabt und Oliver eine Stunde frei. Nur die Mittagspause hatten wir wie üblich zusammen verbracht, gemeinsam mit unseren Freunden. Willow half ihrer Mutter heute in der Jugendhilfeeinrichtung aus, George war auch schon verplant und Fred war zu faul, um sich den Weg von Houston hierher zu machen. Blieben also nur Oliver und ich.

In dem weitläufig geschnittenen Eingangsbereich sah ich mich um. Das Haus der Jacksons war größer als unseres, dafür war ihr Vorgarten schmaler. Schokoladenbraunes Parkett glänzte unter meinen Füßen und erstreckte sich über das gesamte Untergeschoss. Oliver führte mich ins Wohnzimmer, vorbei an weißen Wänden, riesigen Fenstern, die großzügig Licht hereinließen und überwiegend grauen und schwarzen Möbeln.

Das hier war zweifellos ein Männerhaushalt. Keine Pflanzen, keine kitschige Deko ... Dafür war die Küche ein Hingucker: Beige Hochglanz-Küchenfronten, mit diesen tollen, länglichen Edelstahl-Griffleisten, eine integrierte Bar und passende Barhocker lächelten mich an. Hier konnte man bestimmt gut Partys feiern.

Oliver zeigte mir den Rest des Untergeschosses, in dem sich auch das Schlafzimmer seines Vaters befand. Was mir sofort ins Auge stach, waren die vielen Bilder von Marineschiffen, stürmischen Meeren und Navy-Abzeichen an den Wänden. Hätte ich nicht gewusst, dass sein Vater bei der Navy war, hätte ich es spätestens jetzt erraten.

Wir gingen in die erste Etage. Auch hier setzten sich die dunklen Farben fort. Dank der großen Fenster und dem einfallenden Sonnenlicht wirkte es aber kein bisschen düster oder erdrückend.

„Das hier ist mein Reich“, sagte Oliver und blieb vor einer angelehnten Zimmertür nahe der Treppe stehen. „Das Zimmer am Ende gehört Ethan, der Rest sind die Abstellkammer, das Badezimmer und ein Waschraum. Wenn ich du wäre, würde ich mich von Ethans Zimmer fernhalten. Bei dem weiß man nie, ob er ein Messer nach dir wirft, wenn du es ungefragt betrittst.“

Entsetzt sah ich zu Oliver. Er machte Witze, oder? Doch auf mein schockiertes Gesicht hin, sagte er: „Ich meine das ernst. Ethan hat ein Faible für Messer. Er sammelt sie, und manchmal, wenn er besonders mies drauf ist, droht er, mich damit zu bewerfen. Ich würd’s also nicht riskieren.“

Ooo-kay? Erst Underground-Boxer und jetzt auch noch leidenschaftlicher Messersammler. Sollte ich noch etwas über diesen Jungen wissen?

Ich sah noch einmal zu seiner geschlossenen Zimmertür. Olivers Warnung bedeutete, dass er zu Hause war, und jetzt fragte ich mich, ob ich vielleicht kurz rübergehen und mit ihm reden sollte.

Nicht, weil ich so unfassbar scharf darauf wäre, ein Messer in den Schädel zu kriegen, sondern weil ich fand, dass Ethan eine ordentliche Entschuldigung von mir verdient hatte. Auch wenn er sie nicht hören wollte, aber ich wollte sie wenigstens einmal ausgesprochen haben. Was er damit anfing, war dann seine Sache.

Bevor ich mich entscheiden konnte, drückte Oliver die Tür auf und bat mich mit einer galanten Handbewegung in sein Zimmer. Ich ging voran und stellte überrascht fest, dass dort bereits Getränke und Knabbereien auf uns warteten. Hübsch angerichtet auf einem Couchtisch. Ich lächelte.

„Schön habt ihr's hier", sagte ich, folgte seiner Aufforderung, mich aufs Bett zu setzen, und legte meine Tasche ab.

Eine hellbraune Tagesdecke war über das Bett gespannt, so stramm gezogen, dass man meinen könnte, ich wäre hier im Hotel. Entweder war Oliver der ordentlichste Junge, den ich kannte, oder er hatte sich meinetwegen solche Mühe gegeben. In jedem Fall legte er, ganz anders als im restlichen Haus, Wert auf helle Farben. Beige, hellgrau, weiß. Fließend gingen die Töne ineinander über. Nur sein Kleiderschrank war dunkelbraun, aber das wurde mit der vorherrschenden Helligkeit wieder kompensiert.

„Danke." Er schloss die Tür hinter sich, dann ging er zum Couchtisch und goss uns Limonade ein – meine Lieblingslimonade, wie mir auffiel. Zufall?

Oder war er ein aufmerksamer Beobachter? Er reichte mir ein Glas, und ich sah mich weiter um.

Olivers Zimmer war nicht riesig, aber verwinkelt, das mochte ich. Links hatte er eine Fernsehecke mit Sofa, Flachbild-TV und einem offenen Sideboard voller DVDs. Wir befanden uns auf der anderen Seite, in seiner Schlaf-Ecke. Am Fenster stand ein Schreibtisch mit PC, daneben ein Bücherregal und auf der anderen Seite eine Kommode.

Scheinbar war Oliver NBA-Fan, denn als ich mich zur Tür umdrehte, hing auf der Rückseite ein großes Poster mit berühmten Basketballern und dem Label.

„Genug umgesehen?“, fragte er amüsiert und nahm auf dem Bürostuhl gegenüber Platz. Ich wunderte mich, dass er sich nicht zu mir setzte – groß genug war das Bett –, aber vielleicht wollte er mir nicht auf die Pelle rücken.

Überhaupt hatte Oliver sich in den zwei Wochen, die ich ihn jetzt kannte, als außerordentlich unaufdringlich entpuppt. Abgesehen von der *einen* Berührung seines Knies neulich kam er mir nie zu nahe oder drängte sich mir auf. Zuerst hatte ich es persönlich genommen, aber dann hatte ich ihn beobachtet und festgestellt, dass er es auch mit anderen Mädchen so hielt. Keine anzüglichen Blicke, und die zweideutigen Kommentare überließ er auch lieber Fred.

Für einen Jungen in seinem Alter war das doch untypisch. Selbst Jungs, mit denen ich weniger zu tun hatte, kamen mir näher. Fred zum Beispiel. Ich konnte mit ziemlicher Sicherheit sagen, dass er nicht auf mich stand, und trotzdem legte er gelegentlich den Arm um mich oder knuffte mich in die Seite, wenn ich frech war.

Bei Oliver? Fehlanzeige. Wie schaffte er es, so zurückhaltend und gleichzeitig so ein Charmebolzen zu sein?

Ich trank einen Schluck Limo, dann sagte ich grinsend: „Ich habe noch nicht mal *angefangen*, mich umzusehen. Sobald du aufs Klo verschwindest, nehme ich mir deine Schubladen vor. Oder sollte ich besser unterm Bett nachsehen?"

Lachend drehte er sich im Stuhl und stellte die Limo auf den Schreibtisch hinter sich. „Tu dir keinen Zwang an. Ich habe nichts zu verbergen."

Ich zog eine Grimasse. „Ach, komm! Jeder hat was zu verbergen. Ich wette, unter deinem Kopfkissen stapeln sich perverse Heftchen."

Sein Lachen wurde lauter, gänsehautfördernder, und er drehte sich wieder zu mir. „Tut mir leid, dich enttäuschen zu müssen, aber ich fürchte, ich bin anständig."

Fast hätte ich ihm geglaubt, aber die linke Augenbraue, die er dabei hochzog, strafte seine Worte Lügen. Oder nahm er mich auf den Arm? Ich wusste es nicht, und das machte mich verrückt. Wenn Oliver nur hin und wieder etwas durchscheinen lassen würde, dann wüsste ich wenigstens, woran ich bei ihm wäre.

Bei Ethan war es einfach. Seine negativen Schwingungen nahm ich schon aus hundert Metern Entfernung wahr.

Oliver dagegen war so unfassbar diskret, dass es fast schon wieder nervte. Enttäuscht zog ich eine Schnute und holte meine Schulsachen aus der Tasche hervor.

Dann eben lernen.

*

Eine Stunde später ging Oliver in die Küche, um Knabber-Nachschub zu holen. Ich hatte ja schon in der Uni mitgekriegt, dass er verfressen war, aber was Chips anging, *atmete* er sie einfach nur. Ich wühlte selbstverständlich nicht in seinen Privatsachen herum, sondern blieb brav auf dem Bett sitzen und wartete auf ihn. Dafür hatte ich eine Entscheidung bezüglich Ethan getroffen und klappte, nachdem Oliver zurückgekehrt war, das Buch auf meinem Schoß zu.

„Meinst du, ich kann mal kurz zu Ethan rüber?" Verdutzt schaute Oliver auf, der gerade die Schüsseln nachfüllte. „Ich kann ihn nicht ausstehen", stellte ich eilig klar. „Aber ich will mich trotzdem bei ihm bedanken. Das bin ich ihm schuldig, finde ich."

Olivers Blick war unergründlich, als er die Schultern zuckte.

„Wie gesagt: Auf eigene Gefahr."

Ehe ich's mir anders überlegen konnte, legte ich das Buch zur Seite und stand auf. Augen zu und durch. Außerdem lag das Battle jetzt eine Woche zurück – so langsam müsste er sich doch von seiner Niederlage erholt haben.

Mein Herz schlug schneller, als ich durch den Flur ging, und ich fragte mich, warum das so war. An der Messergeschichte, die Oliver mir aufgetischt hatte, lag es jedenfalls nicht – so gestört konnte Ethan nicht sein. Blieb also nur die simple Tatsache, dass ich Ethan wiedersehen würde.

Denn waren wir mal ehrlich: Sein Anblick war göttlich. Unabhängig davon, was aus seinem Mund kam. Wenn er nicht ständig so mürrisch wäre, würde ich ihn von morgens bis abends anhimmeln. Besonders, nachdem ich in den Genuss seines halbnackten Anblicks gekommen war. Ich träumte heute noch von diesen stählernen Bauchmuskeln.

Sollte ich mich deswegen schämen? Ich fand nicht. Er sah nun mal rattenscharf aus. Was konnte ich dafür?

Tief Luft holend klopfte ich an und öffnete nach einem brummigen „*Herein*" die Tür. Die Atmosphäre in Ethans Zimmer war eine komplett andere als in Olivers. Mitternachtsblaue Wände, dunkle, karierte Bettwäsche und schwarze IKEA-Regale stachen mir ins Auge. Wären der helle Teppich und die beigen Vorhänge nicht gewesen, hätten die dunklen Farben mich glatt erdrückt. Aber so passte es irgendwie. Es passte zu Ethan.

Mit dem Rücken zu mir saß er über seinen Schreibtisch gebeugt und schien schwer beschäftigt zu sein. Unterlagen und Bücher waren darauf ausgebreitet, dazwischen ragten zwei leere Kaffeetassen hervor und verströmten einen intensiven Geruch. Mir fiel auf, dass Oliver mir nie gesagt hatte, was Ethan eigentlich machte. Verständlicherweise war sein Bruder nicht Olivers Lieblingsthema, dementsprechend redete er auch kaum über ihn, aber Ethan war erst 21. Der Zettelwirtschaft auf seinem Tisch nach zu urteilen, musste er also studieren.

Ethan drehte sich in dem Moment zu mir um, als ich ihn mit einem zögerlichen „Hey“ begrüßte. Vielleicht hatte er gar nicht mitbekommen, dass ich im Haus war, und hatte angenommen, ich wäre Oliver. Das ließ zumindest seine nächste Reaktion vermuten, denn anstatt meinen Gruß zu erwidern, stöhnte er … und drehte sich dann einfach wieder weg.

Mein Gesicht wurde heiß. War das sein fucking Ernst?! Wie asozial konnte man eigentlich sein?

Es juckte mich in den Fingern, etwas nach ihm zu werfen, die Hantel zum Beispiel, die neben mir an der Wand lehnte. Aber wahrscheinlich hätte ich mir dabei den Arm gebrochen und ihm damit sogar Genugtuung verschafft. Tief atmete ich durch. Nein, diesmal ließ ich mich nicht abweisen, und ich ließ mir auch nicht den Mund verbieten. All meinen Mut zusammennehmend betrat ich sein Zimmer.

Als Sekunden später die Tür ins Schloss fiel, und zwar von ganz allein, wirbelte ich jedoch erschrocken herum. Was zum …?!

Ich starrte die Tür an, dann wanderte mein Blick zu dem Türschließer, der oben an der Bandseite angebracht war. Das silberne Montagegerät war mir bekannt. Meine Großeltern hatten es in ihrem Haus an jeder Tür angebracht. Um Heizkosten zu sparen und ungewollten Durchzug zu vermeiden.

„Ich hasse offene Türen“, brummte Ethan, als hätte er meine Gedanken gelesen. „Genauso wie ungebetene Gäste!“

„Selbst schuld“, sagte ich, nachdem ich meinen Schreck überwunden hatte, und drehte mich wieder zu ihm. „Hättest du dir neulich angehört, was ich zu sagen habe, wäre ich jetzt gar nicht hier. Das kannst du mir glauben.“

„Ich will es auch jetzt nicht hören“, kam die genervte Antwort.

Kopfschüttelnd ging ich ein paar Schritte ins Zimmer hinein. Es war größer als Olivers. Fast so groß wie meins. „Du weißt doch gar nicht, was ich sagen will.“

„Doch. Du willst dich für meine Hilfe bedanken, aber ich habe es nicht für dich getan. Das kannst *du* mir glauben. Wäre ich nicht eingesprungen, hätte Marlon dich vor allen Augen gedemütigt, und dann wärst du zu meinem Alten gerannt und hättest mich verpfiffen. Du siehst also, ich hatte meine Gründe.“

Seinem Alten? Das klang nicht, als wäre er seinem Vater sonderlich zugetan. Mochte er überhaupt jemanden auf diesem Planeten?

„Trotzdem. Danke. Das meine ich ernst."

Immer noch drehte Ethan sich nicht um, und so langsam war es mir zu blöd, mit seinem Rücken zu reden.

Ich kam näher. Woher ich den Mut dafür nahm, war mir schleierhaft, aber jetzt konnte ich ihm über die Schulter gucken. „Was machst du da?", fragte ich.

„Geht dich nichts an."

Ich schnaubte abfällig. „Bist du immer so ein Sonnenschein?"

„Legst du dich immer mit gefährlichen Typen an?"

„Ich habe mich nicht mit Marlon angelegt, falls du ihn meinst. Er hat ein Mädchen belästigt, und da habe ich es als meine Pflicht angesehen, einzugreifen. Das hätte jeder getan."

„Und dir ist nicht in den Sinn gekommen, Hilfe zu holen, anstatt die Heldin zu spielen?"

„Musst du gerade sagen!"

Endlich drehte Ethan sich zu mir um und durchbohrte mich mit seinem Blick. „Ich bin nicht dein Held, Allie!" Okay. Das … war eine seltsame Formulierung. „Ich habe rein aus Eigeninteresse gehandelt. Außerdem macht es einen großen Unterschied, ob jemand wie ich sich mit Marlon anlegt oder eine halbe Portion wie du!"

Ich kapierte einfach nicht, warum er so einen Hals auf mich hatte. Weil ich ihn, wenn auch unbewusst, in die Bredouille gebracht hatte, mit Marlon kämpfen zu müssen, klar. Aber da war noch mehr. Es hatte fast den Anschein, als hasste er mich für meine bloße Existenz. War es das? War es wegen seiner Exfreundin? Sah ich ihr wirklich so ähnlich, dass es eine Qual für ihn war, mich anzusehen?

Einen Moment lang sagte keiner von uns etwas. Den einen Arm auf der Stuhllehne angewinkelt saß Ethan da, breitbeinig, halb fläzend, und schaute zu mir hoch. Dann, ganz unvermittelt, fiel sein Blick auf meine Lippen.

Ein Stromschlag durchzuckte mich.

Heilige Scheiße!

Dieser Blick!

Ich war mir sicher, dass mich noch nie ein Junge *so* angesehen hatte. Aber ich hatte bisher auch nur mit Jungs in meinem Alter und sogar jüngeren zu tun gehabt. Keiner von denen war so wie Ethan gewesen. So … reif.

Er sah mir wieder in die Augen und holte tief Luft. „Gehst du jetzt endlich oder muss ich dich persönlich aus meinem Zimmer werfen?"

In diesem Moment fand mein Blick seine Messersammlung. Ganz hinten im Zimmer hing sie über einer dunklen Kommode an der Wand. Keine Ahnung, warum sie mir nicht eher aufgefallen war, aber da war sie. Oliver hatte also keine Scherze gemacht, dieser Irre sammelte tatsächlich Messer.

Jedoch keine einfachen Messer, sondern verzierte, mit dicken Griffen, gebogenen und gezackten Klingen. Das Mädchen in mir war schockiert. Messer waren jetzt nicht unbedingt etwas, das man als Frau sexy fand, es deutete eher auf einen Serienkiller hin. Der Fantasy-Nerd in mir dagegen … Einige Klingen sahen aus, als stammten sie aus dem Filmrequisiten-Set diverser Fantasy- und Rambo-Filme.

Es juckte mich in den Füßen, rüber zu gehen und sie von Nahem zu betrachten. Stattdessen sah ich wieder zu Ethan und sagte: „Du gibt's dir wirklich große Mühe, ein Kotzbrocken zu sein, oder?"

Da lachte er – das erste Mal, seitdem ich ihn kannte –, und es strich wie eine warme Sommerbrise über mich hinweg. Sein Lachen war tief, sexy, gleichzeitig aber auch sanft und leider total gänsehautfördernd. „Und du bist entweder mutig oder dumm, einen Underground-Boxer als Kotzbrocken zu bezeichnen."

„Ich nehme mutig."

Er schnaubte, dann warf er einen Blick auf sein Handy und wieder zu mir. „Du bist immer noch hier, Allie"

„Wieso? Hast du noch was Wichtiges vor? Illegal Boxen zum Beispiel?" Ich hatte wirklich keine Ahnung, warum ich ihn provozierte. Ich sollte längst wieder bei Oliver sein. Aber irgendetwas an Ethan … – ich wusste auch nicht –, zog mich einfach an.

Was paradox war, da seine Abneigung mir gegenüber kaum noch steigerbar war.

Ethan schien sich dasselbe zu denken. Eine Braue hochziehend fragte er: „Was willst du eigentlich von mir? Dass ich deine Entschuldigung annehme? Schön, meinetwegen, wenn du mich dafür endlich in Ruhe lässt ..."

Mir lag schon etwas Schnippisches auf der Zunge, aber dann sah ich hinter all der Geringschätzung und Verachtung etwas in seinem Blick aufflackern, dass mich zögern ließ: Verletztheit. Hatte Desmond nicht gesagt, dass Ethans Trennung erst wenige Wochen her war? Und dass Samantha diejenige gewesen war, die Schluss gemacht hatte?

„Es tut mir leid", sagte ich leise und meinte es ehrlich. Jeder von uns hatte schon schmerzhafte Erfahrungen mit der Liebe gemacht. Ich hatte zwar noch keinen festen Freund gehabt, aber auch ich wusste, was Herzschmerz war. „Das mit deiner Exfreundin."

Ethan riss die Augen auf, doch ich wartete nicht ab, wie er weiter reagieren würde. Schon hatte ich mich umgedreht und marschierte aus seinem Zimmer.

Kapitel 5

Als Oliver, Fred, George und ich am Freitag aus dem Hörsaal kamen, lauerte Willow uns bereits auf. Von hinten sprang sie mich an, dann drängelte sie sich zwischen Fred und mich und legte mit einem zuckersüßen Grinsen einen Arm um meine Schultern.

Das bedeutete nichts Gutes. Ihr *Ich-habe-etwas-vor-aber-das-wird-dir-vermutlich-nicht-gefallen*-Grinsen war mir inzwischen bestens vertraut.

„All-iiiieeee?", sagte sie und zog meinen Namen extra lang. Ich musste jetzt schon lachen. „Du magst mich doch, oder?"

Amüsiert sah ich wieder geradeaus. „Spuck's aus. Was willst du?"

Mit dem Zeigefinger tippte sie mir auf die Schulter. „Also, da ist diese Party am Samstag …"

Ich stöhnte. „Nicht schon wieder eine Party, Willow!"

„Du hast mich doch noch gar nicht ausreden lassen!", meckerte sie. „Also, sie findet am Samstag statt, und diesmal ist es total harmlos. Keine Lagerhalle, keine illegalen Kämpfe. Nur Alkohol und Spaß." Wir waren in der Mensa und steuerten unsere Sitzecke an.

Da die Pause erst angefangen hatte und sich die Kantine gerade füllte, waren unsere Lieblingsplätze noch frei. „Kommst du mit? Bitte, bitte?“

Ich erwiderte Willows Hundeblick. Wenn sie mich so anbettelte, konnte ich schwer nein sagen. Schade, dass wir uns nicht ein paar Wochen früher kennengelernt hatten, dann hätte ich ihren 18. Geburtstag miterlebt, den sie in einem Escape Room verbracht hatte. Das hatte ich schon immer mal machen wollen, aber bisher hatte ich niemanden dafür begeistern können. Meiner Mom war das zu unheimlich. Die pinkelte sich schon bei der kleinsten Einspielung von Horrormusik ein. Oder wer gruselte sich heutzutage noch vor *Dem weißen Hai*?

„Na gut, ich komme mit.“

„Ja!“, rief sie glücklich und drückte mich an sich. „Ich dachte schon, nach den Ereignissen in der Lagerhalle bist du für immer traumatisiert oder so was. Jetzt, da ich 18 bin, kann ich nämlich endlich was mit meinen Cousins machen. Vorher wollten sie mich nie mitnehmen, und Desmonds Home Partys sind berüchtigt.“

Desmond? Home Party? Oh, nein! Bedeutete das etwa, dass Ethan auch kommen würde? Doch für einen Rückzieher war es zu spät, denn Willow plante bereits munter, wann sie mich abholen und was sie anziehen würde.

Wir setzten uns, und ich sah zu Oliver, der unser Gespräch stumm verfolgt hatte. „Was ist mit dir? Kommst du auch?“

„Geht nicht, ich muss arbeiten."

Ach, ja. Das hatte ich ganz vergessen. Enttäuscht zog ich eine Schnute. Ich würde gern mal mit ihm feiern. Oliver war nüchtern schon zum Schießen, und ich wollte ihn mal erleben, wenn er betrunken und hemmungsloser war. „Was ist mit euch?", wandte ich mich an Fred und George. „Und sag jetzt nicht, du musst lernen!", meinte ich an George gewandt, bevor er antworten konnte. „Das Studium hat erst angefangen. Genieß die Ruhephase lieber, bevor es *richtig* anstrengend wird."

Er lachte, und kleine Grübchen erschienen auf seinen Wangen. „Ich weiß nicht. Home Partys sind nicht so meins."

„Ach, komm schon. Das wird bestimmt lustig." Außerdem brauchte ich eine Zweitbegleitung, falls Ethan wirklich kam. So, wie Willow von ihrem Cousin schwärmte, würde sie bestimmt den ganzen Abend mit Desmond rumhängen, was Ethan und mich dann zwangsläufig näherbrachte. Ich brauchte jemanden als Notfallbegleitung, mit dem ich mich in diesem Fall zurückziehen konnte.

„Also, ich bin dabei", meinte Fred und spähte auffallend unauffällig zu Willow rüber, als erwartete er Freudensprünge von ihr. Deren Aufmerksamkeit lag jetzt allerdings auf mir, und sie sah nicht glücklich aus. Wäre er ein Mädchen gewesen, hätte er ihren Blick als das erkannt, was er war: angesäuert. Willow war nämlich schon seit Tagen super genervt von Freds Interesse an ihr. Aber da waren wir wieder beim Thema Jungs und ihrem unterentwickelten Gespür für Stimmungslagen.

Ihr Blick verhieß, dass das noch ein Nachspiel haben würde. Aber was hätte ich denn machen sollen? Fred gehörte zur Clique. Die Höflichkeit gebot es nun mal, ihn zu fragen.

*

Nach der Uni nahm Willow mich mit in die Hilfseinrichtung ihrer Mutter. Ich lernte Mrs. Lopez als eine nette, engagierte und muntere Frau kennen, die ihre Jugendlichen fest im Griff hatte. Sie war voller Herzensgüte, führte die Kinder gleichzeitig aber auch mit strenger Hand.

Bei einem Pläuschchen erklärte sie mir, dass das notwendig wäre, da viele ihrer Schützlinge aus Familienverhältnissen stammten, in denen Gewalt und Chaos herrschten. Sie betreute auch ein paar Extremfälle, die auf der Straße lebten, weil sie abgehauen oder rausgeschmissen worden waren.

Diese *Patienten* brauchten besonders viel Zuwendung, sodass es auch schon mal vorkam, dass sie mit ihnen in der Jugendstätte übernachtete. Aber sie liebte ihren Job und wollte ihn gegen nichts in der Welt eintauschen.

Danach fuhren wir zu Willow. Sie lebte auf der anderen Seite von Houston, in einer ähnlich kleinen Siedlung wie meiner – davon gab es hier zahlreiche.

Ihr Vater war Sanitäter und größtenteils auf Nachteinsätzen unterwegs. Wenn ich mir die Berufe ihrer Eltern so anguckte, war es kein Wunder, dass es meine Freundin in die *soziale* Richtung zog. Ihre Eltern lebten es ihr vor.

Willows Zimmer gefiel mir auf Anhieb.

Sie hatte auf einen wuchtigen Kleiderschrank verzichtet und ihre Sachen an Bügeln auf einem Kleiderständer aufgehängt, ordentlich nach Farben sortiert. Rund um den Spiegel an der Wand klebten Fotos von ihrer Familie, unter anderem ihren Cousins, und Gesichter, die ich nicht kannte. Zwei große Zimmerpflanzen schmückten die Ecken, und von ihrem Schminktisch aus lächelte mich eine beneidenswerte Lippenstift-Sammlung an. Dafür, dass Willow sich so düster kleidete, war ihr Zimmer erstaunlich hell und feminin.

Wir chillten eine Weile dort, und sie zeigte mir alte Familienbilder aus diversen Fotoalben, über die wir uns kaputtlachten. Später gingen wir dann raus, aßen Eis und schlenderten durch den Sam Houston Park.

Grünanlagen wie diese gab es in Houston wie Sand am Meer, genau so wie Schulen. Die Stadt war ein einziger gigantischer Park, und immer schien die Sonne – das reinste Paradies.

Mom und Ben warteten heute mit dem Abendessen auf mich, deshalb fuhr ich pünktlich nach Hause. Willow wollte mich erst nicht gehen lassen. Sie bestand darauf, mich mit dem Auto zu fahren, doch ich überzeugte sie davon, dass es den Aufwand, mich durch die halbe Stadt zu kutschieren, nicht wert war. Es machte mir nichts aus, den Bus zu nehmen, und der Weg war ja nun wirklich nicht weit.

Zum Dinner gab es ganz klassisch Burger. Dazu gebackene Kartoffeln mit geriebenem Käse, Sour Cream, gebratenen Speckwürfeln und kleingehacktem Schnittlauch.

Nach dem Essen fläzte Ben sich auf die Couch und verfolgte ein Footballspiel. Mom und ich blieben am Esstisch sitzen, zogen den Laptop heran und durchstöberten diverse Möbel-Onlineshops. Wir brauchten noch neue Lampen fürs Wohnzimmer und den Flur. Die Energiefresser der Vorbesitzerin stammten gefühlt noch aus dem Mittelalter und bissen sich farblich mit unserer Einrichtung. Außerdem fehlte mir noch Farbe für den Kleiderschrank, den ich streichen wollte.

Als ich später im Bett lag, rief ich Dad an. Wir hatten ausgemacht, dass wir mindestens einmal in der Woche telefonieren und ich ihn auf dem Laufenden halten würde – sowohl privat als auch unitechnisch.

Danach schrieb ich noch ein paar Sätze mit Anna und verabschiedete mich dann ins Land der Träume.

*

Samstag war mein Lieblingstag in der Woche. Man durfte ausschlafen, hatte schulfrei und konnte shoppen gehen oder sich anderweitig mit seinen Freunden amüsieren. Zwischen dem so verhassten ersten Wochentag lag immerhin noch ein kompletter, chilliger Sonntag, sodass man den Samstag in vollen Zügen genießen konnte. Und das tat ich.

Am Nachmittag fuhren Mom und ich in die Waschanlage. Unser Auto bekam eine Grundreinigung, inklusive Saugen und Auswischen, danach ging es in den Supermarkt und ins Kaufhaus. Meine Großeltern hatten sich für nächsten Monat angekündigt – Mom hatte noch ein paar Tage Resturlaub, die sie dann nehmen würde –, und wir brauchten noch Bettwäsche für das Gästezimmer.

Mom war dieses Wochenende zu Hause, aber ich hatte sie schon darüber informiert, dass ich heute Abend mit Willow ausgehen würde. Was meine Wochenendaktivitäten anging, war Mom die lockerste Mutter auf der Welt. Ich hatte ihr nie Anlass gegeben, sich Sorgen um mich machen zu müssen, daher nahm sie die Information nur nickend zur Kenntnis.

Heute stand ich länger als gewöhnlich vor dem Kleiderschrank, und es war nicht schwer zu erraten, was der Grund dafür war: Ethan oder besser gesagt, die Wahrscheinlichkeit, dass er auf der Party aufkreuzen würde. Nur, warum zerbrach ich mir den Kopf über eine Person, die deutlich gemacht hatte, dass sie nichts mit mir zu tun haben wollte?

Das ärgerte mich, denn normalerweise hatte ich für diese Art von Mädchen nur ein müdes Kopfschütteln übrig. Sich für einen Jungen hübsch zu machen, in der Hoffnung, seine Aufmerksamkeit zu erregen – so ein Schwachsinn! Ich wollte seine Aufmerksamkeit gar nicht. Jedenfalls nicht, dass er mir sabbernd hinterherrannte. Ich wollte einfach nur … eine Reaktion. Dass er mich nicht weiterhin wie Luft behandelte. Ergab das Sinn?

Es war inzwischen dunkel, und ich betrachtete grübelnd die beiden Oberteile, die es in die Endauswahl geschafft hatten: Das eine war tief ausgeschnitten, das andere brav und gewöhnlich.

Ich hatte ordentlich Holz vor der Hütte. Wenn man bedachte, wie schlank ich war, war es fast schon ein bisschen zu viel des Guten. Das gewagte Oberteil würde also definitiv mehr Aufsehen erregen. Andererseits wollte ich nicht schlampig wirken und, Gott bewahre, dass Ethan darauf kommen könnte, ich hätte mich für *ihn* so in Schale geschmissen!

Als ich eine halbe Stunde später zurechtgemacht in Willows Wagen stieg, riss sie verblüfft die Augen auf und grinste dann verschmitzt. Ich hatte mich für das gewagte Top entschieden.

„Aber hallo, sieh dir *die* an! Gehst du mit denen heute Abend auf Männerfang?"

Ich lachte und lief gleichzeitig rot an. „Zu viel des Guten?" Wenn nicht, stieg ich noch mal aus und zog mich um.

Willow zog eine Grimasse. „Wie können Brüste bitte *zu viel* des Guten sein?!"

Sie hatte recht, dachte ich und schnallte mich an. Wie kam ich nur darauf, mich wegen meiner Oberweite zu schämen? Überhaupt kam mir mein Verhalten sonderbar vor. Normalerweise machte ich mir doch keinen Kopf wegen meines Aussehens.

Kopfschüttelnd legte ich die Handtasche auf meinen Schoß, als Willow sagte: „Du hast tolle Brüste. Jedes Mädchen wäre neidisch auf dich. *Ich* bin neidisch!" Kurz schmulte sie zu meinem Ausschnitt. „Wobei ich jetzt noch viel weniger garantieren kann, dass Desmond sich in deiner Nähe benehmen wird. Wahrscheinlich wird er den ganzen Abend sabbernd um dich herumscharwenzeln."

Bei der Vorstellung verzog ich das Gesicht. „Apropos, scharwenzeln: Ich hab' ja noch ein Hühnchen mit dir zu rupfen! Wegen Fred!"

Ich lachte. „Verdammt. Ich dachte, das hättest du vergessen."

„Wie soll ich das bitte vergessen, wenn wir ihn gleich treffen, du Scherzkeks? Das war ganz schön hinterhaltig von dir. Ich wollte den Abend heute eigentlich genießen. Und mit Genießen meine ich, in Ruhe mit netten Jungs flirten. Wie stellst du dir das bitte vor, wenn dieser Idiot mir auf Schritt und Tritt folgt? Eigentlich müsste ich Desmond absichtlich auf dich hetzen. Aus Rache!"

„Tut mir ja leid", sagte ich lachend. „Aber was hätte ich machen sollen? Fred als Einzigen nicht fragen? Außerdem habe ich Mitleid mit ihm. Er verrenkt sich jedes Mal halb, um deine Aufmerksamkeit zu erregen. Er steht total auf dich, und du beachtest ihn gar nicht.“

Wir standen an der Kreuzung, und Willow warf mir einen vorwurfsvollen Blick zu. „Weil ich nichts von ihm will. Er ist viel zu aufdringlich. Und schleimig.“

„Schleimig?“, wiederholte ich amüsiert.

„Ja, so geschniegelt und aalglatt.“ Sie schüttelte sich. „Er ist überhaupt nicht mein Typ.“

Ich angelte mein Handy aus der Handtasche, weil es vibrierte. Es war Fred. Wenn man vom Teufel sprach.

Er fragte, wo wir blieben. „Aber er ist lustig“, argumentierte ich und schrieb ihm zurück, dass wir noch 20 Minuten brauchen würden.

„Stimmt, das ist er.“

„Und nett.“

„Aber hinter jedem verdammten Rockzipfel der Uni her! Und ich will gar nicht wissen, was er außerhalb der Schule so treibt!“

Überrascht von Willows heftiger Reaktion schaute ich zu ihr, und als ich sah, wie ihre Kiefermuskeln mahlten, traf mich der Schlag.

„Willow Lopez!“, rief ich und lachte ungläubig. „Kann es sein, dass du …?“

„Mach dich nicht lächerlich“, ließ sie mich den Satz gar nicht erst beenden. „Den Typen würde ich nicht mal mit der Kneifzange anfassen. Und jetzt wäre ich dir sehr verbunden, wenn wir über etwas anderes reden könnten!"

Schmunzelnd sah ich wieder auf mein Handy. Ich glaubte ihr kein Wort.

*

Offenbar waren wir nicht die einzigen Gäste, die mit dem Auto kamen. Die Straße um das Grundstück war so zugeparkt, dass wir in die Parallelstraße ausweichen mussten – was mir einen Vorgeschmack darauf gab, wie belebt die Party sein musste.

Fred hatte geschrieben, dass er drinnen auf uns wartete und ich ihm schreiben sollte, sobald wir dort wären.

Ich holte mein Handy heraus und tat es. Sekunden später bekam ich die Nachricht, dass wir uns zum Wohnzimmer durchschlagen sollten.

Bei der Villa angekommen, wummerte die Musik aus sämtlichen geöffneten Fenstern und überall auf dem Grundstück feierten Menschen.

Jap, die Party *war* belebt. So sehr, dass die Leute vor lauter Platzmangel scheinbar auf die Veranda und in den Garten ausweichen mussten. Desmond – dessen Familie offensichtlich nicht am Hungertuch nagte – hatte die perfekte Party-Location: Eine Villa, die etwas abseits der Siedlung stand, ein riesiges Grundstück mit Schwimmbecken und ein kleines Poolhaus.

Ich war beeindruckt und folgte Willow, als sie zielstrebig das Gartentor ansteuerte. Keins der Gesichter kam mir bekannt vor, und sie schienen auch alle ein paar Jahre älter zu sein als wir. Von Willow wusste ich, dass Curtis 23 und Desmond 22 Jahre alt waren – wir waren also vermutlich die einzigen Minderjährigen hier. Sie hatte mir aber versichert, dass das in Ordnung wäre, und die meisten hier kannte sie auch nur flüchtig.

Dafür, dass wir es erst 21 Uhr hatten, ging die Party schon ordentlich ab. Im Pool schwammen, neben halbnackten Menschen, rote Rosenblätter, der Rasen war mit brennenden Fackeln bestückt und von der Terrasse baumelte eine Lampion-Lichterkette. Irgendwie bezweifelte ich, dass Desmond für die Dekoration zuständig gewesen war – sie wirkte doch sehr feminin. Vermutlich hatte seine Mutter ihre Finger im Spiel gehabt oder ein paar Mädchen hatten ihre eigene Deko mitgebracht. Auf jeden Fall zauberte es eine tolle Atmosphäre.

Es war gar nicht so einfach, ins Haus zu kommen, denn an der Terrassentür hatte sich eine beidseitige Schlange gebildet. Niemand wollte den anderen vorlassen, und da die Hälfte der Gäste Becher oder Bierflaschen in den Händen hielten, musste man bei dem Gedränge auch noch aufpassen, dass man nichts übergeschüttet bekam.

Irgendwann schafften wir es durch und wurden im Haus von der Geräuschkulisse regelrecht erschlagen. Gelächter, Musik, klimpernde Flaschen,

Gebrüll … All das verschmolz zu einem dynamischen, andauernden Lärm, an den sich meine Ohren erst gewöhnen mussten.

Jemand tippte mir von hinten auf die Schulter, gerade als ich Willow ins Wohnzimmer folgen wollte. Ich drehte mich um und blieb stehen, als ich Curtis erkannte. „Hey", begrüßte ich ihn lächelnd. Er trug wieder das Hemd im Schottenkaro-Muster, diesmal aber keine Hosenträger, was ihm – meiner Meinung nach – besser stand.

„Na, wie geht's? Ich hätte ja nicht erwartet, dich nach der Lagerhalle so schnell wiederzusehen."

Ich rollte die Augen. „Erinnere mich bloß nicht daran! Marlon ist doch nicht hier, oder?"

Curtis schüttelte den dunkelblonden Schopf. „Den lade ich nur ein, wenn es ums Kämpfen geht, und das auch nicht freiwillig, glaub mir."

Ich erinnerte mich daran, dass Willow gesagt hatte, Curtis wäre auf Marlons gute Kontakte zu den Kämpfern angewiesen. Warum suchte er sich nicht einfach einen anderen Recrouter, wenn Marlon so viel Ärger machte? Er schien in der Szene ja allgemein nicht sehr beliebt zu sein.

Willow hatte mein Fehlen bemerkt und kam zu mir. „Hier steckst du", sagte sie, dann erkannte sie ihren Cousin und begrüßte ihn mit einem Kuss auf die Wange. „Weißt du, wo Desmond ist?"

„Der lungert im Wohnzimmer rum und versucht, die Leute fürs Flaschendrehen zu begeistern. Ich hab' mich rechtzeitig aus dem Staub gemacht."

Willow verzog das Gesicht. „Flaschendrehen? Ist er etwa schon besoffen?"

„*Schon* ist lustig! Der war schon hacke, bevor die Party überhaupt angefangen hat." Curtis wollte noch mehr sagen, aber ein schwarzhaariges Mädchen hakte sich bei ihm ein und zog ihn von uns weg. Ohne sich zu verabschieden ging er mit ihr, und Willow steuerte wieder das Wohnzimmer an.

„Du willst bei diesem Flaschendrehen aber nicht mitmachen, oder?", fragte ich und folgte ihr. Mit Sicherheit war das keine jugendfreie Version, und ich spielte auf keinen Fall so einen bescheuerten *Küss-denjenigen-auf-den-die-Flasche-zeigt*- Unsinn.

„Keine Sorge", rief Willow über die Schulter. „Ich will ihm nur hallo sagen."

*

Desmond war tatsächlich gut dabei. Breitbeinig saß er auf einem der vier Sofas, die im Quadrat um einen gläsernen Couchtisch angeordnet waren, im Mund eine qualmende Zigarette und in der Hand eine Bierflasche. Er zwinkerte dem Mädchen neben sich zu, dann setzte er die leere Wodkaflasche auf dem Tisch zum Drehen an. Ich könnte ihm jetzt sagen, dass eine Glasflasche auf einem gläsernen Tisch nicht die brillanteste Idee war – zumal der Tisch schweineteuer aussah –, aber Desmond wirkte nicht wie jemand, der heute noch besonders aufnahmefähig war, was logische Ratschläge betraf.

Wir waren gerade bei den Sofas angekommen, als die Flasche auf einen Jungen zeigte. Mit einem Bier in der Hand lehnte er am Sofa gegenüber von Desmond und zog ungläubig eine Braue hoch. Es war niemand Geringeres als Ethan.

„Vergiss es. Ich mache bei so 'nem Scheiß nicht mit", verkündete er.

„Spielverderber!", riefen einige aus dem Publikum, das sich um die Sofagruppe versammelt hatte.

Desmond nahm die Zigarette aus dem Mund. „Und ob du das wirst, sonst gibt's keinen Alkohol mehr. Ich verköstige hier doch keine Spaßbremsen!"

Schnaubend nippte Ethan an der Bierflasche, wie um ihn zu provozieren. In diesem Moment wurde Desmond auf seine Cousine aufmerksam und riss erfreut – und viel zu schwungvoll – den Becher hoch.

„Heyyy, Cousinchen!", rief er und verschüttete etwas von dem Getränk auf seine Sitznachbarin.

Diese sprang zur Seite, aber nicht rechtzeitig genug, was sie mit ein paar unvorteilhaften Flecken auf ihrem beigen Rock einbüßte. Fluchend stand sie auf und marschierte davon, aber das juckte Desmond nicht. Im Gegenteil. Als der Platz neben ihm frei wurde, winkte er Willow zu sich heran, und sie setzte sich zu ihm.

Wie *schade*, dass nur ein Platz frei geworden war, dachte ich erleichtert und wollte mich gerade zurückziehen, als jemand meinen Arm berührte. Es war Fred. Er lungerte auf dem Sofa neben mir und rutschte lächelnd zur Seite, um mir Platz zu machen.

Verdammt.

Mein Plan war es gewesen, mich unbemerkt in die Küche davonzumachen und das Spiel auszusitzen, aber dann begegnete ich Ethans Blick, und mein Körper sank wie von selbst auf das Sofa. Seine Miene war ausdruckslos wie ein Stein, dennoch war ich mir sicher, dass er nicht begeistert von meiner Anwesenheit war. Ein Grund mehr, hierzubleiben. Ich würde vor Ethan nicht wie ein Feigling dastehen, außerdem war ich neugierig, welche Fragen Desmond für ihn parat hielt.

„Allie", rief Desmond quer über den Tisch und prostete mir zu. „Schön, dass du auch gekommen bist. Heftiger Ausschnitt."

Gelächter erhob sich. Meine Wangen fingen Feuer. *Das hat er jetzt nicht wirklich gesagt!*

Einige Jungs stimmten ihm pfeifend zu, und ich musste mich zusammenreißen, um nicht die Arme vor den Brüsten zu verschränken und sie vor den Blicken schützen, die jetzt mir galten. Anerkennung von den Jungs, Spott von den Mädchen. Vor Scham wäre ich am liebsten in der Couch versunken.

Ohne es zu wollen, sah ich noch einmal zu Ethan, dessen Blick immer noch auf mir ruhte. Zur Abwechslung trug er heute mal ein dunkelgraues Shirt zu der schwarzen Hose.

Mehr Farbenfrohheit gab sein Kleiderschrank wohl nicht her.

Ich wandte den Blick zuerst ab und sah wieder zu Desmond, der mich schief angrinste. Gegen meinen Willen musste ich lachen. Der Junge war so was von dicht, dass es mir schwerfiel, ihm böse zu sein. „Wie lange geht das Flaschendrehen schon?“, wandte ich mich an Fred. Hoffentlich nicht mehr lange.

„Hat gerade erst angefangen“, antwortete er zu meinem Bedauern und reichte mir den Becher in seiner Hand. Ich nahm ihn und schnüffelte misstrauisch an der dunklen Flüssigkeit. „Ist nur Cola“, meinte er, und nachdem ich einen Schluck genommen hatte: „Mit Schuss.“ Fred lachte, als ich ihm den Becher hustend zurückgab. Von wegen mit Schuss. Das war wohl eher Rum mit einem Schuss Cola! „Und ich muss Desmond zustimmen: Toller Ausschnitt.“ Er zwinkerte mir zu und lehnte sich wieder zurück.

Da ich wusste, dass er auf Willow stand und mich eher wie eine Kumpeline sah, konnte ich sein Kompliment bedenkenlos annehmen. Trotzdem würde ich es mir in Zukunft zweimal überlegen, ob ich meine Dinger so in Szene setzte. Wobei ich gar nicht verstand, was die Aufregung sollte. Hier liefen Mädchen mit noch viel gewagteren Ausschnitten herum!

Ich bedankte mich mit einem gequälten Lächeln, dann ergriff Desmond wieder das Wort.

„Also, Eth, du weißt ja, wie das läuft. Ich ziehe einen Zettel und lese die Frage vor, du beantwortest sie. Wahrheitsgemäß. Fangen wir an." Den Becher stellte er ab, dann wühlte er in der Schüssel, die das Mädchen rechts von ihm schon bereithielt, und zog einen Schnipsel.

„Lieblingsfarbe?"

„Blau", antwortete Ethan lustlos und schob leise das Wort „Wichser" hinterher. Einige lachten.

„Alter?"

„Immer noch 21!"

„Dein größter Wunsch?"

„Dass du spannendere Fragen ziehst."

Desmond gluckste. „Schon mal eine Person des gleichen Geschlechts geküsst?"

„Nein, aber ich küsse *dich* gleich!"

Ich konnte nicht anders und musste grinsen. Okay, das war *schon* irgendwie lustig.

Desmond machte einen Knutschmund in Ethans Richtung, dann las er die nächste Frage vor. „Dein Frauentyp?"

Ethan zögerte kurz, und ich merkte, wie ich unwillkürlich den Atem anhielt. „Rothaarig."

Ohne es zu wollen, starrte ich Ethan an. Ich hätte mich dafür ohrfeigen können, doch sein Blick ruhte zum Glück auf Desmond – auch wenn er leicht angesäuert wirkte.

Dafür starrten mich jetzt alle anderen an, und das nicht gerade diskret. War das deren Ernst? Warum richteten sie nicht gleich Schweinwerfer auf mich?! Das Mädchen neben mir stieß mich sogar neckisch mit der Schulter an und nickte zu Ethan hin – ich konnte mich gerade noch beherrschen, ihr nicht den Becher aus der Hand zu schlagen. Alle in diesem Raum schienen dasselbe zu denken, während ich nur dachte: *Nächste Frage! Nächste Frage!*

„Gut, das waren fünf Fragen. Der Nächste ist dran", verkündete Desmond ein wenig enttäuscht. Ich wagte es nicht, zu Ethan zu schauen, aber ich war mir sicher, dass er ebenfalls erleichtert war. „Nächstes Mal ein bisschen mehr Motivation bitte!", meckerte Desmond und drehte die Flasche.

Ich hätte ahnen müssen, was als Nächstes geschah – bei meinem Pech konnte es gar nicht anders kommen –, denn natürlich zeigte die Flaschenöffnung … auf mich. Mein Lächeln verrutschte.

„Was für ein *außerordentlicher* Zufall. Ich hatte gehofft, dass du die Nächste bist", säuselte Desmond in meine Richtung und drückte die Zigarette in dem überquellenden Aschenbecher aus.

Wieder sah ich zu Ethan, und ich hasste mich dafür. Sein Blick war jetzt auf spöttische Weise provozierend. Als wartete er nur darauf, dass ich aufsprang und wie ein Feigling aus dem Raum rannte. Ganz ehrlich? Nichts täte ich lieber, aber Ethan hatte die Runde würdevoll gemeistert, also schaffte ich das auch.

„Da Eth die langweiligen Fragen hatte, dürfte es bei dir besonders interessant werden", fügte Desmond hinzu.

Meine Entschlossenheit geriet ins Wanken, doch da las er auch schon die erste Frage vor: „Wie viele Jungs hast du schon geküsst?“

Und – zack – lief ich rot an. Willow versteckte ihr Lachen hinter vorgehaltener Hand. Vermutlich guckte ich wie ein Pferd. Die Wahrheit war, dass ich erst einen Jungen geküsst hatte, wenn auch über einen längeren Zeitraum, und das wusste sie. Da ich vor den Anwesenden hier aber nicht wie eine graue Maus dastehen wollte, denn die hatten bestimmt schon ganz andere Dinge als nur küssen getan, sagte ich: „Drei.“ Für eine 19-Jährige doch ein solider Schnitt, oder?

„Was war dein schlimmstes Date?“

„Hatte noch keins“, murmelte ich verlegen, bevor ich darauf kam, dass das seltsam klingen könnte, da ich ja angeblich drei Jungs geküsst hatte.

„Mit welcher Person in diesem Raum würdest du am ehesten knutschen?“

Die Menge lachte. Ich versuchte, ein unbewegtes Gesicht zu machen. Warum mussten sich eigentlich alle Fragen ums Küssen drehen? Gab es keine interessanteren Themen? Hobbys? Weltansichten? Ich hielt meinen Blick stur auf Desmond gerichtet. Wäre er in diesem Moment zu Ethan geschwenkt … ich hätte mich mit Anlauf aus dem nächsten Fenster gestürzt.

„Mit keiner“, log ich ungeniert und war froh, dass niemand in diesem Raum Gedanken lesen konnte. Einschließlich der Person, die ich sehr wohl gern küssen würde und die nur wenige Meter von mir entfernt an der Couch lehnte.

Desmond nahm meine Antwort kopfschüttelnd zur Kenntnis, dann zog er den nächsten Zettel und sein Gesicht hellte sich auf. „Oh, die gefällt mir: Was ist deine Lieblingsstellung?"

Mein Gesicht wurde lang. „Darauf werde ich wohl kaum antworten!"

Die Menge stöhnte genervt, aber das war mir egal.

„Ihr habt es gehört. Keinen Alkohol mehr für die Langweilerin hier!", rief Desmond und zeigte mit dem Finger auf mich.

Ich schwankte zwischen Lachen und einem finsteren Blick.

„Hey, die Frage ist doppelt!", beschwerte er sich, nachdem er die nächste gezogen hatte, las sie aber trotzdem vor. „Dein Männertyp?"

Endlich mal eine Frage, die mir nicht unangenehm war. „Ich habe keinen bestimmten Typ. Er soll einfach nett, witzig und liebenswürdig sein."

„Letzte Frage." Ich wollte protestieren, da Ethan nur fünf Fragen gehabt hatte, doch da las Desmond schon vor. „Hast du ein Intimpiercing?"

Bei der Frage vergaß ich meinen Einwand. „*Wie* bitte?!"

„Steht hier auf dem Zettel", meinte er und winkte damit unschuldig in meine Richtung. Wieder linste ich zu Ethan rüber, doch mein Blick ging ins Leere. Er war nicht mehr da.

Verwirrt sah ich wieder zu Desmond. „Als ich das letzte Mal nachgesehen habe, hatte ich noch keins, nein!“

Ich erntete ein paar Lacher, dann war es endlich vorbei und Desmond wählte den nächsten Kandidaten aus.

Ich hatte genug und stand auf. Was für ein kindisches, bescheuertes Spiel! Oder war ich einfach bloß zu nüchtern dafür? Ich entschied, in die Küche zu gehen und das zu ändern. Ich brauchte einen Cocktail. Einen, der lustig machte, mich aber nicht gleich umhaute.

In der Küche musste ich feststellen, dass Ethan ebenfalls dort war, aber das checkte ich erst, als er den Kopf aus dem Kühlschrank zog und die Tür zuwarf. Er hatte ein Bier aus dem Kühler genommen und öffnete es mit einem Flaschenöffner.

„Weißt du, ob es hier irgendwo Cocktails gibt?“, fragte ich ganz unverbindlich. Es wäre kindisch, ihn nicht anzusprechen, wir waren schließlich Nachbarn.

Mit einem Ping flog der Kronkorken ab und landete zwischen dem Chaos aus geöffneten Saftpackungen, roten Bechern, Softdrinks und Alkoholflaschen.

Ethan hob den Blick, und die Intensität darin traf mich völlig unvorbereitet. So hatte er mich neulich schon in seinem Zimmer angesehen, und ich hatte keine Ahnung, was der Ausdruck zu bedeuten hatte.

Einen Moment lang war ich wie gefangen von seinem Blick, der meinen Körper fast schon genießerisch hinunter und dann wieder hinauf wanderte. Dort, wo er mich streifte, hinterließ er ein warmes Kribbeln auf meiner Haut, dann verschwand der Ausdruck aus seinen Augen wieder. Es war, als würden unsichtbare Gewichte von mir abfallen.

„Wenn, dann im Poolhaus. Dort ist ein Büfett mit Getränken und Essen. Ansonsten steht im Kühlschrank noch eine Bowle." Er deutete hinter sich, und ich ging auf wackeligen Beinen an ihm vorbei.

Was auch immer das eben gewesen war, es ließ mich erheblich an meinem Urteilsvermögen zweifeln. Denn meine Beine zitterten nicht etwa, weil ich mich vor Ethan fürchtete – was ich sollte, da er Messer sammelte und sich hobbymäßig prügelte –, sondern weil ich mich zu ihm hingezogen fühlte. Und das war definitiv nicht normal.

Ich hatte erwartet, dass er mich jetzt in der Küche allein lassen würde, doch als ich das schwere Glasgefäß aus dem Kühlschrank hievte und auf die letzte freie Stelle des Tresens stellte, war Ethan immer noch da. Mit dem Rücken lehnte er jetzt an der Theke und nippte an seinem Bier.

Seine Blicke ignorierend suchte ich in dem Schweinestall nach einem sauberen Becher. Wer räumte den ganzen Mist am Ende der Party eigentlich auf? Leider fand ich keinen, dafür bemerkte ich eine Bewegung aus dem Augenwinkel, und als ich mich umdrehte, hielt Ethan mir einen unbenutzten Becher hin.

Wo hatte er den her?

Ich sah ihm ins Gesicht, und da war wieder dieses unterschwellige Funkeln in seinen Augen. Spott, wie ich begriff. War er betrunken oder warum auf einmal so gut gelaunt?

„Danke." Darauf bedacht, Ethans Finger nicht zu berühren, nahm ich ihm den Becher ab, tauchte ihn in die Bowle und nahm dann einen großen Schluck.

Das war ein Fehler. Abrupt beugte ich mich vor und hustete mir die Seele aus dem Leib.

Ethan lachte. Dieser blöde Arsch! Das war gar keine Bowle, sondern irgendein hochprozentiger Alkohol, mit dem sie vermutlich die Softgetränke mischten. Meine Kehle brannte wie verrückt.

„Sehr witzig!", keuchte ich, richtete mich wieder auf und wischte mir mit funkelnden Augen den Mund ab.

Was tat Ethan? Lächelte mich breit an und löste damit eine weitere Welle des Kribbelns in mir aus. Als meine Mundwinkel zuckten, war ich selbst überrascht. Für diese Aktion müsste ich ihm eigentlich den Drink ins Gesicht schütten. Aber sein Lächeln war so herrlich ansteckend, dass ich ihm nicht wirklich böse sein konnte.

Ob er sich dafür entschuldigen wollte, würde ich wohl nie erfahren, denn gerade als Ethan den Mund öffnete, kam Desmond in die Küche. Oder besser gesagt, er torkelte. War das Flaschendrehen etwa schon vorbei? Ich warf einen Blick über die Schulter und sah, dass ein anderer die Moderation übernommen hatte.

„Oh, ja, genau das brauche ich jetzt!", sagte Desmond und nahm mir ungefragt den Becher aus der Hand. Er exte den Inhalt, als handelte es sich um Wasser, dann knallte er ihn auf die Arbeitsplatte und kam wankend auf mich zu.

„Dein Top gefällt mir wirklich *hervorragend*", säuselte er dabei. Oh, nein, was sollte das denn werden?

„Das sagtest du bereits", meinte ich trocken und schwankte schon wieder zwischen Belustigung und Ärgernis.

„Was ich mich neulich schon in der Lagerhalle gefragt habe: Hast du eigentlich einen Freund?", überging Desmond meinen unausgesprochenen Vorwurf. Er stand jetzt direkt vor mir und drückte mich mit seinem Körper an den Tresen.

„Ähm …" Das ging mir jetzt aber doch zu weit. Ich wollte mich gegen seine Brust stemmen, doch da lagen schon Ethans Hände auf seinen Schultern.

Alter! Du blamierst dich", sagte er lachend und zog ihn von mir weg.

Ich hatte Ethan bisher nur einmal lachen gesehen, und das war vermutlich nur ein Ausrutscher gewesen. Als er Desmond jetzt aus meiner Reichweite zog, wirkte er wie ein anderer Mensch. Richtig ausgelassen.

„Lass das, Mann! Sie will mich!“, protestierte Desmond, doch Ethan hielt ihn mit Leichtigkeit fest.

„Nein, will sie nicht. Und du machst am besten Schluss mit Trinken. Oder geh dich irgendwo auskotzen, damit du wieder halbwegs klar im Kopf wirst.“

Verärgert drehte Desmond sich zu seinem Kumpel um, dann sah er wieder zu mir. Fest musste ich mir auf die Unterlippe beißen, um nicht zu lachen. Seine Haare waren verstrubbelt, das Hemd zerknittert und sein Blick gläsern. Er sah einfach zu lustig aus. „Ist das wahr?“, fragte Desmond. „Stehst du wirklich nicht auf mich?“

„Ich fürchte nein, tut mir leid. Aber hier sind so viele hübsche Mädchen, dass ich mir sicher bin, du kommst drüber hinweg.“ Aufmunternd klopfte ich ihm auf den Arm.

Er starrte mich noch einen Moment lang an, als müssten seine beschwipsten Gehirnzellen diese Information erst verarbeiten, dann ging er und murmelte: „Warum kriegt Ethan eigentlich immer die Rothaarigen?!“

Ähm … wie bitte? Protestierend öffnete ich den Mund. Ethan hatte mich nicht *bekommen*! Doch Desmond war bereits außer Hörweite, und Ethan, der wohl ahnte, was mir auf der Zunge lag, sagte: „Lass ihn. Er würde es gerade eh nicht checken.“

Ich klappte den Mund wieder zu. Jetzt waren wir wieder allein in der Küche, und es entstand ein peinlicher Moment, in dem niemand von uns etwas sagte. Seitdem ich vor einer Woche in seinem Zimmer gewesen war, hatte ich Ethan nicht mehr gesehen, und jetzt schien es, als würden die letzten Worte, die ich über seine Exfreundin gesagt hatte, zwischen uns hängen. Sollte ich das Thema noch mal aufrollen? Mich dafür entschuldigen?

Doch wir wurden erneut unterbrochen, diesmal von Fred.

„Hey“, sagte ich stirnrunzelnd, als er in die Küche kam. Er wirkte zerstreut. „Alles in Ordnung?“

„Nicht ganz. Du musst mir mal einen Rat geben. Wegen Willow.“

Mein Blick huschte zu Ethan, der noch einen Schluck aus der Bierflasche trank und dann aus der Küche ging, als hätte ich ihn dazu aufgefordert. Seltsamerweise verspürte ich einen Stich dabei. Das war das erste Mal, dass wir eine halbwegs normale Unterhaltung geführt hatten, und es war nicht das schlechteste Erlebnis gewesen.

Er konnte sogar richtig lustig sein – auch wenn der Witz mit der Bowle auf meine Kosten gegangen war. Ich schüttelte die Gedanken ab und konzentrierte mich wieder auf Fred.

„Schieß los.“

Er spähte zu Willow rüber, die noch immer auf der Couch im Wohnzimmer saß und sich, ihren Worten zum Trotz, prächtig beim Flaschendrehen amüsierte. „Du weißt ja, dass ich auf sie stehe“, begann er geradeheraus und sah wieder zu mir. Ich nickte. „Und ich will jetzt echt nicht arrogant rüberkommen oder so, aber sie scheint völlig immun gegen meinen Charme zu sein."

Als ich lachte, verzog er beleidigt das Gesicht. „Warum lachst du?"

„Wir kennen uns jetzt seit drei Wochen, Fred! Hast du immer noch nicht kapiert, dass Willow nicht die Art von Mädchen ist, die sich vom Äußeren beeindrucken lässt?"

„Aber … sie beachtet mich null! Nada. Als wäre ich gar nicht da. Selbst mit George redet sie mehr als mit mir! Ich dachte erst, das wäre nur in der Uni so, aber ich habe ihr jetzt geschlagene 20 Minuten gegenübergesessen und sie hat nicht *einmal* in meine Richtung geguckt! Ich will nur wissen: Macht sie das mit Absicht? Ist das irgendeine Art Test?"

Herrje! Er klang wirklich verzweifelt. „Das weiß ich nicht, aber *wenn* es einer ist, machst du auf keinen Fall Pluspunkte, indem du vor ihren Augen mit anderen Mädchen flirtest. Was du in der Uni pausenlos tust!"

„Das ist doch nicht ernst gemeint. Ich flirte einfach gern", verteidigte er sich und sah wieder zu Willow. „Aber bei ihr weiß ich überhaupt nicht, wo ich ansetzen soll. Willow ist anders als die anderen Mädchen. Sie scheint mich kein bisschen wahrzunehmen, egal, was ich tue."

Nun, das bezweifelte ich, so, wie sie auf der Fahrt hierher getobt hatte. Aber es stand mir nicht zu, das auszuplaudern. Mir kam eine Idee. „Warum änderst du deine Taktik nicht mal und provozierst sie auf andere Weise?“

Verständnislos sah er mich an.

„Dreh den Spieß doch einfach um und ignoriere *du* sie. Ich versichere dir, für uns Mädchen gibt es nicht Schlimmeres als das. Es macht uns verrückt, wenn die Jungs, die wir im Blick haben, kein Interesse an uns zeigen.“

Da spricht wohl jemand aus Erfahrung, was?, erklang eine spöttische Stimme in meinem Kopf, und mein Blick ging automatisch in die Richtung, in die Ethan verschwunden war.

„Hm“, machte Fred. „Eigentlich ist ja Angriff meine Strategie.“

„Probiere es einfach. Sei höflich, aber flirte nicht mit ihr. Und dann sieh, ob sich was an ihrem Verhalten ändert“, sagte ich. „Schlimmer als jetzt kann es doch nicht mehr werden.“

„Da ist was dran“, murmelte er, dann weiteten sich seine Augen plötzlich. „Sie kommt her! Soll ich hierbleiben?“

Ich unterdrückte ein Lachen. So verunsichert kannte ich unseren Aufreißer gar nicht. „Nein, geh erst mal woanders hin. Aber nicht vergessen: kein Geflirte mit anderen!“

Salutierend rauschte er davon.

*

„Worüber habt ihr gesprochen?“, wollte Willow wissen, kaum, dass sie bei mir war.

„Über nichts Besonderes.“ Ich stellte die vermeintliche *Bowle* wieder in den Kühlschrank, doch als ich mich zu Willow umdrehte, hatte sie eine Braue hochgezogen.

„Und das soll ich dir glauben?“ Sie griff in eine Chipstüte und nahm sich eine Handvoll.

„Es ging jedenfalls nicht um dich“, versicherte ich ihr so neutral wie möglich.

Das ließ sie stutzen. „Ach, nein? Hm.“ Gedankenverloren sah sie Fred hinterher, der soeben in einen anderen Raum ging. „Und ich dachte schon, er hätte sich bei dir Tipps geholt, wie er mir möglichst erfolgreich an die Wäsche gehen kann!“

Ich lehnte mich an die Küchentheke und klemmte meine Hände hinter den Po. „Ich glaube, du hast ein völlig falsches Bild von ihm. Hatten wir beide. So übel ist er gar nicht.“

„Ich weiß nicht“, sagte sie und stopfte sich ein Dutzend Chips in den Mund. Trotzdem ging ihr Blick erneut in die Richtung, in die Fred gegangen war.

Nur mit Mühe schaffte ich es, mir ein Schmunzeln zu verkneifen. Das war ja wie eine Reality-Show hier.

Wir blieben in der Küche, tranken Cola, aßen Chips und beobachteten das Flaschendrehen aus sicherer Entfernung. Desmond hatte inzwischen wieder die Rolle des Sprechers übernommen und las eine intime Frage nach der nächsten vor. Dagegen waren meine noch harmlos gewesen.

„Jetzt könnte ich aber wirklich langsam einen Cocktail vertragen“, meinte ich geraume Zeit später und stieß mich vom Tresen ab. „Gehen wir zum Poolhaus?“

Willow wischte sich die Chips-Krümel von den Händen. „Erst mal muss ich aufs Klo. Und danach wollte ich eigentlich zu Curtis.“

„Dann geh und wir treffen uns einfach später“, schlug ich vor.

„Ist das okay für dich?“, fragte Willow.

Schmunzelnd sagte ich: „Klar, doch. Du musst nicht rund um die Uhr bei mir sein. Ich komme schon ein paar Minuten allein zurecht.“

*

Im Garten hing der Geruch von brennenden Fackeln. Er war nicht aufdringlich, aber wahrnehmbar und trug nicht unwesentlich zu der romantischen Stimmung bei, die mittlerweile hier draußen herrschte. Begleitet von der wummernden Musik aus dem Haus schob ich mich an tanzenden, schmusenden Menschen vorbei, bis ich es auf die Grünfläche geschafft hatte, wo es deutlich mehr Platz gab.

Willow und ich hatten uns in der Küche ganz schön verquatscht. Inzwischen war eine geschlagene Stunde rum, deshalb hoffte ich, dass von den

Cocktails noch etwas übrig war. Zielstrebig lief ich über den weichen, gepflegten Rasen, als ich auf halbem Weg auf etwas Hartes trat. Zuerst wollte ich es ignorieren, aber dann kam mir in den Sinn, dass es ein Handy sein könnte, das jemand verloren hatte, und bückte mich danach.

Ein Handy war es nicht, dafür etwas Beunruhigenderes: ein Klappmesser. Stirnrunzelnd hob ich es auf, ging zu der nächstgelegenen Fackel und betrachtete es im Schein.

Was zum …? Das war ja ein richtiges Jagdmesser! Damit konnte man locker jemanden abstechen! Wollte ich wissen, warum jemand so eine Waffe mit auf eine Party nahm?

„Das gehört mir.“ Mit dem Messer in der Hand wirbelte ich zu der Stimme herum. Ethans Stimme. Wo war der denn so schnell hergekommen? „Ich hab’s vorhin verloren. Ich dachte schon, jemand hätte es mir abgezogen oder gefunden und eingesteckt.“

Auffordernd streckte er die Hand danach aus, doch ich starrte ihn nur an. „Du trägst ein Messer bei dir?“ Erschütterung und Vorwurf schwangen in meiner Stimme mit.

„Immer“, meinte er und wedelte jetzt befehlend mit der Hand. „Bitte gib es mir. Die Klinge ist scharf.“

Spöttisch hob ich eine Braue. „Angst, dass ich dich damit absteche?“

„Wohl eher, dass du dich selbst verletzt.“

Jetzt guckte ich beleidigt. Für wie dusselig hielt er mich bitte? Aber ich gab es ihm zurück. Wenn auch widerwillig. „Ich muss sagen, du wirst mir immer unheimlicher! Erst das Waffenarsenal in deinem Zimmer und jetzt …“

Die Worte blieben mir im Hals stecken, als Ethan die Klinge blitzschnell aufschnappen ließ. Geübt aus dem Handgelenk heraus, wie ein verdammter Profi. Ich wurde blass und machte einen Schritt zurück.

Er lachte. „Du müsstest mal dein Gesicht sehen. Keine Panik, ich hab‘s noch nie eingesetzt.“

„Wozu … brauchst du es dann?“, stammelte ich.

„Für den Fall der Fälle. Zur Selbstverteidigung.“

„Selbstverteidigung? Du bist ein Kampfsportler! Wozu brauchst *du* ein Messer?“

Schmunzelnd klappte er es wieder zu und steckte es in die Hosentasche. „In der Untergrundszene sind finstere Typen unterwegs. Finsterer als Marlon. Ich fühle mich so sicherer.“

Ich wusste nicht, was ich dazu sagen sollte. Beziehungsweise, wusste ich es schon, aber die Moralpredigt sparte ich mir jetzt. Ethan war alt genug, um zu wissen, was er tat. Auch wenn ich nicht verstand, wie jemand mit einem Studienplatz und einem soliden Dach über dem Kopf in die Untergrundszene rutschen konnte. Er hatte das Kämpfen doch gar nicht nötig. Er könnte sich genauso gut einen anständigen Job suchen, so wie Oliver.

Ich merkte, wie Ethan mich schon wieder anstarrte. Wie er mich … analysierte? Die Stille war mir unangenehm, deshalb sagte ich, ohne darüber nachzudenken: „Ich wollte gerade zum Poolhaus, mir einen Cocktail holen. Willst du vielleicht mitkommen?"

Überraschung blitzte in Ethans Augen auf, vermischte sich mit dem Schein der Fackel, der in seinen Pupillen tanzte. Er warf einen Blick über meine Schulter, als müsste er erst darüber nachdenken, doch sein kurzes Zögern reichte mir schon. Hitze stieg mir in die Wangen. Was zum Henker tat ich hier? Natürlich wollte er nicht mitkommen, er mochte mich doch überhaupt nicht!

„Vergiss es", sagte ich eilig, bevor er mir eine Absage erteilen konnte, und drehte mich weg. Wie dämlich ich war! Als ob Ethan, nur, weil wir ein paar höfliche Worte miteinander gewechselt hatten, gleich mit mir abhängen würde! Mit gemäßigten Schritten, damit es keiner Flucht gleichkam, marschierte ich zum Poolhaus. Das war das letzte Mal, dass ich ein Wort mit diesem Idioten gewechselt hatte. Das schwor ich mir.

Kapitel 6

Am darauffolgenden Wochenende blieb ich zu Hause und lernte für meine erste Klausur. Mom übernachtete wieder bei Ben, deshalb war ich allein im Haus. Für mich bedeutete das Spaß pur. Ich tanzte im Pyjama durchs Haus, hörte so laut Musik, dass die Wände zitterten, krümelte Popcorn auf die Wohnzimmercouch und ließ mein schmutziges Geschirr den ganzen Tag lang im Spülbecken liegen – morgen war schließlich auch noch ein Tag zum Abwaschen. Nichts gegen meine Mutter, aber ich liebte es, wenn ich allein im Haus war. Mom hatte nämlich einen Putzfetisch und drehte immer total durch, wenn sie Krümel auf ihrem kostbaren Sofa fand oder ich nicht gleich die Küche aufräumte.

Nachts sah das Ganze anders aus, denn mit der Dunkelheit kamen die Geräusche, die so ein altes Haus mit sich brachte, und die fand ich dann weniger amüsant. Ob ich mich jemals an die knarrende Treppe oder den pfeifenden Wind gewöhnen würde, der manchmal aus der undichten Dachkammerluke zu mir herunterdrang, war fraglich.

Aber heute weckte mich ein anderes Geräusch. Ein Schaben, so penetrant, dass es mir einen intensiven Schauer über den Rücken jagte.

Ganz langsam setzte ich mich auf und lauschte mit angehaltenem Atem. Es wiederholte sich, und mein Blick huschte zum Fenster, das noch auf Kipp stand. Mein Herz klopfte wie wild in meiner Brust und meine Hände krallten sich vor Anspannung in die Bettdecke.

Dann erkannte ich, was es war: das Kratzen der Äste an der Hauswand. Stöhnend sank ich wieder ins Kissen zurück, und meine Anspannung entwisch mit meinem Atem. Neben unserem Haus ragte ein exorbitanter Baum in den Himmel, dessen mächtige Äste bis ans Dach reichten. Und ich hatte schon gedacht, ich würde jetzt Bekanntschaft mit unserem Hausgeist machen!

Bevor ich wieder einschlafen konnte, wälzte ich mich aus dem Bett und ging zum Fenster, um es zu schließen. Ich hatte keine Lust, ein zweites Mal von diesem blöden Kratzen aufzuwachen. Doch gerade als ich es zumachen wollte, nahm ich auf dem Nachbargrundstück eine Bewegung wahr. Zwei Gestalten liefen über den Rasen, im Grunde nur dunkle Schemen, und doch erkannte ich eine davon auf Anhieb.

Es war Ethan. In Begleitung eines Mädchens.

Wie es aussah, kamen sie gerade von seinem Wagen, der am Straßenrand parkte. Spannern war echt uncool und nichts, wobei ich erwischt werden wollte, aber ich war neugierig, was die beiden vorhatten. Langsam, um keine hektische Bewegung zu machen, die ihnen vielleicht aus dem Augenwinkel auffallen könnte, zog ich den Kopf in den Schutz der Gardine zurück und beobachtete, wie Ethan das kichernde Mädchen gegen die Hauswand drückte. Das Verandalicht sprang an und offenbarte mir ein entscheidendes Detail: Ethans Begleitung war blond, nicht rothaarig, und sie trug ein Oberteil, das meins von neulich an Obszönität weit in den Schatten stellte.

Er küsste sie und ließ seine Hände dabei gezielt unter ihr – nannten wir es jetzt einfach mal – Top wandern. Hitze stieg mir ins Gesicht. Was ich hier tat, war unter meiner Würde, dennoch konnte ich den Blick nicht abwenden. Genauso wenig wie ich verhindern konnte, dass ich einen kalten Stich der Eifersucht verspürte. Mich behandelte er, als wäre ich eine Kakerlake, aber andere Mädchen küsste er? Was hatte ich ihm eigentlich getan? Also abgesehen davon, dass ich zur falschen Zeit am falschen Ort gewesen war und mich ausgerechnet mit seinem Erzfeind angelegt hatte.

Ethan zog sich zurück, dann legte er ihr einen Arm um die Schultern und führte sie ins Haus. Mir war klar, was jetzt folgen würde, und dabei wollte ich ungern Zeugin werden. Eilig schloss ich das Fenster, zog den Vorhang zu und kletterte wieder ins Bett.

*

„Irgendwie benimmt Fred sich in letzter Zeit komisch“, meinte Willow am Dienstag in der Mittagspause.

Die Jungs hatten Sportunterricht gehabt und standen noch unter der Dusche, deshalb saßen wir allein in der Mensa. Willow und ich hatten leider keinen Sport zusammen. Sie behauptete ja von sich, ein Volleyball-Ass zu sein, deshalb hätte ich gern mal ein Match gegen sie gespielt. Ich hatte mir eine Schüssel Chili con Carne und Toastbrot geholt, aber im Vergleich zu Grannies Eintopf schmeckte die Kantinensuppe bestenfalls wie ein billiger Abklatsch.

„Findest du?“, fragte ich und schlürfte unschuldig meine Suppe.

Willow, die außer ihrem roten Lippenstift wieder komplett schwarz trug, hörte auf, an ihrem frittierten Gemüsestick zu knabbern, und sah mich über den Tisch hinweg schräg an. „Sag bloß, das ist dir noch nicht aufgefallen? Wir sprechen hier immerhin von *Fred*. Der kann es doch sonst nicht lassen, jedes Mädchen im Umkreis von hundert Metern anzubaggern! Ich rede ja nicht nur von mir. Er rennt allgemein keinen Frauen mehr hinterher, wie es aussieht.“

Vorsichtig tunkte ich eine Weißbrotecke in den Eintopf und sagte: „Vielleicht ist er ja anständig geworden.“

Willow schnaubte. „Das glaubst du doch wohl selbst nicht! Und falls doch, warum auf einmal? Ich meine … nicht, dass es mich stört“, fügte sie schnell hinzu, als ich den Blick hob. „Aber komisch ist es schon, oder?“

Ich unterdrückte ein Schmunzeln. „Frag ihn doch einfach, wenn es dich so interessiert.“

Erschrocken und auch ein bisschen ertappt sah Willow mich an. „Es interessiert mich nicht! Ich … ich meine ja nur.“

Zehn Minuten später kamen die Jungs dazu, und ich beobachtete, wie Willow immer wieder verstohlene Blicke zu Fred rüber warf. Hätte ich noch irgendeinen Beweis dafür gebraucht, dass sie auf ihn stand, so gab ihn mir ihr Verhalten. Willow war in Fred verschossen, da konnte sie mir erzählen, was sie wollte. Nur hatte ich eventuell ihre Dickköpfigkeit unterschätzt. Außer, dass sie sich über seine neuerliche Zurückhaltung wunderte – was sie ja schon vor einer Woche auf Desmonds Home Party getan hatte – geschah nicht viel. Wenn sie sich nicht bald einen Ruck gab, verlor er womöglich die Geduld und verfiel wieder in alte Muster, und dann wäre alles umsonst gewesen.

„Wie war Sport?“, fragte ich und trank einen großen Schluck Orangensaft. Manchmal, wenn das Schicksal es gut mit mir meinte, gab es *entfusselten* Saft, dann bediente ich mich auch gern dreifach an den Getränken. Säfte mit Fruchtfleisch – oder wie ich es gern nannte: Fussel – kriegte ich dagegen nicht runter. „Hat Mr. Wilson euch wieder quer über den Campus gejagt?“

Oliver und Fred liebten Ausdauertraining, aber George hasste es, was ihn zu meinem Leidensgenossen machte. Ich mochte kein Ausdauertraining. Meine Lungen brannten dann immer so schrecklich und meine Beine fühlten sich schon nach wenigen Metern an, als hätte man sie in flüssiges Blei getaucht. Lieber machte ich Bodenturnen oder spielte Volleyball oder andere Teamsportarten.

„Heute nicht. Wobei ich nichts dagegen gehabt hätte", meinte Oliver mit einem neckischen Blick in Georges Richtung, bevor er in seinen Burger biss.

Während ich wenigstens noch *versuchte*, mich halbwegs gesund zu ernähren, machte Oliver sich darüber überhaupt keinen Kopf. Der Junge konnte so große Mengen an Nahrung aufnehmen, dass ich mich manchmal fragte, wie und wann er das alles verdaute. Vor allem ungesunde Sachen wie Chips, Popcorn und Fettriefendes hatten es ihm angetan. So diszipliniert wie Oliver sonst in allem war, verwunderte mich das. Essen schien seine große Schwäche zu sein.

„Wir haben Football gespielt", erklärte Fred neben mir, ohne von seinem Handy aufzuschauen. „Ein glatter Sieg. Mit Oliver in unserem Team hatten die Gegner keine Chance." Ich folgte Willows verstohlenem Blick und musterte Freds Profil. So langsam wusste ich nicht mehr, ob das noch zu seiner Taktik gehörte oder er vielleicht wirklich das Interesse an ihr verloren hatte, denn er beachtete

Willow wirklich null. Das grenzte schon an Beleidigung. Schlechtes Gewissen regte sich in mir, denn ich hatte ihm diese Flausen schließlich erst ins Ohr gesetzt.

Doch Willow wäre nicht Willow, wenn sie sich etwas anmerken lassen würde. Was das anging, waren die beiden stur wie Böcke. Lässig verschränkte sie die Arme auf der Tischplatte und verkündete: „Am Samstag steigt wieder was. Diesmal in einer Bar in Houston. Einlass ist zwar erst ab 21, aber Desmond meinte, er kann uns reinschmuggeln."

„*Was* für eine Bar?", warf ich sofort misstrauisch ein. Sorry, aber nach der Lagerhallensache und dem peinlichen Flaschendrehen bei Desmond traute ich diesem Mädchen nicht mehr weiter als ich sie werfen konnte.

Sie schmunzelte. „Eine ganz normale. Wir spielen Billard, trinken Bier und amüsieren uns. Alles ganz harmlos."

Glaubte ich ihr aufs Wort! „Warst du schon mal da?", erkundigte ich mich weiter und trank den Orangensaft aus.

„Einmal. Desmond hat mich eingeschleust, aber verrat das ja nicht Curtis – der bringt ihn um."

Abwartend sah Willow mich an. So lange, bis ich sagte: „Gut, ich bin dabei." Nächste Woche standen keine Klausuren an, also konnte ich mir den Abend frei nehmen. „Aber ich warne dich: Sobald irgendwelche abstrusen Spiele gespielt werden, bin ich weg, verstanden?!"

Sie machte eine salutierende Geste, dann blickte sie in die Runde. „Noch jemand?“ Es war köstlich, wie sie sich bemühte, Fred nicht zu offensichtlich anzustarren.

Ich kam ihr zu Hilfe und fragte: „Fred? George?“

Zu meinem Erstaunen schüttelte Fred den Kopf. „Ich passe. Muss für nächste Woche einen Vortrag vorbereiten.“ Komisch. Sonst ließ er sich keine Party entgehen.

„Ich auch“, meinte George, was nicht weiter überraschend kam. George lernte immer. Er war der fleißigste Mensch, den ich kannte, und nebenbei ein wandelndes Lexikon.

„Und was ist mit dir?“, wandte ich mich an Oliver, der seinen Burger tatsächlich schon aufgegessen hatte.

Doch noch während ich fragte, wusste ich, dass er absagen würde. Sein Job. Natürlich. Sah ganz danach aus, als würden Willow und ich wieder allein um die Häuser ziehen. Dieses Mal kamen sie noch davon, aber nächstes Mal würde ich George und Oliver an den Haaren mitschleifen – das schwor ich mir.

Heute war Lern-Tag, deshalb fuhren Oliver und ich nach der Uni direkt zu ihm. Die Schonfrist für uns *Freshmen* war spürbar rum. Die Anforderungen wuchsen täglich und damit stieg auch die Notwendigkeit, sich auf seine vier Buchstaben zu setzen und zu pauken.

Die Haustür war abgeschlossen, wie ich erleichtert zur Kenntnis nahm – Ethan war also nicht da. Seit Desmonds Party war eine gute Woche ins Land gezogen, aber ich hatte ihm das Zögern immer noch nicht verziehen, und das würde ich auch nicht. Ethan hatte mich wie eine Idiotin dastehen lassen. Etwas, das er offenbar gern tat.

Das Raumspray im Flur versprühte eine Duftladung, gerade als ich daran vorbeilief. Scheinbar hatte das blöde Ding es auf mich abgesehen. Letzte Woche war ich ahnungslos in die Duftwolke hineingelaufen und hatte mir – ganz zu Olivers Belustigung – die Seele aus dem Leib geniest, daher war ich vorbereitet und duckte mich rechtzeitig.

„Könntest du am Samstag nicht ausnahmsweise deine Schicht tauschen?", kam ich noch mal auf die Bar zu sprechen, nachdem Oliver die Tür hinter uns geschlossen hatte. Im Haus war es angenehm kühl, und dank des Raumsprays duftete es nach Minze. Als er verneinte, murrte ich: „Langsam nehme ich das persönlich! Es kann nicht sein, dass du niemals weggehst! Das ist doch nicht gesund. Ein Student muss sich auch mal amüsieren."

Schmunzelnd ging Oliver mir voraus in die Küche. „Du weißt doch, dass ich nicht mehr lange im Kino arbeite. Ich muss die Wochenenden ausnutzen, solange ich noch kann." Wir setzten uns an den Esstisch und breiteten unsere Schulunterlagen darauf aus. Der Holztisch war so riesig, dass wir uns mit den Büchern und Ordnern nicht in die

Quere kamen. „Nicht jeder von uns kann sein Geld mit Boxen verdienen."

Die Federtasche in der Hand hielt ich inne. Da schwang eine Bitterkeit in seiner Stimme mit, die ich nicht ganz einordnen konnte. War es Geringschätzung oder Eifersucht, die aus ihm sprach?

„Das verlangt ja auch niemand", sagte ich und legte das Federmäppchen auf den Tisch. „Aber ab und zu muss man auch Spaß haben. Abschalten. Wenn du nicht aufpasst, mutierst du noch zum Streber."

Er legte seine Schultasche auf den Stuhl neben sich. „Du klingst, als wäre das etwas Schlechtes. Auch Streber haben ihre Vorteile, weißt du?"

Wieder so eine Bemerkung, die wohl auf Ethan abzielen sollte und mich stutzig machte. War Oliver etwa sauer, weil ich auf Desmonds Party gewesen war? Hatte er vielleicht spitzgekriegt, dass ich Ethan dort getroffen hatte? Aber selbst wenn, warum sollte ihn das stören? Es war ja nicht so, dass Ethan und ich plötzlich beste Freunde wären. Wir hatten allenfalls Waffenstillstand geschlossen, wobei Ethan mir noch genauso suspekt war wie am ersten Tag.

Oliver holte Getränke, Gläser und Knabbereien aus der Küche, dann nahmen wir Platz und stürzten uns auf die Unterlagen.

*

Nach zwei Stunden intensiven Lesens und bescheidenem Smalltalk machten wir eine Pause. Ich musste gestehen, dass es mit Oliver nicht ganz so viel Spaß machte zu lernen wie mit Willow. Das lag aber nur daran, dass er so diszipliniert war, während Willow und ich ständig schnatterten. Dafür waren die Lern-Sessions mit ihm effektiver, und er wohnte außerdem gleich nebenan.

Ich ging in die Küche und schaltete den Ofen aus, um die aufgebackenen Pizzen herauszuholen. Es war meine Idee gewesen, Pizza zu essen – so viel zu meinem Vorsatz, gesund zu leben –, aber nachmittags hatte ich immer ungeheuren Appetit auf Deftiges, und hey, wir hatten sie uns verdient.

Ich schnitt die dampfenden Pizzen gerade in mundgerechte Stücke, als Ethan nach Hause kam.

Er schloss die Tür hinter sich, dann kam er ins Wohnzimmer und blieb überrascht im Türrahmen stehen, als er mich sah. Genug Zeit für mich, das frische Veilchen unter seinem rechten Auge zu bemerken. Er war am Freitag wohl wieder Boxen gewesen.

Was auch immer er im Wohnzimmer gewollt haben mochte, meine Anwesenheit schien ihn seine Pläne verwerfen zu lassen. Mit einem dürftigen „Hi“ steuerte er die Treppe an und ging ins Obergeschoss.

Ich sah Ethan nach, bis er aus meinem Blickfeld verschwunden war, dann schaute ich zu Oliver. „Ist das bei euch immer so?“

Er zuckte die Schultern. „Frag Ethan. Er ist derjenige, der ein Problem mit mir hat."

Verblüfft hielt ich im Schneiden inne. Das war das erste Mal, dass Oliver nähere Informationen über ihren Streit preisgab. Nun ja, nicht wirklich, aber zumindest hatte er mich diesmal nicht mit einem *ist 'ne längere Geschichte* abgewürgt. Ich sah das als großen Fortschritt an und gestand: „Ich finde es schrecklich, dass ihr nicht miteinander redet. Geschwister sollten zusammenhalten, nicht verfeindet sein."

Oliver schaute zu mir, und der Ausdruck in seinem Blick stimmte mich traurig. Es war nicht etwa Ärger, weil ich mich in Dinge einmischte, die mich nichts angingen, sondern Traurigkeit. Aber Traurigkeit weswegen?

„Ich kann natürlich nicht aus Erfahrung sprechen", fuhr ich fort und trug die fertig geschnittenen Pizzen zum Tisch. „Aber meine beste Freundin hat auch einen älteren Bruder, und immer, wenn sie sich gestritten haben, war sie danach total fertig. Es hat sie belastet. Und ohne dir zu nahetreten zu wollen, aber … dich scheint es auch zu belasten." Vorsichtig sah ich Oliver an, in dessen Augen sich jetzt etwas anderes widerspiegelte.

Er machte mir Platz, indem er ein paar Bücher zur Seite räumte, und fragte: „Ach, ja? Sieht man mir das so deutlich an?"

Nickend stellte ich das Brett auf den Tisch und setzte mich. „Schon, ja."

Er schnaubte und warf einen flüchtigen Blick zur Treppe. „Und Ethan? Kommt er dir auch *belastet* vor?“

Die Frage war sarkastisch gemeint. Wir wussten beide, dass dem nicht so war. Ethan hatte scheinbar nichts als Verachtung für seinen Bruder übrig. Dabei konnte ich mir beim besten Willen nicht vorstellen, was eine reine Seele wie Oliver verbrochen haben sollte, um solch einen Zorn auf sich zu ziehen.

Ich wollte es gerade wagen, Oliver danach zu fragen, als er sagte: „Lass uns über was anderes reden. Ich will mir jetzt nicht den Appetit verderben.“

Also bohrte ich nicht weiter nach, sondern nahm ein Stück Salamipizza. Dann musste ich grinsen. „Gut, reden wir über Willow und Fred.“

Irritiert sah Oliver mich an. „Was soll mit denen sein?“

Ich starrte ihn an. Machte er Witze?

„Sag mir nicht, du weißt nicht, was zwischen den beiden läuft.“ Ich wartete einige Sekunden, aber Oliver sah mich nur ratlos an. „Sie stehen aufeinander, Oliver! Und falls du das noch nicht erkannt hast, dann hast du aber mehr als nur Tomaten auf den Augen! Hat Fred denn nie etwas zu dir gesagt?“

Er schüttelte den Kopf und nahm sich ein Stück Margherita Pizza. „Wir reden nicht viel über Mädchen. Er macht sein Ding und ich meins.“

Meine Brauen wanderten hoch. Fred war sein bester Freund. Welche besten Freunde sprachen denn bitte *nicht* über das andere Geschlecht? Seien es Jungen oder Mädchen. Doch Olivers Worte hatten meine Neugierde geweckt. Um mir nichts anmerken zu lassen, fragte ich betont spöttisch: „Ach! Was genau für ein *Ding* machst du denn? Hast du etwa eine heimliche Affäre, du Schlingel? Ich dachte, wir sind eine Clique und erzählen uns alles!"

Lachend biss Oliver ein Stück ab und kaute dann schmunzelnd. Der neckische Blick, den er mir dabei schenkte, ließ mein Herz höher schlagen. Ethan hatte dieses gewisse Raubtierhafte in seinem Blick, aber Oliver schaffte es mit einem einzigen Augenaufschlag, dass ich fast an meinem Bissen erstickte. Und es schien, als merkte er es nicht mal. Langsam glaubte ich wirklich, dass er keine Ahnung hatte, welche Wirkung er auf Mädchen ausübte. Oder es interessierte ihn nicht, weil er sich voll und ganz auf sein Studium konzentrieren wollte und über Schwärmereien erhaben war. So ehrgeizig wie Oliver war, könnte das durchaus der Grund sein. Entweder das, oder ich musste wirklich in Betracht ziehen, dass er schwul sein könnte. Was wirklich bedauerlich für mich und die Frauenwelt wäre.

Eins nach dem anderen verschlangen wir die Pizzastücke, und ich versuchte weiter, Oliver Informationen über mögliche Freundinnen zu entlocken. Leider war der Junge verschwiegener als ein

Stein. Welchen verbalen Köder ich ihm auch vor die Nase hielt, er biss einfach nicht an. Zum Verrücktwerden.

Nach dem Essen räumte ich ab, und diesmal war ich diejenige, die Oliver anordnete, sitzen zu bleiben. Ich hatte nicht vergessen, wie er neulich die Blumen für mich eingepflanzt hatte, und ich war ein Mensch, der seine Schulden gern beglich – egal, wie lange sie zurücklagen.

Ethan kam in die Küche, gerade, als ich das Brett abwaschen wollte. Offenbar war sein Hunger stärker als seine Abneigung mir gegenüber, dachte ich brummig, als er hinter mir den Kühlschrank öffnete. Im Waschbecken versperrte mir eine große Plastikschüssel den Weg. Ich hob sie an und wollte sie gerade zur Seite packen … als mein Blick auf die haarige, fette Spinne fiel, die darunter zum Vorschein kam.

Kreischend ließ ich die Schüssel los und sprang zurück. Mein hollywoodreifer Schrei musste in der ganzen Nachbarschaft zu hören gewesen sein. Als ich mich hinter Ethan versteckte, ließ er erschrocken die Kühlschranktür los. Ohne darüber nachzudenken krallte ich meine Hände in sein dünnes, schwarzes Shirt und lugte mit weit aufgerissenen Augen an ihm vorbei zum Waschbecken.

„Was zum …?!“, setzte Ethan an, doch da kreischte ich schon: „Spinne! Im Spülbecken!“

„Und deshalb machst du so einen Aufriss?“ Er wollte sich von mir losmachen, doch ich klammerte mich verbissen an ihm fest. Es war mir egal, dass wir uns nicht leiden konnten. Im Moment war er der Einzige, der zwischen mir und dem Ding stand.

„Mach sie weg!“, verlangte ich am ganzen Körper zitternd.

Vom Esstisch aus drang Olivers Lachen zu mir herüber. Aus dem Augenwinkel sah ich, dass er aufgestanden war, doch ich wagte es nicht, das Waschbecken auch nur eine Sekunde lang aus den Augen zu lassen. Nicht, solange die Möglichkeit bestand, dass sich die Spinne aus dem Staub machen und mir dann an einer anderen Stelle auflauern könnte. Ich wollte genau wissen, wo dieses Monstrum war!

„Würde ich ja gern“, meinte Ethan trocken. „Wenn du deine *Krallen* aus meinem Körper ziehen würdest. Zufällig hänge ich an dem Shirt.“

Ganz langsam löste ich meine Finger und trat dann einen Schritt zurück. Das Adrenalin pumpte durch meine Venen und mein Herz schlug so schnell, dass es wehtat. Ich hasste, hasste, *hasste* Spinnen!

Endlich befreit drehte Ethan sich zu mir um, doch etwas in seinem Blick alarmierte mich. Mit dem Spott darin konnte ich leben. Ben lachte mich auch immer aus, wenn ich wegen irgendwelcher Krabbelviecher ausrastete – was in unserem Haus leider öfter vorkam –, aber dieser Blick ... Er war so unheilvoll, dass er mich einen Moment von der Spinne ablenkte.

„Was ist?“, fragte ich mit zitternder Stimme.

„Du hast also Angst vor Spinnen. Interessant." Noch während er das sagte, schlenderte er seelenruhig zum Waschbecken, wie um mir zu zeigen, wie lächerlich meine Angst war. Als ob ich das nicht selbst wüsste!

Dann hob er jedoch die Schüssel an, und meine Eingeweide schnürten sich zusammen. „Das wagst du nicht!", flüsterte ich fassungslos, als ich seine Absichten erkannte. „Wehe, du …"

Aber da griff Ethan auch schon ins Waschbecken.

„Wirklich?", fragte Oliver hinter mir lachend, doch er schritt nicht ein. Und was sollte er auch schon großartig tun? Sich in den Weg stellen, wenn Ethan die Spinne nach mir warf?

Ich hatte genug gesehen und rannte aus der Küche. Leider so überstürzt, dass ich mich hart an der Kante der Küchenzeile stieß und stöhnend ins Taumeln geriet.

„Hey, immer langsam!", meinte Oliver erschrocken und streckte helfend eine Hand nach mir aus. Ich ignorierte sie und humpelte weiter.

Meine Panik vor der Spinne war stärker als der Schmerz und trieb mich an. Ich durfte keine Zeit verlieren.

Ethan hatte das Ding bereits in den Händen und kam grinsend auf mich zu. Das war wohl auch der Grund, weshalb mein Denkvermögen kurzfristig aussetzte. Anstatt zur Haustür zu rennen, eilte ich, so schnell es meine schmerzende Hüfte erlaubte, die Treppe hinauf. Zu spät erkannte ich, dass ich in eine Sackgasse lief.

„Ich warne dich!", kreischte ich, als ich oben angekommen und Ethan bereits am Fuß der Treppe war. Und als es keine Wirkung zeigte: „Oliver! Hilf mir, verdammt noch mal!" Doch er kam nicht. Dafür hörte ich ihn im Erdgeschoss lachen. Dieser elende …!

Ethan kam die Treppe hoch. Seine Schritte dröhnten wie Donnerschläge, trieben mich den Flur entlang, bis ich die Tür zu seinem Zimmer aufstieß.

Und Endstation.

Weiter ging es nicht.

Den Puls auf 180 warf ich die Tür zu und stemmte mich von innen dagegen. Leider hatte Ethan zwar diese hübsche Türschließer-Vorrichtung, aber keinen Schlüssel zum Abschließen. Im Grunde hätte ich mir die Anstrengung sparen können, denn er drückte die Tür mit Leichtigkeit auf. Wie ein lächelnder Dämon stand er jetzt im Türrahmen und labte sich an meiner Angst.

Als er ins Zimmer kam, wich ich mit weit aufgerissenen Augen zurück. Seine Kampfkünste, die finsteren Blicke, seine Messersammlung … all das hatte mich nicht annähernd so sehr geängstigt wie die Spinne, die er in seinen Händen eingeschlossen hatte.

Tränen stiegen mir in die Augen. Ich konnte nichts dagegen tun. Wenn er das Ding nach mir warf, dann … dann würde ich einen Herzinfarkt erleiden. Mindestens!

„Ich hab' oft überlegt, wie ich mich für den Kampf mit Marlon bei dir rächen könnte", säuselte Ethan zufrieden. „Dabei wäre mir nicht im Traum eingefallen, so etwas Simples wie eine Spinne zu benutzen." Er hob seine Hände.

„Bitte!", flehte ich, und es war mir egal, dass ich wie ein Weichei klang. Ich würde sogar auf Knien vor ihm rutschten, wenn es sein musste. Bei Spinnen verstand ich keinen Spaß.

In Ethans Augen leuchtete es auf. „Bitte, *was*?" Langsam kam er näher, und ich wich zurück, bis ich mit dem Hintern gegen seinen Schreibtisch stieß.

Jetzt hatte ich nur noch die Option, aus dem Fenster zu springen, wenn ich seiner *Rache* entkommen wollte. Dazu müsste ich aber erst über seinen Schreibtisch klettern, und in der Zeit hätte er das Ding längst nach mir geschmissen.

„Bitte hör auf damit. Ich hab' echt Schiss vor den Dingern."

„Was du nicht sagst." Ethan lachte. Lachte mich aus. „Wer hätte gedacht, dass meine vorlaute Nachbarin so eine Panik vor Spinnen hat?"

„Bitte", sagte ich noch einmal und saß jetzt halb auf seinem Tisch. „Ich hab' mich doch schon für die Sache mit Marlon entschuldigt. Was willst du denn noch? Es tut mir leid, okay? Wenn du willst, betretet ich euer Haus nie wieder, aber … geh mit diesem Ding weg."

Ethan zögerte noch einen Moment, suhlte sich in meiner Panik, dann öffnete er ganz langsam die Hände. Er war nur noch drei Schritte von mir entfernt und lächelte so boshaft, dass mich das kalte Grausen packte. Aber dann sah ich, dass seine Handflächen leer waren.

Er hatte mich reingelegt. Wieder mal.

Ich keuchte. Vor Unglaube und Erleichterung.

Ethan grinste breit. „Mann, du hast ja keine Ahnung, wie sehr du mir heute den Tag versüßt hast."

Das war der Moment, in dem meine Sicherungen durchbrannten. Abrupt schlug meine Panik in Wut um. Nein, keine Wut, sondern Hass. In diesem Augenblick hasste ich Ethan. Dafür, dass er mich auf Desmonds Party abgewiesen hatte, dass er Oliver so einen Kummer bereitete und für diese niederträchtige Aktion hier. Wütend stürzte ich mich auf ihn und registrierte mit einer gewissen Genugtuung, wie er überrascht die Augen aufriss. Mit einem Angriff hatte er nicht gerechnet, und ich ehrlich gesagt auch nicht. Ich warf mich mit meinem gesamten Körper gegen ihn und brachte ihn tatsächlich aus dem Gleichgewicht.

Lachend plumpste Ethan auf das Bett und lachte immer noch, als ich an ihm vorbei aus dem Zimmer stürmte.

*

„Wo ist sie?!“, fragte ich schwer atmend, kaum, dass ich im Erdgeschoss war. Ich hatte Ethans Tür hinter mir zugeschlagen, damit ich sein kehliges Lachen nicht mehr hören musste, aber ich wusste, es würde mich bis in meine Albträume verfolgen. Inklusive der Spinne.

„Hab sie rausgeschafft“, meinte Oliver und hob abwehrend die Hände, als wäre ich völlig durchgeknallt und könnte jeden Augenblick auch auf ihn losgehen. „Also alles gut.“

Gar nichts war gut! Mein Schädel brummte, als wäre ich mit Anlauf gegen eine Tür gerannt und mein Herz pochte so wild, als wollte es mir aus der Brust springen. Von meinen schlotternden Beinen und dem Stechen in meiner Hüfte ganz zu schweigen, das jetzt immer stärker wurde.

„Ihr seid solche Arschlöcher!“, spuckte ich aus und funkelte Oliver mit bebenden Nasenflügeln an. Er brauchte gar nicht so unschuldig zu gucken! Er hatte bestimmt genau gewusst, dass Ethan mich nur auf den Arm nahm, und geholfen hatte er mir auch nicht. Ich hätte da oben sterben können! Also, vor Angst.

Er sah aus, als könnte er sich nur mit Mühe ein Lachen verkneifen. Schön, dass die zerstrittenen Herren sich über mich lustig machten! Schien, als hätten sie endlich einen gemeinsamen Nenner gefunden.

„Hey, auf *mich* brauchst du nicht sauer sein. Ich hab‘ damit nichts zu tun“, verteidigte Oliver sich.

„Trotzdem, du … du hättest mir helfen können!“, sagte ich und wischte eilig die Tränen weg, die jetzt vor Erleichterung aus mir herausbrachen.

Lachend kam Oliver zu mir. „Jetzt wein‘ doch nicht. Komm mal her.“ Im nächsten Moment schlang er seine Arme um mich. Einfach so.

Der unerwartete Körperkontakt überrumpelte mich so sehr, dass meine Tränen versiegten. Ich spürte alles von Oliver. Seine Wärme, seine streichelnden Hände auf meinem Rücken, sein gleichmäßig schlagendes Herz und – sieh mal einer an – seinen festen Bauch. Wie gesagt. Bisher war ich Oliver nicht sonderlich nahe gekommen, aber ich wusste, dass er gern Sport machte und gelegentlich mit Fred durch den Memorial Park joggte. Dass er kein Gramm Fett am Bauch hatte, sollte mich also nicht so überraschen.

„Tut mir leid“, murmelte er an meinem Ohr, und es klang aufrichtig. „Hätte ich gewusst, dass du eine ausgewachsene Phobie hast, wäre ich eingeschritten.“

Ich nickte schaudernd. Zu etwas anderem war ich, angesichts seiner überwältigenden Nähe, nicht fähig. Eng umschlungen verharrten wir einen Augenblick so, und ich atmete sein herrliches Parfüm ein.

„Gott, das ist so peinlich!“, murmelte ich und vergrub mein Gesicht an seiner Schulter.

Olivers Lachen brachte unsere Körper zum Vibrieren. „Nur ein bisschen.“

Empört lehnte ich mich nach hinten und sah ihm ins Gesicht. Es schwebte nur wenige Zentimeter über mir, sodass sein Atem meinen Haaransatz kitzelte. Ich wollte ihn für seine Worte tadeln, aber dann veränderte sich der Ausdruck in seinen Augen, wurde schwerer, magnetischer, bis ich das Gefühl hatte, in seinen grauen Iriden zu versinken.

Meine Wangen wurden heiß, und ich vergaß, was ich hatte sagen wollen. Plötzlich lagen nicht nur sein Blick, sondern auch seine Arme wie Gewichte auf mir. Oliver war so schrecklich nahe, dass es mir schwerfiel, nicht auf seine Lippen zu starren. Ich müsste mich nur ein Stück vorbeugen und schon würden wir …

Abrupt ließ er mich los und tätschelte dann meinen Kopf, als wäre ich ein Kleinkind. Die Geste war wie eine kalte Dusche, die mich aus meiner Trance weckte, doch sie wirkte hölzern, irgendwie erzwungen.

„Ich nehm dich doch bloß auf den Arm", sagte Oliver schmunzelnd, als wäre nichts gewesen, und trat einen Schritt zurück. „Jeder hat vor irgendetwas Angst. Das muss dir nicht peinlich sein."

Irritiert blinzelte ich Oliver an. Hätte ich ihn gerade wirklich fast geküsst?

Scheinbar unbewegt von der Szene eben ging er in die Küche und goss sich ein Glas Cola ein, während ich immer noch wie betäubt da stand. Dann fragte er: „Wollen wir weiterlernen oder brauchst du noch ein bisschen, um runterzukommen?"

Jetzt war ich mir sicher, dass er sich über mich lustig machte.

Aber das erklärte nicht seinen seltsamen Blick, bevor er mich losgelassen hatte. Oder saß der Schock wegen der Spinne noch so tief, dass ich mir jetzt schon Dinge einbildete? Ich fände es toll, wenn Oliver auf mich stehen würde, keine Frage, aber der jetzige Abstand zwischen uns ließ meine Hoffnungen endgültig schwinden. Wenn er Interesse an mir hätte, hätte er sich diese Gelegenheit, mich zu küssen, wohl kaum entgehen lassen, oder?

Ich schüttelte die Gedanken ab, setzte ein provozierendes Lächeln auf und lehnte mich an den Tresen. „Gib mir ein Glas Cola und wir können fortfahren."

Kapitel 7

Ein paar Tage später war meine Wut auf Ethan so weit abgeklungen, dass ich meine sorgfältig geschmiedeten Mordpläne über den Haufen warf. Rache wurde ja am besten kalt serviert, aber ihn mit seiner Messersammlung zu erstechen kam mir dann doch etwas übertrieben vor. Trotzdem brauchte er nicht denken, dass ich die Spinnen-Aktion auf mir sitzen lassen würde. Ich hatte gar keine andere Wahl, als mich an Ethan zu rächen. Täte ich es nicht, würde er mich *noch* weniger ernst nehmen, und langsam hatte ich es satt, dass er mich ständig für dumm verkaufte.

Mein Kleiderschrank glänzte in frisch lackiertem Schwarz. Der Anstrich lag schon einige Tage zurück, aber es hing noch ein Restgeruch von Farbe im Zimmer, der sich trotz regelmäßigem Lüften wohl noch eine Weile halten würde.

Es war Samstagabend, und da wir vorhatten, zu trinken, fuhren Willow und ich mit dem Bus zur Bar. Beziehungsweise trafen wir uns in Houston, in der Mitte, und fuhren die restlichen Stationen dann zusammen. Als wir bei der Bar ankamen, wartete Desmond am Ende der Schlange auf uns und sah leicht genervt aus.

Ich hatte noch nie eine Menschenschlange vor einer Bar gesehen – offenbar war diese hier besonders beliebt.

„Ihr seid spät dran!", murrte Desmond und schnipste achtlos seine Zigarette weg. Diesmal war Willow schuld, sie hatte mit ihren Eltern noch zu Abend gegessen.

„Jetzt reg dich nicht künstlich auf", meinte sie ungerührt und küsste ihn auf die Wange. „Ich bin froh, dass Mom mich überhaupt schon hat gehen lassen. Neuerdings will sie, dass wir drei mehr Zeit am Esstisch miteinander verbringen. Ich glaube, ihr neuer Schützling macht sie etwas sentimental."

Schnaubend wandte Desmond sich an mich und begrüßte mich heute ungewohnt kultiviert. Keine enge Umarmung, kein anzüglicher Kommentar. Nur höfliches Händeschütteln, das mir ein Schmunzeln ins Gesicht zauberte. Hatte er etwa ein schlechtes Gewissen wegen seiner Home Party neulich? Oder war er zur Abwechslung einfach mal nüchtern?

„Mein Türsteher-Kumpel ist gerade reingegangen", erklärte Desmond mit einem Blick auf seine Uhr. „Jetzt müssen wir warten, bis er wieder rauskommt und einen der anderen Türsteher ablöst."

Zwanzig Minuten später betraten wir die Bar. Sie war größer als gedacht und auch nicht so schummerig und schmuddelig, sondern überraschend modern eingerichtet. Ganz auf das junge Publikum abgestimmt, dass sich hier tummelte. Ich entdeckte nur wenige Leute, die jenseits der Zwanzig waren – bei den meisten musste es sich um Studenten handeln.

Desmond deutete in die linke Ecke ganz hinten im Raum, wo Billardtische und Lounges standen, und wir steuerten darauf zu. Dabei kamen wir an vollgestellten Tischen, knutschenden Paaren und gut gelaunten Cliquen vorbei.

In der Billardecke angekommen stellte ich fest, dass es dort ganz schön voll war. Ich erkannte zwei Mädchen von Desmonds Party wieder und ein paar andere, männliche Gesichter. Den Rest sah ich heute zum ersten Mal, und – oh, nein! –, war das etwa Ethan?!

Willow entdeckte ihn im selben Moment wie ich und warf mir einen vielsagenden Blick zu. Sie wusste natürlich über die Sache mit der Spinne Bescheid und hatte Ethan, als sie ihn Tage später bei Desmond zu Hause getroffen hatte, wohl auch gehörig das Fell deswegen über die Ohren gezogen.

Na, das konnte ja ein lustiger Abend werden!

Zielstrebig ging Willow zu ihm, und ich überlegte gerade, ob ich sie aufhalten oder gewähren lassen sollte, als Desmond hinter mir sagte: „Ich wollte mich übrigens noch bei dir entschuldigen. Wegen der Sache auf meiner Party. Ich hab‘ dich bedrängt und das war echt asi von mir."

Widerwillig wandte ich den Blick von Willow und Ethan ab und drehte mich zu Desmond um. Also hatte er doch ein schlechtes Gewissen. Wie süß, dachte ich und sagte: „Schon okay. Eigentlich war es ja ganz lustig."

„Dann bin ich beruhigt." Auf einmal lächelte er träge und fügte hinzu: „Es hätte mit uns sowieso nicht funktioniert."

Ich lachte überrascht. „Ach, und warum nicht?"

„Ethan hat mir klargemacht, dass du nicht *die* Art von Mädchen bist. Und ich wollte dich eh nur flachlegen, von daher …"

Mir klappte die Kinnlade herunter. Dabei wusste ich nicht, was mich mehr schockierte. Desmonds plumpe Aussage oder dass Ethan sich anmaßte, mich zu kennen. „Ist das dein Ernst?"

„Hey, ich meine das als Kompliment", sagte Desmond mit seinem berühmten Piratenlächeln und hob abwehrend die Hände. „Ich mag dich. Du bist witzig, sympathisch und siehst gut aus. Aber ich bin nicht der Typ für Beziehungen. Mehr als Sex wäre nicht zwischen uns gelaufen."

„Na, dann bin ich ja froh, dass wir das geklärt haben!", sagte ich, wieder mal zwischen Amüsement und Fassungslosigkeit gefangen.

Desmond grinste schief, dann ging er zu einem der Billardspieler und klopfte ihm auf die Schulter.

Ich drehte mich kopfschüttelnd um und nahm Ethan ins Visier.

Der konnte sich was anhören! Was fiel ihm ein, in meinem Namen zu sprechen? Ich wäre nicht *die* Art von Mädchen? Woher wollte *er* das bitte wissen?

Willow kam wieder zu mir, und als wüsste Ethan genau, worüber Desmond und ich gesprochen hatten und dass ich mich darüber aufregen würde, prostete er mir spöttisch mit der Colaflasche zu, bevor er sich abwandte und an den Gesprächen beteiligte.

Alles klar. Ab jetzt gab es Krieg. Er hatte es nicht anders gewollt.

*

„Wie lange willst du eigentlich *noch* schmollen?", fragte Willow eine geschlagene Stunde später und folgte meinem düsteren Blick. Er war auf Ethan gerichtet. Eine ganze Weile schon. „Er hat es doch bestimmt nur gut gemeint."

Zweifelnd sah ich meine Freundin an. „Glaubst du, ja?!"

Willow zuckte die Schultern und trank von ihrem Cocktail, der farblich zu ihrem blutroten Lippenstift passte. „Desmond lässt dich in Ruhe, oder? Genau das wolltest du doch."

„Aber darum geht es nicht, sondern darum, dass Ethan sich wie mein großer Bruder benimmt. Er hatte kein Recht dazu, Desmond ins Gewissen zu reden! Und woher will *er* bitte wissen, was für eine Art Mädchen ich bin?"

Kopfschüttelnd nippte auch ich an meinem Getränk, das inzwischen fast alle war. Keine Ahnung, wie der Cocktail hieß – Willow hatte ihn besorgt –, aber er schmeckte köstlich … und haute ordentlich rein. „Und jetzt lass mich. Ich muss überlegen, wie ich Ethan den Abend versauen kann."

Lachend bediente sie sich an der Schüssel Nachos mit Käsesoße auf dem Tisch. „Du bist unmöglich, weißt du das?" Willow hatte darauf bestanden, mich heute einzuladen – quasi als Wiedergutmachung für die beiden Abende, an denen die Stimmung ja eher durchwachsen gewesen war.

Mit der Absicht, es heute besser zu machen, hatte sie mit mir angestoßen, aber mein Optimismus hielt sich in Grenzen. Schließlich war Ethan hier, und wie ich schon bei unserer ersten Begegnung festgestellt hatte, bedeutete dieser Junge nichts als Ärger.

Wir saßen mit ein paar anderen Leuten in der Lounge und beobachteten die Jungs beim Billard- und Dartspielen. Gegenüber von uns flirtete Desmond gleich mit zwei Mädchen und war schon wieder auf bestem Wege, sturzbetrunken zu werden. Auch Willow hatte einen Bewunderer gefunden. Einer der Jungs, mit denen Ethan Dart spielte, schaute immer wieder zu uns rüber, aber sie ignorierte ihn beflissen.

„Wenn du und Ethan mal aufhören würdet, euch ständig anzupöbeln", sagte sie und langte ein weiteres Mal in die Schüssel, „würdest du vielleicht merken, dass er gar nicht so ein schlechter Kerl ist. Ich kenne Ethan seit meiner Kindheit. Normalerweise ist er gar nicht so ein Arsch. Er kann sogar richtig fürsorglich sein.“ Ich schnaubte, doch Willow ließ sich nicht beirren. „Er macht gerade eine schwere Zeit durch. Vielleicht solltest du ein bisschen Nachsicht haben und …“

„Nachsicht?“, wiederholte ich, und meine Stimme überschlug sich fast vor Empörung. Willow lachte. „Auf wessen Seite stehst du eigentlich? Ich dachte, du hättest ihm neulich die Meinung gesagt!“

„Habe ich auch. Aber er ist echt fertig wegen der Sache mit Samantha. Und dann hat sie ihn auch noch ausgerechnet für seinen Erzfeind sitzen lassen. Wie gesagt, ich kenne ihn eigentlich anders, deshalb habe ich auch Mitleid mit ihm.“

„Hmpf!“, machte ich und verschränkte die Arme vor der Brust.

Willows Aussage machte es schwer, weiterhin auf Ethan sauer zu sein. Ich konnte es nicht ertragen, wenn jemand unter Herzschmerz litt – selbst, wenn es sich um so einen Idioten handelte. Die Tatsache, dass er seiner Exfreundin nachtrauerte, machte den Profiboxer verletzlich und damit greifbarer für mich.

Und ich wusste nicht, ob mir das gefiel.

Eine weitere Stunde und eine spritzige Limo später bekam ich Hummeln im Hintern und stand auf. Desmond war mit einem der Mädchen verschwunden und Willows Verehrer hatte sich inzwischen zu uns gesetzt. Joshua. 22. Student und Basketball-Fan. Als ich mich erhob, warf sie mir einen warnenden Blick zu, doch ich ignorierte ihre stumme Aufforderung, sie nicht allein zu lassen. Ich musste mir die Beine vertreten, außerdem war mir langweilig, da Willow von ihrem Bewunderer in Beschlag genommen wurde. Mehrmals waren ihre Versuche, mich in das Gespräch zu integrieren, gescheitert – der Typ hatte nur Augen für sie.

Auf eine angenehme Art angeheitert schlenderte ich zwischen den Billardtischen hindurch, blieb hier und da stehen und schaute den Jungs über die Schulter. Mädchen spielten so gut wie keine mit. Nur zwei, aber die stellten sich so dämlich an, dass sie vermutlich nur mitmachten, um mit den Spielern zu flirten. Mein Blick fiel auf Ethan, der seit annähernd zwei Stunden unermüdlich mit seinen Kumpels Dart spielte. Ich sah, wie ein Mitspieler ihm gerade die Dartpfeile in die Hand drückte, und mir kam ein boshafter Gedanke.

Ich wollte mich ja noch für die Sache mit der Spinne rächen, und was bot sich besser dafür an, als sein Match zu sabotieren?

Wie ich beobachtet hatte, spielten die Jungs um Geld, und Ethan war nicht schlecht im Dart, er hatte schon dreimal gewonnen. Innerlich grinsend ging ich auf ihn zu und hielt mich dabei bewusst hinter ihm, damit er mich nicht kommen sah. Einen nach dem anderen warf Ethan die Dartpfeile. Den genervten Blicken seiner Kumpels nach zu urteilen war er schon wieder auf bestem Wege, zu gewinnen.

Nicht dieses Mal, Freundchen.

Gerade als Ethan zum Werfen des letzten Pfeils ansetzte, rempelte ich ihn mit der Schulter an … und der Pfeil verfehlte sein Ziel. Seine Kumpels jubelten, und Ethan wirbelte zu mir herum.

„Ups!“, sagte ich mit einem gekünstelten Lächeln. „Da habe ich wohl nicht aufgepasst, tut mir leid.“

Fassungslos starrte er mich an. Das Gesicht eine Mischung aus Unglaube und Belustigung. Ich wusste zwar nicht, um wie viel sie spielten, aber der Betrag dürfte nicht unerheblich sein. „Was denn? Hat’s dir die Sprache verschlagen?“, machte ich mich über Ethan lustig und schlenderte dann weiter, ohne seine Antwort abzuwarten. Fest biss ich mir auf die Innenseite der Wangen, um nicht wie ein Honigkuchenpferd zu grinsen.

Schön, zur Abwechslung mal auf der Seite des Stichelnden zu sein.

*

Ich setzte mich an die Bar und bestellte ein Wasser mit Sprudel. Ethans Gesichtsausdruck war unbezahlbar gewesen. Schade, dass ich ihn nicht mit der Kamera festgehalten hatte.

Da ich es nicht eilig hatte, zu Willow und ihrem Verehrer zurückzukehren, machte ich es mir auf dem Hocker gemütlich und schlug die Beine übereinander.

In der verspiegelten Rückseite der Bar konnte ich die feiernden, lachenden Menschen hinter mir beobachten. Es war laut, aber nicht so lärmend, dass man sich nicht unterhalten könnte – wenn ich denn jemanden zum Unterhalten gehabt hätte. Leider waren meine einzigen beiden Freunde mit Flirten beschäftigt, aber wenigstens war ich nicht so verzweifelt und quatschte den Barkeeper voll. Noch nicht zumindest.

„Wenn du mir ernsthaft Paroli bieten willst“, erklang eine Stimme hinter mir, und ich wirbelte erschrocken herum, „musst du dir aber schon was Besseres einfallen lassen, als mich anzurempeln.“

Man sollte wirklich aufpassen, was man sich wünscht!, dachte ich, denn es war Ethan, der hinter mir aufragte. Als ich mich kommentarlos wieder wegdrehte, zog er lachend einen Hocker heran und setzte sich zu mir. Ich bedachte ihn mit einem genervten Seitenblick, doch der schürte das amüsierte Lodern in seinen Augen nur noch.

„Und falls du jetzt planst, dich mit einer ähnlichen Aktion zu rächen, muss ich dich enttäuschen: Spinnen und andere Krabbeltiere machen mir gar nichts“, sprach er einfach weiter. „Wenn ich ein Arsch wäre, würde ich dich jetzt übrigens anrempeln.“

Demonstrativ blickte er auf den Boden, und ich musste seinem Blick nicht folgen, um mir auszumalen, dass ich dann samt Hocker zur Seite kippen und mir vermutlich das Genick brechen würde.

„Wäre nur fair, findest du nicht?“ Da es offensichtlich war, dass Ethan mich in ein Gespräch verwickeln wollte, sah ich ihn einfach nur weiter genervt an. Schmunzelnd beugte er sich zu mir rüber, als wollte er mir ein Geheimnis verraten. „Mir scheint, da ist jemand extrem nachtragend.“

Und mir scheint, du rückst mir viel zu dicht auf die Pelle, dachte ich mit einem Blick auf seine Knie, die mich jetzt fast berührten. Ich hielt das Schweigen nicht mehr aus und reckte kämpferisch das Kinn. „Nachtragend weswegen? Weil du mich in der Lagerhalle wie Dreck behandelt hast? Weil du mich auf Desmonds Party mit der Bowle reingelegt hast? Wegen der Aktion mit der Spinne? Oder weil du jetzt auch noch in meinem Namen sprichst? Langsam komme ich nicht mehr mit, fürchte ich!“

Ethan lächelte. „Verstehe schon. Du bist sauer auf mich.“

„Aber?“, hakte ich mit hochgezogenen Brauen nach.

Seelenruhig drehte er die Colaflasche, die er mitgebracht hatte, in der Hand. „Nichts aber. Das war alles, was ich sagen wollte.“ Als er sie grinsend an seine Lippen setzte, musste ich lachen. Ich wollte es nicht, aber dieser Junge war so dermaßen frech und von sich selbst eingenommen, dass es schon wieder lustig war. Nachdem Ethan einen Schluck getrunken hatte, stellte er die Flasche auf den Tresen, und mein Blick wanderte zu seinem schwarzen Hemd.

Der obere Knopf stand offen und gab einen Blick auf seine sonnengebräunte Haut frei.

„Trägst du auch mal was anderes außer schwarz?“

„Wieso? Gefällt‘s dir nicht?“

„Doch“, rutschte es mir heraus, bevor ich darüber nachgedacht hatte. „Ich meine …“ Verdammt! Da kam ich jetzt nicht mehr raus.

Ethan lachte leise, dann legte er den Kopf schräg und musterte mich. Die Ungeniertheit, mit der er das tat, ließ mich schaudern.

Genervt von meiner körperlichen Reaktion fragte ich: „Was?“

Doch Ethan antwortete nicht sofort. Lässig stützte er einen Ellenbogen auf den Tresen, dann führte er seine Hand an den Mund und stieß mit der Zunge ganz sacht gegen den Daumen, als würde er nachdenken. Eine so beiläufige und gleichzeitig anzügliche Geste, dass ich fast vom Hocker gerutscht wäre. Schaudernd wurde mir bewusst, dass ich Ethan hilflos ausgeliefert war. Nicht nur körperlich, sondern auch seiner Anziehungskraft. Und das lag nicht etwa am Alkohol, sondern an der simplen Tatsache, dass er der schönste Junge war, den ich je gesehen hatte.

Aber das war nicht alles. Hinter seiner rauen, sorgfältig errichteten Fassade schimmerte noch etwas anderes durch. Etwas, das ich nicht benennen konnte, mich aber vom ersten Moment an und entgegen jeder Vernunft magisch angezogen hatte.

„Kann es sein, dass du mich gar nicht so abstoßend findest wie du gern würdest?“, fragte Ethan sanft.

Ich schluckte schwer und antwortete mit Mühe: „Nein, kann es nicht! Du bist unverschämt und unhöflich. Und ein Freak.“

Sein erheiterter Blick sagte mir, dass er kein Wort aus meinem Mund ernst nahm. „Mit unverschämt und unhöflich kann ich leben. Aber Freak? Warum, weil ich Messer sammele? Ich benutze sie ja nicht, sie hängen einfach nur an der Wand.“

„Trotzdem. Du … bist mir nicht geheuer!“, entgegnete ich, einfach, um ihm zu widersprechen.

Verschmitzt funkelten seine Augen mich an.

Ich wünschte, Ethan würde aufhören, mich so anzugucken. Sein intensiver Blick brachte mein Innerstes zum Brodeln. Dann verschwand der Spott aus seinen Augen und wich Nachdenklichkeit. So leise, dass ich ihn kaum verstand, sagte er: „Und du bist nicht das, was ich erwartet hatte.“

Ich musste mich verhört haben. „Was hast du gesagt?“

Er nahm den Arm runter und schüttelte den Kopf. „Gar nichts.“ Dann trank er noch einen Schluck Cola und spähte zu den Billardtischen hinter mir. „Wir sollten zurückgehen.“

„Was denn? Willst du mich etwa schon wieder loswerden?“

Vermutlich sprach da zum Teil der Alkohol aus mir, aber wie ich neulich schon auf Desmonds

Party festgestellt hatte, war Ethans Gesellschaft nicht die unangenehmste.

Von mir aus könnten wir ruhig noch eine Weile hier sitzenbleiben und uns weiter sticheln. Ich hatte eh nichts Besseres zu tun. Und ehrlich gesagt gefiel es mir auch. Ich wünschte, es wäre nicht so, aber Ethan schien die Fähigkeit zu besitzen, meine Vernunft mit einem einzigen Lächeln auszuknipsen. Er war wie das Feuer, mit dem man nicht spielen sollte. Heiß und gefährlich.

„Besser wäre es", murmelte Ethan. Ich blinzelte irritiert. War *er* nicht zu *mir* gekommen? Und jetzt wollte er mich schon wieder sitzenlassen?

Laut fragte ich: „Was soll das bedeuten?"

Er leckte sich die Lippen. Eine verboten verführerische Geste, die meine Aufmerksamkeit kurz auf seinen geschwungenen Mund lenkte. „Dass wir besser auf Abstand bleiben sollten. Das bedeutet es."

„Wieso? Weil ich so verdorben bin und du Angst hast, ich könnte deine reine Seele beflecken?" Okay, da sprach wieder der Fantasy-Nerd aus mir.

Ethan lachte auf. Ein angenehm kehliges Lachen, das meine Gedanken wie einen warmen Schleier umhüllte. „Etwas seltsam formuliert, aber ja, wenn du das *ich* durch das *du* ersetzt, hast du es exakt auf den Punkt gebracht."

Seine Worte drangen nur langsam zu mir durch. Daran war sein entwaffnendes Lächeln schuld, das schon hunderten Mädchen ihren gesunden Menschenverstand geraubt haben musste. Doch gerade als ich die Bedeutung seiner Worte entschlüsselt hatte, sagte jemand zu meiner Linken: „Dich kenne ich doch."

Ich wandte den Kopf zu einem blonden Mädchen, das mir mit ihrer Lockenpracht und den großen, unschuldigen Augen sofort bekannt vorkam. „Hey", sagte ich und kramte eilig in meinem Gedächtnis nach ihrem Namen. „Stella, richtig?"

Sie lächelte. „Genau. Und du bist Allie. Das berühmte Mädchen, das sich mit Marlon angelegt hat." Ihr Blick schwenkte zu Ethan und wurde spöttisch. „Wie ich sehe, hast du meinen Rat von damals nicht befolgt."

„Und der wäre?", fragte Ethan stirnrunzelnd, der keine Ahnung hatte, wovon sie sprach.

In Stellas Augen blitzte es neckisch auf, und sie sah noch einmal zu mir. „Das kann Allie dir selbst sagen. Ich muss weiter. Hab noch zu tun."

Perplex sah ich Stella nach, die genauso schnell aus meinem Blickfeld verschwunden war wie sie auftaucht war. Mit *zu tun* meinte sie doch hoffentlich nicht, dass sie Stoff verticken wollte, oder? Aus dem Augenwinkel bemerkte ich Ethans bohrenden Blick und sah wieder zu ihm. „Was war das für ein Rat?", hakte er nach. „Und was hat das mit mir zu tun?"

Meine Wangen begannen zu kribbeln. Er dachte, dass es hier um ihn ginge, dabei hatte sich

Stellas Rat damals auf alle Kämpfer bezogen. „Es hat nichts mit dir zu tun", stellte ich klar. Leider konnte ich ihm dabei kaum in die Augen gucken, da er mich so durchdringend musterte.

„Aha", meinte Ethan wenig überzeugt. „Woher kennst du Stella überhaupt?"

„Sie war diejenige, die Marlon damals bedrängt hat."

Ethans Blick wurde unergründlich. Er drehte die Flasche auf dem Tresen, als müsste er nachdenken, dann sagte er: „Du weißt, dass sie zu Marlons Gang gehört, oder? Sie kommt dir vielleicht nett vor, aber Stella hat es faustdick hinter den Ohren – so wie alle seine Leute. Freunde dich lieber nicht zu *sehr* mit ihr an."

Ich warf einen Blick in die Richtung, in die Stella gegangen war. Ethan hatte vermutlich recht – er kannte Marlons Leute besser als ich –, aber auf mich wirkte sie gar nicht so keck.

Kopfschüttelnd fügte Ethan hinzu: „Und such dir bei Gelegenheit jemanden, der auf dich aufpasst. Du scheinst die falschen Leute magisch anzuziehen."

Seine Worte entlockten mir ein Stirnrunzeln. Was sollte ich darauf bitte antworten? Doch er schien keine Antwort zu erwarten, denn er war schon halb vom Hocker aufgestanden, als er plötzlich mitten in der Bewegung erstarrte. Sein Blick fixierte etwas hinter mir, seine Gesichtszüge waren zu Stein geworden.

„Was ist?", fragte ich und drehte mich um.

Und da sah ich sie. Das rothaarige Mädchen in Marlons Armen, das soeben die Bar betreten hatte. Samantha. Ethans Exfreundin.

Sie konnte es nur sein. Es sei denn, Marlon hatte eine neue rothaarige Freundin, aber so wie Ethan dreinschaute ... Samantha war wunderschön und deutlich reifer als ich. Ihr naturrotes Haar fiel in sanften Wellen über ihre Schultern und reichte ihr bis zum Po. Sie trug ein weißes, kurzes Spitzenkleid, das ihre Haut zum Leuchten brachte. Ich selbst trug nur selten weiß, weil ich fand, dass ich zu blass dafür war, aber ihr stand es.

Mein Gott, war sie schön.

Marlon und Samantha kamen nicht allein. Im Schlepptau hatten sie drei Boxer, die ich aus der Lagerhalle kannte, außerdem zwei Mädchen. Damit bestätigte sich dann wohl auch meine Vermutung wegen Stella: Sie war tatsächlich hier, um für Marlon Drogen zu verticken.

Gemeinsam mit seiner Freundin bahnte Ethans Rivale sich einen Weg zwischen den vollbesetzten Tischen hindurch, direkt auf die hintere Ecke zu. Unsere Ecke. Langsam drehte ich mich wieder zu Ethan um, der nun wieder auf seinem Hocker saß, als wäre er vor Schock darauf zurückgesunken. Seine gute Laune, sollte er denn heute welche gehabt haben, schien verpufft zu sein.

Unschlüssig, was ich jetzt tun sollte, musterte ich Ethan. Bevor er die beiden entdeckt hatte, war er dabei gewesen, aufzustehen. Mich womöglich an der Bar sitzen zu lassen. Jetzt verfolgte er mit Argusaugen, wie die beiden den Raum durchquerten, wobei Wut und Trauer sich in seinen Augen abwechselten.

Als hätte er meine Gedanken gelesen, schwenkte Ethans Blick plötzlich zu mir, und ich zuckte ertappt zusammen. Ich hatte ihn schamlos angestarrt, und man musste kein Genie sein um zu erraten, weswegen.

Mit glühenden Wangen rutschte ich vom Hocker. „Gut, also … ich geh dann mal zu Willow zurück“, murmelte ich und fügte, lediglich um meine Verlegenheit zu überspielen, hinzu: „Ich glaube, das war die längste halbwegs normale Unterhaltung seit Desmonds Party. Wenn wir nicht aufpassen, führen wir irgendwann *nur* noch normale Gespräche.“

Er schnaubte belustigt, doch sein Blick lag schon wieder in der Ferne. Bei seiner Exfreundin. Mich schien er gar nicht mehr richtig wahrzunehmen. *Na, schönen Dank auch!*, dachte ich und wandte mich beleidigt ab.

„Warte.“ Ich war keine fünf Schritte weit gekommen, als Ethans Stimme hinter mir erklang. Ich blieb stehen und drehte mich zu ihm um. „Du hast recht. Unsere letzte Begegnung ist ja eher … ungünstig verlaufen.“

Meine Brauen wanderten nach oben. Ungünstig. So konnte man das auch nennen!

Ethans zuckenden Mundwinkeln nach zu urteilen hätte ich ihm meine Gedanken genauso gut laut zuschreien können. Höflich deutete er auf den freien Hocker, auf dem ich eben noch gesessen hatte, und lächelte mich offenherzig an. „Kann ich dir als Entschuldigung einen Drink anbieten?"

Mir war klar, warum Ethan das tat. Er wollte nicht zu den anderen zurück, weil er dort mit Marlon und Samantha konfrontiert wäre. Ich war nichts weiter als eine Ablenkung für ihn. Aber obwohl ich mir dessen bewusst war … trugen mich meine verräterischen Füße wie von selbst zu ihm zurück. Vielleicht nicht meine weiseste Entscheidung, aber ich konnte seinem Lächeln einfach nicht widerstehen.

*

Mein zweiter Drink fiel deutlich milder aus. Noch mal wagte ich mich nicht an den roten Cocktail heran. Mittlerweile dürfte die Wirkung zwar schon wieder nachgelassen haben, aber sicher war sicher. Ich wollte mich vor Ethan nicht volllaufen lassen. Erstens hätte er sich nur wieder über mich lustig gemacht und zweitens traute ich mir in seiner Nähe nicht mal nüchtern über den Weg – da wollte ich mein Schicksal erst recht nicht alkoholisiert herausfordern.

„Und was malst du für Motive?", erkundigte sich Ethan, nachdem ich ihm von meinem Studium und meinem damit verbundenen Hobby erzählt hatte.

Lächelnd rührte ich mit dem Strohhalm meinen Cocktail um. „Am liebsten Sonnenauf- und untergänge. Ich liebe es, wenn die Welt in Orange und Rot versinkt. Das sind meine Lieblingsfarben."

Ethan schnaubte. „Passt ja." Als ich ihn daraufhin fragend ansah, nickte er zu meinem Kopf hin und erklärte: „Rot und Orange. Wie deine Haare."

Etwas in seinem Blick ließ Hitze in mir aufflammen. Es begann in der Magengegend und breitete sich dann wellenartig über meinen gesamten Körper aus. Seit etwa 20 Minuten saßen wir jetzt hier und sprachen über unsere Hobbys und Vorlieben – nun ja, eigentlich nur über meine –, und das, ohne uns anzufeinden oder gegenseitig aufzuziehen. Willow hatte recht gehabt. Ethan konnte tatsächlich ganz anders sein. Ich hatte zwar den Eindruck, dass er mich so mit Fragen bombardierte, damit ich meinerseits nicht dazu kam, aber es war trotzdem angenehm. Vielleicht sogar etwas *zu* angenehm, wenn ich nach meinem Bauchkribbeln ging.

Seine Bemerkung lenkte meinen Blick wieder über seine Schulter zu Samantha, die mit einer Freundin Billard spielte, während Marlon und ein paar Kumpels Bier tranken und zusahen.

Ich versuchte, mir vorzustellen, wie Ethan und Samantha gewesen sein mochten – die rothaarige Schönheit und der geheimnisvolle, dunkle Kämpfer –, doch es wollte mir nicht gelingen.

„Könntest du bitte aufhören, ständig da rüber zu gucken?", lenkte Ethan meine Aufmerksamkeit wieder auf sich. „Ich versuche, ihre Anwesenheit zu vergessen. Was schwierig ist, wenn du mich mit deinen Blicken ständig daran erinnerst."

„'Tschuldige", murmelte ich und sah ihm wieder in die Augen. Es fiel mir nur so schwer, seine Exfreundin *nicht* anzustarren. Sie war eine Augenweide, und sie war mit ihm zusammen gewesen. Hatte Ethan quasi gebändigt. Für mich gleich doppelt Grund, sie zu bewundern. „Wie wär's, wenn du mir zur Abwechslung mal etwas über dich erzählst?", fragte ich und nippte an meinem Getränk. „Langsam wird es langweilig, über mich zu reden."

Ethan lächelte, beinahe verführerisch. „Was willst du denn wissen?"

War das eine ernstgemeinte Frage? Ich wollte *alles* über ihn wissen. Was er am liebsten frühstückte, welche Musik er hörte, was er in seiner Freizeit machte, wie er zum Boxen gekommen war, wie viele Freundinnen er schon gehabt hatte. Mich interessierte sogar, welche Farbe die Unterwäsche hatte, die er gerade trug. Laut fragte ich: „Was studierst du? Und wo?"

„Schauspiel. Am *South Texas College*."

Ein, zwei Sekunden lang starrte ich Ethan einfach nur an. Dann sagte ich perplex: „Du studierst *Schauspiel*! An *meiner* Uni?"

„Unserer", korrigierte er mich, sichtlich amüsiert über meine Reaktion.

„Aber … ich hab dich noch nie dort gesehen!" Außerdem schien er, im Gegensatz zu mir, kein bisschen überrascht zu sein, dass wir auf dieselbe Uni gingen.

„Weil ich die Nachmittagskurse belege. Meistens jedenfalls."

Ich konnte nicht glauben, dass ich seit einem Monat auf das *South Texas College* ging und nichts von seiner Zugehörigkeit wusste.

Und Oliver hatte mit keinem Wort etwas erwähnt!

„Du siehst schockiert aus." Erheitert trank Ethan einen Schluck von seiner neuen Cola. Scheinbar war er mit dem Auto hier, denn ich hatte ihn heute Abend noch keinen Tropfen Alkohol trinken sehen.

„Eher *extrem* überrascht. Und dann dein Studienfach. Ich hätte ja eher auf Ingenieurwissenschaften mit Schwerpunkt Maschinenbau oder Elektrotechnik getippt, aber Schauspiel? Das ist … wow!"

Genaugenommen stellte es mein bisheriges Bild von Ethan komplett auf den Kopf.

Schauspiel gehörte zur Studienrichtung Kunst und Design, das sich in darstellende Künste, *seinen* Fachbereich, und bildende Kunst, *meinen*, unterteilte. Das machte uns quasi zu gleichgesinnten Kunstliebhabern.

Ausgerechnet Ethan und mich. Das musste ich erstmal sacken lassen.

Erheitert legte Ethan den Kopf schräg. „Ist es wirklich *so* unvorstellbar für dich, dass ich Schauspiel studiere?“

Als Antwort zog ich spöttisch eine Braue hoch. „Nichts für ungut, Ethan, aber mit Schauspielern verbinde ich für gewöhnlich gut gelaunte, aufgeschlossene Menschen, und in die Kategorie gehörst du jetzt eher weniger.“

Er lachte. „Okay. Den habe ich verdient, so, wie ich mich anfangs benommen habe.“ In seinen Augen loderte es auf. „Ich verspreche, ab sofort netter zu sein.“

Skeptisch betrachtete ich sein Gesicht. Fand das Gespräch gerade wirklich statt oder hatte Ethan mich vielleicht doch vom Hocker geschubst und ich war mit dem Kopf aufgeschlagen und fantasierte jetzt? Das Szenario kam mir wahrscheinlicher vor als seine plötzlich fast schon liebenswürdige Art.

„Warum?“, fragte ich geradeheraus. „Warum bist du auf einmal so nett?“ Ich verstand es nicht.

Unverhohlen sah Ethan mich an. „Vielleicht bin ich ja neugierig.“

„Worauf?“

Da lächelte er süffisant. *Vorsicht, Mädchen. Du bewegst dich auf heißem Pflaster. Du hast keinerlei Erfahrungen im Flirten – nicht mit Jungs wie Ethan. Falls er das überhaupt im Sinn hat. Wahrscheinlicher ist, dass er dich schon wieder auf den Arm nimmt. Ja, das muss es sein. Wäre ja nicht das erste Mal.*

Der Gedanke wischte meine gute Laune schlagartig fort. Das war eine blöde Idee gewesen, dachte ich und rutschte kopfschüttelnd vom Hocker. Ich hätte gleich gehen sollen.

„Was machst du da?", fragte Ethan verwundert und stand ebenfalls auf.

„Wieder zurückgehen."

„Habe ich was Falsches gesagt?"

Tief atmete ich durch und verschränkte die Arme vor der Brust. „Ehrlich gesagt kommt mir gerade alles, was du sagst, falsch vor, Ethan. An einem Tag bist du der größte Arsch auf Erden und am nächsten lässt du den Charmeur raushängen. Ich weiß nicht, was ich damit anfangen soll. Was ich mit *dir* anfangen soll. Scheinbar bist du wirklich ein Schauspieler."

Als ich an ihm vorbeigehen wollte, stellte er sich in mir den Weg. Jeglicher Spott war aus seinem Gesicht verschwunden. „Tut mir leid, dass du so denkst."

„Natürlich denke ich so!" Aufgebracht nahm ich die Arme wieder runter. „Was erwartest du denn von mir?"

„Nein, ich verstehe das", winkte Ethan beschwichtigend ab. „Und es tut mir leid." Er drehte den Kopf, als wollte er einen Blick über die Schulter werfen, hielt aber auf halbem Weg inne und sah dann wieder zu mir.

„Meine Trennung von Samantha war damals noch ganz frisch, deshalb war ich … wütend. Ich wollte nichts mit Frauen zu tun haben, schon gar nicht mit Rothaarigen."

Sein Blick bohrte sich in meinen, und zu sehen, wie schwer ihm die Worte fielen, ließ mein Herz wieder erweichen. „Aber jetzt erkenne ich, dass es falsch war, meine Launen an dir auszulassen. Und nur, damit du's weißt: Willow hat mir fast den Kopf abgerissen, als wir uns neulich bei Desmond getroffen haben. Nicht nur wegen der Sache mit der Spinne, sondern wie ich mich allgemein dir gegenüber verhalten habe. Und sie hat recht. Ich war ein Arschloch, und dafür möchte ich mich entschuldigen, Allie."

Sprachlos starrte ich Ethan an. Wie sollte ich nach dieser Ansprache noch sauer auf ihn sein? Abwartend sah er mir in die Augen, und ein Schauer kroch über meinen Rücken, als mir bewusst wurde, wie dicht wir voreinander standen. Ethans Parfum stieg mir in die Nase. Ein angenehm herber Geruch, der sich mit seinem Eigenduft zu etwas Aphrodisierendem vermischte. Die Atmosphäre zwischen uns veränderte sich. Ich spürte es mit jeder Faser, konnte es fast greifen. Plötzlich war da wieder dieser Ausdruck in seinen Augen, den ich nun schon öfter bei ihm gesehen, aber bis jetzt nie verstanden hatte.

Es war Verlangen.

Ethan verschlang mich regelrecht mit seinen Blicken. Die Erkenntnis lähmte mich, sowohl körperlich als auch geistig. Selbst wenn ich gewollt hätte, hätte ich mich jetzt nicht mehr bewegen können. Aber ich wollte gar nicht. Nicht, wenn er mich ansah, als würde er fast verrückt werden vor Verlangen.

Wie in Zeitlupe fiel mein Blick auf seine Lippen, und mein Puls beschleunigte auf ein schwindelerregendes Tempo. Ich fragte mich, ob sie so weich waren wie sie aussahen. Ob sie so erfahren waren wie ich es Ethan zutraute.

Dann, ganz unerwartet, machte er einen Schritt auf mich zu, verringerte den letzten kläglichen Abstand zwischen uns, sodass sich unsere Körper jetzt berührten. Seiner hüpfenden Halsschlagader konnte ich entnehmen, dass Ethans Herz mindestens so schnell raste wie meins. Was bedeutete, dass er ähnlich fühlen musste.

Aber wie konnte das sein?

Gemächlich, als wollte er mir Zeit für einen Rückzieher geben, beugte Ethan sich zu mir herunter.

Dann küsste er mich.

Ein Ruck ging durch meinen Körper, als unsere Lippen aufeinandertrafen. Ein überwältigendes Gefühl nahm von mir Besitz. All die Anspannung der letzten Wochen schien von mir abzufallen, sich in etwas Wunderbares, Berauschendes zu verwandeln.

So viele Male hatte ich mir ausgemalt, von Ethan geküsst zu werden, aber keine Vorstellung kam auch nur ansatzweise an die Realität heran.

Unendlich geschmeidig bewegte er die Lippen – es war beinahe eine Qual. Die Tatsache, dass wir in einer Bar voller Menschen standen, rückte weit in den Hintergrund. Eine Hand wanderte in meinen Nacken, zog meinen Kopf auf prickelnde, besitzergreifende Weise näher, sodass er den Kuss vertiefen konnte.

Daraufhin gingen meine Hände auf Wanderschaft. Zuerst erkundete ich seine Hüften, dann seinen festen, stahlharten Bauch, der sich unter dem dünnen Hemd versteckte. Ethans Bauchmuskeln zuckten unter meinen Fingern. Ein außergewöhnliches Gefühl.

Aber scheinbar nicht nur für mich. Stöhnend öffnete er jetzt die Lippen und drang mit der Zunge in mich ein. Inzwischen hatte er mich so fest an sich gedrückt, dass ich ihn *eindeutig* an meinem Schoß spüren konnte. Doch ich hörte nicht auf, ihn zu küssen. Ich konnte nicht.

Selbst wenn er mir hier und jetzt die Kleider vom Leib reißen würde, könnte ich mich nicht gegen ihn wehren. Nicht, solange er mich auf so köstliche Weise verschlang.

Leider – oder zum Glück – hatte Ethan sich besser im Griff als ich. Widerwillig, aber entschlossen beendete er den Kuss und zog schwer atmend den Kopf zurück. Seine Lippen waren glänzend und geschwollen, doch es war der Ausdruck in seinen Augen, das Strahlen darin, das mein Herz endgültig zerspringen ließ.

„Wow, sie sind sogar noch weicher, als ich gedacht habe“, stammelte ich benebelt.

Lächelnd runzelte er die Stirn. „Was?“

Ich lief rot an. „Ähm … nichts. Vergiss es. Ich …“

„Wie ich sehe, hast du nicht lange gebraucht, um über mich hinwegzukommen.“

Zeitgleich fuhren Ethan und ich zu der Stimme herum. Zu Samantha, wie ich im nächsten Moment erkannte. In einem Abstand von etwa zwei Metern stand sie vor uns, offenbar gerade auf dem Weg zur Bar. Spöttisch wechselte ihr Blick zwischen Ethan und mir hin und her, die wir beide noch schwer atmeten, aber ich sah noch etwas anderes in ihren Augen flackern. Ich würde ja sagen, dass es Eifersucht war, aber das ergab keinen Sinn, schließlich hatte *sie* Ethan verlassen und nicht andersherum.

Der fiebrige Glanz verschwand aus seinen Augen, und für einen Moment flammten Wut und Trotz darin auf. Langsam nahm er die Hand von meinem Nacken und trat einen Schritt zurück. Der Verlust seiner Wärme und seiner stützenden Hände ließ mich schaudern.

Eine endlose Sekunde lang sagte niemand etwas, dann zog Ethan plötzlich einen Mundwinkel hoch und schenkte Samantha ein selbstgefälliges Lächeln. „Was dachtest du denn? Dass ich dir ewig nachtrauere?“

Samanthas Antwort war ein verächtliches Schnauben.

Ihre Trennung musste hässlich gewesen sein. Die Luft war schwer von Vorwürfen und anderen unausgesprochenen Dingen. Dann wanderte ihr Blick zu mir, und gab mir das Gefühl, ein billiges Flittchen zu sein, das Ethan hier aufgegabelt hatte. „Natürlich nicht. Mir war klar, dass du nicht lange brauchen würdest, um Ersatz zu finden. Hast du damals ja auch nicht, als ich dich *schon mal* verlassen habe."

Noch einmal streifte mich ihr Blick, und mit einem Mal kam sie mir gar nicht mehr so schön vor. „Auch wenn diese billige Kopie nicht gerade für dich spricht." Damit reckte sie das Kinn und stolzierte wieder in die Richtung, aus der sie gekommen war. Ich starrte ihr hinterher. Billige Kopie? Ich? Noch etwas benommen von unserem Kuss sah ich wieder zu Ethan, der ihr jetzt finster nachblickte.

Ganz langsam löste sich der Schleier um meine Gedanken und die Bedeutung ihrer Worte drang erst jetzt richtig zu mir durch. *Mir war klar, dass du nicht lange brauchen würdest, um Ersatz zu finden. Was dachtest du denn? Dass ich dir ewig nachtrauere?*

„Du verdammtes Arschloch! Deshalb hast du mich geküsst? Nur, um *sie* eifersüchtig zu machen?!" Ich holte aus, noch ehe ich zu Ende gesprochen hatte. Dann traf ihn meine Ohrfeige.

Überrascht taumelte Ethan einen Schritt zurück, aber ich glaubte keine Sekunde lang, dass es wegen meiner Schlagkraft war.

Ich hatte mit eigenen Augen gesehen, was er alles einstecken konnte. Nein, er hatte bloß einfach nicht damit gerechnet. Niemand schien unser kleines Drama zu bemerken oder es war für die Leute nichts Spektakuläres, dass sich ein Pärchen in einer Bar stritt.

Ethan massierte seine Wange und funkelte mich an. Er sah wütend aus, aber ich glaubte nicht, weil ich ihn geschlagen hatte. Vielleicht auf sich selbst? Auf Samantha? Ich wusste es nicht, aber es war mir auch egal.

„Allie …“, hob er an, doch ich brachte ihn mit einer herrischen Geste zum Schweigen.

„Komm mir nie wieder zu nahe!“, fauchte ich und rauschte davon.

Kapitel 8

Der Sonntag war eine Zerreißprobe für meine Gefühlswelt. Das fing schon damit an, dass ich am Morgen meinen frisch aufgebrühten Kaffee anstatt mit Zimt mit einer Prise Pfeffer veredelt hatte. Ich hatte mich fast übergeben, als ich nichtsahnend den ersten Schluck genommen hatte. Und dass ich auf Moms Dialoge nur mit „Hm“ und „Aha“ antwortete, blieb auch nicht lange unbemerkt. Den ganzen Tag über herrschte in meinem Kopf ein Durcheinander aus Beschimpfungen und Selbstvorwürfen, und alles drehte sich um Ethan und diesen Kuss.

Zumindest wünschte ich mir, er wäre widerlich gewesen. Tatsächlich war es der beste Kuss, den ich jemals bekommen hatte, und dafür hasste ich Ethan nur noch mehr. Wie hatte ich zulassen können, dass er mir dermaßen Honig ums Maul schmierte? Wie hatte ich den *Kuss* zulassen können?

In dem Moment, als er mir von seinem Schauspielstudium erzählt hatte, hätte ich misstrauisch werden müssen. Wobei ich zu meiner Verteidigung anmerken wollte, dass ich ja kurz gezweifelt hatte. Aber dann hatte ich mich von seinem dämonischen Lächeln und den netten Worten um den Finger wickeln lassen.

Wie eine verdammte Anfängerin. Ethan musste sich schlapplachen!

„Was ist denn mit dir los?", fragte Oliver mich am Montagmorgen an der Bushaltestelle.

Es hatte mich mehrere Anläufe gekostet, aus dem Haus zu gehen. Und als ich es endlich geschafft hatte, war mein Blick immer wieder zum Grundstück der Jacksons gehuscht, in der Befürchtung, Ethan könnte aus dem Haus kommen und mich ein weiteres Mal demütigen. Etwa, indem er in die ganze Welt hinausposaunte, dass ich auf ihn hereingefallen war. Dass wir auf dieselbe Uni gingen verstärkte meine Paranoia noch, und dann war da noch Oliver, von dem ich gar nicht wissen wollte, was er über mich denken würde, wenn er das herausfände.

Ethan hatte zwar gesagt, dass er die Nachmittagskurse belegte, aber diesem Schwindler glaubte ich gar nichts mehr. Schließlich hatte er mir auch vorgegaukelt, sein anfängliches Verhalten täte ihm leid. Und wie hatte das geendet?

Er hatte mich geküsst und mich damit meiner Würde beraubt.

„Gar nichts, wieso?", fragte ich und fegte jegliche Emotion aus meinem Gesicht.

Oliver musterte mich skeptisch. Er hatte die lästige Gabe, in meinem Gesicht wie in einem offenen Buch lesen zu können, und auch jetzt merkte er mir scheinbar etwas an. Trotz meiner Bemühungen. „Du siehst aus, als hättest du einen Geist gesehen."

„Und du siehst aus, als *wärst* du einer“, konterte ich nicht ganz unbegründet. Mein Nachbar war ungewohnt blass um die Nase. „Alles in Ordnung?“

Müde rieb Oliver sich den Nacken. „Ja, ich fühle mich bloß ein bisschen schlapp. Hab heute Nacht nicht gut geschlafen.“

Der Bus kam und wir stiegen ein. In der letzten Sitzreihe warteten wie üblich Fred und George auf uns und hielten zwei Plätze für uns frei. Wir begrüßten sie, dann fragte Fred an Oliver gewandt: „Bist du gestern auch so fertig ins Bett gefallen? Ich hatte das Gefühl, die Strecke wäre doppelt so lang, aber wahrscheinlich lag es nur an der Hitze.“

„Jep“, meinte Oliver neben mir und lehnte erschöpft den Hinterkopf auf die Rückenlehne. „Danach ging gar nichts mehr.“

„Was habt ihr getrieben?“, erkundigte ich mich und holte einen Apfel, mein verspätetes Frühstück, aus der Tasche.

„Wir waren abends noch joggen“, erklärte Oliver mit geschlossenen Augen. „Im Park.“

„Vielleicht hast du dir was weggeholt“, überlegte ich laut und biss in den Apfel.

„So schnell?“ Oliver schüttelte den Kopf. „Unwahrscheinlich. Außerdem werde ich nie krank. Ich hab‘ ein 1A Immunsystem. Wahrscheinlich hab‘ ich bloß schlecht geschlafen, das ist alles.“

*

Als wir ein paar Stunden später alle zur Mittagspause zusammenkamen, war Oliver noch blasser geworden. Jetzt konnte er aber wirklich nicht mehr leugnen, dass es ihm nicht gut ging.

„Nur schlecht geschlafen, ja?“, zog ich ihn auf. „Ich will dir dein Bild von deinem *1A Immunsystem* ja nicht zerstören, aber mir scheint, du wirst krank, mein Lieber.“

Theatralisch rutschte Fred von seinem Kumpel weg. „Igitt. Und ich hab‘ gestern noch aus deiner Flasche getrunken, du Bazille!“

Oliver lachte, doch es wirkte glanzloser als sonst. „Jetzt macht nicht so einen Aufriss. Mir geht’s blendend.“

„Geht es nicht. Selbst eine Leiche sieht lebendiger aus als du“, mischte sich jetzt auch George ein.

„Du solltest nach der Uni zum Arzt gehen“, sagte ich und fügte dann neckisch hinzu: „Ich begleite dich auch, wenn du dich allein nicht traust.“

Die Jungs lachten. Oliver sah mich schmunzelnd an und meinte dann: „Vergiss es, mich kriegen keine zehn Pferde zum Arzt. Ich war schon seit drei Jahren nicht mehr beim Doc, und ich habe nicht vor, die Erfolgssträhne reißen zu lassen.“

Ich schüttelte den Kopf. Wie konnte man nur so stur sein? Das erinnerte mich an meinen Vater, der trotz Krankheit immer bis zur Erschöpfung gearbeitet hatte und erst dann zu Hause geblieben war, wenn er mit einem Bein schon im Grab gestanden hatte. Ich verstand solche Menschen nicht, aber Oliver sah nicht aus, als ob er mit sich reden lassen würde. Unsere Sorge schien ihn höchstens zu belustigen.

„Und jetzt genug davon. Reden wir lieber über dich. Was hast du am Samstag angestellt, dass du so zerstreut bist, hm?", fragte Oliver mich.

Meine Gesichtszüge entgleisten, und ich musste mich zusammenreißen, um nicht ertappt zu Willow zu schauen. Nachdem ich am Samstag wutschnaubend in die Lounge zurückgestapft war, hatte ich meine Freundin an der Hand gepackt und aus den Armen ihres Bewunderers direkt aus der Bar geschleift.

Ganz zu ihrer Erleichterung, wie sie mir später berichtete – der Kerl hatte wie eine Klette an ihr gehangen –, aber ich hatte es keine Sekunde länger in der Bar ausgehalten. Keine Ahnung, was Ethan und Samantha für ein krankes Spiel spielten, aber da machte ich nicht mit.

„Gar nichts habe ich angestellt. Wie kommst du darauf?", fragte ich und rupfte mit den Händen den Schoko-Muffin auseinander, um ihn Stück für Stück in meinen Mund zu stopfen.

„Vielleicht, weil du Ethan dort getroffen hast. Ist es nicht so?"

Meine Augen weiteten sich. „Woher weißt du das?"

Olivers Blick bohrte sich in meinen. *Ertappt*, schrien seine Augen mir zu. Auf einmal wirkte er gar nicht mehr kränklich. „Von Freds Bruder. Er war auch dort, und er hat Fred erzählt, dass du und Ethan wohl ein *hitziges* Gespräch hattet."

Mir wurde heiß und kalt zugleich. Das Letzte, was ich wollte, war, dass Oliver von unserem Kuss erfuhr. Er würde sich verraten vorkommen, dass ich ausgerechnet mit seinem verhassten Bruder rumknutschte, und ich mir wie ein Flittchen. Ohne es zu wollen sah ich vorwurfsvoll zu Fred, womit ich mich vermutlich nur noch verdächtiger machte. „Und was hat dein Bruder sonst noch so berichtet?!"

„Gar nichts", meinte Fred und verschränkte die Hände hinter dem Kopf. „Außer, dass Ethan danach wohl gewaltig angepisst war und kein Wort mehr gesagt hat. Und dass du und Willow aus der Bar gelaufen seid."

Noch nie war es mir so schwergefallen, Haltung zu bewahren. Sämtliche Augen waren auf mich gerichtet. Selbst Willows, aber wenigstens wirkte ihr Blick nicht so anklagend wie Olivers und Freds. Oder spielte mein schlechtes Gewissen mir jetzt schon Streiche? „Wir hatten nur eine Meinungsverschiedenheit. Das ist alles", behauptete ich mit gestrafften Schultern.

Zum Glück erlöste mich in dem Moment das Läuten der Schulglocke.

*

Am Nachmittag trafen meine Großeltern ein. Mom hatte noch ein paar Tage Resturlaub, und die wollte sie mit ihren Eltern verbringen. Grams brachte, ganz typisch für sie, einen gefühlten Monatsvorrat selbst gebackene Kekse und Kuchen mit, und Grandpa schenkte uns einen nagelneuen Werkzeugkoffer.

Ich trug ihr Gepäck ins Gästezimmer, dann folgte eine Rundführung durchs Haus, bei der Grandma unsere neue Einrichtung bewunderte. Eingehend begutachteten die Profigärtner anschließend unseren Vorgarten und gaben uns Tipps zur Pflege, dann brühten wir Kaffee auf, richteten den Kuchen an und setzten uns auf die Veranda.

Kurz bevor meine Großeltern eingetroffen waren, hatten Mom und ich den ausziehbaren Gartentisch sowie Stühle und eine Bank aus dem Schuppen geholt, alles gesäubert und dann auf die Veranda gestellt und hübsch eingedeckt. Mit Tischdecke, Kaffeeservice, Zuckerdose und allem, was dazugehörte. Jetzt hielten wir bei strahlendem Sonnenschein und mit Ausblick auf unseren gepflegten Vorgarten ein gemütliches Kaffeekränzchen.

Definitiv nicht die schlechteste Art, seinen Nachmittag zu verbringen.

Grandma schwärmte gerade von ihrem neuen, kabellosen Staubsauger, den sie uns nur wärmsten empfehlen konnte, als ein silbergrauer Mercedes an unserem Grundstück vorbeifuhr. Ethans Mercedes.

Mom winkte unserem Nachbar zu, und er winkte zurück, dann parkte er einige Meter weiter vor seinem Grundstück. Ich rutschte auf der Bank etwas tiefer, als Ethan aus dem Wagen stieg, und biss fest die Zähne zusammen. Unser Kuss lag erst zwei Tage zurück, aber mir kam es wie eine halbe Ewigkeit vor. Vermutlich, weil ich mir so inständig wünschte, es wäre nie passiert. War es aber, und dann hatte Oliver mich vorhin vor versammelter Mannschaft zur Rede gestellt, was sonst gar nicht seine Art war. Er musste etwas ahnen, sonst hätte er mich wohl kaum auf den Abend angesprochen, oder?

Als Ethan die Fahrertür zuwarf und in unsere Richtung kam, fanden meine Gedanken ein jähes Ende. Oh, nein! Was sollte *das* denn jetzt?

Ich krallte die Finger auf dem Schoß ineinander und Grandmas Geplapper rückte in den Hintergrund. Wie in Zeitlupe sah ich Ethan auf uns zukommen, wurde mit jedem Schritt, den er näher kam, nervöser.

Er will bestimmt nur hallo sagen und geht dann wieder, dachte ich, nein, *betete* ich. Dann stand er auf der Veranda, und ich hielt den Atem an.

„Hi, Ms. Clark.“ Er gab meiner Mutter die Hand, dann begrüßte er meine Großeltern. Als Letztes war ich an der Reihe, und prompt erinnerte sich mein Körper an das Gefühl seiner geschmeidigen Lippen und seiner starken, warmen Hände auf meinem Körper.

„Ethan. Setz dich doch“, bot Mom strahlend an und deutete auf den einzigen freien Platz – auf der Bank neben mir.

Nein, nein, nein! Bloß nicht. Er soll von mir wegbleiben! Ich will nichts mit diesem …

Lächelnd kam Ethan ihrem Angebot nach, und ich erstickte fast, als er sich zwischen den Stühlen hindurch schob und dann neben mich setzte. Die Bank, die leider nur für zwei gedacht war, gab spürbar nach, als er seinen muskulösen Körper darauf niederließ.

Dann – und ich konnte nicht glauben, dass er das tat – legte Ethan einen Arm auf die Rückenlehne und damit auch unweigerlich auf mich. Ich wurde stocksteif. Nur mit Mühe schaffte ich es, ein unbewegtes Gesicht zu machen. Dass er es wagte, mich anzufassen! Nach allem, was er getan hatte.

„Möchtest du Kuchen?“, fragte Mom unseren Gast und nahm den Teller, der eigentlich für Ben gedacht war. Ihr Freund hätte längst hier sein sollen, steckte aber im Berufsverkehr fest. „Alles, was du hier siehst, hat meine Mutter selbst gebacken. Aber ich warne dich: Ihre Kuchen machen süchtig.“

„Gern. Ich hab‘ zwar erst gegessen, aber Selbstgebackenes passt immer rein“, meinte Ethan mit einem charmanten Lächeln.

Mom strahlte zurück, dann deutete sie auf die Auswahl. „Wir haben Erdbeerkuchen, Käsekuchen, Schokotorte und Butterkekse.“

„Schokotorte bitte.“

Grandpa nickte ihm anerkennend zu und sagte zu Mom: „Siehst du, Dora? Der Junge weiß, was gut ist.“ Und dann an Ethan gewandt: „Ich verspreche Ihnen, der Schokokuchen wird Sie vom Hocker hauen.“

„Aber gib ihm auch ein Stück von dem Käsekuchen“, warf Grandma ein. „Mich interessiert, welcher ihm besser schmeckt.“

„Alle Kuchen werden ihm schmecken, Mom“, antwortete meine Mutter, kam ihrer Bitte aber nach. Daraufhin schlug Grandpa vor, dass er in dem Fall auch gleich ein kleines Stück von dem Erdbeerkuchen probieren könnte, wenn er schon mal dabei war, und ehe ich mich versah, diskutierten die Erwachsenen darüber, wie groß die Stücke für Ethan sein sollten, da er ja eigentlich satt war.

„Wir müssen reden“, raunte er mir so leise zu, dass nur ich ihn verstand.

„Nein, müssen wir nicht! Und jetzt lass mich los!“, antwortete ich flüsternd.

Ethan ließ seinen Arm, wo er war, und rückte sogar noch ein Stück näher, sodass unsere Oberschenkel jetzt aneinanderdrückten. „Erst, wenn du dir angehört hast, was ich zu sagen habe. Du warst am Samstag so schnell weg, dass ich gar keine Gelegenheit hatte, mich zu erklären.“

„Deine *Erklärung* interessiert mich in etwa so, als ob in meinem Keller ein Glas Gurken aufgegangen ist!“, ließ ich ihn knurrend wissen.

Als Ethan lachte, strich sein Atem über meine rechte Gesichtshälfte und löste einen verbotenen Schauer in mir aus. „Du hast gar keinen Keller“, schnurrte er.

Gefährlich langsam drehte ich den Kopf und starrte ihn an. Ethans Gelassenheit sägte an meinen Nerven. Wie konnte er mich nur so eiskalt benutzen und sich dann hier hinsetzen und von meiner Mutter bedienen lassen? Hatte er denn gar kein Gewissen? Provozierend liebevoll erwiderte er meinen Blick – was mir bewusst machte, wie nahe ich seinem Gesicht gekommen war. Ruckartig drehe ich den Kopf wieder weg.

„Bitte sehr.“ Mom hatte ihm von jedem Kuchen ein mittelgroßes Stück auf den Teller gelegt.

Ethan nahm den Arm von der Lehne und rutschte näher an den Tisch heran. *Hoffentlich erstickst du daran*, dachte ich und nutzte die Gelegenheit, um unauffällig von ihm abzurücken. Die Erwachsenen bekamen davon nichts mit – die malten sich jetzt aus, wie es wohl wäre, wenn Grandma ihr eigenes Café aufmachen würde –, Ethan, dem der Abstand durchaus auffiel, schnaubte amüsiert.

Als er fertiggegessen hatte – und er schaffte tatsächlich alle drei Stücken – lehnte er sich seufzend zurück und legte wieder den Arm um mich. Ich warf ihm einen vernichtenden Blick zu, aber Ethan lächelte nur träge zurück, was zur Folge hatte, dass in meinem Bauch ein Schwarm Schmetterlinge aufstieg. Dieser gottverdammte, verräterische Körper!

Am liebsten würde ich mich selbst dafür auspeitschen.

Gemächlich rückte Ethan wieder an mich heran, als wäre es das Normalste auf der Welt, dann brachte er seinen Mund an mein Ohr und wisperte mir zu: „Langsam gefallen mir unsere kleinen Neckereien. Daran könnte ich mich gewöhnen."

Ein weiterer, viel zu heftiger Schauer jagte durch meinen Körper, und ich musste ein Stöhnen unterdrücken. Wie konnte es sein, dass sich mein Körper so sehr nach ihm verzehrte, obwohl sein Charakter doch so scheußlich war?

„Was tuschelte ihr zwei Hübschen da?", wollte Mom mit einem spitzbübischen Blick in unsere Richtung wissen. Als wir die Brüder noch nicht so gut gekannt hatten, hatte Mom einmal gesagt, dass sie an meiner Stelle Ethan nehmen würde, da Oliver zwar lieb und charmant wäre, Ethan aber diese gewisse Verruchtheit ausstrahlte, auf die wir jungen Mädchen so standen. Verrucht, das war er in der Tat!

„Ich versuche gerade, ihre Tochter zum gemeinsamen Lernen zu überreden, aber sie ist sich nicht sicher, da sie ja heute Besuch hat ..."

Dieser verlogene …! „Das ist es nicht", warf ich schnell ein und stieß ihn unter dem Tisch warnend mit dem Schenkel an. „Ich ziehe es nur vor, allein zu lernen."

„Warum das? Mit Oliver lernst du doch auch ganz oft", meinte Mom stirnrunzelnd.

„Genau." Ethan tippte mit den Fingern auf meine Schulter. „Und ihr studiert nicht mal dieselbe Fachrichtung – wir schon. Ich glaube, wir zwei würden uns super ergänzen. Wir sollten auch mal so einen Lern-Tag einführen."

Fest biss ich die Zähne zusammen.

„Klingt großartig", meinte Mom. „Wann wollt ihr euch heute treffen? Nur, damit ich das Abendessen planen kann."

„So, um 20 Uhr?", schlug Ethan vor. „Wir können zu mir gehen. Ich muss vorher noch einkaufen, dann besorge ich gleich noch ein bisschen Nervennahrung."

Mom tauschte einen bedeutungsvollen Blick mit Grandma, die ihr unauffällig zunickte. Ihren begeisterten Gesichtern nach zu urteilen, sahen sie Ethan und mich schon vor dem Traualtar stehen. Toll.

Von den Frauen war schon mal keine Unterstützung zu erwarten.

Hilflos schaute ich zu Grandpa. Er musste doch merken, dass ich mich in Ethans Nähe unwohl fühlte. „Da fällt mir ein: Läuft heute Abend nicht ein Footballspiel?", richtete ich das Wort an meinen Großvater. „Lass uns doch lieber das Spiel zusammen gucken. Wir sehen uns so selten, da sollten wir die Zeit nutzen. Und was das Lernen angeht …", mit einem falschen Lächeln wandte ich mich Ethan zu, „machen wir einfach einen anderen Tag aus."

Ethan musste klar sein, dass dieser Tag niemals kommen würde. Lieber fraß ich Fliegen, als auch nur eine Sekunde allein mit ihm zu verbringen. Da konnte er sich noch so sehr bei meiner Mutter einschleimen. Mit zuckenden Lippen stimmte Ethan zu – etwas anderes blieb ihm vor Publikum auch nicht übrig – und auch Grandpa war mit meinem Vorschlag einverstanden.

„Super", sagte ich und kniff Ethan, als Zeichen meines Sieges, fest in den Oberschenkel. Er zuckte zusammen und zog scharf die Luft ein.

„Wie geht's dir eigentlich, Ethan? Was macht das Studium? Wir haben uns seit dem Einzug kaum mehr gesehen", fragte Mom ihn.

„Gut", antwortete er angestrengt, da ich beim Kneifen nicht gerade zimperlich gewesen war. „Das Schauspielstudium hält mich ordentlich auf Trab, aber ich brenne noch genauso wie am ersten Tag dafür. Ich kann mich also nicht beklagen."

Moms Augen leuchteten interessiert auf. „Du bist im letzten Jahr, richtig? Hast du konkrete Pläne, was du nach dem Studium machen willst?"

„Ich will in die Film- und Fernsehbranche, aber ich denke, ich werde danach noch einen Master in Dramaturgie dranhängen."

Ohne es zu wollen, horchte ich auf. Zu seinem schauspielerischen Talent konnte ich zwar nichts sagen, aber mit seinem Aussehen dürfte er schon mal keine Probleme haben, in der Filmbranche Fuß zu fassen.

„Im Moment machen wir viel Theorie: Theatergeschichte, Schauspieltheorie … In der zweiten Semesterhälfte geht's dann ans Eingemachte, dem eigenen Schauspielprojekt."

Spätestens jetzt hatte Ethan die beiden Frauen für sich gewonnen, die nun alles über sein Studium wissen wollten. Zu meiner Schande musste ich gestehen, dass auch ich kurze Zeit später wie gebannt an seinen Lippen hing. Ethan erzählte so leidenschaftlich und detailreich, dass man einfach nicht weghören konnte, aber wie sich herausstellte, war das Rezitieren – also das Sprechen und Vortragen – nur eine von vielen Fähigkeiten, die ein angehender Schauspieler erlernte, sodass es wiederum kein Wunder war, dass er uns so fesselte.

Es mochten vielleicht 20 Minuten vergangen sein – mittlerweile hatte ich mich neben Ethan sogar weitestgehend entspannt –, als wie aus heiterem Himmel Oliver unser Grundstück betrat.

Oh, nein! Der hatte mir gerade noch gefehlt!

Schlagartig kehrte meine Anspannung zurück. Besonders, als Oliver seinen Bruder neben mir entdeckte. Auf der untersten Verandastufe kam er kurz ins Stocken, und ich dachte, was für ein verkehrtes Bild wir abgeben mussten. Ethan, wie er dicht neben mir saß, den Arm um meine Schultern gelegt, und sich vergnügt mit den Erwachsenen unterhielt. Als wäre er ein Teil dieser Familie. Als wäre er mein fester Freund. Olivers Miene wurde ausdruckslos.

„Ah, der nächste Jackson“, begrüßte Mom den Neuankömmling hocherfreut.

Ethan, der Oliver erst jetzt bemerkte, spannte sich merklich an, doch davon bekam außer mir niemand etwas mit.

Schon war Mom aufgestanden und bot ihm ihren Platz an. „Komm, setz dich zu uns.“

Oliver zögerte. Abwechselnd sah er zwischen Ethan und mir hin und her, und jetzt bemerkte ich, wie Ethan seinen Blick spöttisch, ja, fast schon provozierend erwiderte. In der Hoffnung, die Spannung zwischen den beiden lockern zu können, lächelte ich Oliver zaghaft zu, doch seine Miene blieb wie versteinert.

Ein Schlag ins Gesicht wäre nicht weniger schmerzhaft gewesen. Noch nie hatte Oliver mich so angesehen. Sich so … verraten und enttäuscht fühlend.

„Ähm … ich bin eigentlich nur gekommen, um zu fragen, ob Sie ein paar Eier für mich haben? Unser Kühlschrank ist so gut wie leer und zum Einkaufen fühle ich mich nicht so gut.“

Erst jetzt schien Mom zu merken, wie blass er war. „Mein Gott, du siehst wirklich nicht gut aus! Willst du dich nicht trotzdem setzen und ein Stück Kuchen essen? Dann könnt ihr euch noch ein bisschen unterhalten, während ich die Eier hole.“

Sie deutete auf Ethan und mich, und als Olivers Blick den meinen fand, spiegelten sich die verschiedensten Emotionen darin wider. Leider war keine davon positiv. „Nein, wirklich nicht. Aber danke."

Noch schlimmer als Olivers Blick war der Klang seiner ausdruckslosen Stimme. Ich versuchte, mir einzureden, dass sein angeschlagener Gesundheitszustand daran schuld war, aber nein, ich wusste genau, was der Grund war. Er saß neben mir und tippte mir wieder vergnügt auf die Schulter, als wollte er Oliver reizen.

„Nun gut, dann warte kurz …", sagte Mom, doch ich war schneller und sprang auf.

„Ich mach das schon", sagte ich eilig und winkte Oliver in Richtung Haustür. „Komm mit."

Unerträgliche Stille begleitete uns, als Oliver mir in die Küche folgte, und ich zermarterte mir das Hirn darüber, wie ich die Situation auflockern könnte. Das erste Mal, seitdem ich Oliver kannte, schwiegen wir uns an, und das war ein furchtbares Gefühl. So falsch. Vor allem, wenn ich bedachte, wie gut wir uns vom ersten Moment an verstanden hatten. Wir hatten herumgealbert und uns gegenseitig aufgezogen.

Jetzt wusste ich nicht, was ich sagen sollte. Eine Rechtfertigung hätte mich in seinen Augen vermutlich nur noch schuldiger gemacht – dabei konnte ich gar nichts dafür, dass Ethan hier war.

„Wie viele Eier brauchst du?", fragte ich ganz unverfänglich und öffnete den Kühlschrank. Meine Bewegungen fühlten sich ungewohnt steif an. Als wären meine Arme gefroren. Gleichzeitig konnte ich Olivers Blicke hinter mir spüren, wie sie sich in meinen Rücken brannten.

„Drei reichen", kam seine nüchterne Antwort.

Ich nahm die Eierpackung, die Mom noch nicht ausgepackt hatte, ließ drei Eier drinnen und räumte die anderen ins Eier-Fach. Dann drehte ich mich zu Oliver um und drückte ihm den Karton in die Hand.

Er nahm ihn, und unsere Blicke trafen sich. „Ich glaube, ich frage erst gar nicht, warum Ethan mit euch Kaffee trinkt. Ich dachte, du hasst ihn?", platzte es aus ihm heraus.

„Das tue ich auch", beteuerte ich. „Er hat uns auf der Veranda gesehen und ist einfach rübergekommen, da hat Mom ihn zum Kaffee eingeladen. Ich wollte das gar nicht."

„Aha", meinte Oliver nur.

Seine Reaktion war wie ein Stich ins Herz, machte mich gleichzeitig aber auch wütend. „Was soll das heißen, *aha*?!", fragte ich aufgebracht und gestikulierte wild. „Glaubst du etwa, ich lüge dich an?"

„Keine Ahnung, Allie. Was eure *Meinungsverschiedenheit* in der Bar angeht, hast du doch auch gelogen, oder etwa nicht?", fragte er genauso energisch zurück und durchbohrte mich jetzt mit Blicken.

Verblüfft öffnete ich den Mund. Kannte er mich mittlerweile so gut, dass er meine Lüge durchschaute hatte, oder hatte Freds Bruder vielleicht mehr gesehen als Oliver zugegeben hatte?

„Hör mal, Allie", meinte er, bevor ich etwas erwidern konnte, und rieb sich müde den Nacken. „Ich will nicht mit dir streiten. Du bist alt genug, um deine eigenen Entscheidungen zu treffen, und du bist auch niemandem Rechenschaft schuldig."

Oh, Mann! Ich ahnte, worauf das Gespräch hinauslief, und war drauf und dran, Oliver zu beteuern, dass zwischen Ethan und mir nichts gelaufen wäre. Aber ich wollte ihn nicht weiter anlügen. Außerdem schien es, als wüsste er längst, was Sache war.

„Aber sei vorsichtig bei Ethan, okay?"

„Oliver, ich …"

„Versprich es mir einfach", bat er.

Ich hasste es. Hasste es, dass Ethan mich in diese Situation gebracht hatte. Dass ich so dumm gewesen war, auf ihn hereinzufallen, und dass ich jetzt nicken und Olivers Verdacht damit bestätigen musste. Als ich es tat, biss er fest die Kiefer zusammen, wie um sich zurückhalten zu müssen. Vielleicht hatte er bis zum Schluss gehofft, dass er sich irrte, was Ethan und mich anging, aber da musste ich ihn schweren Herzens enttäuschen. Ich war genauso dämlich wie alle anderen Mädchen, die auf die gut aussehenden Bad Boys hereinfielen.

„Tut mir leid", murmelte ich leise und konnte ihn dabei kaum angucken. „Ich weiß nicht, was da in mich gefahren ist."

Da lächelte Oliver. Mitleidig zwar, aber zumindest *war* es ein Lächeln und nicht wieder dieser enttäuschte Blick.

„Du musst dich nicht entschuldigen. Ethan hat nun mal diese Wirkung auf Mädchen. Versprich mir einfach, dass du … nichts tust, was du später bereuen könntest.“

Oh, Gott! Dieses Gespräch fühlte sich völlig verkehrt an. „Mache ich nicht, und so etwas wird auch nie wieder vorkommen, das kannst du mir glauben!“ Oliver nickte besänftigt, dann musterte ich sein käseweißes Gesicht. „Du siehst echt bescheiden aus. Du solltest im Bett liegen und hier nicht herumspazieren. Warum hast du mir nicht geschrieben? Ich hätte dir die Eier doch bringen können.“

„Weil ich wusste, dass deine Großeltern hier sind und ich dich nicht von ihnen wegholen wollte.“

Er ist so rücksichtsvoll!, dachte ich beschämt. Und liebevoll und selbstlos. Und ich hatte nichts Besseres zu tun, als sein genaues Gegenstück zu küssen! Wenn ich schon jemanden küssen musste, dann doch wohl Oliver. Er war so viel besser als Ethan.

„Darf man fragen, was ihr da so lange macht?“, ertönte es im nächsten Moment vom Eingang her. „Die anderen wundern sich, wo ihr bleibt.“

Wenn man vom Teufel spricht! Feindselig spähte ich an Oliver vorbei zu Ethan, der ins Haus gekommen war. Ich glaubte ihm keine Sekunde lang, dass die anderen uns vermissten – dafür waren Mom und Grandma viel zu geschwätzig. Denen würde unser Fehlen frühestens nach ein paar Stunden auffallen.

Ich vermutete eher, dass Ethan sich unter einem Vorwand von den Erwachsenen abgekapselt hatte.

„Gar nichts“, antwortete Oliver, ohne sich zu Ethan umzudrehen oder den Blick von mir zu nehmen. „Ich wollte gerade gehen.“ *Denk an meine Worte*, schien sein Blick mir zu sagen, dann deutete er auf den Karton in seiner Hand. „Danke für die Eier. Wir sehen uns morgen in der Uni.“

„Okay. Bis dann“, sagte ich und sah Oliver perplex nach, als er auf den Ausgang zusteuerte. Er würdigte seinen Bruder keines Blickes, als er an ihm vorbeilief, was Ethan mit einem höhnischen Schnauben kommentierte. Oliver war schon fast an der Tür, als mir aufging, dass ich gleich mit Ethan allein sein würde.

Unter keinen Umständen! Eilig lief ich Oliver nach, doch Ethan packte mich im Vorbeigehen am Arm und hielt mich zurück. Sein Griff war nicht fest, aber unmissverständlich.

„Allie …“, sagte er eindringlich, und jeglicher Spott war aus seiner Stimme verschwunden.

Energisch riss ich mich von ihm los. Er hatte genug angerichtet. Ich wollte nichts mehr von ihm hören. „Lass es einfach!“, zischte ich, dann ließ ich ihn stehen.

Kapitel 9

Am nächsten Morgen erreichte mich eine wenig überraschende Nachricht: Oliver lag krank im Bett und würde die nächsten Tage wohl nicht zur Uni kommen. *Ich will ja nicht sagen, dass ich es dir gesagt habe … aber ich HABE es dir gesagt!*, schrieb ich mit zehn Ausrufezeichen zurück und versprach dann, am Nachmittag vorbeizuschauen. Ich konnte mir zwar eine Million Dinge vorstellen, die ich lieber tun würde, als freiwillig Ethans Haus zu betreten, aber da ich befürchtete, dass er seinen Bruder elendig dahinsiechen lassen würde, sah ich lieber persönlich nach Oliver. Außer mir hatte er ja niemanden, der ihn pflegen könnte.

Nach der Uni fuhr ich zur Apotheke und kaufte Nasenspray und fiebersenkende Schmerztabletten. Wie von Oliver gewünscht, schilderte ich dem Apotheker seine Symptome und nahm vorsichtshalber noch ein Fieberthermometer mit. Ich hätte Oliver ja lieber zum Doc geschleppt, aber er war weiterhin der Meinung, dass er einen Arztbesuch nicht nötig hätte – sein Körper würde mit der Krankheit schon fertigwerden.

Na, mal schauen. Sollte er mir zu schlecht aussehen, würde ich den Bereitschaftsarzt rufen – ob er wollte oder nicht –, aufhalten konnte er mich ja schlecht. Auf dem Weg nach Hause informierte ich Mom darüber, dass sie und meine Großeltern ohne mich zu Mittag essen sollten, da ich mich erst um meinen kranken Freund kümmern wollte und nicht wusste, wie lange ich bleiben würde. Dann war ich auch schon bei Oliver und klingelte.

Es dauerte eine Weile, bis ich Schritte hörte. Ich dachte schon, Oliver wäre eingeschlafen, und wollte die Terrassentür versuchen, als er mir aufmachte. Zunächst war ich erleichtert darüber, da es wohl bedeutete, dass Ethan nicht zu Hause war. Aber dann sah ich die Schatten unter seinen Augen und die Schweißperlen auf Olivers Stirn und die Erleichterung verwandelte sich in Sorge.

„Verdammt, du hättest nicht aufstehen sollen!“, murmelte ich und trat ein. Zu sagen, Oliver sähe mitgenommen aus, wäre noch stark untertrieben. Er war weiß wie eine Wand. Es würde mich nicht wundern, wenn er jeden Moment tot umfiele.

„Jemand musste dir ja die Tür öffnen“, entgegnete er schwach und machte sie hinter mir zu. Seine Bewegungen waren erschreckend schwerfällig, aber am meisten beunruhigte mich seine nicht vorhandene Gesichtsfarbe. Als Oliver sich wie ein Schluck Wasser zur Treppe schleppte, blieb ich dicht hinter ihm, um ihn notfalls stützen oder auffangen zu können. Am Fuße der Treppe blieb er stehen und spähte mutlos nach oben. Das schaffte er doch nie im Leben!

„Willst du nicht lieber hier unten bleiben?“, fragte ich zweifelnd, nachdem ich seinem Blick die Treppe hinauf gefolgt war. „Ich kann dir dein Bettzeug auch runterholen und du machst es dir auf der Couch bequem.“

„Damit Ethan, wenn er nach Hause kommt, mich anmotzt, dass ich das Wohnzimmer in Beschlag nehme?“ Oliver schüttelte den Kopf, aber das war offenbar ein Fehler, denn er zog scharf die Luft ein und klammerte sich mit beiden Händen am Treppengeländer fest.

„Oh, Mann, kipp mir jetzt ja nicht um!“, sagte ich und packte ihn bei den Schultern.

„Ich versuch's“, stöhnte er, dann drehte er den Kopf und schenkte mir ein kraftloses Lächeln. „Ist süß, wie du dir Sorgen um mich machst. Beatmest du mich auch Mund zu Mund, falls ich umkippe?“

Ich starrte Oliver an. „Dir ist wohl das Fieber zu Kopf gestiegen, was? Ich finde das nicht lustig! Du hättest auf mich hören und zum Arzt gehen sollen!“

Seufzend wandte er sich wieder zur Treppe. „Wollte nur die Stimmung auflockern. Hilfst du mir rauf?“

„Na, allein lass ich dich da bestimmt nicht hochgehen.“ Damit stellte ich meine Tasche ab, in der auch seine Medikamente waren, legte seinen Arm um meine Schultern und hievte Oliver Stufe um Stufe hinauf, wobei er sich mit der freien Hand am Geländer festklammerte.

Er schwitzte am ganzen Körper und seine Haut glühte förmlich. Den angestrengten Atemzügen nach zu urteilen, kosteten Oliver diese paar Stufen zudem enorme, körperliche Anstrengung. „Tut mir leid, dass du dir das antun musst. Ich bin total verschwitzt und eklig."

„Glaub mir, es gibt Ekligeres, als sich um einen kranken Freund zu kümmern", sagte ich mit einem gequälten Lächeln, da er mit fast seinem gesamten, nicht unerheblichen Gewicht auf mir lastete. Oliver war vielleicht nicht so muskulös wie Ethan, aber er war um einiges größer als ich und damit auch schwerer. „Deinen Bruder zum Beispiel! Ich dachte, er belegt die Nachmittagskurse? Wir haben es gerade mal 13 Uhr, er dürfte also noch gar nicht in der Uni sein. Er sollte wegen unterlassener Hilfeleistung verklagt werden!"

„Du weißt, dass Ethan auf unsere Uni geht?", fragte Oliver verblüfft. Stimmt, das hatte er mir ja, aus welchen Gründen auch immer, verschwiegen.

Wir erreichten sein Zimmer und schoben uns durch die Tür. Die Luft war stickig, und es roch nach Krankheit.

„Ja, er hat es mir neulich in der Bar erzählt." Behutsam half ich Oliver, sich aufs Bett zu legen, dann ging ich zum Fenster und riss es auf. Bei den vielen Bazillen, die hier herumschwirren mussten, konnte ich nur beten, dass ich mich nicht ansteckte.

Die plötzliche Stille ließ mich über die Schulter zu Oliver blicken, der mich jetzt mit einem ganz seltsamen Ausdruck musterte. Stirnrunzelnd ging ich zu ihm und setzte mich auf die Bettkante, als er sagte: „Was ich da gestern in der Pause zu dir gesagt habe. Vor allen anderen …“

„Ist schon okay“, wollte ich abwinken, doch er schüttelte den Kopf.

„Nein, ist es nicht. Ich hab‘ dich vor unseren Freunden auflaufen lassen, und das war scheiße von mir. Was du und Ethan macht, geht mich nichts an. Ich war sauer auf dich, weil ich dachte ...“

„Ist schon okay, Oliver. Wirklich. Ich bin ja selbst auf mich sauer, und ich muss mich genauso entschuldigen. Ich habe dich angelogen, und wie Elfi ja so schön formuliert hat, *lügen Freunde nicht.*“ Er schmunzelte, als ich auf *Stranger Things*, unsere gemeinsame Lieblingsserie, anspielte. „Ich weiß nicht, was Freds Bruder alles mitgekriegt hat, aber wenn du es genau wissen willst, haben Ethan und ich … wir haben uns geküsst.“

So, jetzt war es raus. Tief atmete ich durch und sah Oliver in die Augen, der meinen Blick – so schien es – nur mühsam gefasst erwiderte.

„Ich bereue es zutiefst“, versicherte ich ihm. „Und glaube nicht, dass ich so naiv bin, mir darauf etwas einzubilden. Ich weiß, was für eine Art Junge Ethan ist. Es war nur ein Kuss, und ich habe aus meinem Fehler gelernt.“

Oliver nickte, dann schloss er seufzend die Augen. Schwer zu sagen, ob es wegen meines Geständnisses oder seines Zustands war, aber als ich ihn betrachtete, wie er so erschöpft und mit geschlossenen Augen da lag, musste ich lächeln. Er sah aus wie ein kleiner Junge. Bevor ich wusste, was ich da tat, streckte ich eine Hand aus und strich ihm vorsichtig eine Haarsträhne aus dem Gesicht.

Abrupt öffnete Oliver die Augen und blinzelte mich fragend an. Sein Blick war unergründlich und gleichzeitig so durchdringend, dass mir die Luft wegblieb. Ich zog die Hand zurück und wusste auf einmal nicht, wohin damit.

Irritiert von dem Ausdruck in seinen Augen fragte ich: „Hast du heute schon was Ordentliches gegessen?"

Sein Magen antwortete mit einem Knurren, und das brach den Bann. Wir lachten beide. „Nicht wirklich", meinte er träge lächelnd, dann erinnerte ich mich an die Medikamente, die ich ihm noch geben musste.

„War Ethan gestern nicht einkaufen?", fragte ich und stand auf. „Ich sehe mal nach, was der Kühlschrank hergibt, und wenn du gegessen hast, nimmst du eine Tablette."

„Das kann ich nicht von dir verlangen", protestierte Oliver und wollte sich aufsetzen, doch ich drückte ihn mühelos wieder ins Kissen zurück. Unter normalen Umständen wäre mir das niemals gelungen, was mir seinen elenden Zustand erst so richtig vor Augen hielt.

„Schön liegengeblieben", befahl ich und richtete mich wieder auf.

„Und was soll ich in der Zeit, in der du für mich kochst, machen?“

„Schlafen, Oliver. Ruh dich aus. Ich weck‘ dich, wenn das Essen fertig ist.“

*

Ethan hatte überraschend viel Gemüse und Obst eingekauft. Offenbar ernährten sich nicht alle Jacksons so ungesund wie Oliver – was gut für ihn war, da ich ihm jetzt einen gesunden, kräftigenden Eintopf zubereiten konnte.

Ich nahm Zwiebeln, Möhren, Paprika und Lauch aus dem Kühlschrank, schälte und putze alles und schnitt es dann in kleine Würfel. In Gedanken bei dem bizarren Moment eben, in dem wir uns angestarrt hatten, setzte ich einen großen Topf Wasser auf, dann bediente ich mich an dem Korb mit Kartoffeln und verarbeitete auch diese in kleine Würfel. Manchmal kam es mir so vor, als sähe Oliver mehr als nur eine gute Freundin in mir, aber die Momente waren immer so kurz, dass ich mir nie wirklich sicher war. Auch eben in seinem Zimmer.

Was sollte ich davon halten? Was bedeuteten diese Blicke? Ich sagte ja nicht, dass er es wie Ethan halten und mir direkt die Zunge in den Hals schieben sollte, aber ein Zeichen, eine Andeutung – irgendetwas – und ich müsste mir zumindest keine Gedanken mehr darüber machen. Das war nämlich auf Dauer zermürbend.

Als ich alle Zutaten beisammenhatte und das Wasser köchelte, warf ich sie in den Topf und setzte den Deckel drauf. Jetzt hieß es abwarten, und da ich Oliver seinen Schlaf gönnen wollte, setzte ich mich an den Esstisch und schrieb mit Willow.

Sie steckte noch in der Uni fest und beneidete mich dafür, dass wir Kunststudenten heute früher hatten gehen dürfen. Normalerweise wäre ich in der Uni geblieben und hätte in der Bibliothek gelernt, bis Willow Schluss gehabt hätte, aber heute hatte ich so schnell wie möglich zu Oliver gewollt. Ich hatte mir wirklich Sorgen um ihn gemacht, er hatte ja schon in den letzten Tagen nicht gut ausgesehen.

Nach 20 Minuten schmeckte ich den Eintopf mit Gewürzen ab, dann ließ ich ihn weitere 10 Minuten köcheln und schlich leise die Treppe hinauf, um nach Oliver zu sehen. Er schlief tief und fest. Der Anblick war goldig. Schmunzelnd schloss ich seine Zimmertür, dann schlich ich die Treppe wieder hinunter.

Vielleicht sollte ich ihn noch eine Weile schlafen lassen, bevor ich ihm das Essen brachte. Allerdings bekam ich bei dem würzigen Aroma, das mittlerweile das Erdgeschoss erfüllte, selbst Hunger. Da es nicht in Olivers Sinne sein dürfte, dass seine Krankenpflegerin verhungerte, nahm ich eine Schüssel aus dem Schrank, schöpfte mir drei Kellen von dem Eintopf ab und ließ es mir am Esstisch schmecken.

Eine halbe Stunde später entschied ich, Oliver aufzuwecken, damit er etwas essen und eine Tablette nehmen konnte. Ich hatte kurz mit Dad telefoniert, der nächste Woche mit seiner Freundin für zwei Wochen nach Kuba fliegen würde. Jetzt ging ich in die Küche, nahm eine saubere Schüssel und füllte warme Suppe hinein.

Ich legte die Kelle gerade ins Spülbecken, als ich hinter mir Schlüssel klappern hörte und kurz darauf Ethan durch die Haustür kam. Oh, verdammt! Eilig ging ich zum Herd, deckte den Topf zu und wollte mich mit der Schüssel und dem Löffel aus dem Staub machen, als Ethan auch schon in die Küche kam. Ich hielt inne und stöhnte innerlich auf.

„Was machst du denn hier?", fragte er und sah von mir zu dem Gefäß in meiner Hand.

„Deinen schwerkranken Bruder verpflegen. Außer mir kümmert sich hier ja niemand um ihn!", konnte ich mir einen vorwurfsvollen Ton nicht verkneifen.

Ethan warf einen Blick zur Treppe, dann sah er wieder zu mir. „Ich wusste nicht, dass er krank ist."

„Tja, vielleicht redet ihr ab und zu mal miteinander, anstatt euch mit Blicken zu töten, dann wüsstest du so etwas auch!"

Kaum waren die Worte heraus, schüttelte ich den Kopf. Ich wollte meine Gefühle jetzt nicht hochkochen lassen, nicht wegen Ethan.

„Wie dem auch sei. Ich bringe ihm jetzt sein Essen." Auffordernd sah ich zur Treppe, doch Ethan, der mir in der schmalen Lücke der Küchenzeile den Weg versperrte, rührte sich nicht von der Stelle. Wie ein gigantischer, unbeweglicher Felsbrocken stand er da und sah auf mich hinunter. Genervt fragte ich: „Lässt du mich bitte durch?!“

„Erst müssen wir etwas Wichtiges klären.“ Sein Blick suchte meinen, doch ich starrte jetzt trotzig auf seine Brust.

„Es gibt nichts zu klären. Oliver ist krank, und ich bin hier, um mich um ihn zu kümmern.“ Demonstrativ hob ich die Schüssel an. „Würdest du jetzt bitte …?“

„Hör auf damit, Allie!“

Sein strenger Ton brachte mich zum Verstummen. Gestern hatte Ethan mich noch angefleht, ihn anzuhören, aber von dieser Demut war jetzt nichts mehr zu sehen.

Ein Blick in seine Augen sagte mir, dass Ethan mit seiner Geduld am Ende war. Er würde mich nicht gehen lassen. Diesmal nicht.

Frustriert klappte ich den Mund zu, stellte die dampfende Schüssel ab und starrte finster zu ihm hoch. Wie gern hätte ich dieses Gespräch vermieden, aber da kam ich jetzt wohl im wahrsten Sinne des Wortes nicht drum herum.

„Dann sag, was du sagen willst, und dann lass mich in Ruhe!“ Mit verschränkten Armen wappnete ich mich für die Ausrede oder Lüge, die er sich bestimmt schon zurechtgelegt hatte und die mit Sicherheit plausibel klingen würde.

Doch Ethan sagte nichts. Er sah mich einfach nur an. So lange, bis ich nervös wurde. „Das wird dich jetzt vermutlich schockieren, da du ja so fest vom Gegenteil überzeugt bist“, hob er schließlich an, „aber ich habe dich nicht geküsst, weil ich Samantha eifersüchtig machen wollte.“

Nüchtern erwiderte ich seinen Blick. Ich spürte, wie seine Worte Freude und Erleichterung in mir entfachen wollten, doch ich prügelte die aufsteigenden und absolut irrsinnigen Gefühle mit aller Macht nieder. Natürlich sagte er das jetzt. Wahrscheinlich erhoffte er sich davon, dass wir das nächste Mal wieder rumknutschen würden.

„War das dann alles?“, fragte ich bemüht gleichgültig.

Ethan seufzte und wollte einen Schritt auf mich zu machen, doch ich wich zurück. Mit ausgestrecktem Arm sagte ich: „Bleib, wo du bist! Ich meinte es ernst, als ich in der Bar sagte, du sollst mir nie wieder zu nahe kommen!“

Er erstarrte und sah mich gequält an. „Ich meine es auch ernst. Ich habe dich geküsst, weil ich es *wollte*, Allie. Es ging nicht darum, Samantha eifersüchtig zu machen … jedenfalls nicht vorsätzlich. Wie hätte ich denn auch wissen sollen, dass sie in unsere Richtung kommt? Ich stand mit dem Rücken zu ihr, falls du dich erinnerst.“

Er fuhr sich durch die Haare und suchte offenbar nach den richtigen Worten. „Das, was ich zu ihr gesagt habe, ist aus dem Affekt passiert. Als ich den Ausdruck in ihren Augen gesehen habe, diese Eifersucht … Scheiße, da hat es mich einfach überkommen. Ich wollte es ihr heimzahlen. Ihr zeigen, dass ich über sie hinweg bin. Aber das hatte nichts mit dir zu tun, das musst du mir glauben. Ich hab' in dem Moment einfach nicht nachgedacht. Es tut mir leid."

„Dir tut ja in letzter Zeit einiges leid", bemerkte ich kühl.

Sein trauriger Blick bohrte sich geradewegs in mein Herz, doch ich hatte mir geschworen, nichts von dem, was Ethan sagen würde, an mich heranzulassen oder auch nur zu glauben. Ich hatte ihm einmal verziehen, das würde ich kein zweites Mal tun.

„Es tut mir leid, Allie. Das ist die Wahrheit." Er zuckte die Schultern, wie um seine Worte zu unterstreichen, dann lächelte er unglücklich. „Wenn es dir hilft, kannst du mir gern noch eine reinhauen. So oft du willst, ich werde mich nicht wehren." Einladend breitete Ethan die Arme aus.

Ich starrte ihn nur an. „Findest du das etwa lustig?"

Sein Lächeln verblasste. „Nein, finde ich nicht. Ich weiß nur nicht, wie ich es wiedergutmachen kann. Wie ich dich davon überzeugen kann, dass der Kuss absolut nichts mit Samantha zu hatte."

„Gar nicht, fürchte ich."

Aber das stimmte nicht ganz, denn obwohl ich mit aller Macht dagegen ankämpfte, spürte ich, wie meine Schutzmauern wankten. Ich wollte Ethan glauben. Wollte, dass er die Wahrheit sprach, weil ich mir insgeheim wünschte, dass er sich auf dieselbe Weise für mich interessierte wie für seine Exfreundin. Diese Erkenntnis war dermaßen erschreckend, dass ich das Gefühl hatte, an einem imaginären Kloß im Hals ersticken zu müssen. Das war nicht gut! Ich entwickelte doch nicht etwa Gefühle für Ethan!

Kopfschüttelnd wischte ich den Gedanken beiseite. Ich konnte und wollte mich damit jetzt nicht befassen. Da oben lag jemand, der meine Hilfe brauchte. Der mich niemals nur küssen würde, um seine Exfreundin eifersüchtig zu machen. Sei es nun vorsätzlich oder nicht.

Ich erstickte die Gefühle, die Ethans Entschuldigung in mir entfachte, und blickte demonstrativ zur Treppe – eine stumme Aufforderung, mich endlich vorbeizulassen. Er sah mich noch einen Moment lang abwägend an, dann machte er mir seufzend Platz.

*

Zerstreut betrat ich Olivers Zimmer. Das Bedauern in Ethans Blick war aufrichtig gewesen – da war ich mir sicher. Die Frage war, ob das eine Rolle spielte. Konnte es das Geschehene wettmachen? Denn Tatsache war, dass ich Ethan in jeder Hinsicht unterlegen war.

Sollten wir uns vertragen, lief ich Gefahr, ihm wieder zu verfallen, und Gott allein wusste, in welcher Katastrophe das enden würde. Besser für mich wäre, wenn ich Ethan diese Handlung auf ewig nachtragen würde. Besser und sicherer für mein Herz.

Oliver schlief noch, aber er musste etwas essen, wenigstens so viel, dass er eine Tablette nehmen konnte. Ich stellte die Schüssel auf den Schreibtisch, setzte mich aufs Bett und rüttelte sanft seine Schulter. „Hey, Schlafmütze. Zeit, was zu essen."

Er kam nur langsam zu sich und blinzelte mich dann schlaftrunken an. „Wie lange habe ich geschlafen?", murmelte er und wischte sich über das zerknautschte Gesicht.

„Fast eine Stunde. Jetzt musst du aber was essen. Der Apotheker hat gesagt, dass du mindesten zwei Tabletten am Tag nehmen sollst und das in einem Abstand von mindestens fünf Stunden."

Träge setzte Oliver sich auf, dann sah er zum Schreibtisch rüber und schnupperte in der Luft. „Was hast du da Leckeres?"

Ich nahm die Schüssel und hielt sie ihm vor die Nase. „Gemüseeintopf."

Als er ernüchtert das Gesicht verzog, musste ich lachen. „Was dachtest du denn, was du bekommst? Burger und Pommes?"

Mit einem spitzbübischen Grinsen nahm er die Schüssel und den Löffel entgegen. „Irgendwas Fettiges hatte ich mir ja schon erhofft."

„Tut mir leid, dich enttäuschen zu müssen, aber mit fettig ist heute nichts. Du wirst schön artig den Eintopf essen.“

Oliver lachte, dann machte er eine salutierende Geste mit dem Löffel. „Jawohl, Ma‘am.“

Eine Weile sah ich ihm beim Essen zu, dann lüftete ich noch mal das Zimmer und fragte, nachdem er aufgegessen hatte: „Noch eine Portion?“

Olivers Nicken war beinahe kindlich begeistert. „Unbedingt! Ich hätte nie gedacht, dass mir mal Eintopf schmecken würde, aber deiner ist geradezu *pornös*!“

Lachend, weil er schamlos übertrieb, nahm ich die leere Schüssel. „Gewöhn dich schon mal daran. Das wird nämlich das Einzige sein, was du in den nächsten Tagen zwischen die Kiemen kriegst.“

Amüsiert verschränkte Oliver die Arme vor der Brust. Meine Suppe musste magische Kräfte haben, denn er sah schon viel lebendiger aus. „Solange du mich nicht mit Zwiebelsuppe fütterst, werde ich‘s überleben, denke ich.“

Ich wollte etwas erwidern, doch ein dumpfes Geräusch aus dem Erdgeschoss ließ uns beide aufhorchen. Es klang, als wäre die Haustür zugefallen.

„Lange ist er ja nicht geblieben“, schnaubte ich abfällig.

Oliver runzelte die Stirn. „War Ethan etwa zu Hause?“

„Ja, er ist gekommen, als du noch geschlafen hast.“

Oliver öffnete den Mund, vermutlich, um zu fragen, ob Ethan mich wieder belästigt hatte, als wir Stimmen unter uns vernahmen. Eine davon hatte ich noch nie gehört.

Auf einmal stöhnte Oliver auf. „Oh, nein! Den wievielten haben wir heute? Ich glaube, das ist mein Vater!"

„Dein Vater?" Sofort war ich auf den Füßen. Dass Oliver besorgt wirkte, nahm ich nur am Rande wahr, denn jetzt machte sich Nervosität in mir breit. Ich kannte Mr. Jackson lediglich von den Fotos im Wohnzimmer, persönlich war ich ihm noch nie begegnet.

„Ich muss mich ihm angemessen vorstellen", murmelte ich zu mir selbst und nahm Oliver die Schüssel aus der Hand.

„Warte, Allie. Das ist keine gute …"

Doch da war ich schon im Flur.

Für Oliver war ich hier vielleicht jederzeit willkommen, aber das war immer noch das Haus seines Vaters, und meine strenge Erziehung verlangte, dass ich mich ihm gesittet vorstellte. Und zwar *bevor* er in Olivers Zimmer platze und ein wildfremdes Mädchen auf seinem Bett vorfand – da war ich überkultiviert. Erst, als ich schon halb die Treppe runter war, wurden die Stimmen so klar, dass ich das Gesprochene verstehen konnte. Aber da war es schon zu spät, um umzukehren.

„Wie oft habe ich dir schon gesagt, du sollst nicht in diesem Ton mit mir reden!"

Das war Mr. Jackson, und obwohl er mit dem Rücken zu mir stand, erkannte ich ihn auf den ersten Blick. In einer prachtvoll verzierten, schwarzen Marineuniform stand er vor Ethan, zu seinen Füßen eine dunkelblaue Reisetasche. Ethan war so groß, dass er mir auf den Kopf spucken konnte, aber im Vergleich zu seinem Vater wirkte er wie ein Zwerg.

Die beiden standen sich im Wohnzimmer gegenüber, und Ethans verächtlichem Gesichtsausdruck nach zu urteilen waren sie nicht zum Spaßen aufgelegt. Ich erinnerte mich daran, dass Ethan seinen Vater einmal als *Alten* bezeichnet hatte, was mich damals schon hatte vermuten lassen, dass zwischen den beiden dicke Luft herrschte. Ich hatte ja keine Ahnung gehabt, *wie* dick die Luft war.

„Oft", antwortete Ethan provozierend gleichgültig. „Und es interessiert mich heute genauso wenig wie damals."

Ein, zwei Sekunden lang herrschte Stille. Ethan starrte seinen Vater an, und der starrte zurück. Dann fragte Ethan: „Was ist? Worauf wartest du? Hau mir eine rein, so wie früher. Das macht ihr Marines bei Ungehorsamkeit doch so, oder nicht?"

Ich konnte nicht glauben, was ich da hörte.

Mr. Jackson schnaubte. „Ich weiß, was du vorhast, aber es wird nicht funktionieren, Junge. Ich schlage dich nicht. Darauf lasse ich mich nicht ein."

„Ach, nein?" In Ethans Augen loderte ein Hass, den ich noch nie zuvor bei ihm gesehen hatte.

Selbst Marlon hatte er nach seiner Niederlage nicht so angesehen. Ethans Körper war aufs Äußerste angespannt. Als würde er im Ring stehen und jeden Moment der Kampf losgehen. Ich schätzte, der blanke Hass gegenüber seinem Vater machte ihn für alles andere blind, andernfalls hätte er mich auf der Treppe längst bemerkt.

„Früher hattest du doch keine Probleme damit, die Hand gegen mich zu erheben. Gegen *mich* wohlbemerkt, nie gegen deinen Sonnenschein Oliver! Und jetzt machst du hier einen auf anständig?!"

Ich glaubte, zu sehen, wie Mr. Jacksons Hand zuckte, ganz kurz nur. Aber dann sagte er mit einer Stimme, die so glatt und scharf wie eine Stahlklinge war: „Sieh dich nur an! Jammerst rum wie ein kleines Mädchen, weil ich dich als Bengel zu hart angepackt habe. Das Schauspielstudium hat dich weich gemacht, Junge. Du hättest zur Navy kommen sollen, dann wärst du wenigstens keine völlige Enttäuschung geworden. Und jetzt geh mir aus dem Weg, bevor …" Er verstummte, denn Ethans Blick war hinter ihn gewandert … und bohrte sich jetzt direkt in meinen.

Ein Stromschlag durchzuckte mich, als ich die Wut und das Entsetzen darin sah. Alles in mir schrie danach, umzudrehen und die Treppe hochzustürmen, doch dafür war es wohl etwas zu spät. Mr. Jackson drehte sich zu mir um, und ich erstarrte wie eine Maus, als sein Adlerblick mich erfasste.

„Wer ist das?“, fragte er mit schneidender Stimme. Die Frage war an Ethan gerichtet, doch der antwortete nicht, also nahm ich all meinen Mut zusammen und stieg die letzten Stufen auf wackeligen Beinen hinab. Nichts von dem, was ich eben gehört hatte, war für meine Ohren bestimmt gewesen. Ich kam mir vor wie eine Einbrecherin, die auf dem Weg zur Richterbank war, um ihr Urteil abzuholen.

„Ähm. Ich bin Allie. Von nebenan.“ Als Mr. Jackson mich nur verständnislos ansah, fügte ich hinzu: „Die Tochter von Dora Clark.“

Endlich machte sich Erkenntnis in seinen Augen breit und ein Lächeln erschien auf seinen Lippen. Es erreichte seine Augen nicht, aber wenigstens wirkte er jetzt nicht ganz so angsteinflößend.

„Ah, unsere neue Nachbarin.“ Mit großen Schritten kam Ethans Vater auf mich zu, und ich musste den Kopf in den Nacken legen, als er vor mir stand und mir die Hand reichte. Sein Haar wurde von der weißen Offiziersmütze komplett verdeckt, aber an seinen hellen Bartstoppeln konnte ich erkennen, dass es dunkelblond sein musste – so wie Olivers.

Mr. Jackson trug seine Uniform mit sichtbarem Stolz, und auch wenn er schon etwas in die Jahre gekommen war, sah man sofort, von wem seine Söhne ihr gutes Aussehen geerbt hatten. Er sah gut aus, nur seine Gesichtszüge waren für meinen Geschmack etwas zu streng.

Oh, Mann, er sieht echt respekteinflößend aus!, dachte ich und schüttelte seine große, schwielige Hand. Dass er mir mit seinem festen Händedruck fast die Finger zerquetschte, schien er nicht zu merken.

„Schön, dich kennenzulernen, Allie. Ich bin Ross. Entschuldige, dass du unseren kleinen Streit mit anhören musstest."

„Macht doch nichts", brachte ich lächelnd heraus. Verstohlen ging mein Blick zu Ethan, der schwer atmete, als hätte er sich körperlich angestrengt. „Ich wollte Oliver gerade Suppe holen, aber vielleicht gehe ich besser und jemand von euch …"

„Nicht nötig", unterbrach Ethan mich harsch und starrte jetzt wieder seinen Vater an. „Pfleg du mal Papis kleinen Liebling weiter. *Ich* werde gehen!"

Mr. Jackson fuhr zu seinem Sohn herum. Ich nutzte die Gelegenheit, und machte eilig einen Schritt zurück.

Nur, falls die beiden gleich aufeinander losgehen würden – was nicht auszuschließen war, so dicke Luft wie hier herrschte.

„Du gehst, wenn *ich* es dir erlaube!", donnerte er, doch Ethan steuerte bereits auf die Tür zu. Ich kam nicht umhin, seine Kühnheit zu bewundern. Eltern waren ja im Allgemeinen einschüchternd, wenn sie wütend waren, aber Mr. Jackson war noch mal ein ganz anderes Kaliber.

Ich hätte mir ins Hemd gemacht, wenn er mein Vater gewesen wäre.

„Ethan!“, donnerte er, doch da knallte er schon die Tür hinter sich zu. Das ganze Haus schien unter der Wucht zu erzittern. Beklemmendes Schweigen setzte ein. Noch nie in meinem Leben hatte ich mich so fehl am Platz wie in diesem Moment gefühlt.

Ich räusperte mich verlegen, dann ging ich in die Küche und füllte die Schüssel eilig mit Eintopf. Ich konnte gar nicht schnell genug von Ethans Vater wegkommen.

„Also … ich geh dann mal wieder zu Oliver. Er wartet auf mich“, verkündete ich kleinlaut, als ich fertig war.

Mr. Jackson sah zu mir, und obwohl er vor Wurt kochte, schien es, als würde sein Blick durch mich hindurchgehen. „Mach das“, murmelte er, dann flitzte ich die Treppe hinauf.

*

„Was war denn da unten los?“, fragte Oliver, kaum, dass ich die Zimmertür hinter mir geschlossen hatte.

Geflasht von den Ereignissen setzte ich mich aufs Bett und reichte ihm die Schüssel.

„Dein Vater und Ethan …“ Ich schüttelte den Kopf, da ich nicht in Worte fassen konnte, was ich da eben erlebt hatte. Genauso gut hätte ich versuchen können, zwei aufeinanderprallende Naturgewalten zu beschreiben.

Stöhnend richtete Oliver sich auf und nahm die Schüssel. „Verstehe. Die zwei sind mal wieder wie abgerichtete Kampfhunde aufeinander losgegangen. Ich wollte dir das eigentlich ersparen. Tut mir leid, dass du das mit ansehen musstest."

Ich schluckte schwer. „Das heißt, so etwas passiert öfters?"

„Machst du Witze?" Bitter lachend tunkte Oliver den Löffel in die Suppe. „Das geht schon seit Ethans 14. Lebensjahr so."

Da mir nichts darauf einfiel, schwieg ich, und Oliver begann, zu essen.

So langsam setzte sich das Puzzle um die Familie Jackson zusammen. Ethans Abneigung gegenüber Oliver, der von seinem Vater offenbar bevorzugt wurde, sein Hass auf seinen Vater, weil er ihn mit *harter Hand* erzogen hatte, und Oliver, der vielleicht gar nichts für die Begünstigung konnte und zu Unrecht von Ethan verachtet wurde. Ich hatte Spannungen innerhalb der Familie erwartet, aber das hier war ein Pulverfass mit brennender Lunte. Und es rückte Ethans Verhalten wieder einmal in ein völlig neues Licht.

Ich blieb noch, bis Oliver aufgegessen hatte, dann dämmerte er wieder weg, und ich ging nach Hause.

Kapitel 10

Eine Woche darauf war Oliver wieder kerngesund und stopfte wie ein Weltmeister Fastfood in sich rein. Sein Vater war nach drei Tagen schon wieder abgereist, aber ich traute mich nicht, zu fragen, ob der Streit mit Ethan der Grund dafür war oder ob er ohnehin nur für kurze Zeit geblieben wäre. So oder so dürfte Oliver nicht viel von seinem Vater gehabt haben, denn er war ja tagsüber in der Uni gewesen. Ich hatte es schon mal gesagt, aber die Jungs taten mir leid, dass sie ihren Vater nur so selten sahen. Nun ja, Ethan war vermutlich froh darüber, aber Oliver schien ein ganz gutes Verhältnis zu seinem Vater zu haben.

Jedenfalls hatte ich fürs Erste genug tiefe Einblicke in ihr Familienleben bekommen. Das nächste Mal, wenn Mr. Jackson kam, würde ich einen kilometerweiten Bogen um sein Haus machen.

Ethan war seit dem Streit mit seinem *Alten* wie vom Erdboden verschluckt. Selbst, als ich in den darauffolgenden zwei Tagen noch mal bei Oliver gewesen war, hatte ich ihn nicht angetroffen.

Am Wochenende nahm ich mir das erste Mal seit unserem Einzug wieder Zeit zum Malen. Dazu brauchte ich nämlich nicht nur Ruhe, sondern auch einen freien Kopf, und beides hatte ich in der Vergangenheit dank Ethan kaum gehabt.

Die letzten beiden Monate waren eine Achterbahnfahrt der Gefühle gewesen und immer hatte Ethan im Mittelpunkt gestanden. Ethan, der mich zunächst offen angefeindet, dann ignoriert, dann aufgezogen und – um das Chaos perfekt zu machen – schließlich auch noch geküsst hatte. Innerlich war ich so aufgekratzt wie ein Bienenschwarm gewesen. Jetzt, da er durch Abwesenheit glänzte, war ich zum ersten Mal seit Langem wieder entspannt genug, um mich aufs Malen konzentrieren zu können. Offenbar tat seine Abstinenz mir gut.

Mit meiner Staffelei und zwei kleinen Leinwänden ging ich vor die Tür und malte den Sonnenuntergang. Die sinkende Sonne warf einen orangenen Schein auf die Häuserdächer und tauchte die Welt in meine Lieblingsfarben. Man könnte meinen, ich wäre es irgendwann leid, Sonnenuntergänge zu malen, aber sie waren nie gleich, egal, wie identisch sie auf den ersten Blick wirkten. Wolkenformationen, Zusammensetzung der Farben, Lichteinfall … irgendetwas war immer anders, und machte jedes Bild einzigartig.

Ich baute mein Equipment auf der Veranda auf, dann begann ich mit dem Himmel und arbeitete mich Zentimeter für Zentimeter nach unten. Es dauerte nicht lange, dann hatte ich alles um mich herum ausgeblendet und schwebte in einem Zustand völliger Ruhe und Zufriedenheit. Mein Pinsel flog wie von selbst über die feinstrukturierte Oberfläche. Als ich mit dem ersten Bild fertig war, ging ich nahtlos zum nächsten über, um den letzten Sonnenstrahl auf einem zweiten, dunkleren Bild festzuhalten. Am Ende hatte ich zwei Versionen desselben Sonnenuntergangs: den Anfang und das Ende. Wie sehr ich das Malen vermisst hatte, wurde mir erst bewusst, als ich meine fertigen Werke betrachtete.

Im ersten Trimester bekamen wir überwiegend Theorie vermittelt – was den Unterricht teilweise echt öde machte –, an eigene Projekte und angewandte Kunst würde es erst später gehen. Ich nahm mir vor, wieder öfter zu malen, dann stellte ich die Bilder zum Trocknen in den Flur und machte mir Abendbrot.

Als ich die Bilder am Montag an meine Freunde verschenkte, waren sie sprachlos. Willow bekam das dunkle Bild, da es farblich besser in ihr Zimmer passte. Sie war so gerührt, dass sie mir mit feuchten Augen um den Hals fiel.

Oliver bekam das hellere und freute sich ebenfalls tierisch. Fred und George waren eher weniger kunstbegeistert, aber sie sollten nicht leer ausgehen, deshalb spendierte ich ihnen je einen Muffin zum Nachtisch. Daraufhin fragte Fred mich scherzhaft, ob ich etwas angestellt hätte, weil ich auf einmal so großzügig wäre. Tatsächlich war ich einfach bloß glücklich, so tolle Freunde gefunden zu haben. Angekommen zu sein.

Und diese Freude drückte ich nun mal gern mit Geschenken aus.

Oliver fuhr nach der Uni direkt zur Arbeit und auch Willow hatte heute keine Zeit für mich. Da es klausurenmäßig diese Woche wieder etwas ruhiger sein würde, liebäugelte ich auf dem Nachhauseweg damit, die Serie *Poldark* weiterzugucken. Sie war schon etwas älter, aber ich hatte sie erst neulich auf Amazon entdeckt und war ganz schockiert gewesen, als ich den Hauptdarsteller auf dem Cover gesehen hatte. Aidan Turner! Wie hatte diese Serie bloß unbemerkt an mir vorbeigehen können?! Ich gab zu, dass ich ohne jede Erwartung an die erste Folge herangegangen war. Eigentlich hatte ich nur Aiden anschmachten wollen, aber dann hatte sie mich so sehr mitgerissen, dass ich vier Folgen hintereinander geguckt und nur aufgehört hatte, weil es schon 2 Uhr nachts gewesen war. Lange Rede kurzer Sinn: Heute Abend war wohl ein Serienmarathon fällig.

Ich verabschiedete mich von Fred und George, die mit dem Bus noch weiterfahren mussten, dann stieg ich aus und schlenderte durch meine Siedlung. Das Wetter war heute zur Abwechslung mal angenehm erfrischend. Die Sonne wurde größtenteils von Wolken verdeckt, aber natürlich waren die Temperaturen weit davon entfernt, kalt zu sein. Das Wort „kalt“ gab es in Texas nicht. Es hätte mich überrascht, wenn es in den hiesigen Wörterbüchern überhaupt existierte.

Als ich am Haus der Jacksons vorbeikam, guckte ich nicht schlecht. Mit Eimer und Putzlappen bewaffnet hockte Ethan in der Einfahrt und polierte seine Autofelgen.

Sieh einer an, er lebt also noch, dachte ich, während gleichzeitig die unterschiedlichsten Gefühle in mir hochstiegen. Da waren zum einen unerklärliche Freude und Erleichterung, aber auch Beklommenheit und ein bitterer Beigeschmack wegen des heftigen Gesprächs mit seinem Vater, dessen ich Zeugin geworden war.

Kurz überlegte ich, einfach weiterzugehen. Ethan hockte mit dem Rücken zu mir und sah mich nicht – es wäre also nicht unhöflich. Andererseits hatte ich ihn lange nicht mehr gesprochen. Seit seinem Vater-Sohn-Gespräch hatte er nie wieder Kontakt zu mir aufgenommen, und ich fragte mich, woran das lag. Hielt er Abstand, weil ich etwas mitbekommen hatte, das mich nichts anging, oder war er es leid, sich für den Kuss zu entschuldigen?

Und was war mit seinem Spruch von wegen ich sollte mich lieber um Papis Lieblingssohn kümmern? Mied er deshalb meine Nähe? Dachte er vielleicht, ich wäre auf Olivers Seite? Denn falls es so wäre, musste ich das richtigstellen. Mir gefiel der Gedanke nicht, dass Ethan sich mit seinen familiären Problemen allein fühlen könnte. Ich fand es immer noch schrecklich, dass er seinen Bruder so sehr verabscheute, aber jetzt kannte ich den Grund dafür und konnte es nachvollziehen.

„Hey“, sagte ich, als ich bei ihm war und stellte mich in sein Blickfeld.

Ethan, der gerade die rechte Vorderfelge mit einem Lappen säuberte, drehte den Kopf und schaute zu mir hoch. Kurz flackerte Überraschung in seinen Augen auf, aber genauso schnell war sie auch wieder erloschen. „Hey“, meinte er fast schon desinteressiert und wandte sich wieder ab.

Irritiert blinzelte ich Ethan an. Träumte ich oder seit wann ignorierte er mich wieder? Sprachlos beobachtete ich, wie er beharrlich die Chrome-Felge polierte und keine Anstalten machte, sein Schweigen zu brechen. Als er fertig war, glänzte sie so stark, dass sich mit Sicherheit mein verdutztes Gesicht darin widerspiegeln würde, wenn ich nur dicht genug heranginge.

Ich konnte nicht fassen, dass Ethan mir gerade so einen plumpen Korb gegeben hatte. Ausgerechnet er. Nach allem, was er sich geleistet hatte. Das konnte ich nicht auf mir sitzen lassen. Die Arme vor der Brust verschränkend sagte ich spöttisch: „Wenn du Geld für die Waschanlage brauchst, hättest du mich einfach fragen können. Kein Grund, dein Auto mit den Händen zu waschen.“

Ich erreichte, was ich wollte. Lachend stellte Ethan das Wischen ein und stand auf. Sein anthrazitfarbenes T-Shirt – heute war er offenbar wieder farbenfroh unterwegs – war bis zu den Schultern hochgekrempelt und lag hauteng an seinem Bauch an.

„Allie Clark richtet freiwillig das Wort an mich. Wie komme ich zu *der* Ehre? Bist du nicht mehr wütend auf mich oder brauchst du dringend Hilfe?“ Demonstrativ sah er sich um, doch ich ging nicht auf seinen sarkastischen Ton ein.

„Weder noch. Ich komme gerade von der Uni und dachte, ich sage hallo. Du warst immerhin eine Woche lang wie vom Erdboden verschluckt.“ Für meinen Geschmack schwang etwas zu viel Vorwurf in meiner Stimme mit.

Das schien wohl auch Ethan aufzufallen. Spöttisch zog er eine Braue hoch und lehnte sich mit verschränkten Armen an die Motorhaube. „Soll das etwa heißen, du hast mich vermisst?“

Ich rollte die Augen. „Mach dich nicht lächerlich.“

Ethan benetzte seine Lippen, sodass ich von der Bewegung kurz abgelenkt war, dann legte er den Kopf schräg und musterte mich von oben bis unten. „Aber irgendetwas scheint dich ja dazu bewogen zu haben, mich anzusprechen.“ Und da war er wieder. Der Blick, der meinen Puls von 0 auf 180 katapultierte.

„Ich wollte einfach nur höflich sein“, sagte ich, genervt, weil sich offenbar nichts geändert hatte. Mein Körper reagierte noch genauso heftig auf Ethan wie zuvor: Nämlich wie ein Abhängiger, dem man seinen Lieblingsstoff vor die Nase hielt. „Aber wenn ich dich störe, kann ich auch wieder …“

„Das habe ich nicht gesagt“, unterbrach er mich mit einem jetzt wissenden Lächeln, das Hitze in mir aufwallen ließ. Ethan wusste genau, was für eine Wirkung er auf mich hatte, und dass ich in seiner Gegenwart so schnell die Beherrschung verlor, war nur der Beweis dafür, wie sehr er mir unter die Haut ging. Ich hätte einfach weitergehen sollen.

„Gut, dann … viel Spaß noch beim Autowaschen“, sagte ich kurz angebunden und wollte mich abwenden, doch da stieß Ethan sich vom Wagen ab.

„Wie jetzt, das war‘s? Du flirtest mit mir und verschwindest dann wieder?“

Vermutlich reagierte ich genau so, wie es von ihm beabsichtigt war, aber ich hielt fassungslos inne und starrte ihn an. „Ich … habe nicht mit dir geflirtet!“

„Nicht?“ Spott gepaart mit einer gesunden Portion Hochmut funkelten jetzt in Ethans Augen, als er auf mich zukam.

Ich merkte, wie ich schon wieder zurückweichen wollte, befahl meinen Füßen aber, stehen zu bleiben. Wenn ich einen Rückzieher machte, gewann er die Oberhand über die Situation, und etwas in seinem Blick sagte mir, dass er genau das wollte.

Ethan stand nun direkt vor mir und beugte sich ein Stück zu mir herunter. Sein betörendes Parfüm stieg mir in die Nase, drohte, mir die Sinne zu vernebeln, während gleichzeitig ein angenehmer

Schauer meinen Rücken hinunterrieselte. „Hm. Ich hätte schwören können, dass du kurz auf meine Lippen gestarrt hast. Als wolltest du mich wieder küssen."

„Ich *dich*?", schnaubte ich empört. „*Du* hast ja wohl *mich* geküsst!"

Gelassen erwiderte er meinen Blick. „Wir wissen beide, dass das nicht stimmt. Es ist ja nicht so, als hätte ich dir einfach die Zunge in den Hals geschoben. Ich hatte dir genügend Zeit gegeben, die Sache abzubrechen. Aber das hast du nicht. Einigen wir uns darauf, dass wir es beide wollten."

Warum redeten wir überhaupt darüber? Hatte er mich nicht eben noch ignoriert? Kurz war ich versucht, einfach alles abzustreiten. Ethan konnte nicht wissen, ob ich den Kuss wirklich gewollt hatte oder nicht. Selbst, wenn er *noch* so gut in meinem Gesicht lesen konnte, solange er keine telepathischen Kräfte besaß, blieben meine Gedanken für ihn verschlossen. Aber dann dachte ich: Wozu uns beiden etwas vormachen? Ich hatte den Kuss gewollt. Punkt. Es wurde Zeit, dass ich dazu stand.

„Schön, meinetwegen!", sagte ich genervt.

Einen flüchtigen Moment lang geschah gar nichts – Ethan sah mich einfach nur an –, dann richtete er sich mit einem dämonischen Lächeln wieder auf.

„Was ist?", fragte ich argwöhnisch, da ich das ungute Gefühl hatte, einen Fehler begangen zu haben.

Ich war mir sicher, dass er etwas Unverschämtes, vielleicht sogar Anzügliches sagen würde, aber dann überlegte er es sich anders und warf einen Blick zu seinem Wagen. „Lust auf 'ne Spritztour?"

Verdattert starrte ich Ethan an. Genauso gut hätte er mich fragen können, ob ich mich nackt vor ihm auszuziehen wollte. „Soll das ein Scherz sein?"

„Nein, warum?"

Ich blickte zu seinem Auto, dann wieder zu Ethan, der mich abwartend musterte. „Ich weiß nicht", sagte ich unschlüssig. „Ich meine … jetzt?"

Ethan warf den Lappen, den er bis jetzt festgehalten hatte, in den Eimer und wischte sich die Hand an der schwarzen Hose ab. „Warum nicht? Oder musst du noch lernen?"

„Nein, aber …"

„Gut, dann steig ein." Ohne meine Antwort abzuwarten, ging er um das glänzende Auto herum und öffnete mir die Beifahrertür.

Ich begriff, dass er es ernst meinte. Das hier war kein Versuch, mich bloßzustellen oder auf den Arm zu nehmen. Ethan meinte es tatsächlich ernst.

Hin und her gerissen biss ich mir auf die Unterlippe. Meine Gefühle veranstalteten ein erbittertes Tauziehen. Die eine Stimme riet mir dringend davon ab, sein Angebot anzunehmen – egal, wie verlockend es klang –, die andere jubelte, und mein Körper würzte das Ganze noch mit einem aufgeregten Bauchkribbeln. Ich hatte das beunruhigende und gleichzeitig prickelnde Gefühl, dass es alles zwischen uns verändern würde, wenn ich jetzt in dieses Auto stieg.

Als ich mich immer noch nicht von der Stelle rührte, lachte Ethan. „Wow! Dir ist schon klar, dass du mich gerade anguckst, als wäre ich ein Axtmörder, oder?“ Er klang nicht beleidigt, wartete aber auch nicht länger ab, sondern ging zur Fahrerseite. „Eigentlich wollte ich nur einkaufen fahren, aber wenn du um dein Leben fürchtest, kannst du natürlich hier bleiben. Ich will dich zu nichts zwingen.“

In seinen letzten Worten steckte so viel mehr als nur ein Vorschlag. Als wir in der Bar gewesen waren, hatte Ethan mich mit netten Worten und zweideutigen Blicken um den Finger gewickelt – egal, was er behauptete –, aber das hier war etwas anderes. Er ließ mir von Anfang an die Wahl. Keine Manipulation. Keine unlauteren Mittel, wie etwa sein entwaffnendes Lächeln.

Mit einem provokanten Glitzern in den Augen stieg er ein, sodass ich ihn jetzt im Außenspiegel sehen konnte. Ich zögerte noch einen Augenblick, dann gab ich mir einen Ruck und ging zur Beifahrerseite. Vermutlich beging ich einen saudämlichen Fehler – also noch dämlicher, als Ethan zu küssen –, und mit Sicherheit würde ich es irgendwann später bereuen. Aber nun ja, wie war der Spruch mit dem Licht und der Motte noch gleich?

*

Durch das halb heruntergekurbelte Fenster blies mir milder Fahrtwind ins Gesicht und wirbelte mein offenes Haar durcheinander. Ethan hatte das Radio eingeschaltet, die Musik war jedoch so leise, dass der Straßenlärm sie locker übertönte. Die ersten Minuten schwiegen wir, aber es fühlte sich nicht beklemmend an – was seltsam war, da ich immerhin in Ethans Auto saß. Vor ein paar Tagen wäre das noch undenkbar gewesen. Irgendwann fiel mir auf, dass er vor sich hinlächelte.

„Lachst du, weil du mich reingelegt hast und *doch* ein Axtmörder bist, oder machst du dich schon wieder wegen irgendetwas über mich lustig?", erkundigte ich mich.

Ethans Mundwinkel zuckten. „Wieder? Wann habe ich mich *jemals* über dich lustig gemacht?"

Mein Gesicht wurde lang. „Die Frage meinst du ja wohl nicht ernst!"

Sein kehliges Lachen pulsierte durch meinen Körper und ließ mich schaudernd zurück. Erst jetzt begriff ich, dass er genau das getan hatte, was ich ihm eben vorgeworfen hatte, und ein Lächeln stahl sich auf meine Lippen. Er konnte es einfach nicht lassen, mich aufzuziehen.

Ethan ließ mich noch einen Atemzug lang zappeln, dann gestand er: „Ich bin nur erstaunt, dass du eingestiegen bist. Darf ich daraus schließen, dass du mir die Sache mit Samantha verziehen hast?"

Die Ampel vor uns sprang auf Rot und Ethan hielt den Wagen an. Ich betrachtete ihn von der

Seite. Die vergangenen sieben Tage hatten mir ausreichend Zeit gegeben, über seine Entschuldigung nachzudenken, sie sacken zu lassen, und ich war zu dem Schluss gekommen, dass jeder mal Fehler machte. Es wäre ungerecht, wenn ich ihm seinen ewig vorhalten würde. Trotzdem. *Zu* einfach wollte ich es ihm dann doch nicht machen.

„Weiß ich noch nicht", sagte ich deshalb. „Kommt drauf an, wie der Abend verläuft."

Als Ethan überrascht und auch ein bisschen ungläubig den Kopf zu mir drehte, wurde mir erst die Tragweite meiner Worte bewusst. Das klang ja, als wären wir zu einem Date unterwegs!

„Ich meine natürlich die Fahrt", ruderte ich schnell zurück. „Oder den Ausflug. Was auch immer." Mit einer wegwerfenden Handbewegung wollte ich meine Worte abtun, aber es war zu spät: Die Röte schoss mir ins Gesicht, und ich dachte nur, was zum Geier ich da faselte. Ethan war clever genug, nicht auf meinen Patzer einzugehen, aber mit meiner Gelassenheit war es jetzt vorbei.

Den Rest der Fahrt schimpfte ich mit mir selbst – also in Gedanken. Gleichzeitig bemühte ich mich, die aufkeimende Nervosität in Zaum zu halten. Zum ersten Mal hatte ich keine Ahnung, woran ich bei Ethan war. Anfangs hatte ich ihn für einen ungenießbaren Einzelgänger gehalten, dann für einen großspurigen Kotzbrocken und nach dem Kuss für einen gewissenlosen Aufreißer. Aber jetzt? Was erhoffte er sich von dieser Fahrt oder davon, dass ich ihm das Eifersuchtsspielchen mit Samantha verzieh? Ich hatte keinen blassen Dunst. Und ja, das machte mich *ziemlich* nervös.

Kurze Zeit später parkte Ethan vor dem Supermarkt unseres Vertrauens. Am Wochenende traf man hier halb Cleeveville an, was nicht weiter überraschend war, wenn man bedachte, dass er a) alles bot, was ein Haushalt gebrauchen könnte, und b) einfach und schnell über den Highway zu erreichen war. Der lange Weg durch die Innenstadt blieb uns dadurch erspart.

Ethan nahm einen Einkaufswagen, dann betraten wir den gigantischen Supermarkt, der wohl eher die Bezeichnung Halle verdient hätte.

„Warum gehst *du* eigentlich immer einkaufen?“, fragte ich, als wir durch den ersten Gang schlenderten. Mir war neulich schon aufgefallen, dass meistens Ethan die Besorgungen erledigte.

„Weil ich das Geld dafür habe.“ Als ich ihn nur fragend ansah, erklärte er: „Dad stellt uns eine monatliche Summe zur Verfügung, aber Oliver und ich sind ziemlich verfressen, deshalb reicht es nicht immer.“ Während er erzählte, durchsuchte Ethan die Regale und legte hier und da Lebensmittel in den Wagen. „Wenn das Budget aufgebraucht ist, springe ich ein.“

„Und kaufst du dann nur für dich oder für euch beide ein?“

Er warf mir einen teils amüsierten, teils vorwurfsvollen Blick zu. „Hältst du mich für so einen

Arsch? Ich kaufe natürlich für uns beide ein. Ich weiß ja, was Oliver isst."

Verstohlen betrachtete ich Ethans Profil, der jetzt zwei Dosen Fertig-Pesto in die Hände nahm und die Inhaltsstoffe verglich. Also hasste er Oliver immerhin nicht so sehr, dass er ihn verhungern lassen würde. Das gab mir Hoffnung, dass sich die beiden irgendwann vielleicht doch noch vertragen könnten.

Gott, ich wünschte es mir so sehr für sie. Die Wahrheit war nämlich, dass mir mittlerweile beide ans Herz gewachsen waren – nicht nur Oliver, sondern auch Ethan. Und ich ertrug den Gedanken nicht, dass es ihr Vater war, der sie auseinandergetrieben hatte. Wenn auch vielleicht unbewusst.

Ethan hatte sich die eine oder andere fragwürdige Aktion geleistet, das stimmte, und er war in meinen Augen auch nicht so berechenbar wie Oliver, aber es wäre gelogen, wenn ich behauptete, dass er mich kalt lassen würde. Denn das tat er nicht. Spätestens seit dem Kuss nicht mehr.

*

Der Einkauf war schnell erledigt. Nach 20 Minuten hatte Ethan alle Lebensmittel zusammen, und ich fand es erstaunlich, wie radikal sich seine Ernährung von der seines Bruders unterschied. Während Oliver überwiegend von Fertignahrung lebte, setzte Ethan auf gesunde und eiweißreiche Kost. Gut, als

Kampfsportler hatte er vermutlich gar keine andere Wahl, wenn er in Form bleiben wollte, aber der Unterschied war trotzdem erschreckend. Ich sollte mir ein Beispiel an Ethans vorbildlicher Ernährung nehmen und Oliver gleich mitanimieren.

Nach dem Einkaufen fuhren wir zum *Sam Houston Park*, denselben Park, in dem Oliver und Fred immer Laufen gingen. Es war Ethans Idee gewesen. Er stellte das Auto ein paar Straßen weiter ab, dann nahm er eine Wasserflasche und ich angelte die Gummibärchen aus meiner Tasche, die mich im Supermarkt angelächelt hatten. Dann gingen wir los.

Der Park war belebt, aber nicht übermäßig voll, sodass wir entspannt an den Brunnen, Statuen, der St. John Kirche und den anderen historischen Gebäuden vorbeischlendern konnten. Am See ließen wir uns schließlich auf einer überschatteten Parkbank nieder – die Gummibärchen hatte ich inzwischen vernichtet. Ethan hatte ich natürlich auch welche angeboten, aber der befand sich gerade in irgendeiner Muskeldefinitionsphase und boykottierte sowohl künstliche Zusatzstoffe als auch Zucker.

Als ob seine Muskeln nicht schon definiert genug wären.

„Wo hast du dich in den letzten Tagen herumgetrieben?", wollte ich wissen, nachdem wir eine Weile schweigend nebeneinandergesessen und die Vögel am Wasser beobachtet hatten. Ich war mir ziemlich sicher, dass Ethan nicht zu Hause gewesen war. Erstens hatte ich ihn nie dort angetroffen und zweitens hatte in seinem Zimmer abends nie das Licht gebrannt.

„Meine Abwesenheit scheint dich ja schwer beschäftigt zu haben“, meinte Ethan belustigt. Er hatte sich halb auf die Bank gefläzt und wieder einen Arm auf die Rückenlehne gelegt – zweifellos seine Lieblingspose. Als ich nur eine Grimasse zog, erklärte er schmunzelnd: „Ich hab‘ bei Desmond geschlafen. Mache ich fast immer, wenn mein Vater zu Hause ist. Du hast ja gesehen, weshalb.“

Grübelnd faltete ich die leere Packung in meinen Händen, dann fragte ich vorsichtig: „Warum ist er so zu dir?“

Ethan schnaubte. Sein Lächeln war verschwunden. „Ist ‘ne längere Geschichte.“

Das hatte ich schon mal gehört. Von Oliver. Diesmal hatte ich jedoch nicht vor, mich so einfach abwimmeln zu lassen. Ja, ich hatte gesagt, dass ich fürs Erste genug tiefe Einblicke in ihre Familienkrise bekommen hätte, aber da hatte ich auch noch nicht geahnt, dass ich eine Woche später freiwillig meine Zeit mit Ethan verbringen würde. Bisher hatten wir uns entweder zufällig getroffen oder er hatte sich mir aufgedrängt – siehe Kaffeetrinken mit meinen Großeltern.

Und jetzt saßen wir im *Sam Houston Park*, mit einer wunderschönen Aussicht auf den See und die Skyline im Hintergrund, und mir wurde klar, dass ich Ethan besser kennenlernen wollte. Dass ich nichts lieber täte, als seine Mauern niederzureißen. Den Jungen *hinter* der Fassade des unverschämten, gutaussehenden Kampfsportlers kennenzulernen.

Schulterzuckend sagte ich: „Wir haben doch Zeit."

Ethan warf mir einen langen Blick zu. Ich befürchtete schon, dass ich zu weit gegangen wäre, dass er das Thema wechseln oder den Ausflug vorzeitig beenden würde, aber dann schaute er wieder zum Wasser und sagte: „Du weißt ja bestimmt, dass unsere Mutter tot ist."

Ich bejahte, behielt aber für mich, dass ich mich nie getraut hatte, Oliver nach der Ursache zu fragen.

Nachdem er sie bei unserem Kennenlernen einmal erwähnt hatte, hatte er nie wieder über sie gesprochen, also hatte ich nicht nachgehakt.

Aber dann erklärte Ethan von sich aus: „Sie starb, als ich 12 war. Eine Erbkrankheit, an der auch schon ihre Großmutter gestorben ist. Als Mom noch lebte, war alles in Ordnung. Oliver und ich haben uns genauso gut verstanden wie alle anderen Brüder. Ab und an gab's Streit und die eine oder andere nicht ernstgemeinte Prügelei, aber wir haben uns nicht gehasst, und mein Vater war auch noch nicht so tyrannisch wie heute. Nun ja, streng war er schon immer, aber nach Moms Tod ging es dann so richtig den Bach runter. Er veränderte sich, wurde reizbarer, launischer."

Ethan pausierte und schraubte die Wasserflasche auf. Er bot mir den ersten Schluck an, aber ich winkte dankend ab, woraufhin er großzügig daraus trank.

„Jeder verarbeitet den Verlust eines Menschen ja bekanntlich anders“, fuhr er fort und verschloss die Flasche wieder, „aber bei meinem Vater ging es in die *völlig* falsche Richtung. Im Nachhinein betrachtet hätte ihm wohl ein Therapeut ganz gutgetan, aber der knallharte Navy-Offizier wollte Moms Tod natürlich wie ein *Mann* verkraften. Oliver und ich waren zwei Jahre lang in Therapie, und es hat geholfen. Heute kann ich über meine Mutter sprechen, ohne in Tränen auszubrechen, aber Dad … er stürzte sich wie ein Verrückter in die Arbeit. Blieb auf immer längeren Einsätzen, während unsere Tanten und Großeltern sich um uns kümmerten. Und als ihn seine Arbeit offenbar nicht mehr ausreichend von seiner Trauer ablenken konnte, ist er irgendwann auf *mich* losgegangen. Meinte, er müsste aus mir einen Mann machen, damit ich Oliver als Vorbild dienen könnte, wenn er nicht zu Hause wäre. So ein Schwachsinn!“

Ethan schüttelte den Kopf und starrte mit zusammengepressten Kiefern auf den See. „Weißt du, was er gemacht hat, als ich mich irgendwann gegen seine *Erziehung* gewehrt habe? Er hat mich auf dem Dachboden eingesperrt! Auf dem kalten, gruseligen Dachboden, zwischen all dem Gerümpel und den Spinnennetzen. Um zur *Besinnung* zu kommen, wie er es so gern formuliert hat. Als wäre ich ein Hund, den man dressieren müsste!“

Ich wusste nicht, was ich dazu sagen sollte, ob es überhaupt Worte gab, die mein Entsetzen und meine Anteilnahme ausdrücken konnten. Ich hatte mir erhofft, Ethans Beweggründe besser nachvollziehen zu können, wenn er mir seine Geschichte erzählte, aber was ich jetzt erfuhr … war einfach nur schrecklich.

„Ich habe ihn gehasst. Das tue ich immer noch. Und ich habe Oliver gehasst, weil Dad ihn mehr geliebt hat als mich, weil er ihn nie angefasst oder auch nur angeschrien hat. Oliver kommt zu sehr nach unserer Mutter. Er hat ihre Augen, ihre Sanftmut. Mein Vater hat es nicht über sich gebracht, ihn anzufassen, also hat er seine Trauer und seinen Frust an mir ausgelassen. Einem 14-jährigen Jungen. Er wollte aus mir einen Kämpfer machen. Einen *US Marine.* Dabei wollte ich einfach nur ein Kind sein.“

Ethan atmete tief durch und drehte gedankenverloren die Flasche in seiner Hand.

„Er hat mich jahrelang gedrillt. Mir eine Lektion nach der anderen erteilt, bis ich irgendwann so alt war, dass ich mich gegen ihn wehren konnte. Einmal. Einmal habe ich ihn geschlagen. Da war ich 18.“

In Ethans Stimme lag weder Genugtuung noch Schadenfreude. „Danach hat er mich nie wieder angefasst.“

Bestürzt schüttelte ich den Kopf, was Ethan nicht mitbekam, da sein Blick starr auf den See gerichtet war. Als würden dort seine Erinnerungen schwimmen und ihn festhalten.

„Und Oliver ist nie … dazwischen gegangen?“, fragte ich.

Da verhärtete sich Ethans Blick. „Dazu hatte er viel zu großen Schiss vor unserem Vater. Ich hatte ja selbst jahrelang Schiss. Dad war schon damals ein hochrangiger Offizier. Leute zu befehligen und einzuschüchtern liegt ihm im Blut. Aber er hatte wohl nicht bedacht, dass ich mit der Zeit abstumpfen würde. Wenn du jahrelang gezüchtigt wirst, macht dir irgendwann gar nichts mehr Angst. So kam es dann auch, dass ich ihn geschlagen habe.“

Ich erinnerte mich daran, dass Desmond einmal gesagt hatte, Ethan könnte eine Menge einstecken. Vielleicht hatte er damals nicht nur auf den Kampf mit Marlon, sondern auch auf seine Erziehung angespielt.

„Als er körperlich nicht mehr gegen mich ankam, hat er sich auf andere Weise gerächt: Bezahlte mir beispielsweise kein Taschengeld mehr und finanzierte mich auch sonst kaum noch. Wäre mein Vater nicht sowieso kaum zu Hause gewesen, wäre ich direkt ausgezogen. Aber so übernachte ich einfach bei meinen Kumpels, wenn er Urlaub hat.“

Ethan machte wieder eine Pause und sah einem Jogger nach, bis er hinter einer Baumgruppe verschwand.

Dann sagte er: „Ich habe aus zwei Gründen mit dem Boxen angefangen. Erstens, weil ich stärker werden und mich gegen ihn wehren können wollte, und zweitens, weil ich Geld verdienen wollte. Um mir all die Dinge leisten zu können, die er mir wegen meines *Ungehorsams* versagt hatte. Ein eigenes Auto, Handy, Laptop … was man eben so braucht. Das Einzige, das mein Vater zahlt, sind das Studium und Lebenshaltungskosten – und das auch nur, weil er gesetzlich dazu verpflichtet ist. Du hast ja gehört, was er von meinem Schauspielstudium hält. Am liebsten hätte er es, wenn ich in seine Fußstapfen getreten und zur Navy gegangen wäre." Ethans Schnauben machte deutlich, was er von der Vorstellung hielt. Er drehte den Kopf zu mir. Das erste Mal, seitdem er angefangen hatte, zu erzählen, sah er mich an. „Jetzt weißt du, warum ich boxe."

Ich nickte und schaute auf die Verpackung in meinen Händen, die ich unbewusst immer wieder zusammen- und auseinandergefaltet hatte. „Wobei … nicht ganz", gestand ich und sah Ethan wieder an. „Ich verstehe, dass du durch das Boxen stärker werden wolltest, aber hätte es zum Geldverdienen keinen legaleren Weg gegeben?"

Da lachte er bitter. „Doch, aber dann würde ich hier vermutlich noch weitere zehn Jahre feststecken – so, wie alle anderen. Dad verdient gut, aber er ist kein Millionär. Es reicht, um unsere Studiengänge und das Haus zu finanzieren, aber das war's dann auch. Ich kämpfe jetzt schon viele Jahre, und ich bin gut darin. Noch ein, zwei Jahre und ich hab' genug Geld zusammen, um mir meine eigene Wohnung, vielleicht sogar ein Haus, leisten zu können."

„Na, wenigstens lohnt sich das Boxen."

Es war weder sarkastisch noch mitleidig gemeint, sondern einfach nur eine Feststellung. Allerdings bewirkten meine Worte, dass Ethan mich jetzt aufmerksam betrachtete. So, als befürchtete er, seine Vergangenheit könnte mich abschrecken. „Tut es. Und wenn ich das Geld endlich zusammen habe, muss ich meinen Vater nie wiedersehen. Ich glaube nicht, dass er mir eine Träne nachweinen wird. Nicht seiner *großen Enttäuschung*. Er wird wahrscheinlich Luftsprünge machen. Endlich zieht das schwarze Schaf der Familie aus und er kann sich voll und ganz auf seinen Lieblingssohn konzentrieren. Nicht, dass Oliver nicht sowieso schon alles in den Arsch geschoben bekäme."

„Das stimmt nicht", widersprach ich ihm, woraufhin Ethan stutzte. Er mochte eine nachvollziehbare Verachtung seinem Vater und Bruder gegenüber empfinden, aber an dieser Stelle musste ich Oliver in Schutz nehmen. „Oliver arbeitet auch für seine Träume. Er plant nach der Uni eine Weltreise und steht dafür jedes Wochenende an der Kinokasse. Er schiebt sogar Doppelschichten, um das Geld dafür zusammenzukratzen."

„Was denn? Bist du etwa immer noch auf Olivers Seite? Nach allem, was ich dir gerade erzählt habe?"

Traurig erwiderte ich Ethans funkelnden Blick. „Ich bin auf niemandes Seite. Nicht mehr. Im Gegenteil. Jetzt wünsche ich mir umso mehr, dass ihr euch vertragt.“

Ethan wich meinem Blick aus und schaute wieder zum See. Er schwieg eine Weile, dann sagte er: „Ich weiß nicht, ob das möglich ist. Tief im Inneren weiß ich, dass Oliver nichts dafür kann, dass er bevorzugt wurde. Aber wenn ihn ansehe … sehe ich alles, was mein Vater mir angetan hat.“ Er schüttelte den Kopf und drehte wieder die Flasche in der Hand. „Es ist kompliziert.“

Ja. Das verstand ich jetzt.

Auf einmal lachte Ethan. „Wow! Das war der deprimierendste Smalltalk aller Zeiten! So habe ich mir den Spaziergang eigentlich nicht vorgestellt. Tut mir leid.“

„Dafür musst du dich noch nicht entschuldigen. Ich bin froh, dass du es mir erzählt hast.“

Überrascht sah Ethan zu mir, und ich bildete mir ein, Verbundenheit in seinen Augen zu sehen. „Warum?“

„Weil ich dich besser verstehe“, antwortete ich schulterzuckend. „*Warum* du so bist wie du bist.“

Zwei, drei Atemzüge lang sah Ethan mich einfach nur an. In seinen Augen spiegelten sich so viele Emotionen, dass es mir schwerfiel, auch nur eine davon zu deuten. Dann zog er plötzlich einen Mundwinkel hoch.

„Bedeutet: du *magst* mich jetzt.“

Ich musste lachen und schüttelte den Kopf. Wie konnte er nur von so einem ernsten Thema zum Flirten übergehen? „Darauf antworte ich nicht."

„Warum nicht?" Sein Blick wurde herausfordernd, beinahe lockend. Der Trübsal darin schien wie weggewischt. „Angst, ich könnte etwas versuchen? Umgeben von dieser romantischen Kulisse? Mitten in einem ...", demonstrativ sah er sich um, „nur spärlich besuchten Park?"

Mein Lächeln wurde breiter. „Das macht dir Spaß, oder? Mich zu ärgern."

Ich hatte mit vielem gerechnet, aber nicht mit dem sengenden Blick, den Ethan mir jetzt schenkte und der mein Blut zum Kochen brachte. „Oh, Allie", säuselte er, „du hast ja *keine* Ahnung, was mir alles Spaß machen würde."

Mein Mund öffnete sich, um etwas zu erwidern – irgendetwas, das von meiner Erschütterung über seine Worte ablenken konnte –, aber ich brachte keinen Ton heraus.

Auf meinen Versuch hin, wenigstens ein unbewegtes Gesicht zu machen, lachte Ethan. „Keine Angst", sagte er wohlwollend und entließ mich aus dem magischen Sog seiner Augen. „Ich tue nichts, was du nicht willst."

Jetzt runzelte ich die Stirn. Was sollte *das* denn bitte bedeuten? Und was waren das vor allem für neue Töne?

„Wir haben uns gerade erst wieder vertragen. Wenn ich dich jetzt küssen würde, müsste ich dir wieder erklären, *warum* ich es getan habe, und du würdest mir vermutlich nicht glauben." Er senkte den Blick auf meine Lippen, länger, als er es jemals getan hatte, und sah mir dann wieder in die Augen. „Denn ich *möchte* dich küssen, Allie. Immer."

Heiliger Bimbam! Und das sagte er mir einfach so ins Gesicht? Mein Herz geriet ins Stottern.

Schmunzelnd, als könnte er es hören, wandte Ethan den Kopf ab und betrachtete die Bäume auf der anderen Seite des Sees. „Aber ich reiße mich zusammen. Im Moment genieße ich deine Gesellschaft zu sehr, um einen weiteren Streit zu riskieren."

So viele Antworten gingen mir durch den Kopf. Aber ich hatte Angst, dass ich etwas Falsches sagen und meine Gefühle damit wie einen Teppich vor ihm ausrollen würde. Also flüchtete ich mich in Sarkasmus. Mein Retter in der Not. „Ach, was. *Du* genießt *meine* Gesellschaft?"

Sollte Ethan mein Ablenkungsmanöver durchschauen, so ließ er sich nichts anmerken. Ohne mich anzusehen, erklärte er: „Glaub mir, ich bin selbst überrascht. Vor allem, da du die erste Person seit Langem warst, die mir ihre Meinung gesagt hat. Und das gleich mehrfach. Desmond zählt nicht, weil er mein bester Freund ist. Außerdem ist er ein Weichei und will immer alles schlichten. Aber es hat sich schon lange keiner mehr getraut, mir ins Gesicht zu sagen, was er von mir hält. Meinen Vater und Marlon einmal ausgenommen. Dafür haben sie alle viel zu großen Respekt vor meinen Kampfkünsten.“ Die Tatsache, dass er Mr. Jackson und seinen Erzfeind Marlon in einem Atemzug nannte, ließ nicht darauf schließen, dass sich die Beziehung zu seinem Vater jemals verbessern würde.

„Ich glaube, das habe ich gebraucht.“ Jetzt sah Ethan mich wieder an und Schalk funkelte in seinen Augen. „Wobei ich sagen muss, dass es ja schon irgendwie sexy ist, wenn du sauer auf mich bist, sodass ich es fast schon wieder bedauere, dass wir uns vertragen haben.“

Die Schmetterlinge in meinem Magen stoben in sämtliche Richtungen, trotzdem verschränkte ich die Arme vor der Brust und sah Ethan mahnend an. Wenn er so weitermachte, würde mein Herz vor lauter Flattern noch davonfliegen.

Ohne jedes schlechte Gewissen erwiderte er meinen Blick. „Was ist? Ich hab‘ nur gesagt, dass ich dich nicht gegen deinen Willen küsse. Gedanken werde ich ja wohl noch aussprechen dürfen, oder?“

Dem Lächeln, das er mir jetzt schenkte, war ich nicht gewachsen. Wir wussten es beide.

Trotz all meiner Gegenmaßnahmen spürte ich – so deutlich wie nie zuvor –, dass ich mich zu Ethan hingezogen fühlte. Und zwar auf eine gänzlich andere Weise als zu seinem Bruder. Ich mochte Oliver sehr. Ich könnte mir auch vorstellen, mich in ihn zu verlieben. Er war charmant, höflich, attraktiv und über die Maßen gütig. Aber während meine

Gefühle für ihn – falls man es denn so nennen konnte – in den letzten Monaten nahezu konstant geblieben waren, hatten sich meine für Ethan stark verändert. Vielleicht war es dem Wechselbad der Gefühle geschuldet, das ich über die Monate dank Ethan durchgemacht hatte, aber er ging mir unter die Haut.

Und das wiederum machte mich panisch in seiner Nähe, denn es gab ihm die Macht, mich zu verletzen. Ich hatte Angst, dass Ethan mich nur benutzen könnte, dass ich mein Herz umsonst an ihn verschenkte. Dabei zeigte mir eben *diese* Panik, dass es im Grunde schon zu spät dafür war.

Kapitel 11

In der darauffolgenden Woche zog Ben wegen Sanierungsarbeiten in seiner Wohnung für einige Tage zu uns. Es war schön, zur Abwechslung wieder zu dritt Abendbrot zu essen, außerdem ließ Ben den Abend gern mit einem Film ausklingen – und er teilte ganz meinen Geschmack. Ob *Romeo Must Die*, *Prometheus*, *Die purpurnen Flüsse*, *Mad Max* … Ben zog sich alles rein, und am Ende diskutierte er die Filme gern mit mir aus.

Am Donnerstagnachmittag halfen Willow und ich in der Jugendeinrichtung ihrer Mom aus. Ihre Geschäftspartnerin war krank geworden, und so kochten wir mit den Kindern Mittag, spielten Brettspiele und halfen ihnen bei den Hausaufgaben.

„Gibt's eigentlich was Neues von der Ethan-Front?", erkundigte sich Willow, als wir abends in der Küche den Abwasch machten.

Ihre Mom war uns unendlich dankbar für die Hilfe und hatte mir empörender Weise Geld als Entschädigung angeboten – was ich natürlich abgelehnt hatte.

„Nope", sagte ich kurz angebunden und nahm ihr den sauberen Teller aus der Hand, um ihn abzutrocknen.

Willow schüttelte den Kopf. „Ich verstehe das nicht. Er hat doch gesagt, dass er auf dich steht, und alle Welt weiß, dass du auf *ihn* stehst. Was dauert da so lange? Wann macht ihr den nächsten Schritt? Wann ist euer erstes Date?“, ließ sie nicht locker und spülte den nächsten Teller ab.

Es war nicht das erste Mal, dass Willow mich wegen Ethan ausquetschte. Sie löcherte mich schon seit einer Woche mit Fragen. Genaugenommen, seitdem ich ihr von unserer Unterhaltung im Park berichtet hatte – woraufhin sie übrigens aus allen Wolken gefallen war.

Schmunzelnd stellte ich das saubere Geschirr zu dem bereits abgetrockneten Stapel und wartete darauf, dass sie mir einen neuen Teller reichte. „Ich bin mir ja nicht mal sicher, ob er es überhaupt ernst meint.“

Willow sah mich ungläubig an. „Mädchen, er hat dir ins *Gesicht* gesagt, dass er auf dich steht. Wenn das nicht ernst gemeint ist, dann weiß ich auch nicht.“

„Stimmt nicht. Er hat gesagt, dass er mich gern *küssen* würde“, korrigierte ich sie mit erhobenem Zeigefinger. „Das ist ein Unterschied. Nur, weil er gern mit mir rummachen würde, bedeutet das nicht, dass er gleich eine Beziehung eingehen will. Ich weiß ja nicht mal, ob *ich* das überhaupt will. Ethan ist heiß, ganz klar“, nahm ich Willow das Argument, das sie sicher gleich vorgebracht hätte, vorweg, „und er hat‘s mir angetan, das bestreite ich gar nicht. Aber deswegen muss ich ihm nicht gleich einen Heiratsantrag machen. Oder er mir."

Sichtlich enttäuscht verzog meine Freundin das Gesicht und krempelte den Ärmel ihrer schwarzen Bluse wieder hoch, der heruntergerutscht war. „Ja, und was bedeutet das jetzt? Wie seid ihr verblieben?"

Sie reichte mir den nächsten Teller. „Keine Ahnung", sagte ich schulterzuckend und trocknete ihn ab. „Wir hatten seitdem keinen Kontakt mehr."

Die Hände bis zu den Knöcheln im schaumigen Wasser steckend hielt Willow inne und musterte mich jetzt, als wäre ich eine neue Spezies, die sie gerade erst entdeckt hatte.

„Ihr hattet danach *keinen* Kontakt mehr? Wie kann er dir so etwas sagen und sich dann nicht mehr melden?!"

„Ich denke, er will mir Freiraum geben. Mir die Wahl lassen." Das redete ich mir zumindest ein. Tatsächlich hatte ich mich auch schon gewundert, warum Ethan sich danach so rar gemacht hatte. War doch komisch, oder? Erst erzählte er mir seine düstere Lebensgeschichte und dann verschwand er wie vom Erdboden. Eine weitere Möglichkeit wäre noch, dass Ethan im Uni-Stress war. Nach allem, was er uns beim Kaffeetrinken erzählt hatte, war sein Schauspielstudium straff gegliedert. Die Funkstille musste also nichts bedeuten.

„Na, ich weiß nicht." Willow wandte sich wieder ab. „Das klingt ja alles *sehr* unbefriedigend."

Ich lachte über ihre Wortwahl, dann sagte ich: „Du musst dich gerade melden. Oder wie sieht's mit dir und Fred aus?"

Sie hielt den Blick gesenkt, aber ihre Wangen färbten sich verräterisch rot. „Ganz gut, denke ich. Er ignoriert mich zumindest nicht mehr."

„Aber so richtig Fortschritte habt ihr auch nicht erzielt. Dabei ist es dermaßen offensichtlich, dass ihr aufeinander steht. Ihr sabbert euch in der Uni ja regelrecht an!"

Ich schüttelte mich künstlich angeekelt und entlockte Willow damit ein Lachen.

„Er will es eben langsam angehen, schätze ich."

„Wie Ethan, offenbar." Ich seufzte, ohne wirklich zu wissen, weshalb.

Da grinste Willow plötzlich und reichte mir den nächsten Teller. „Scheint, als würden wir im selben Boot sitzen. Aber wenigstens sitzen wir gemeinsam drin."

„Stimmt." Ich grinste zurück und nahm den Teller entgegen.

*

Freitagnachmittags war ich normalerweise im Wochenend- oder Party-Modus, aber nicht heute. Mom hatte das Wochenende frei und den Krümeln und Staubkörnchen im Haus den Kampf angesagt. Wie ein Putzteufel wirbelte sie von Raum zu Raum, und summte und tanzte dabei.

Ich hatte die Zimmertür geschlossen, weil die Klassikmusik, die sie dabei hörte, an meiner Konzentration zerrte. Nicht, dass es wirklich etwas brachte. Seit zwei Stunden saß ich an meiner Kunstanalyse und biss mir an jedem einzelnen Satz die Zähne aus, sodass es sich nur noch um Jahrhunderte handeln konnte, bis ich endlich fertig wurde.

Als es an der Haustür läutete, lauschte ich mit gespitzten Ohren, wie Mom die Tür öffnete. Sekunden später rief sie: „Schatz, es ist für dich."

Dankbar für die willkommene Ablenkung schob ich den Bürostuhl zurück und lief dann mit zerzausten Haaren und im Schlabberlook ins Erdgeschoss. Meine Gedanken waren offensichtlich noch beim Aufsatz, denn hätte ich nur kurz mein Gehirn eingeschaltet, wäre mir eingefallen, dass Oliver arbeiten war, es demnach also nur eine Person sein konnte.

Ganz in Schwarz stand Ethan auf unserer Veranda und lächelte, als er mich sah.

„Hey", sagte ich überrumpelt, während Mom wieder in die Küche ging, und schlang eilig die Strickjacke um mich, damit sie mein potthässliches, graues Lieblingsshirt verdeckte, in dem ich zu Hause gern herumlief. Leider zu spät.

Mit zuckenden Lippen hob Ethan, der mich bereits von oben bis unten begutachtet hatte, den Blick und sah mir wieder in die Augen. Überflüssig zu erwähnen, dass er in den dunklen Klamotten einfach nur teuflisch gut aussah. Dagegen fühlte ich mich so attraktiv wie die Putzfrau Berta aus *Two and a Half Men*.

Nachdem ich Ethan für meinen Geschmack fiel zu lange angestarrt hatte, fragte ich: „Möchtest du reinkommen?“

Er schüttelte den Kopf und lehnte sich lässig an den Türrahmen. „Ich muss gleich wieder los, aber vorher wollte ich etwas mit dir besprechen.“

„Ähm, okay?“ Das klang irgendwie nicht sehr erfreulich.

„Es ist nichts Schlimmes, keine Sorge“, meinte er schmunzelnd, dann warf er einen Blick über meine Schulter. „Hast du eine Minute?“

Nickend trat ich vor die Tür, und er ging zum Geländer rüber. Ich zog die Haustür bis auf einen schmalen Spalt zu, dann lehnte ich mich an die Wand daneben und Ethan sich an die Brüstung. So standen wir uns gegenüber.

„Was ist los?“, fragte ich neugierig.

„Erst mal möchte ich mich entschuldigen, dass es die Woche über so ruhig um mich war. Wir proben gerade viel und müssen dazu noch haufenweise Theatergeschichte pauken.“

„Hey, du musst mir nichts erklären“, sagte ich und hob verteidigend die Hände. „Was du machst und nicht machst, ist deine Sache.“

Ethan fing meinen Blick ein und hielt ihn fest. „Doch, ich denke schon, nach dem, was ich dir im Park alles erzählt habe. War nicht mein gerissenster

Schachzug, danach einfach so von der Bildfläche zu verschwinden, aber es ging nicht anders, tut mir leid. Die Woche war einfach zu viel los."

Ich ließ es mir nicht anmerken, aber seine Worte erleichterten mich über die Maßen. Vor einigen Tagen hatte es einen Moment gegeben, in dem ich echte Panik gehabt hatte, dass Ethan sich nie wieder melden würde. Dass er es sich aus irgendwelchen Gründen anders überlegt, vielleicht sogar das Interesse an mir verloren hätte.

Im Nachhinein betrachtet ergab das wenig Sinn, denn er hatte mir ja erklärt, wie sehr er meine Gesellschaft schätzte.

Aber die Angst war da gewesen – was mir nur wieder vor Augen hielt, wie stark Ethan meine Gefühlswelt mittlerweile beeinflusste.

„Jetzt bist du ja wieder da", sagte ich mit einem zögerlichen Lächeln.

Ethan erwiderte es, und mehrere Atemzüge lang herrschte Schweigen. Nun ja, wenn man die Klassikmusik und Moms Summen ausblendete, das durch die dünnen Wände nach außen drang. Die Spannung in der Luft war zum Greifen. Obwohl Ethan nichts anderes tat, als mich anzusehen, hoben schon wieder vereinzelt Schmetterlinge in meinem Magen ab. Ob er auch nur annähernd das Gleiche fühlte, wenn er mich ansah? Schwer vorzustellen, so cool und gelassen wie er immer wirkte.

„Was wolltest du noch?", fragte ich, um das Schweigen zu brechen.

Ethan trug ein schwarzes, luftiges Shirt, das bis zur Hälfte zu den Oberarmen hochgekrempelt war. Jetzt stemmte er die Arme seitlich von sich auf das Geländer, sodass die ausgeprägten Sehnen an seinen Unterarmen hervortraten. „Ich hab‘ nachgedacht. Mir deine Worte von neulich zu Herzen genommen und mir überlegt, dass wir vielleicht eine Party bei uns schmeißen könnten. Eine überschaubare Runde mit deinen und meinen Leuten.“

Verblüfft öffnete ich den Mund. „Deine und meine Leute? Du meinst …“

„Mit Oliver.“ Er nickte.

„Ähm. Wow, das kommt … überraschend.“

„Was hältst du davon?“, fragte er. „Denkst du, deine Leute wären dabei?“

„Auf jeden Fall“, sagte ich, immer noch verdutzt, und dachte sofort an Willow und Fred, die sich nur selten eine gesellige Runde entgehen ließen. „Aber was ist mit Oliver?“

Ethan rieb sich die Nasenspitze. Fast wirkte es, als fühlte er sich unbehaglich. „Da kommst *du* ins Spiel. Du musst ihn für mich einladen.“

Ich konnte nicht anders und musste lachen. „*Ich* soll deinen Bruder einladen? Zu seiner eigenen Home Party? Das klingt nicht nur bescheuert, es ist auch so.“

Ethan grinste breit. Ein Lächeln einem Engel gleich. Oder vielleicht war es auch die Sonne in seinem Rücken, die sein Gesicht so überirdisch strahlen ließ.

Auf jeden Fall hoben noch mehr Schmetterlinge ab.

„Jetzt, da du’s sagst … Aber du musst bedenken, dass Oliver und ich kein gutes Verhältnis haben. Was noch harmlos ausgedrückt ist. Würde ich ihn fragen, würde er wahrscheinlich denken, ich nehme ihn auf den Arm. Wir haben noch nie eine Party bei uns veranstaltet. Er wird sich fragen, warum ich plötzlich damit anfange und mich nicht ernst nehmen.“

„Moment mal. Ihr habt noch *nie* bei euch gefeiert?“, hakte ich ungläubig nach.

Ethan schüttelte den Kopf. Dabei fielen ihm schwarze Haarsträhnen ins Gesicht, die er wieder zurückstrich. „Nicht, seitdem wir verstritten sind. Wir haben immer bei unseren Freunden gefeiert. Getrennt. Selbst Geburtstage fanden woanders statt. Das hier wäre unsere erste gemeinsame Party.“

„Oh“, murmelte ich bestürzt. Das änderte die Sache. „Na gut, ich frage ihn. Aber ich kann nichts versprechen. Selbst ich hab‘ ihn bis jetzt nicht zum Partymachen überreden können.“

Ethan schenkte mir ein verzerrtes Lächeln. „Du schaffst das schon. Ich kann mir nicht vorstellen, dass er dir den Wunsch ausschlägt, wenn du ihn ernsthaft darum bittest. Nicht dir.“

Ich runzelte die Stirn. Kam es mir nur so vor oder lag in seiner Aussage gleichzeitig auch eine Frage?

Ethans Blick war neutral, nichtssagend, und doch bildete ich mir ein, etwas Provozierendes darin glitzern zu sehen. Versuchte er etwa, mich auszuhorchen? Wenn er wissen wollte, ob zwischen Oliver und mir etwas lief, sollte er mich gefälligst einfach fragen, anstatt solche kryptischen Bemerkungen zu machen. Wobei … vielleicht lieber doch nicht. Ich glaube, ich wüsste gar nicht, was ich antworten sollte. Außerdem schätzte ich sehr, was Ethan hier gerade tat.

Nach Jahren des Streits machte er den ersten Schritt auf Oliver zu – wenn auch über eine Mittelsperson – und das dürfte ihm nicht leichtfallen, also rechnete ich es ihm hoch an.

„Wann soll die Party stattfinden?", erkundigte ich mich, ohne auf seine indirekte Frage einzugehen.

Seine Lippen zuckten. „Nächsten Freitag."

„Freitag?" Aber da boxte er doch normalerweise. „Nicht Samstag?"

„Nein, ich denke, es ist besser für Oliver, wenn wir das am Freitag machen. Samstag wird er auf keinen Fall freinehmen. Und es wird mich nicht umbringen, mal ein Wochenende auszusetzen."

Ich musste schon sagen: Ethan verblüffte mich immer mehr. Als er einen Blick auf seine Armbanduhr warf, fragte ich. „Was hast du heute noch vor?"

Er schaute wieder auf. „Kämpfen gehen. In zwei Stunden macht die Lagerhalle auf und ich muss mich noch warmboxen."

Automatisch suchte ich sein Gesicht nach blauen Flecken und Schrammen ab, aber es war erstaunlich makellos. Zwei Jahre hatte er gesagt. In spätestens zwei Jahren hatte er genug Geld zusammen, um ausziehen zu können. Ob er das Boxen dann aufgeben würde? Oder wenigstens die illegalen Kämpfe? Wäre auf jeden Fall besser für seine Gesundheit.

Und für sein schönes Gesicht.

Ethan legte den Kopf schräg und lächelte. „Ich nehme nicht an, dass du mitkommen willst?"

Mein Schnauben dürfte ihm Antwort genug sein. Ich wickelte die Strickjacke noch etwas fester um mich und fragte: „Sind Marlon und du seitdem eigentlich noch mal aneinandergeraten?"

„Nicht außerhalb des Rings. Ich hab' ihn ein paar Wochen später zu einer Revanche herausgefordert und ihn mit einem blauen Auge auf die Matte geschickt."

„Wirklich? Oh, das hätte ich *zu* gern gesehen!", seufzte ich.

Amüsiert zog Ethan eine Braue hoch. „Sieh an, so viel Rachsucht hätte ich dir gar nicht zugetraut. Du würdest bestimmt eine furchteinflößende Boxerin abgeben."

Ich zog eine Grimasse. „Ja, klar. Beim Zwergen-Boxen vielleicht!"

Lachend stieß er sich von der Brüstung ab. „Das hast *du* gesagt." Dann stand Ethan vor mir und sein Lächeln ebbte ab. Er musterte mein Gesicht, dann strich er mir, scheinbar ganz in Gedanken versunken, behutsam eine Haarsträhne aus dem Gesicht.

Ich schauderte bei seiner Berührung und konnte förmlich sehen, wie es hinter seiner Stirn arbeitete. Als Ethan seine Lippen benetzte, spannte sich mein Körper erwartungsvoll an. Es war so lange her, dass ich seine Lippen geschmeckt hatte, dass ich vor Verlangen fast verging.

Küss mich, küss mich, küss mich, dachte ich nur, während ich spürte, wie mein Rücken sanft gegen die Wand sackte.

Ethan legte eine Hand an meine Wange, die andere stemmte er neben meinem Kopf an die Wand. „Ich bin ein böser Junge", murmelte er und warf einen Blick auf meine Lippen.

„Warum sagst du das?", fragte ich schaudernd. Das Reden fiel mir schwer. Wenn er mich nicht gleich küsste, würde ich über ihn herfallen.

„Weil ich versprochen habe, dass ich mich zurückhalten würde. Allerdings …"

In dem Moment ging die Haustür auf und Mom steckte ihren Kopf durch den Spalt. „Hey, ihr zwei, wollt ihr vielleicht …? Ups!" Erschrocken zog sie sich wieder zurück und machte eilig die Tür zu, aber da war es schon zu spät.

Der Moment war zerstört, und Ethan, dem offenbar gar nichts peinlich war, richtete sich mit zuckenden Lippen wieder auf. „Wir sehen uns nächsten Freitag." Seine Hand fiel von mir ab, dann drehte er sich weg und stieg die Veranda hinab.

„Okay. Bye.“ Wie betäubt sah ich ihm nach. Ich liebte meine Mutter wirklich, aber gerade wollte ich sie einfach nur mit ihrem Radio erschlagen. Was für ein absolut bescheidenes Timing.

Zitternd stieß ich mich von der Wand ab und ging wieder ins Haus.

Als ich die Tür hinter mir geschlossen hatte, fing ich Moms Blick auf. Sie wischte unschuldig den Tresen. Allerdings hatte sie ein Lächeln auf den Lippen, das sie nicht ganz verbergen konnte.

„Ich hab's vermasselt, oder?“, fragte sie, als sie meinen Blick bemerkte, und hörte auf zu wischen.

Mein Lachen fiel zittrig aus. „So ziemlich, ja.“

„Verdammt. Ich bin so ein Depp! Tut mir leid, Schatz. Ich mach's wieder gut. Mit …“ Hilflos sah sie sich in der Küche um und blieb an der Süßigkeiten-Schublade hängen. „Schokoriegeln. Eis? Oder brauchst du jetzt emotionalen Beistand?“

Lachend steuerte ich die Treppe an. „Lass gut sein, Mom. So schlimm ist es jetzt auch nicht.“

Was für eine Lüge!

*

Am nächsten Tag besuchte ich Oliver zum ersten Mal auf Arbeit. Ich wollte mir ja schon lange angucken, wie er so arbeitete, und endlich hatte ich einen triftigen Grund, ihn zu besuchen.

Nun ja, ob die Idee gut war, würde sich noch zeigen. Nur, weil Ethan beschlossen hatte, auf Oliver zuzugehen, bedeutete das noch lange nicht, dass Oliver die Idee – vor allem die mit der Party – gutheißen würde. Fanden wir's heraus.

Oliver arbeitete in einem kleinen Kino. Eins, das offenbar von einem einzigen Angestellten betrieben werden konnte – zumindest, was den Ticketverkauf anging. Die Kasse war gleichzeitig auch die Popcorn- und Getränkeausgabe. Es gab noch eine zweite Kasse, direkt daneben, aber die war geschlossen, sodass sich der Andrang auf Oliver konzentrierte.

Eine achtköpfige Mädchengruppe, die ihn belagerte und fleißig Popcorn, Nachos und Getränke bestellte, verhinderte, dass er mich bemerkte.

Ich wollte mich gerade hinter die kichernde Truppe stellen, als weitere Besucher durch die Tür kamen. Ich ließ sie alle vor und wartete geduldig, bis Oliver die Gäste abgearbeitet hatte. Dann lehnte ich mich grinsend an den Tresen, und Oliver staunte nicht schlecht, als er mich erkannte.

„Ich muss gestehen, ich bin enttäuscht", begrüßte ich ihn mit einem Blick auf sein rotes Shirt und das Namensschild an seiner Brust.

„Ach, ja?" Oliver hatte seine Überraschung schnell überwunden und erwiderte meinen Blick lächelnd. „Warum das?"

„Du hast ganz normale Sachen an! Dabei hatte ich so gehofft, du würdest ein Popcornkostüm oder so was tragen. Ich wollte mich doch über dich lustig machen!"

Sein klangvolles Lachen strich angenehm über mich hinweg. „Ich glaube nicht, dass es so was heutzutage noch gibt. Höchstens in Disneyland vielleicht. Aber bevor wir weiterreden …“ Oliver kam hinter dem Tresen hervor und zog mich an seinen Platz hinter der Kasse, „musst du mal kurz für mich die Stellung halten. Ich pinkle mich gleich ein.“

„Was?!“

Ohne meine Antwort abzuwarten, ging er davon.

„Oliver!“, rief ich ihm perplex nach, denn draußen standen bereits die nächsten Besucher und würden bestimmt jeden Moment hereinkommen. Er verschwand durch eine Tür am Ende des Ganges und ließ mich hilflos an der Ausgabe zurück.

„Nicht zu fassen“, murmelte ich und betete, dass nicht ausgerechnet in dieser Sekunde jemand hereinschneite. Ironischerweise passte mein rotes Top zu dem Kinodesign, sodass ich tatsächlich als Angestellte durchgehen könnte. Nur hatte ich keinen Plan, wie irgendetwas hier funktionierte. Und ich war mir auch ziemlich sicher, dass es illegal war, hier zu stehen.

Hatte Oliver keine Angst, dass er Ärger bekam?

Verstohlen sah ich mich nach Kameras um, konnte aber keine entdecken. Na, wenigstens landete ich nicht im Knast, dachte ich erleichtert, als die Glastür aufschwang und drei Jungs in meinem Alter hereinkamen.

Oh, nein! Nervös sah ich zur Herrentoilette, aber Oliver blieb verschwunden. Wenn er sich da drinnen jetzt die Seele aus dem Leib … Okay, das sprach ich jetzt nicht aus, aber wehe, er kam nicht jeden Augenblick zurück!

Die Typen hatten die Kasse erreicht und zückten ihre Portemonnaies.

„Hi", sagte der kleinere von ihnen und sah mich von oben bis unten an. „Wir hätten gern drei Karten für den *Marvel*-Film."

„Und drei XL-Menüs", warf der hintere ein.

„Einen Moment bitte", meinte ich mit einem entschuldigenden Lächeln und schielte zu den Toiletten. „Ich bin neu hier und werde erst eingearbeitet. Aber mein Kollege kommt gleich zurück."

Der dritte im Bunde warf einen Blick auf sein Handy. „Na, hoffentlich. Der Film fängt gleich an."

„Ey, sei nicht so unfreundlich zu der Lady", meinte der Kleine und lächelte mich jetzt offen an. Ich wollte es schon erwidern, als sein Blick zu meinem Ausschnitt wanderte und dort länger hängenblieb, als es höflich gewesen wäre. Zugegeben, ein bauchfreies Top war jetzt nicht gerade arbeitstauglich, aber das gab ihm noch lange kein Recht, mir so offensichtlich auf die Titten zu glotzen! „Wie lange arbeitest du schon hier, Kleine?"

Und noch so ein Ding. Ich hasste es, wenn man mich Kleine nannte. „Seit heute", antwortete ich mit einem frostigen Lächeln, als endlich Oliver wiederkam. Keine Sekunde zu früh. Ich war drauf und dran gewesen, dem Typen einen Spruch an den Kopf zu werfen. Er öffnete den Mund, doch ich schnitt ihm das Wort ab, indem ich auf Oliver deutete. „Da kommt auch schon mein Kollege."

„Alles klar?", fragte Oliver, als er bei uns war, und lächelte die Jungs freundlich an. Dem Kleinen schmeckte es offenbar gar nicht, dass er so rüde unterbrochen worden war. Abschätzend betrachtete er Oliver, als sähe er in ihm einen Konkurrenten.

Ich würdigte den Kerl keines Blickes mehr, sondern trat beiseite und ließ Oliver seinen Job machen.

Es dauerte eine Weile, bis wir die Jungs loswurden. Der Kinosaal war nämlich so weit ausgebucht, dass nur noch die unbeliebten Plätze übrig waren, und die Typen weigerten sich partout, in den vorderen Reihen Platz zu nehmen. Nach ellenlanger Diskussion, wobei ich es bewundernswert fand, wie freundlich und gelassen Oliver blieb, bot er an, das Trio zu splitten – zwei in den letzten beiden Logenplätzen und einer vorne –, aber das fanden sie dann *noch* unattraktiver. Am Ende gaben sie sich mit der dritten Reihe zufrieden und zogen maulend davon.

Idioten.

Als ich mit Oliver endlich allein war, bedachte ich ihn eines vorwurfsvollen Blicks. „Du bist ein Blödmann. Du hast mich den Wölfen quasi zum Fraß vorgeworfen."

Er lachte empört. „Was hätte ich denn bitte machen sollen? Ich musste das ausnutzen."

Eine Schnute machend sah ich mich um, dann fiel mein Blick auf die Popcornmaschine. „Du könntest es wiedergutmachen, indem du mir einen Becher Popcorn abfüllst."

Gesagt, getan. Mit übertriebener Freundlichkeit nahm Oliver einen Getränkebecher, ging zu der Maschine und füllte ihn bis zum Rand mit Popcorn. „Bitte sehr."

Er drückte ihn mir in die Hand, dann beobachtete er schmunzelnd, wie ich eine Handvoll in meinen Mund wandern ließ und genüsslich die Augen schloss. Sie waren noch warm.

„Also, was führt dich hierher?" Mit dem Rücken lehnte Oliver sich an die Kasse. „Warst du zufällig in der Nähe?"

„Nein, ich wollte mit dir reden."

Neugierig lehnte er sich zu mir herüber und langte in meinen Becher. „Okay. Lass hören."

Ehrlich gesagt hatte ich schon den ganzen Tag Bammel hiervor gehabt. Oliver nach der Party zu fragen, bedeutete, ihm offenbaren zu müssen, dass ich wieder mit Ethan Kontakt hatte. Und das dürfte ihm nicht gefallen.

Mich unwohl fühlend kratzte ich mir am Nacken. „Ich wollte fragen, ob du nächste Woche Freitag mit auf eine Party kommst. Sozusagen."

„Sozusagen?", hakte er amüsiert nach.

„Nun ja … sie findet bei dir zu Hause statt."

Ein, zwei Sekunden lang sagte Oliver gar nichts, dann wiederholte er: „Die Party findet bei mir zu Hause statt."

Ich nickte.

„Und *du* lädst mich dazu ein." Wieder nickte ich. Mit zuckenden Mundwinkeln musterte er mein Gesicht. Er dachte wohl, dass ich ihn auf den Arm nehmen und jeden Moment April, April rufen würde. „Willst du mir das genauer erklären?"

Wollen war nicht das richtige Wort, aber ich tat es trotzdem. Riskierte Olivers Unmut, in der Hoffnung, dass sich die Beziehung zu seinem Bruder damit verbessern würde.

„Ethan organisiert die Party", rückte ich mit der Sprache heraus. „Er hat mich gebeten, dich einzuladen."

Oliver starrte mich so lange an, dass ich schon befürchtete, er hätte einen Schlaganfall oder Ähnliches erlitten. Schließlich fragte er beunruhigend sanft: „Wieso sollte er das tun?"

„Um den ersten Schritt auf dich zu zu machen, die Differenzen zwischen euch beizulegen."

Seine Miene wurde ausdruckslos wie eine Wand. „Er hat es dir erzählt?"

Vorsichtig nickte ich und stellte den Becher weg. „Wir hatten ein längeres Gespräch, und da hat er mir eure Geschichte erzählt. Wie es zum Bruch zwischen euch kam."

„Verstehe. Ihr habt also wieder Kontakt." Olivers Lächeln war eisig.

Ich seufzte schwer. „Es tut mir leid, Oliver. Ich hatte gesagt, dass ich mich von Ethan fernhalten würde, aber …“

„Jetzt hast du seine Geschichte gehört und dich für ihn entschieden.“

„Was? Nein!“, sagte ich empört und auch etwas irritiert wegen seiner Formulierung. „Ich habe mich nicht für Ethan entschieden. Ich finde, ihr seid beide Opfer in dieser Sache. Schuld ist euer Vater.“

„Ach, *so* hat er es dir verkauft? Hast du dir denn mal meine Version der Geschichte angehört?“

„Ich ... nein, ich dachte …“

„*Was*, dachtest du?“ Oliver senkte die Arme und stellte sich aufrecht hin. „Dass Ethan nach all den Jahren einfach so angekrochen kommen kann und alles ist wieder gut?!“ Er wurde nicht wirklich lauter. Dafür nahm seine Stimme die Schärfe einer Rasierklinge an, was ich noch viel schlimmer fand.

Zornig funkelte Oliver mich an, und der Zorn richtete sich nicht nur gegen seinen Bruder, sondern auch gegen mich. Das Wort *Verräterin* stand förmlich in seinen grauen Augen geschrieben, und ich konnte ihm keinen Vorwurf machen. Ich hatte Oliver versprochen, dass ich mich von Ethan fernhalten würde, und jetzt machte ich quasi gemeinsame Sache mit ihm.

Oliver musste sich fühlen, als wäre er im falschen Film.

„Weißt du, wie das für mich war? All die Jahre von Ethan verachtet und ignoriert zu werden? Ich war damals 10! Am Anfang hatte ich überhaupt nicht verstanden, was los war. Warum er mich plötzlich nicht mehr angucken konnte und irgendwann nur noch abgewiesen hat. Es war vielleicht unser Vater, der Ethan dazu getrieben hat, aber im Endeffekt war es *Ethans* Entscheidung, mir den Rücken zuzukehren! Er hätte mit mir reden können. Wir hätten gemeinsam versuchen können …" Kopfschüttelnd brach Oliver ab und lehnte sich wieder mit dem Rücken an.

Stille legte sich über uns, drückte wie ein zentnerschweres Gewicht auf meine Brust. Nur das Brummen der Popcornmaschine war zu hören. Oliver wandte den Blick ab. Sein Brustkorb hob und senkte sich, als hätte er sich körperlich angestrengt. Ich versuchte, seinen Blick einzufangen, doch er ignorierte meine Versuche.

„Oliver …", sagte ich schließlich. „Ich maße mir nicht an, für Ethan sprechen oder ansatzweise nachempfinden zu können, was du damals durchgemacht hast. Aber ich glaube, er will es wirklich versuchen. Gib … gib ihm doch eine Chance."

Oliver sah mich wieder an. Mit mahlenden Kiefern schien er darüber nachzudenken.

Dann lächelte er zynisch. „Wenn du das möchtest."

Seine Worte bestürzten mich. Sofort musste ich daran denken, was Ethan gesagt hatte: dass Oliver mir den Wunsch nicht ausschlagen würde, wenn ich ihn ernsthaft darum bat.

„Hier geht es doch nicht darum, was *ich* will. Was möchtest *du*?“

Er schob die Hände in die Hosentaschen und wich meinem Blick jetzt aus.

„Keine Ahnung. Früher habe ich mir so sehr gewünscht, dass wir uns vertragen. Dass Ethan begreift, dass ich keine Schuld daran habe, wie er behandelt wird. Immer wieder habe ich das Gespräch gesucht. Jahrelang. Irgendwann habe ich es dann aufgegeben und mich damit abgefunden.“ Es folgte eine Pause, in der Oliver nachdenklich den Boden anstarrte, dann sagte er ganz unerwartet: „Ich mach’s.“

Verblüfft sah ich ihn an. „Wirklich?“

Er sah mich wieder an und zuckte die Schultern. „Warum nicht? Versuchen kostet ja nichts, und wenn Ethan sich aufraffen kann, sollte ich das wohl auch, oder?“

Erleichtert lachte ich auf. „Ich könnte dir gerade um den Hals fallen, weißt du das?“

Ein leises Lächeln umspielte seine Lippen, gleichzeitig sah Oliver mich ganz komisch an. „Warum ist dir das so wichtig?“

Seine Frage verletzte mich. „Wa… weil ich euch mag, natürlich! Ich finde es furchtbar, dass ihr euch ignoriert. Ich möchte, dass ihr wieder zusammenfindet.“

„Wie schnell sich deine Meinung über Ethan geändert hat. Vor ein paar Wochen klang das noch ganz anders.“

Meine Hochstimmung bekam gleich wieder einen Dämpfer. Noch hatten wir scheinbar nicht alles geklärt. „Er ist gar nicht so übel, wenn man einmal hinter seine Fassade geblickt hat“, sagte ich vorsichtig.

Oliver schnaubte, und kurz bildete ich mir ein, Schmerz in seinem Blick aufflackern zu sehen. Doch bevor ich etwas sagen konnte, deutete er neben mich. „Wenn du die nicht mehr essen willst, mach ich das.“

Ich folgte seinem Blick zu dem Popcornbecher. „Vergiss es“, sagte ich und klemmte ihn mir unter den Arm. „Das ist Kriegsbeute. Aber wenn du ganz nett bittest, gebe ich dir vielleicht noch welche.“

Wir lächelten uns an, aber ich wurde das Gefühl nicht los, dass das nur ein Ablenkungsmanöver von ihm gewesen war.

*

Nachdem Oliver von der Spätschicht abgelöst worden war, gingen wir Burger essen. Ich lud ihn auf ein XXL-Menü ein, das alle Leckereien enthielt, die sich ein Fastfood-Junkie nur wünschen konnte. Die seltsame Stimmung zwischen uns hatten wir im Kino zurückgelassen, sodass mir die Auseinandersetzung schon nach kurzer Zeit wie ein unwirklicher Traum vorkam.

Ich wusste jetzt, dass ich für Oliver nie so starke Gefühle wie für Ethan entwickeln würde. Da war etwas zwischen uns, das spürte ich ganz deutlich, aber es war nur ein Funke im Vergleich zu dem, was ich in Ethans Nähe empfand.

Trotz allem lag Oliver mir sehr am Herzen, und damit auch sein Seelenfrieden.

Ich vermutete, dass er sich in der Rolle meines großen Bruders sah und mich deshalb vor Ethan beschützen wollte.

Ich hoffte, der nächste Freitag würde ihm zeigen, dass hinter Ethans rauer Fassade ein gutes Herz steckte.

Er hatte verhindert, dass Marlon mich vor versammelter Mannschaft gedemütigt hatte, und er hatte Desmond Einhalt geboten, nachdem er gemerkt hatte, dass ich kein Mädchen für eine schnelle Nummer war.

Mittlerweile war ich davon überzeugt, dass Ethan nicht aus Eigeninteresse gehandelt hatte, wie er damals behauptet hatte, sondern weil er ein guter Mensch war.

Ein Beschützer. Vielleicht würde Oliver das eines Tages auch so sehen.

Wir verputzten alle zwei Menüs, sprachen über Olivers Arbeit, die Uni und alberten wie gewohnt herum. Zwei Stunden später fuhren wir zusammen nach Hause und ich fiel glücklich und zufrieden ins Bett.

Kapitel 12

Ich hatte ja nicht mehr damit gerechnet, dass ich das noch erleben würde, aber am Freitag kamen tatsächlich alle meine Freunde zusammen: Willow, Fred, Oliver – und jetzt Trommelwirbel – George. War das zu fassen? Endlich feierte unsere Clique zusammen. Das war längst überfällig gewesen. Neben unserem Fünfergespann standen natürlich auch Ethans Leute auf der Gästeliste: Desmond, ein paar Jungs und Mädchen sowie Freds Bruder, den ich bislang nur vom Hörensagen kannte.

Willow und meine Wenigkeit standen seit einer guten Stunde in der Küche und nahmen letzte Vorkehrungen vor. Wir waren extra früher gekommen, um die Getränke vorzubereiten und den Tresen zu dekorieren, und hatten uns dafür auf *Pinterest* inspirieren lassen.

Jetzt war der Küchentresen der Jacksons kaum wiederzuerkennen. Mit viel Leidenschaft und nicht ernst gemeinten Zankereien hatten wir ihn in einen Früchte/Snack/Getränke-Tempel verwandelt. Er quoll förmlich über vor Snacks, Limonaden, angerichteten Früchten, Infused Water und Cocktails. Gut möglich, dass Willow und ich es *etwas* übertrieben hatten – Oliver und Ethan waren klug genug gewesen, sich nicht einzumischen –, aber das Endergebnis konnte sich sehen lassen.

Ich bedeckte gerade die letzte, noch leere Fläche mit roten Weintrauben, als die ersten Gäste eintrafen: Fred, sein älterer Bruder und George. Erheitert beobachtete ich, wie sich Willows Körperhaltung schlagartig änderte. Eben noch locker und lässig gewesen, bog sie jetzt den Rücken durch und strich sich eilig das Haar aus dem Gesicht. Ich war vermutlich die letzte Person, die sich darüber lustig machen durfte, da es mir mit Ethan nicht anders erging, aber ich grunzte trotzdem in mich hinein und kassierte einen Klaps auf die Schulter.

„Klappe!", sagte sie grinsend, dann gingen wir die Gäste begrüßen.

Ich konnte Willows Nervosität nachvollziehen. Der heutige Tag war nicht nur für die Jackson-Brüder eine Premiere, sondern in gewisser Weise auch für sie und Fred. Seitdem Fred sich mir offenbart hatte, waren die beiden nicht mehr gemeinsam feiern gewesen. Vielleicht kamen sie sich ja heute endlich näher. Bei Willows flottem Outfit sollte Fred jedenfalls nicht lange widerstehen können.

Sie blieb ihrer Lieblingsfarbe treu und hatte sich in ein schwarzes, knappes Kleid geworfen, das hauteng am Körper anlag und von vorne wie ein Zweiteiler aussah. Tatsächlich wurde der fingerlange Streifen Haut an ihrem Bauch von einem feinen Netz überspannt, sodass es aussah, als wäre sie bauchfrei. Mein Outfit war weniger spektakulär und bestand aus einem weinroten Oberteil, das ich in einen schwarzen Taillenrock gesteckt hatte. Dazu ein schwarzer Gürtel, der verhinderte, dass der Rock über meine Hüften rutschte, und fertig. Rot hatte es mir in letzter Zeit angetan. Ich mochte die Art, wie sich die Farbe mit meinem naturroten – oder besser gesagt orangenen – Haar biss.

Nachdem wir alle begrüßt hatten, schlang ich George einen Arm um die Schultern und zückte mein Handy.

„Was wird das?“, fragte er irritiert, als ich es in Position brachte und auf Armlänge von uns hielt.

„Ich mache ein Beweisfoto mit dir. Das glaubst mir zu Hause sonst keiner.“

Alle lachten, auch George, dann lotsten Willow und ich die Neuankömmlinge in die Küche und präsentierten ihnen das Büfett. Da ich mit meinen 19 Jahren die Älteste aus unserer Clique war, hatte Ethan den Alkohol besorgt. Willow und ich hatten eine Einkaufsliste geschrieben, und er hatte sie noch um ein paar Zutaten wie Bier und Wodka erweitert. Meine Freundin und ich hatten darauf bestanden, einen Teil der Kosten zu übernehmen – die Säfte und Früchte waren nicht billig gewesen – , aber er hatte unsere Einwände mit dem Argument abgetan, dass es seine Party und wir seine Gäste wären.

*

Zwei Stunden später war die Party in vollem Gange, und Ethan, ein Mädchen namens Mel und ich kringelten uns lachend auf dem Sofa. Mittlerweile waren alle eingetroffen und ich fand es richtig angenehm, in einer überschaubaren Runde zu sitzen. Bei Desmond war das Haus aus allen Nähten geplatzt, aber hier herrschte ein entspannter Überblick.

Grund für unseren Lachflash war Desmond, der nach ein paar Wodka-Erdbeer-Shots mal wieder die Rolle des Alleinunterhalters, beziehungsweise Party-Clowns übernommen hatte. Im Laufe der letzten halben Stunde war er auf die glorreiche Idee gekommen, Zaubertricks im Internet rauszusuchen und auf dem Couchtisch darzubieten. Dafür hatten wir ihm diverse Gegenstände, wie mein Portemonnaie, Willows Hausschlüssel, Ethans Schnürsenkel und andere Utensilien zur Verfügung gestellt, doch zu unserer Unterhaltung gelang ihm kein einziger Trick.

Ich selbst hatte mir inzwischen auch den einen oder anderen Cocktail einverleibt, aber niemand konnte es trinktechnisch mit Desmond aufnehmen. Er war einfach eine Hausnummer für sich, und er war wie immer zum Schießen.

Willow hatte ich vor geraumer Zeit in Richtung Toilette gehen sehen, aber bis jetzt war sie nicht wieder aufgetaucht. Und wo war eigentlich Fred abgeblieben? Auf meiner Suche nach ihm begegnete ich Olivers Blick, der mit einem Bier in der

Hand hinter dem Sofa gegenüber stand und sich wie alle anderen köstlich über Desmond amüsierte. Soweit ich mitbekommen hatte, hatten er und sein Bruder bisher nicht wirklich viele Worte miteinander getauscht, aber nun ja. Ich hatte auch nicht erwartet, dass sie sich gleich an den Händen fassen und im Kreis tanzen würden. Aller Anfang war schwer. Das hier war nur einer von vielen Schritten, die die beiden noch aufeinander würden zugehen müssen.

Oliver prostete mir zu, und ich lächelte ihn an, dann tauchte plötzlich Willow hinter ihm auf und winkte mich unauffällig zu sich. Ich stand auf und schob mich an Mel und Ethan vorbei, wobei ich schaudernd zur Kenntnis nahm, wie ich sein Knie streifte. Ich warf ihm einen flüchtigen Blick zu und schluckte schwer, als Ethan zu mir hoch sah. Mir fiel nur ein Wort ein, um seinen Blick zu beschreiben.

Sexlastig. Aber so was von!

Vor Schreck stolperte ich über seinen Fuß, und nur Ethans schnelle Reflexe verhinderten, dass ich Bekanntschaft mit dem Fußboden machte. Lachend ließ er mich wieder los, und ich folgte Willow verlegen in die Küche. Ethan und Alkohol waren wirklich keine gute Kombination. Zumindest nicht für meine Motorik.

„Was gibt's? Wo warst du?“, fragte ich sie und wollte mir ein Glas Infused Water abfüllen, um wieder nüchterner zu werden.

Da packte Willow meine Hand und drehte mich energisch zu sich herum. „Er hat mich gefragt, Allie!"

„Wer? Was?"

„Fred!", rief sie gedämpft und mit weit aufgerissenen Augen.

Ein Grinsen stahl sich auf mein Gesicht. „Er hat dich gefragt? Oh, mein Gott! Wann? Wo?"

Meine Freundin grinste über beide Ohren. „Als ich zur Toilette gehen wollte. Er hat gesagt, dass er es nicht mehr aushält, so zu tun, als würde ich ihn kalt lassen, und dass er gern auf ein Date mit mir gehen würde. Gott, ich bin so aufgeregt, Allie! Ich meine … am Anfang war er doch überhaupt nicht mein Typ. Viel zu aufdringlich und alles", brabbelte meine Freundin jetzt beschwingt. „Aber – ich weiß auch nicht – dann ist es einfach geschehen."

„Geschehen?" Meine Braue wanderte hoch. „Was habt ihr denn auf dem Klo getrieben, du Schweinchen?"

Willow lachte. „Wir waren nicht auf dem Klo, sondern auf dem Gang. Und wir haben nicht *das* gemacht. Nur rumgeknutscht."

„Ich freue mich für dich", sagte ich lächelnd und umarmte sie.

Glücklich erwiderte Willow meine Liebkosung, dann sah sie mich mit leuchtenden Augen an. „Lust auf Erdbeer-Shots?"

Ich ließ sie los und lehnte mich mit dem Rücken an die dekorierte Küchenzeile. „Wenn du mich heute unter den Tisch trinken willst… Ich bin jetzt schon angeheitert."

„Nur einen Shot", versprach sie und lief bereits zum Kühlschrank, um das Gefrierfach zu öffnen. „Zur Feier des Tages."

Am Ende tranken wir natürlich mehr als nur einen Shot, aber hey, es gab ja auch einen großartigen Anlass dafür. Wir blieben noch eine Weile in der Küche, dann gesellten sich Desmond und Ethan dazu. Witze reißend bedienten sie sich am Kühlschrank, um neue Drinks zu mischen. Ich fragte Desmond erst gar nicht, wie viel er heute noch in sich hineinkippen wollte. Willow ging wieder zu Fred und ich blieb mit den beiden zurück, die, nachdem sie alle Zutaten zusammenhatten, über den Alkoholgehalt des Mischgetränks diskutierten. Ethan war der Ansicht, dass 2 cl vollkommen ausreichten, aber Desmond wollte unbedingt das Doppelte hineingeben.

Als ich über die beiden lachte, sah Ethan in meine Richtung und erwiderte es grinsend. „Hör dir das an", sagte er zu Desmond. „Jetzt werden wir schon von Leuten ausgelacht, die nicht mal richtig das Laufen beherrschen."

Empört klappte ich den Mund zu. „Bitte? Was kann ich dafür, wenn du solche Quadratlatschen hast?"

Ethan überließ Desmond die Wodkaflasche und kam zu mir. „Ich glaube nicht, dass es an meinen Füßen lag."

„Woran sonst?“ Herausfordernd blickte ich zu Ethan hoch, und da ich schon lange nicht mehr nüchtern war, winkelte ich ganz keck die Ellenbogen auf dem Tresen hinter mir an und lehnte mich zurück.

Das überlegene Funkeln in Ethans Augen wich erst Überraschung und dann Erkenntnis. Er kam noch ein bisschen näher, sodass zwischen uns vielleicht noch ein Blatt gepasst hätte. Hinter Ethan konnte ich sehen, wie Desmond ungeniert zu uns herüberspähte, doch es störte mich nicht, was viel über meinen Zustand aussagte.

Ich würde wohl nie erfahren, was Ethan hatte sagen oder tun wollen, denn gerade als er den Mund öffnete, ging sein Blick über meine Schulter und sein Gesicht verzog sich. Als er mich wieder ansah, war der Glanz in seinen Augen erloschen. „Wollen wir wieder zu den anderen?“, schlug er vor.

„Klar.“ Irritiert über seinen abrupten Stimmungswechsel drückte ich mich von der Theke ab und folgte ihm ins Wohnzimmer.

Es folgte eine weitere Stunde voller Spaß und Gelächter, aber mir entging nicht, dass Ethan sich diesmal weit weg von mir setzte. Der Fokus verlagerte sich von Desmond auf Freds Bruder Jasper, der Fred wie aus dem Gesicht geschnitten war und mindestens genauso lustige Sprüche klopfen konnte. Willow und ich bekamen richtig Bauchschmerzen vor Lachen. Irgendwann fiel mir dann auf, dass ich Ethan schon eine Weile nicht mehr gesehen hatte, und ich sah mich auf der Couch um.

Als ich ihn nirgends entdeckte, machte ich mich samt Cocktailglas auf die Suche nach ihm. Ich fing bei der Toilette an, weil ich dachte, dass er vielleicht zu viel getrunken haben und sich die Seele aus dem Leib reihern könnte, doch meine klopfende Anfrage ergab, dass es sich im Bad nicht um Ethan handelte. Am Ende landete ich in der ersten Etage. Er konnte nur in seinem Zimmer stecken.

Beschwipst wie ich war, schneite ich einfach hinein. Ohne anzuklopfen. Ein Handy in der Hand saß Ethan auf seinem Bürostuhl, einen Fußknöchel auf das andere Knie gelegt, und schaute überrascht zu mir auf.

„Da bist du ja. Ist es dir zu langweilig mit uns geworden oder hast du zu viel getrunken?"

Er runzelte die Stirn, dann betrachtete er den Cocktail in meiner Hand und seine Mundwinkel wanderten hoch. „Du meinst, so wie du? Ich hab' mich schon gewundert, warum du vorhin so *locker* warst."

Grinsend ließ ich mich auf sein Bett plumpsen und nippte an dem Cocktail. „Ich bin nur angeheitert." Seiner höherwandernden Braue nach zu urteilen, war ich mehr als das. „Also, was machst du hier?", fragte ich und sah mich um.

„Nur ein paar Mails checken."

„Während einer Party? Willst mich verscheißern?"

Ethan lachte leise, aber selbst durch meinen Alkoholschleier merkte ich, dass es seltsam gezwungen wirkte. Alarmiert rutschte ich ans andere Ende des Betts, näher zu ihm heran, und zerknitterte dabei unabsichtlich die Tagesdecke. „Ist irgendwas passiert?“, fragte ich jetzt betroffen.

Widerstrebend sah Ethan mich an. „Nein, ich … wollte nur ein bisschen Abstand zu dir.“

Ich hatte ja mit vielem gerechnet, aber damit ganz sicher nicht. Verdattert fragte ich: „Zu *mir*? Warum das denn? Habe ich dich angemacht? Dich aus Versehen befummelt?“

Sein klangvolles Lachen hallte durch den Raum. „Nein, und wenn, hätte ich absolut nichts dagegen.“ Er legte das Handy weg und wurde wieder ernst. „Es ist wegen Oliver.“

Jetzt kapierte ich gar nichts mehr. Ich beugte mich nach vorn, um den Cocktail auf den Schreibtisch zu stellen. Auf halbem Weg nahm Ethan ihn mir ab, vermutlich, weil ich so wankte. Ich plumpste wieder aufs Bett zurück und strich mir erschöpft eine Haarsträhne aus dem Gesicht. Kam es mir nur so vor oder war es unglaublich heiß in diesem Zimmer? Ich hatte das Gefühl, zu verbrennen.

„Was ist denn mit Oliver?“, fragte ich und merkte im selben Moment, wie mein Puls in die Höhe schoss. Es hatte nichts mit dem zu tun, was Ethan gesagt hatte, sondern mit meinem Befinden. Ich glaube, ich war tatsächlich nicht nur angetrunken.

Ungläubig erwiderte er meinen Blick. Dabei fielen ihm ein paar schwarze Haarsträhnen ins Gesicht. „Allie ... dir ist schon klar, dass er auf dich steht, oder?“

„Wer? Oliver?“ Energisch schüttelte ich den Kopf. „Auf keinen Fall. Er mag mich bloß.“

Ethan lachte trocken. „Oh, und *wie* er dich mag. Genauso wie ich.“ Die Mühlen in meinem Kopf arbeiteten nur sehr langsam. Während ich noch überlegte, ob Ethan das sarkastisch gemeint haben könnte, erklärte er: „Er steht auf dich, Allie. Punkt. Vermutlich schon viel länger als ich. Jedenfalls habe ich gemerkt, dass du fast den ganzen Abend über nur bei mir warst. Unter normalen Umständen würde mich das freuen, aber ich hab‘ Olivers Blicke gesehen, und eigentlich sollte das heute ein erster Schritt in Richtung Versöhnung sein. Verstehst du?“

Schon, aber ... wieder schüttelte ich den Kopf. „Ich glaube, du irrst dich. Oliver hat nie Andeutungen gemacht. Oder versucht, mich zu küssen. Oder sonst irgendetwas in der Richtung.“

Diesmal fiel Ethans Lächeln unglücklich aus. „Ich irre mich nicht, Allie. Und natürlich geht Oliver nicht offensiv heran. Das ist nicht seine Art. Er ist nicht wie ich.“ Ethan beugte sich nach vorn und legte die Arme auf die Knie. Sein Blick bohrte sich jetzt in meinen. „Glaub mir, ich kenne den Ausdruck in Olivers Augen. Es ist derselbe, mit dem *ich* dich ansehe.“

Ein heftiger Schauer bahnte sich durch meine betäubten Sinne. Trotzdem. Das konnte einfach nicht sein. Es *durfte* nicht. Es würde alles nur noch komplizierter machen.

Ethan sah wohl ein, dass er mich in diesem Zustand nicht überzeugen würde, denn er richtete sich wieder auf. Als ich hinter vorgehaltener Hand gähnte, lachte er leise. „Was hast du eigentlich alles getrunken?"

Nachdenklich betrachtete ich mein Cocktailglas. „Drei davon und ein paar Erdbeer-Shots." Ich klang so beiläufig, als wäre das gar nichts für mich, dabei war ich voll bis zur Oberkante.

„Verstehe." Mit zuckenden Lippen verschränkte Ethan die Arme hinter dem Kopf, dann wippte er auf dem Bürostuhl vor und zurück und betrachtete mich dabei grüblerisch.

Wäre ich nicht so betrunken, wäre mir spätestens jetzt die Röte ins Gesicht geschossen, aber so blickte ich einfach nur zurück.

„Ich hab' eine Frage", hob er schließlich an. „Findest du mich gut aussehend?"

Ich antwortete ohne jegliches Schamgefühl. „Machst du Witze? Du bist der heißeste Junge, den ich je gesehen habe!"

Ich erntete ein überraschtes Lachen. „Tatsächlich."

Er zog das Wort in die Länge und betrachtete mich jetzt aus leuchtend grauen Augen, als könnte er sein Glück gar nicht fassen.

Langsam nahm Ethan die Arme wieder runter und überlegte sich offenbar die nächste Frage.

Irgendwo in den Tiefen meines vernebelten Bewusstseins meldete sich eine alarmierte Stimme, doch ich ertränkte sie, indem ich wieder nach dem Glas griff und einen Schluck nahm. Ich hatte mich seit Ewigkeiten nicht mehr so ungezwungen gefühlt.

Wer brauchte schon Vernunft und Schamgefühl?

„Was ist mit Oliver?“, fragte Ethan weiter. Ein angespannter Zug lag jetzt um seinen Mund. „Findest du ihn auch … *heiß*?“

Die Frage war komplizierter. Ich musste kurz überlegen. „Vielleicht nicht unbedingt heiß, aber auf jeden Fall attraktiv und unglaublich nett. Ich mag ihn sehr, aber ich empfinde nicht dasselbe für ihn wie für …“ Ich stockte und sah Ethan fassungslos an. „Sag mal, nutzt du gerade meine Betrunkenheit aus, um mich auszuquetschen?!“

Er lachte. „Und das fällt dir erst jetzt auf? Mann, hätte ich gewusst, dass du so geschwätzig bist, hätte ich dich persönlich abgefüllt.“

„Du Blödmann!“ Übereilt stand ich auf. Leider etwas *zu* übereilt.

Als ich wankte, war Ethan schon auf den Beinen und hielt mich fest.

„Vorsicht“, meinte er, und seine Augen funkelten spöttisch. „Es wäre *sehr* bedauerlich, wenn du hinfallen und dir den Kopf aufschlagen würdest.

Jetzt, da du mir quasi dein Herz ausgeschüttet hast."

„Ich schlag *dir* gleich den Kopf auf! Ein! Was auch immer!"

Grinsend hakte er sich bei mir ein. „Gehen wir lieber runter und besorgen dir ein Glas Wasser."

*

Ich erwachte mit einem dumpfen Schädelpochen und einem staubtrockenen Hals. Sonne stach mir in die Augen, als ich sie blinzelnd öffnete, und ich wandte fluchend das Gesicht ab. Verdammte Erdbeer-Shots. Hätte ich die nicht getrunken, würde ich mich jetzt nicht so gerädert fühlen. Ich wusste doch, dass Shots mir den Rest gaben.

Und gesprächig machten sie mich auch. *Sehr* gesprächig offenbar, wenn ich an gestern zurückdachte.

Bilder schossen durch meinen Kopf, wie ich mich in der Küche vor Ethan förmlich gerekelt hatte, wie ich ihn in seinem Zimmer belästigt hatte.

Mit glühenden Wangen wälzte ich mich aus dem Bett. Ich konnte ihm nie wieder unter die Augen treten.

Und dann hatte er auch noch meinen Rausch ausgenutzt, um mich über Oliver auszuquetschen und mir Dinge zu entlocken, die ich lieber für mich behalten hätte. *Du bist der heißeste Junge, den ich je gesehen habe.*

Das stimmte, aber das machte ihn auch zum gefährlichsten von ihnen.

Zum Glück gab es auch positive Entwicklungen. Willow und Fred. Unser neues Traumpaar.

Während ich mich im Bad frischmachte, checkte ich immer wieder Willows Whats-App Profil, in der Hoffnung, sie würde endlich online kommen. Es war immerhin schon 10 Uhr durch. So lange schlief sie normalerweise nie. Ich könnte ihr natürlich einfach schreiben, aber für den Fall, dass sie heute nicht in ihrem eigenen Bett geschlafen hatte, wollte ich nicht stören. Fred hatte sie gestern nach Hause gebracht, und so wie die beiden aneinandergeklebt hatten, würde es mich nicht wundern, wenn sie direkt in der Kiste gelandet wären.

Eine Stunde später hatte ich gefrühstückt, einen doppelten Espresso getrunken und die erste Kopfschmerztablette eingeworfen. Ich zögerte es noch einige Minuten hinaus, dann war meine Geduld erschöpft und ich rief Willow an. Es meldete sich eine verschlafene Stimme, die mir mitteilte, dass sie zu Hause in ihrem Bett lag. Allein. Zuerst glaubte ich ihr nicht und hakte neckisch nach, aber nachdem sie mir zum hundertsten Mal versichert hatte, dass wirklich nichts gelaufen war, glaubte ich ihr. Willow würde mich nicht anlügen.

Zu 12 Uhr hin wurden die Kopfschmerzen endlich besser. Wurde auch langsam Zeit. Lernen konnte ich jetzt trotzdem nicht. Vielleicht später, aber vorerst war mein Schädel noch zu matschig –

von meinen Gedanken, die ständig zu Ethan schweiften, einmal ganz abgesehen. Obwohl ich geduscht hatte, war ich lieber wieder in den Pyjama geschlüpft, anstatt etwas Alltagstaugliches anzuziehen. Ich würde heute sowieso nicht rausgehen, sondern den ganzen Tag im Bett verbringen und die Serie weitergucken, die es mir angetan hatte. Das war zumindest mein Plan gewesen, denn bei der Hälfte der Folge klingelte es plötzlich an der Haustür.

Ich zuckte zusammen und legte die Schokolade beiseite, an der ich unterdessen geknabbert hatte. Mom war bei Ben und würde erst heute Nachmittag nach Hause kommen. Demnach konnten es nur Oliver oder Ethan sein. Aber ich vermutete Letzterer.

Oder hoffte ich es vielmehr?

Zwei Stufen auf einmal nehmend rannte ich die Treppe hinunter. Kurz vor der Haustür bremste ich ab und holte tief Luft.

Dann öffnete ich die Tür.

Vor mir ragte Ethan auf, dunkel und eindrucksvoll wie immer. Mein Herz machte Freudensprünge.

„Hi", begrüßte er mich mit diesem Wahnsinnslächeln, das mir schon so manches Mal den Atem geraubt hatte. „Ich wusste nicht, wie lange du zum Auszunüchtern brauchst, deshalb bin ich erst jetzt gekommen." Er hielt eine prall gefüllte Papiertüte hoch.

„Ich hab' dir Donuts vom Bäcker besorgt. Außerdem hast du dein Portemonnaie bei uns vergessen, und dann habe ich noch gefühlt 100 Kilo Obst dabei, das von gestern übrig ist."

Lächelnd trat ich beiseite und ließ ihn herein. Jetzt bereute ich es, nichts Anständiges angezogen zu haben. Ich musste aussehen wie ein Schlafsack.

Nachdem Ethan eingetreten war, machte ich die Tür hinter ihm zu.

„Hast du schon gefrühstückt?", erkundigte er sich und gab mir meine Geldbörse.

„Vor einer Weile schon. Aber Donuts passen immer rein."

Ich musterte Ethan von oben bis unten. Im Grunde trug er nichts anderes als ein Shirt, Jeans und Sneakers, aber das viele Schwarz verlieh ihm automatisch einen eleganten Touch. Und etwas Draufgängerisches.

„Hast *du* denn Hunger? Ich kann dir Kaffee zu den Donuts machen", schlug ich vor.

Ethan schüttelte den Kopf. „Danke, ich hab' schon gegessen. Das hier ist allein für dich."

„Das heißt, du bist extra zum Bäcker gefahren, um mir Donuts zu holen?" Ich legte das Portemonnaie auf die Kommode im Flur, dann nahm ich die Tüte und brachte sie in die Küche.

Ethan folgte mir und lehnte sich mit einem vergnügten Gesichtsausdruck an den Tresen. „Ich hatte so die Vermutung, dass du heute Vitamine und etwas Zucker gebrauchen könntest."

Vorwurfsvoll schaute ich auf und sah den Spott in seinen Augen nur so sprühen, dann packte ich aus und förderte Unmengen an Weintrauben, Physalis, eine Tüte mit Donuts und Ananaswürfel in einer Tupperdose zutage. Stirnrunzelnd betrachtete ich das ganze Obst. „Bist du sicher, dass ihr davon nichts haben wollt?"

Ethan nickte. „Bei euch ist es besser aufgehoben. Du weißt doch: ich esse im Moment so wenig Zucker wie möglich. Und Oliver … nun ja, der stopft sich lieber mit anderen Dingen voll."

Ich nahm einen Teller und eine große Tupperdose aus dem Schrank. Auf dem Teller richtete ich die Donuts und etwas Obst an, die restlichen Früchte füllte ich von Ethans Plastikdose in unsere um, dann stellte ich sie verschlossen in den Kühlschrank.

Ethan beobachtete mich schweigend.

„Hast du dich gestern eigentlich mit Oliver unterhalten?", erkundigte ich mich danach und ließ eine Weintraube in meinen Mund wandern.

„Nicht viel", meinte Ethan und verschränkte die Arme auf dem Tresen, wodurch er sich kleiner machte, „aber es ist schon mal ein Anfang." Neckisch sah er mich jetzt an. „Ich sagte ja, dass er dir den Wunsch nicht ausschlagen würde."

Ich rollte die Augen und nahm noch eine Weintraube. „Fang jetzt bloß nicht damit an. Reden wir lieber darüber, wie du mich gestern eiskalt ausgequetscht hast."

Er schenkte mir ein strahlendes, alles andere als schuldiges Lächeln. „Sorry, aber ich konnte einfach nicht widerstehen.“

„Ja, ja, du mich auch. Das nächste Mal quetsche *ich* dich aus.“

Mit funkelnden Augen richtete Ethan sich wieder auf. „Du weißt doch schon alles über mich. Dass ich illegal boxe und Messer sammele. Du kennst sogar meine traurige Vergangenheit. Da finde ich es nur fair, dass ich auch etwas über dich erfahren habe.“

Jetzt, da Ethan mir all die Dinge in Erinnerung rief, fand ich es umso erstaunlicher, wie normal er geblieben war. Wie gewissenhaft und besonnen. Viele mit einem ähnlichen Background entwickelten sich in ganz andere Richtungen – siehe die Jugendlichen, die Willows Mutter betreute.

Eine Grimasse konnte ich mir trotzdem nicht verkneifen. „Als ob du nicht längst gewusst hast, dass ich auf dich stehe!“

„Stimmt, das wusste ich schon vorher“, kam es ohne Hemmung aus seinem Mund. Dann wurde Ethans Blick durchdringend. „Aber ich wusste nicht, ob du etwas für Oliver empfindest. Jetzt weiß ich es.“

Ich schluckte schwer. Ein Themenwechsel wäre jetzt angebracht. „Schön. Dann hätten wir das ja geklärt.“

Betont wandte ich mich dem Teller zu und biss in einen glasierten Donut.

„Haben wir das?“ Ohne aufzuschauen spürte ich jetzt Ethans uneingeschränkte Aufmerksamkeit auf mir. Sie erdrückte mich fast.

Anstatt zu antworten, deutete ich auf den Donut. „Die sind wirklich lecker. Sicher, dass du keinen willst?“

Ein leises Lachen. „Ich will lieber, dass du mich ansiehst, Allie, und mir nicht länger ausweichst.“

Widerwillig schaute ich auf. Direkt in Ethans magnetische Augen. Mir blieb keine andere Wahl, wenn ich nicht als elender Feigling abgestempelt werden wollte. Und wie befürchtet bereute ich es, denn ich musste wieder feststellen, dass ich Ethans Blick nicht gewachsen war. Er war zu intensiv. Zu lasterhaft. Er raubte mir den Atem. „Vielleicht habe ich mich neulich im Park nicht deutlich genug ausgedrückt“, sagte er und kam nun langsam um den Tresen herum. „Aber ich *will* dich, Allie.“

Zum Glück hatte ich das Stück schon hinuntergeschluckt. Andernfalls wäre ich jetzt wohl daran erstickt. „Du … willst mich?“, stotterte ich und versuchte es, mangels Alternativen, mit dem guten alten Spott. „Jetzt gleich? Hier, auf dem Tresen?“

Ethan war bei mir und umfasste mein Gesicht. „Ich weiß, was du da machst. Du versuchst, dich in Sarkasmus zu flüchten. So wie immer. Aber diesmal lasse ich dich nicht damit durchkommen.“ Er sah mir tief in die Augen, und ich versank in seinen. „Weißt du, was ich in deinen Augen sehe, wenn ich dich angucke, Allie?“

Betäubt von seinem süßen Atem, der mir entgegenschlug, schüttelte ich den Kopf.

„Nackte Panik. Du hast Angst davor, dass ich dich verletzten könnte, indem ich dich nur benutze oder betrüge. Und es tut mir weh, diesen Ausdruck in deinen Augen zu sehen. Gestern konntest du mir das erste Mal ins Gesicht sagen, dass du etwas für mich empfindest. Du warst zwar betrunken und hast den Satz nicht beendet, aber es war trotzdem eindeutig. Ich wusste natürlich schon vorher, dass du auf mich stehst – spätestens seit unserem Kuss –, aber gestern ist mir eins klar geworden." Behutsam strich er mir eine Haarsträhne aus dem Gesicht und schob sie mir hinters Ohr.

„W-was ist dir klar geworden?", hauchte ich, als er nicht sofort weiter sprach, und sah zwischen seinen grauen Augen, die mir so nahe waren, hin und her.

„Mir ist klar geworden, dass ich mich nur selbst quäle, wenn ich dich auf Abstand halte. Und wofür? Ich habe mich in den letzten Wochen zurückgehalten, weil ich dir zeigen wollte, dass ich nicht auf eine schnelle Nummer aus bin. Dass du mir mehr bedeutest als das. Und dann habe ich gemerkt, dass ich nicht der Einzige bin, dem du etwas bedeutest, dass Oliver genauso für dich empfindet, und ich hatte *noch* mehr Grund, auf Abstand zu gehen. Ich hab' mir eingeredet, dass es falsch wäre, mit meinem Bruder zu konkurrieren – was im Grund ja auch so ist. Aber als du so betrunken warst und mir gesagt hast, dass du für mich mehr empfindest als für ihn … da habe ich mir gedacht, wozu? Wozu soll ich mich weiter von dir fernhalten? Meine halbe Kindheit habe ich für Oliver den Kopf hingehalten, für ihn Prügel eingesteckt, damit Dad sich an jemandem abreagieren und ihn umso mehr lieben konnte. Oliver kann nichts dafür, wie die Dinge gelaufen sind, das weiß ich. Aber trotzdem. Bei dieser einen Sache – bei dir – werde ich nicht einstecken. Und wenn dich das nicht überzeugt, Allie, dann weiß ich nicht, was ich noch sagen soll."

Ethan sah mir tief in die Augen, suchte in meinem Blick nach einer Antwort. Überfordert wie ich war, konnte ich nur zurückstarren. So viele Gedanken schwirrten mir durch den Kopf.

Ja, ich hatte Angst, große Angst sogar, vor genau den Dingen, die Ethan aufgezählt hatte. Aber wie lange wollte und konnte ich ihn noch zurückweisen? Bis zu welchem Grad ergab das noch Sinn? Wer nichts wagt, der nichts gewinnt, sagte Mom immer, und sie hatte recht. Ich sollte etwas wagen. Andernfalls würde ich nie herausfinden, ob Ethan es ernst mit mir meinte. Ob wir füreinander geschaffen waren.

Als ich für seinen Geschmack wohl zu lange schwieg, lachte Ethan. „Könntest du bitte etwas sagen? Irgendetwas?"

Ich betrachtete sein wunderschönes Gesicht. Seine dichten, langen Wimpern, die grauen Augen, die mich so erwartungsvoll und sehnsüchtig ansahen und seinen geschwungenen Mund. Und dann sagte ich das Erste, das mir einfiel.

„Küss mich."

Lächelnd legte Ethan seine Lippen auf meine. Dieser Kuss war anders als unser erster, weniger sanft und fragend, sondern hungrig, fordernd, leidenschaftlich. Er verschlang mich regelrecht mit seinen Lippen, während eine Hand in meinen Nacken und die andere zu meinem Rücken wanderte. Er knabberte an meiner Unterlippe, bis ich den Mund öffnete, dann spürte ich seine Zunge, und meine Sinne schwanden dahin.

Plötzlich ließ Ethan von mir ab, und ich stöhnte unzufrieden auf. „Ist noch jemand im Haus? Nur, falls deine Mutter jeden Moment in die Küche schneit", fragte er atemlos.

Ich tat das Einzige, zu dem ich fähig war, und schüttelte den Kopf. Sofort waren seine Lippen wieder auf meinen, dann umfasst er meine Hüften und ich fühlte mich in die Luft gehoben. Mühelos setzte Ethan mich auf dem Tresen ab, unseren Kuss unterbrach er dabei keine Sekunde.

Meine Hände fuhren über seine strammen Arme, dann zu seinen Schultern und schließlich zu seinem Hals. Jetzt war ich diejenige, die Ethans Kopf heranzog, um den Kuss noch mehr zu vertiefen. Auch wenn das kaum noch möglich war, aber ich bekam einfach nicht genug von ihm. Oder von seiner Zunge, die sich geschickt in mir bewegte und mir lustvolle Laute entlockte. Als er meine Beine öffnete und sich zwischen mich drängte, erwischte ich mich bei dem Gedanken, hier und jetzt nackt sein zu wollen. Ich wünschte mir nichts sehnlicher, als mich mit Ethan in meinem Bett zu räkeln, Haut auf Haut, ihn überall zu spüren. Das war der Moment, in dem sich der Nebel in meinem Kopf lichtete und ich den Kuss erschrocken abbrach.

Ethan lehnte sich zurück und sah mich aus fiebrigen Augen an. „Alles klar?“, fragte er. An seiner pochenden Halsschlagader konnte ich erkennen, wie schnell sein Puls ging. Auch meiner musste jenseits der 180 liegen.

Ich nickte träge und öffnete den Mund, doch kein Ton kam heraus. Ich wusste nicht recht, wie ich in Worte fassen sollte, was mir alles durch den Kopf ging.

Außerdem war ich noch zu geflasht von seinen Kusskünsten.

Ethan lächelte zärtlich. „Verstehe schon“, meinte er und lehnte sich zurück. „Wir wollen nichts überstürzen.“

Das entfernte Klingeln meines Handys rettete mich vor einer Antwort. Es kam aus meinem Zimmer in der ersten Etage. „Moment.“ Ich rutschte vom Tresen, und Ethan machte mir Platz. „Bin gleich wieder da“, versprach ich, dann ging ich auf schlotternden Beinen nach oben.

Ich wusste wirklich nicht, ob ich erleichtert oder enttäuscht sein sollte, dass ich den Kuss beendet hatte. Ich war alt genug, um mit Ethan zu schlafen – und Gott allein wusste, dass ich gerade nichts sehnlicher wollte –, aber bevor ich nicht wusste, was aus uns werden würde, würde ich diesen Schritt nicht gehen. Oder sagten wir lieber so: Ich hoffte, dass ich stark genug sein würde, Ethan widerstehen zu können, bis es so weit sein sollte.

Gerade als ich mein Zimmer betrat, verstummte das Handy. Ich ging zum Bett, hob es auf und schaute aufs Display.

Es war Willow gewesen.

Ich vernahm Schritte hinter mir. Als ich mich umdrehte, lehnte Ethan mit verschränkten Armen am Türrahmen.

„Schickes Zimmer."

Gott sei Dank hatte ich aufgeräumt, bevor ich mich aufs Bett gefläzt hatte, dachte ich, als mein Handy vibrierte.

Wieder Willow. Diesmal hatte sie mir eine Nachricht geschrieben.

„Danke", sagte ich lächelnd, dann las ich die Mitteilung. Es war nichts Wichtiges. Meine Freundin wollte nur wissen, was ich morgen, also Sonntag, machen würde. Ich schrieb ihr, dass ich mich später melden würde, dann legte ich das Handy weg und drehte mich zu Ethan um.

Er kam in den Raum, setzte sich auf mein Bett und sah sich aufmerksam um. Schließlich blieb er an meinen Laptop und dem Standbild darauf hängen. „Was guckst du da?"

„Eine wahnsinnig tolle Serie. Kennst du Aidan Turner? Aus *Der Hobbit*? Super heißer Kerl. Eigentlich habe ich die Serie nur seinetwegen angefangen“, erklärte ich schwärmerisch und lehnte mich mit dem Hintern an den Schreibtisch.

Ethan lachte. „So, so.“

„Aber die Serie ist wirklich gut. Unabhängig von ihm.“ Das Echo unseres Kusses hallte deutlich durch meinen Körper, und ich konnte Ethans Berührungen noch auf mir spüren.

Es war, als hätte er überall dort, wo er mich berührt hatte, warme, prickelnde Brandmale hinterlassen. Ich war immer noch total aufgekratzt. Vermutlich redete ich deshalb so viel. „Zum Glück. So habe ich nicht nur was zum Anschmachten sondern auch Mitfiebern.“

Ethan musste mir ansehen, wie sehr ich durch den Wind war. Grinsend sah er zu mir hoch, dann sagte er: „Oder du nimmst einfach mich. Ich hab‘ mir sagen lassen, dass ich auch zum Anschmachten bin.“ Bevor ich reagieren konnte, hatte er mich auf seinen Schoß gezogen.

Lächelnd schlang ich meine Arme um seinen Hals. „Stimmt. Das bist du.“

Er gab mir einen kurzen, leidenschaftlichen Kuss auf den Mund. „Und mich kannst du jederzeit anfassen. Diesen Aidan nicht.“

Das war ein Argument.

Ethan küsste mich weiter. Erst mein Kinn, dann meinen Hals, und als ihm der Stoff im Weg war, schob er den Pyjama ein Stück herunter und entblößte meine Schulter. Mir entwich ein Stöhnen. Ich verging fast von dem Gefühl seiner warmen, feuchten Lippen auf meiner nackten Haut. Innerhalb weniger Wimpernschläge hatte Ethan meine mentalen Mauern wieder gehörig ins Wanken gebracht. Trotzdem schaffte ich es, seinen Kopf wegzuschieben.

„Du musst wirklich damit aufhören", japste ich.

Unschuldig wie ein Engel sah Ethan zu mir hoch. Seine Arme lagen fest um meine Hüften, sodass es kein Entkommen gab. „Gefällt's dir nicht?"

„Doch, und wie! Am liebsten möchte ich, dass du gar nicht mehr aufhörst. Aber … wenn du so weitermachst, kann ich mich nicht mehr beherrschen. Und ich werde jetzt auf keinen Fall mit dir schlafen."

Erheiterung blitzte in seinen Augen auf. „Ich bin ja geschmeichelt, dass du schon darüber nachgedacht hast, aber das hatte ich gar nicht vor."

„Nicht?"

Er küsste wieder meine Schulter. „Man muss ja nicht gleich Sex haben, um sich zu amüsieren. Und ich kann mich natürlich auch irren, aber wenn ich richtig vermute … bist du noch Jungfrau, oder?"

Meine Wangen fingen Feuer. Das … das ging ihn ja wohl wirklich nichts an. Aber als Ethan fragend den Kopf neigte, sah ich ein, dass es lächerlich wäre, nicht zu antworten. Er wusste es und ich wusste es.

Und warum sollte ich mich dafür schämen, dass ich mich bis jetzt für den Richtigen aufgespart hatte?

„Richtig vermutet."

Durch seine langen, schwarzen Wimpern sah er mich von unten an. „Möchtest du denn, dass wir etwas *anderes* machen?"

Ich schnappte nach Luft. „Ich … ich weiß nicht."

Er küsste meinen Hals. „Du weißt nicht?"

Verdammt, was redete ich denn da? Und ob ich das wusste. Schon seit Wochen verzerrte ich mich nach Ethan. Es wunderte mich, dass ich nicht schon längst schwach geworden war. Tollkühn fragte ich: „Was, ähm … schwebt dir denn vor?"

Sein Lachen vibrierte an meinem Hals. „Lass dich überraschen." Dann lehnte er sich jedoch zurück. „Oder wir lassen es. Ich will dich zu nichts drängen. Mir reicht es schon, wenn ich dich einfach nur küssen kann."

Spöttisch zog ich eine Braue hoch. Er wollte mich zu nichts drängen, verführte mich hier aber auf teuflischste Weise mit Küssen und Zärtlichkeiten. Witzbold! Doch schlussendlich war es meine Entscheidung.

Um zu verdeutlichen, dass er es ernst meinte, ließ Ethan meine Hüften los und stützte die Arme neben sich aufs Bett. Abwartend sah er mich an, und ich erwiderte seinen Blick, während ich meinen aufgeregten Puls auf der Zunge schmecken konnte.

Dann, ganz langsam, nahm ich seine Hände und legte sie auf meine Hüften zurück.

Mehr brauchte Ethan nicht. Behutsam ließ er mich von seinem Schoß aufs Bett gleiten und legte mich auf den Rücken. Meine Beine lagen immer noch auf seinen Knien. Er nahm sie herunter, dann kam er über mich, wobei er sich auf die Ellenbogen stützte, sodass sein Gewicht nur minimal auf mir lastete. Ich wunderte mich, wie jemand, der so stark und muskulös war, gleichzeitig so behutsam und sanft sein konnte. Er ging mit mir um, als wäre ich aus Porzellan.

„Wenn du abbrechen willst", sagte Ethan, und sein Duft umhüllte mich, „sag es einfach, und ich höre sofort auf."

„Okay", hauchte ich, dann drückte er mich mit einem leidenschaftlichen Kuss in die Matratze. Schnell hatte Ethan wieder den Teil in mir entfacht, der sich einen Teufel um Vernunft scherte. Der einfach nur genießen wollte. Dann ging seine Hand auf Wanderschaft. Erst unter mein Hemd und über meine Brüste, dann meinen Bauch hinunter. Dabei küsste Ethan mich ununterbrochen. Meinen Mund, meine Wangen, meinen Hals. Seine Küsse brannten genauso heiß auf meiner Haut wie seine Finger, die nun am Bund meines Pyjamas verharrten. Mein Körper verkrampfte sich erwartungsvoll.

„Weiter?", fragte Ethan mit rauer Stimme und sah mit einem Verlangen auf mich herunter, das mir den Atem raubte.

Ich nickte … und dann berührte er mich.

Keuchend bog ich den Rücken durch. „Oh, mein Gott!"

Leise lachen küsste er mich wieder, brachte seine Zunge und seine Finger in einen Rhythmus, sodass mir schon nach kurzer Zeit bedrohlich die Sinne schwanden. Meine Befangenheit hatte sich vollständig in Luft aufgelöst. Hemmungslos kam ich Ethan entgegen, bewegte meine Hüften und stöhnte unter ihm. Das war unglaublich! Ich wollte mehr davon. Viel mehr! Doch viel zog schnell zog er seine Hand wieder zurück.

Am ganzen Körper bebend sah ich zu ihm hoch. „W-warum hast du aufgehört?"

Sein Blick wurde sengend. Abermals küsste er mich, diesmal sanfter, fast lockend. Dann brachte er seinen Mund wieder an mein Ohr und flüsterte: „Ich will dich schmecken."

Ein Schauer ungeahnten Ausmaßes überkam mich. Mein Gesicht hätte vor Scham explodieren müssen, aber Ethan hatte mich bereits so scharf gemacht, dass ich zu keinem spröden Gedanken mehr fähig war. Als Einverständnis zog ich sein Gesicht heran und gab ihm einen stürmischen Kuss, der alle anderen übertraf.

Er löste sich von mir und sah mir noch einen Moment lang in die Augen. Dann schenkte er mir ein männliches, zufriedenes Lächeln und schob sich langsam tiefer.

Kapitel 13

Ich brauchte eine ganze Weile, um wieder klarzukommen. Währenddessen lag ich in Ethans Armen und spielte mit seinen Bauchmuskeln. Ich hatte sein schwarzes Shirt hochgeschoben und fuhr verträumt mit den Fingern über die ausgeprägte Hügellandschaft darunter. Irgendwann sagte er leise lachend: „Weißt du … das trägt nicht gerade dazu bei, dass ich wieder runterkomme. Oder macht es dir Spaß, mich so zu quälen?“

Ich hörte auf, zog die Hand aber nicht weg, sondern legte sie jetzt flach auf seinen warmen Bauch, der sich gleichmäßig hob und senkte. „'Tschuldige. Aber das war einfach nur … wow.“

„Wirklich? Ist mir gar nicht aufgefallen, so wie du gestöhnt hast.“ Als ich puterrot anlief, lächelte er verschmitzt. „Ich mag es, wenn du rot wirst.“ Jetzt gab er mir einen Kuss auf die Schläfe und murmelte an meine Haut: „Ich kann's kaum erwarten, dich wieder zum Erröten zu bringen.“

Ich musste lachen, dann stützte ich mich auf einen Ellenbogen, um ihn besser ansehen zu können.

Die Arme hinter dem Kopf verschränkt lehnte Ethan an meinem Kissen und lag dadurch leicht erhöht. Ich war keine Nonne – mit meinem Exfreund war ich durchaus schon auf Tuchfühlung gegangen –, aber ich hatte noch nie *das* gemacht. Oder mit mir machen lassen. Von einem wohligen Schauer gepackt fragte ich: „Und das ist wirklich okay für dich? Ich meine … du bist ja leer ausgegangen."

„Oh, ich bin nicht leer ausgegangen", widersprach er mir mit einem lodernden Blick, der sofort Hitze in mir aufwallen ließ. „Außerdem bin ich schon ein großer Junge. Ich kann warten."

Abermals wurde ich rot.

Da rollte Ethan sich über mich und fragte: „Hast du noch was vor? Wir könnten essen gehen."

Ich warf einen Blick auf die Uhr. „Gern, aber ich hab' Mom versprochen, heute mit ihr und Ben Mittag zu essen. Sie wollten um 16 Uhr hier sein."

Ethan sank auf mich nieder, sodass mir kurz die Luft wegblieb, dann stützte er sich auf einen Ellenbogen. Mit der freien Hand strich er mir sanft über die Wange. „Schade. Dann vielleicht morgen."

Ich lächelte zu ihm hoch. „Gern. Ich muss heute sowieso noch für mein Referat proben."

„Prob' mit mir", schlug er vor. „Ich hab' Erfahrung im Vortragen. Und ich meinte es neulich ernst. Warum sollen wir nicht auch einen Lern-Tag einführen? Jetzt, da wir ..."

„Da wir *was*?", fragte ich einen Tick zu hoffnungsvoll, als er nicht gleich weitersprach.

Er wickelte sich eine Haarsträhne von mir um den Finger und schenkte mir ein lässiges Lächeln. „Jetzt, da wir uns so gut verstehen."

Oh. Das hatte er sagen wollen. Nüchternheit schwappte über mich. Ich ließ mir nichts anmerken, aber seine Worte ließen mein Herz ein Stück zusammenschrumpfen. Dass meine Reaktion übertrieben war, wusste ich selbst. Ich konnte von Ethan nicht erwarten, dass er so schnell eine neue Beziehung eingehen würde. Er hatte erst eine hinter sich und die war scheinbar recht turbulent gewesen. Dennoch hatte ich es insgeheim gehofft.

Trotz meiner Bemühungen, mir nichts anmerken zu lassen, fiel Ethans Hand von meinem Gesicht ab. „Ich hab‘s vermasselt, oder?"

„Neeein", sagte ich gedehnt und zwang mich zu einem Lächeln.

Forschend sah er mir in die Augen. „Sicher?"

Da biss ich mir auf die Unterlippe und fuhr mit der Hand durch sein volles und hoffnungslos zerwühltes, schwarzes Haar. „Es ist nur … ich bin kein Fan von Affären oder bedeutungslosen Romanzen."

„Ich weiß", sagte Ethan. „Und das hier ist ganz sicher nicht bedeutungslos für mich. Aber ich weiß nicht, ob ich schon wieder bereit für eine Beziehung bin. Verstehst du?"

„Ja", sagte ich, und das war die Wahrheit. „Das verstehe ich."

*

Wie versprochen half Ethan mir mit dem Referat. Anfangs hatte ich Schwierigkeiten, mich zu konzentrieren. Alles, woran ich denken konnte, war, was er mit seinen Fingern und seiner Zunge angestellt hatte. Zudem war der Anblick, wie er lässig in meinem Bett lag, das eine Bein aufgestellt und die Arme hinter dem Kopf verschränkt, einfach nur unwirklich. Am liebsten hätte ich Pinsel und Farbe gezückt und Ethan gemalt. Den Kontrast seiner schwarzen Klamotten und der gelborangenen Nachmittagssonne, die durch das Fenster schien.

Ethan jedoch blieb erstaunlich hartnäckig und ermahnte mich immer wieder, mich auf den Vortrag zu fokussieren. Irgendwann gelang es mir dann, und er gab mir wertvolle Tipps. Etwa, wie ich mehr Selbstsicherheit ausstrahlte, indem ich den Blickkontakt länger hielt oder wie ich mit der richtigen Atmung und Betonung mehr Spannung in den Vortrag brachte. Er war ein guter Lehrer.

Unser Abschied fiel feucht und leidenschaftlich aus. Wir brauchten bestimmt fünf Minuten, um uns endgültig voneinander zu lösen, dann ging Ethan nach Hause und ließ mich wuschig, aber überglücklich zurück.

Als ich später mit Mom und Ben zu Mittag aß, konnte ich mich kaum auf die Gespräche konzentrieren und auch gegen das Grinsen musste ich unentwegt ankämpfen, das sich auf meine Lippen stehlen wollte. Die Gefühle in meinem Bauch tanzten Samba, aber zum ersten Mal seit Monaten fühlte ich mich innerlich nicht zerrissen – so, wie üblich in Ethans Nähe –, sondern vollständig. Noch unklar war, wie ich die neuesten Entwicklungen Oliver beibringen sollte, und vor allem, wie er darauf reagieren würde. Ich konnte mir noch nicht vorstellen, dass er etwas für mich empfand – nicht im selben Ausmaß wie Ethan. Aber für den uFall, dass es so war, sollte ich Oliver aufklären.

Nichts wäre schlimmer als einen noch tieferen Keil zwischen die Brüder zu treiben, indem ich mit ihren Gefühlen spielte. Es war schon schlimm genug, was ihr Vater ihnen angetan hatte, aber bei der Liebe hörte die Freundschaft – oder Bruderschaft – ja bekanntlich erst recht auf.

Ich musste herausfinden, ob an Ethans Theorie etwas dran war, und falls ja, musste ich Oliver von Ethan und mir erzählen. Nun ja, vielleicht wartete ich mit Letzterem auch noch ein bisschen. Wenigstens so lange, bis ich mir sicher sein konnte, was denn nun aus Ethan und mir werden würde.

*

Am nächsten Tag hatte ich mich vollständig von den Strapazen der Party erholt. Keine Kopfschmerzen mehr und keinen Wattekopf. Wobei … Watte hatte ich noch immer in mir, sie war nur von meinem Kopf in den Magen gerutscht und sorgte immer dann für ein Kribbeln, wenn ich an Ethan denken musste.

Mom, Ben und ich ließen uns Zeit beim Frühstück. Wir sprachen über die Arbeit, die Uni und ihren ersten gemeinsamen Urlaub, den sie zum Jahresende geplant hatten. Dann ging es ans Unkrautrupfen. Es war mal wieder so weit. Das Zeug wucherte wie … nun ja, Unkraut. Am liebsten wäre ich ja direkt nach dem Frühstück zu Ethan gerannt, aber das konnte ich nicht bringen. Kein Junge stand auf Kletten, und wenn ich bei ihm schon nicht meine Sittsamkeit behalten konnte, dann doch bitte wenigstens meine Würde.

Um 12 Uhr machte ich mich dann auf den Weg. Ich fand, das war eine angemessene Uhrzeit. Ethen hatte gestern zu einer ähnlichen Zeit vor meine Tür gestanden, außerdem konnte ich mir jetzt sicher sein, dass ich Oliver nicht begegnen würde – der arbeitete um diese Uhrzeit schon. Er sollte vorerst ja nicht mitkriegen, dass zwischen seinem Bruder und mir etwas lief.

Als ich ins Erdgeschoss kam, stand Mom in der Küche, hörte Klassikmusik und backte Käsekuchen. Sie wollte unbedingt genauso einen leckeren Kuchen wie Grandma zaubern und versuchte es immer wieder aufs Neue. Es war nicht so, dass Mom nicht backen konnte, ihre Kuchen schmeckten köstlich, aber niemand kam an Grandmas Backkünste heran. Das war ein Naturgesetz. Bei Omi schmeckte es einfach am besten.

Ich sagte Mom Bescheid, dass ich zu den Jacksons rübergehen würde, dann verließ ich das

Haus und kam auf der Veranda an Ben vorbei, der es sich dort auf einem Stuhl und mit einer Limonade in der Hand bequem gemacht hatte. Er liebte es, sich oberkörperfrei auf der Veranda zu sonnen.

Grinsend winkte ich ihm zu, dann überquerte ich unseren gepflegten Rasen, der sich optisch kein bisschen von denen der Nachbarsgrundstücke unterschied. Das war praktisch, weil, wenn wir mal eine vertrocknete Grasstelle haben sollten, könnte ich einfach zu einem anderen Grundstück gehen, mir ein Stück Rasen herausschneiden und es bei uns einsetzen. Ich lachte über meinen sinnfreien Gedanken, dann war ich bei den Jacksons. Etwas aufgeregt, da ich nicht wusste, welches Herzklopf-Programm sich Ethan heute für mich ausgedacht hatte, wollte ich gerade an der Haustür klingeln, als sie von innen aufschwang.

Heraus kam Oliver mit einem Müllbeutel in der Hand. Oh, verdammt.

„Hey", sagten wir beide gleichzeitig überrascht, wobei in meiner Stimme leichtes Entsetzen mitschwang. „Was machst du denn noch hier?", fragte ich, bevor mir in den Sinn kam, dass ich wie jemand klingen musste, der in flagranti erwischt worden war.

„Ich kann heute später anfangen. Wir haben tatsächlich mal wieder eine neue Hilfskraft gefunden und die wird gerade eingearbeitet", erklärte Oliver. „Bin gespannt, wie lange sie durchhält. Jedenfalls muss ich deshalb jetzt erst los." Schmunzelnd ließ er seinen Blick über mich wandern. „Und wie geht's uns, Schnapsdrossel?"

Ich rollte die Augen. Das musste ich mir jetzt wohl eine Weile von den beiden anhören. „Bestens. Bin wieder vollständig entschnapsdrosselt."

Oliver lachte. „Sehr schön." Dann fragte er: „Was machst du hier? Hast du was vergessen? Ich muss leider schon los."

Unangenehme Hitze stieg in meinen Wangen auf. „Äh, nein, ich … wollte zu Ethan."

Olivers Gesichtszüge entgleisten. Es sah fast schon gruselig aus. So viel zu meinem Plan, unsere Affäre – oder was auch immer Ethan und ich hatten – vorerst geheim zu halten.

„Ah", sagte Oliver dann, nachdem er sich halbwegs wieder gefangen hatte. Ich fand es erstaunlich, wie schnell das immer bei ihm ging. Selbst Ethan hatte nicht so ein gutes Pokerface wie er.

Mir war klar, dass es nichts gab, was ich jetzt sagen könnte, um meinen Freund zu besänftigen, deshalb fragte ich: „Ist er da?"

Oliver zwang sich zu einem Lächeln. „Ja, aber ich glaube, er hat Besuch."

„Besuch?", wiederholte ich.

„Es hat vorhin geklingelt, aber ich war in meinem Zimmer, deshalb weiß ich nicht, wer es war. Na, dann …" Plötzlich wirkte Oliver kurz angebunden und hielt erklärend den Müllsack hoch. „Ich muss das wegbringen und dann muss ich auch schon los. Wir sehen uns morgen in der Uni."

Ich öffnete den Mund, doch da war Oliver schon losgelaufen. Schuldbewusst sah ich ihm noch einen Moment hinterher, dann ging ich durch die Haustür, die er für mich offen gelassen hatte. Meine Laune war natürlich im Keller, aber ich sah ein, dass es jetzt nichts bringen würde, in Reue zu versinken. Ich war gekommen, um den Tag mit Ethan zu genießen. Mit Oliver würde ich mich morgen auseinandersetzen.

Im Haus waren keine Spuren mehr von der Party. Alles war aufgeräumt und es roch sogar sauber. Zum ersten Mal fragte ich mich, wer in diesem Haushalt eigentlich fürs Putzen zuständig war und wie sich die Brüder dahingehend verständigten, wenn sie doch kaum miteinander sprachen. Ich konnte mir Ethan jedenfalls nur schwer mit einem Wischmopp in der Hand vorstellen.

Als ich in der ersten Etage war und seine geschlossene Zimmertür ansteuerte, dachte mir, dass es vielleicht lustig wäre, wenn ich, wie immer, einfach hineinschneite. Vielleicht war Ethan ja nackt und ich erhaschte einen Blick auf seinen … trainierten Bauch. Oder Knackpo. Auf jeden Fall würde es ihn erschrecken, und ich fand, das wäre eine gerechte Strafe dafür, dass er mich betrunken ausgequetscht hatte. Diese Sache war nämlich noch nicht vom Tisch.

Mein Vorhaben in die Tat umsetzend öffnete ich schwungvoll die Tür … und konnte nicht glauben, was ich sah.

Ethan war in seinem Zimmer, aber er war nicht allein. Mit dem Gesicht zu mir saß er auf seinem Bett, doch sein halbes Antlitz wurde von einem Rotschopf verdeckt, deren feuerrotes Haar wie weiche, geschmeidige Flammen auf das Bett fiel. Ich begriff zuerst nicht, was sie da machten. Erst, als ihre Köpfe auseinanderflogen und Ethan einen Fluch ausstieß, packte mich grausame Gewissheit.

Ich konnte nicht sprechen. Mich nicht bewegen.

Das war Samantha. Und er hatte sie geküsst!

Diese Erkenntnis riss mir den Boden unter den Füßen weg. Nur am Rande nahm ich wahr, dass Samantha, die erschrocken den Kopf zu mir gedreht hatte, seltsam verheult aussah, aber da war ich schon zwei Schritte rückwärtsgegangen.

Ganz langsam, als wäre ich ein gefährliches Tier, stand Ethan vom Bett auf, die Hände verteidigend erhoben. „Allie", sagte er und betonte meinen Namen, als wollte er an meine Vernunft appellieren. Doch er bewirkte genau das Gegenteil von dem, was er vermutlich beabsichtigt hatte. Der Klang seiner Stimme gab den Auslöser, ließ mich herumwirbeln und die Treppe hinunterstürmen. „Allie!"

Zwei Stufen auf einmal nehmend gelangte ich ins Erdgeschoss, wo ich beinahe in Oliver hineinrannte.

Ich fragte mich nicht, aus welchem Grund er zurückgekommen war. Vielleicht hatte er etwas vergessen oder er hatte es ohnehin vorgehabt. Es spielte keine Rolle.

„Was …?“, fragte Oliver erschrocken und drehte sich mit mir mit.

Verstört und aufgewühlt wie ich war, sah ihn nicht einmal richtig an. Ich lief einfach weiter, rannte fast, dann stieß ich die Haustür auf.

Weit kam ich jedoch nicht. Ich hatte das Grundstück der Jacksons verlassen und unseres gerade betreten, als hinter mir Schritte ertönten. „Allie!“, hörte ich Ethan rufen. Daraufhin legte ich noch einen Zahn zu, doch ich unterschätzte seine Schnelligkeit. Im nächsten Moment packte er mich an den Schultern und wirbelte mich herum.

„Hey. Warte bitte“, sagte Ethan außer Atem. Er sah mich so eindringlich an wie noch nie zuvor.

Blindwütig schlug ich seine Hände weg. „Fass mich nicht an!“ Ich fauchte wie eine Raubkatze. Leider besaß ich keine scharfen Krallen, denn es juckte mich in den Fingern, ihm das hübsche Gesicht zu zerkratzen. Das Gesicht, das Samantha geküsst hatte. Nicht mal 24 Stunden, nachdem wir …

„Okay, wie du willst.“ Er hob die Hände, als würde ich eine Waffe auf ihn richten. „Ich fasse dich nicht an. Aber du musst mir zuhören. *Bitte.*“

Das konnte er vergessen!

An seiner Schulter vorbei konnte ich sehen, wie Oliver in den Garten kam und irritiert zu uns herüberspähte. Gleichzeitig fragte jemand hinter mir: „Ist hier alles in Ordnung?“

Das war Ben. Als ich mich zu ihm umdrehen wollte, hielt Ethan mich, seinem Versprechen zum

Trotz, am Handgelenk zurück. Ich versuchte, mich ihm zu entwinden.

„Hey!“, rief Ben jetzt und eilte zu uns.

Mit mahlenden Kiefern ließ Ethan mich wieder los. „Allie“, hob er noch einmal an. „Ich kann dir das erklären. Hör mir bitte kurz zu.“

Ben war bei uns und schob sich, nackt, wie er am Oberkörper war, zwischen uns. Er war ebenso groß wie Ethan, aber Ethan war ein Kampfsportler. Er könnte ihm mit einem einzigen gezielten Schlag auf den Rasen schicken. „Ich weiß zwar nicht, was hier los ist, aber offenbar will sie nicht von dir angefasst werden“, sagte Ben und streckte eine Hand nach Ethan aus, um ihn auf Abstand zu bringen.

Widerwillig trat er zwei Schritte zurück, aber sein Blick war weiterhin auf mich geheftet. Versuchte, mich damit zu fixieren. Ethan musste etwas in meinen Augen gesehen haben. Vielleicht das Zerbrochene darin. Auf jeden Fall nahm seine Stimme jetzt einen flehenden Ton an. „Bitte tu das nicht.“

Ich weiß nicht, was es war, ob ich einfach bloß dämlich oder zu gutmütig war, aber kurz flammte Hoffnung in mir auf. Ethan sah so gequält aus, dass ich automatisch zögerte.

Er würde nicht so gepeinigt dreinschauen, wenn es ihm nicht leidtun würde, oder? Vielleicht gab es ja eine plausible Erklärung für das Ganze. Eine, auf die ich in meiner Verletztheit und blinden Wut gerade nicht kam. Aber dann kam Samantha aus dem

Haus – in diesem entzückenden Kleid, mit ihrer roten, wallenden Mähne und atemberaubenden Schönheit –, und ich musste daran denken, wie Ethans Lippen auf ihren gelegen hatten.

„Er soll mir nie wieder zu nahe kommen!", sagte ich an Ben gewandt, so kalt, dass ich mich selbst nicht wiedererkannte. Ich wartete nicht ab, ob er meine Bitte umsetzen würde, sondern drehte mich weg und lief ins Haus.

„Allie!", rief Ethan, dann vernahm ich Bens Stimme, aber das Zufallen der Haustür verschluckte seine Worte.

*

An den kurzen Weg in mein Zimmer konnte ich mich kaum erinnern. Innerlich war ich wie betäubt. Oder war es Leere?

Aber eigentlich machte es keinen Unterschied.

Ich war nur dankbar, dass ich gerade nichts von dem Schmerz fühlte, der mich durchfahren hatte, als ich die beiden in seinem Zimmer erwischt hatte. Nichts von dem ergab einen Sinn für mich. Wie konnte er mir das antun? Nach allem, was er mir über sich erzählt hatte? Nach allem, was wir … geteilt hatten?

Ben musste mit Mom gesprochen haben, denn zehn Minuten später klopfte sie an meine Zimmertür. Ich ließ sie herein und versicherte ihr, dass wir nur einen üblen Streit gehabt hätten und alles in

Ordnung wäre. Natürlich glaubte sie mir nicht, aber sie hakte nicht weiter nach und versprach, mir nachher ein Stück Käsekuchen hochzubringen. Als ob das etwas ändern würde.

Ich war stolz auf mich, denn ich brach weder in Tränen aus, noch ließ ich mich in sonstiger Weise gehen. Weinen war etwas für Mädchen, und im Grunde sollte ich doch gar nicht überrascht sein. Es war schließlich nur das eingetreten, was ich die ganze Zeit über befürchtet hatte.

Am Abend schrieb Oliver mir. *Können wir reden?*

Ich ließ mir mit der Antwort bestimmt fünf Minuten Zeit. Einerseits konnte ich ihn verstehen. Er machte sich Sorgen und wollte wissen, was los war, andererseits wollte ich nicht riskieren, dass sich die Leere in mir verflüchtigte und dem Schmerz Platz machte. Denn genau das würde vermutlich passieren, wenn ich mich mit dem Geschehenen auseinandersetzte.

Allie?

Nicht heute, schrieb ich schließlich zurück. *Morgen, okay?*

Oliver gab sich einverstanden, auch wenn es ihn große Zurückhaltung kosten musste.

Dann legte ich das Handy weg, kuschelte mich auf dem Bett ein und guckte meine Serie weiter. Lustig. So viele Tränen wie in dieser Folge hatte ich noch nie vergossen.

Kapitel 14

Am nächsten Morgan kroch ich nur widerwillig aus dem Bett. Einerseits hing ich fürchterlich in den Seilen, weil ich gestern bis tief in die Nacht meine Serie geguckt hatte. Andererseits konnte ich mir eine Million Dinge vorstellen, die ich heute lieber tun würde, als mich Olivers vorwurfsvollen – oder was noch schlimmer wäre – mitleidigen Blicken zu stellen. Jetzt wünschte ich mir, ich hätte ihn mit einer anderen Antwort abgespeist, denn nun würde er auf eine Erklärung bestehen.

Mein Frühstück fiel mager aus. Nachdem ich geduscht und mich angezogen hatte, zwängte ich mir einen halben Apfel und einen Kaffee rein – etwas anderes bekam ich nicht hinunter. Dann machte ich mich auf den Weg zur Bushaltestelle, wo Oliver schon auf mich wartete. Beim Duschen hatte ich mir heute Zeit gelassen, deshalb war ich spät dran und musste halb rennen.

Verbissen guckte ich dabei geradeaus, fixierte die Bushaltestellte, um ja nicht zum Haus der Jacksons rüber zu schmulen, an das ich gezwungenermaßen vorbeikam. Dann stand ich vor Oliver, dessen Gesicht die verschiedensten Emotionen widerspiegelte, während er mich musterte.

„Ich dachte schon, du kommst nicht mehr. Ich wollte dich gerade anrufen“, sagte er und steckte sein Handy ein. „Wie geht's dir?“

„Gut“, meinte ich und strich mir eine Haarsträhne hinters Ohr. Ich hatte meine Haare zu einem lockeren Dutt frisiert und an den Seiten ein paar Strähnen ausgelassen, die mir nun in Form von Locken auf die Schultern fielen.

Oliver glaubte mir natürlich nicht, aber was für eine Antwort erwartete er auch, nachdem, was er gestern mitgekriegt hatte?

Er atmete tief durch. „Ich schwöre dir, ich wusste nicht, dass Samantha bei uns war. Hätte ich es …“

„Ich weiß“, unterbrach ich ihn und angelte in meiner Tasche nach dem Portemonnaie, da der Bus jeden Moment kommen müsste. „Und selbst wenn du es gewusst hättest, es spielt keine Rolle. Samantha ist Ethans Ex – oder Freundin oder was auch immer –, nicht deine. Du hattest damit nichts zu tun.“

Nachdem ich die Fahrkarte herausgezogen hatte, sah ich Oliver wieder an. Er wollte noch mehr sagen, ich erkannte es an seinem Blick, der einerseits forschend, andererseits mitleidig und auch eine Spur schwermütig war. Glücklicherweise tauchte in dem Moment der Bus am Horizont auf.

Die erste Stunde bewältigte ich problemlos. Ich musste nichts weiter tun, als im Hörsaal zu sitzen und gelegentlich Notizen zu machen.

Was ich da schrieb, wusste ich selbst nicht so genau, aber Hauptsache, ich hatte etwas zu tun.

In den darauffolgenden zwei Werkstatt-Modulen sah das schon anders aus, denn da musste ich meiner Kreativität freien Lauf lassen, und die schien gerade etwas angeknackst zu sein. Nein, nicht angeknackst, sondern befleckt. Von den negativen Gedanken, die sich in meinen Kopf eingenistet hatten und erfolgreich verhinderten, dass ich auch nur einen anständigen Pinselstrich zustande brachte. So unzufrieden wie in diesen zwei Stunden war ich noch nie mit meinen Bildern gewesen, aber der schwierigste Teil lag noch vor mir: Die Mittagspause, die nun folgte.

Vor der hatte ich mich am meisten gefürchtet, denn jetzt musste ich mich auch meinen anderen Freunden stellen – wobei Oliver und ich ja nicht wirklich über gestern gesprochen hatten.

Bis jetzt hatte ich mich erfolgreich um das eine Thema herumgeschlängelt: das *Warum*. Warum ich gestern aus Ethans Zimmer gerannt war. Warum ich so heftig reagiert hatte. Denn würde Ethan mir nichts bedeuten, würde ich keine ernsthaften Gefühle für ihn haben, hätte es mich nicht so getroffen, Samantha in seinen Armen zu sehen.

Die Mittagspause war eine Belastungsprobe für meine Nerven. Während Willow es sich auf Freds Schoß bequem gemacht hatte und begeistert von ihrem gemeinsamen Wochenende erzählte, versuchte ich, gute Miene zum bösen Spiel zu machen und wenigstens *etwas* von meinen Bananen-Vanille-Shake runterzukriegen. Für feste Nahrung fehlte mir die Motivation.

Ich freute mich für Willow und Fred. Die beiden waren so süß zusammen. Wie für Frischverliebte üblich konnten sie kaum die Finger voneinander lassen. Unglücklicherweise erinnerten sie mich an mein eigenes Glück – das zwar nur ein paar Stunden angedauert hatte, aber sie so zu sehen, war trotzdem nicht leicht. Es führte mir vor Augen, was ich hätte haben können.

Mit Ethan.

Nein, halt. Ich sollte ihm nicht hinterhertrauen. Ethan hatte mich durch meine Vorgängerin ersetzt. Ich sollte ihn verabscheuen!

Oliver beging nicht denselben Fehler noch einmal und stellte mich vor unseren Freunden zur Rede. Leider waren die auffallend unauffälligen Blicke, die er mir über den Tisch zu warf, auch nicht besser. Genauso gut hätte er Scheinwerfer auf mich richten können.

Irgendwann klappte Willow den Mund zu und sah mit verengten Augen zwischen Oliver und mir hin und her. „Okay, was ist hier los? Ihr beide guckt wie sieben Tage Regenwetter."

Zögerlich sah Oliver zu mir, aber das reichte schon, um sämtliche Blicke meiner Freunde auf mich zu lenken. Ich hatte ein Déjà-vu.

„Allie, Süße?", fragte Willow besorgt und beugte sich ein Stück über den Tisch.

Mit dem Strohhalm stocherte ich noch kurz in meinem Shake herum, dann schob ich seufzend den Stuhl zurück, nahm meine Tasche und stand auf. Es brachte ja nichts, es noch weiter hinauszuzögern. „Komm mit", sagte ich zu meiner Freundin, die sofort aufsprang, und führte sie aus der Kantine.

*

„Ich glaub' das einfach nicht", murmelte Willow zum gefühlt zehnten Mal. „Ich kann nicht glauben, dass er dir das angetan hat, Süße." Auf einmal kam sie zu mir und umarmte mich.

„Willkommen im Club."

Willow drückte mich fest an sich, dann lehnte sie sich zurück, die Hände noch auf meinen Schultern, und musterte mich betroffen. Wir standen in dem lichtdurchfluteten Durchgang der zweiten Etage. In den Pausen war es hier immer schön ruhig, sodass wir ungestört reden konnten.

„Und ich brabbele die ganze Zeit von unserem ach so tollen Wochenende!" Kopfschüttelnd ließ sie mich los, dann betrachtete sie mich forschend. „Warum hast du es mir nicht früher erzählt? Ich hätte doch am Sonntag noch vorbeikommen können."

„Das ist lieb, aber ich wollte einfach nur allein sein. Wärst du da gewesen, wäre ich wahrscheinlich in Tränen ausgebrochen, und ich werde auf keinen

Fall eine Träne für dieses Arschloch vergießen." Dass ich bei *Poldark* geweint hatte, zählte nicht, denn das hatte nichts mit Ethan zu tun gehabt. Wirklich.

„Und was willst du jetzt machen? Wie wirst du damit umgehen? Ethan wohnt schließlich direkt nebenan. Du wirst ihm nicht ewig aus dem Weg gehen können."

Die Arme vor der Brust verschränkt zuckte ich die Schultern und sah dann aus dem Fenster auf den belebten Innenhof. Das Wetter war angenehm – nicht zu kalt und nicht zu heiß – und die Sonne strahlte von einem wolkenlosen Himmel. Zum ersten Mal fragte ich mich, warum wir unsere Pausen eigentlich immer in der überfüllten, lauten Kantine verbrachten, anstatt sich, wie die anderen da unten, auf den Bänken zu sonnen und die frische Luft zu genießen. Gerade hatte ich nämlich große Lust dazu. Vielleicht würde die frische Luft ja meine bekümmerten Gedanken reinigen. Andererseits hatten wir nur noch sieben Minuten Pause, es lohnte sich also nicht mehr. Mit diesem ernüchternden Gedanken wandte ich mich wieder meiner Freundin zu.

„Keine Ahnung. Ich weiß nur, dass ich ihm kein Wort mehr glauben werde. Egal, was er sagt." Müde rieb ich mir übers Gesicht. „Am schlimmsten an der Sache ist, dass Oliver mich vor ihm gewarnt hat. Er kennt seinen Bruder am besten. Er wusste wahrscheinlich, wie das endet."

Willow nickte zustimmend, dann sagte sie jedoch: „Ich verstehe nur nicht, was Ethan davon hat. Ihr habt ja nicht mal miteinander geschlafen, sondern nur … na ja, du weißt schon. So gesehen hat er sich doch dann all die Wochen umsonst an dich rangemacht. Ich kapier es einfach nicht."

Da war sie nicht die Einzige.

Dasselbe hatte ich mich auch schon gefragt. Es ergab nicht wirklich Sinn. Aber vielleicht musste es das auch gar nicht.

Vielleicht hatte Ethan sich einfach nur aus Langeweile an mich rangeschmissen. Oder er hatte mich als Platzhalter benutzt, bis Samantha wieder bei ihm angekrochen kam.

Wer wusste das schon.

*

Heute fuhr ich nur mit Oliver und George nach Hause – Fred und Willow waren anderweitig verplant. Daran musste ich mich wohl gewöhnen. Auch daran, in nächster Zeit nicht mehr so viele Wochenenden mit Willow verbringen zu können, da jetzt mit Sicherheit Kinobesuche, romantische Dinner und Spaziergänge auf ihrem Plan standen. Aber das war schon in Ordnung, ich freute mich wirklich für die beiden.

„Wie sieht's heute mit Lernen aus?", erkundigte sich Oliver, nachdem wir aus dem Bus gestiegen waren. Die Haltestelle lag nur wenige Meter von seinem Haus entfernt, sodass man von hier aus einen guten Blick darauf hatte.

hne es zu wollen, linste ich dorthin, wandte aber sofort wieder den Blick ab und setzte mich in Bewegung.

„Ich glaube, ich lasse es heute ausfallen. Ich muss noch an meiner Präsentation feilen und damit würde ich dich beim Lernen bestimmt nur ablenken." Was für eine lahme Ausrede.

Das sah Oliver wohl genauso. „Allie …", begann er unglücklich, doch ich schaute ihn nicht an, und ich blieb auch nicht stehen, als wir bei seinem Haus waren, so wie ich es sonst machte, um ihn zu verabschieden.

„Alles in Ordnung Oliver", versicherte ich ihm betont heiter. „Lass uns das einfach auf nächste Woche verschieben, okay?" Leider ließ er sich nicht so leicht abwimmeln. Diesmal nicht. Mühelos hielt er mit mir Schritt, bis wir auf meinem Grundstück waren und die Veranda ansteuerten.

„Du läufst weg", stellte Oliver neben mir fest. „Du kannst nicht mal den Anblick unseres Hauses ertragen, und da willst du mir sagen, alles wäre in Ordnung?"

Ich angelte meine Schlüssel aus der Tasche, dann stiegen wir die Veranda hinauf. „Was willst du denn von mir hören?", fragte ich schulterzuckend und wollte die Haustür aufschließen, doch da legte Oliver seine Hand auf meine. Überrascht sah ich in sein beunruhigend ernstes Gesicht.

„Ich will wissen, was er dir angetan hat?!"

Mein Herz verkrampfte sich. „Gar nichts."

Als Reaktion darauf blähten sich Olivers Nasenflügel auf. „Gar nichts? Willst du mich verarschen?"

Abermals sah ich ihn verblüfft an. Ich glaube, ich hatte Oliver noch nie fluchen hören.

Ein, zwei Sekunden lang guckten wir uns einfach nur an, dann sagte ich: „Lässt du mich jetzt bitte die Tür aufschließen?" Ich dachte, ich könnte es, aber jetzt, da ich mit Olivers bohrendem Blick konfrontiert war, brachte ich es nicht über mich, über Ethan zu sprechen. Mehrmals hatte Oliver mich vor ihm gewarnt, aber ich hatte nicht auf ihn hören wollen, und jetzt hatte ich den Salat. Was gab es darüber noch zu reden? Ich war selbst schuld. Es wunderte mich, dass Oliver mir meine Dummheit nicht längst vorgehalten hatte.

Mit mahlenden Kiefern zog er die Hand zurück und ließ mich gewähren. Mom war nicht da, aber im Eingang hing noch ein schwacher Rest ihres Parfüms. Es konnte also noch nicht so lange her sein, dass sie zur Arbeit gegangen war.

Ich hatte exakt zwei Schritte ins Haus gemacht, als Oliver hinter mir fragte: „Hast du mit ihm geschlafen?"

Schockiert wirbelte ich herum und starrte Oliver an. Seine Stimme war tonlos gewesen, sein Blick jedoch war schneidend wie eine Rasierklinge. Das Erste, was mir auf der Zunge lag, war, dass ihn das absolut nichts anginge. Doch der Schmerz in seine Augen …

„Allie“, sagte Oliver jetzt sanfter, als ich schwieg. „Hat er dich körperlich bedrängt?“

Langsam schüttelte ich den Kopf. Ich hatte das Gefühl, zu ersticken. „Nein, er … hat mich nicht bedrängt. Wir haben auch nicht miteinander geschlafen.“ Ich atmete tief durch. „Aber wir haben … andere Dinge getan.“

Daraufhin wurde es so still, dass man eine Stecknadel hätte fallen hören können. Nach einem endlosen Augenblick sagte Oliver: „Verstehe.“

Unter seinem reservierten Blick fühlte ich mich einfach nur schmutzig, ja, besudelt. Als hätte ich etwas Schlechtes getan, dabei hatte ich Ethan einfach nur vertraut.

Auf einmal musste ich lachen. „Verstehe? Mehr hast du dazu nicht zu sagen? Willst du mir nicht vorhalten, wie naiv und dumm ich bin, weil ich mich trotz deiner Warnung auf ihn eingelassen habe?“

Mitgefühl regte sich in seinem Blick. „Du bist weder dumm noch naiv. Du hast ihm vertraut.“

Schnaubend legte ich meine Schultasche neben den Eingang. Das Gewicht schien mich zusätzlich herunterzuziehen. „Fühlt sich aber so an!“

„Es tut mir leid“, sagte Oliver und machte einen Schritt auf mich zu, sodass er jetzt auf der Türschwelle stand. „Ich hätte dich besser vor ihm beschützen müssen. Ich hätte da sein sollen.“

Mir klappte der Mund auf. Wie konnte er nur so unfassbar selbstlos sein und *sich* die Schuld dafür geben? „Erzähl keinen Quatsch! Was hättest du denn tun wollen? Mich in meinem Zimmer anketten? Du *warst* da, Oliver. Und du hast mich gewarnt. Mehrfach. Ich allein bin schuld, dass es so weit gekommen ist."

Doch meine Einwände stießen auf taube Ohren. Olivers bitterer Blick bohrte sich jetzt in meinen. „Ich hätte nicht ständig absagen sollen, als ihr feiern gegangen seid. Wäre ich mitgekommen, hätte ich vielleicht verhindern können, dass er dich um den Finger wickelt. Es tut mir leid."

Kopfschüttelnd ging ich zu Oliver und umfasste sein Gesicht. Tief sah ich ihm in die Augen. Augen, die so voller Schmerz waren, dass er es locker mit meinen eigenen aufnehmen konnte.

Er glaubte tatsächlich, was er da sagte. *Er* gab sich die Schuld für *meinen* Fehler.

„Jetzt hörst du mir mal gut zu, Oliver! Nichts von dem, was passiert ist, ist deine Schuld, okay? Du bist nicht für mich verantwortlich. Du hättest weder etwas tun, noch es verhindern können. *Ich* allein trage die Verantwortung für das, was geschehen ist."

Kurz schloss er die Augen, dann legte er seine Hände auf meine. „Ich hätte es verhindern können. Wenn ich … wenn ich nur …" Oliver verstummte, dann holte er tief Luft und sagte: „Wäre ich mutiger gewesen, hätte ich dir von Anfang an gesagt, was ich für dich empfinde ... dann wären die Dinge vielleicht anders gelaufen."

Schockiert wollte ich meine Hände wegziehen, aber er hielt sie fest. „Oliver, ich …"

Doch da beugte er sich schon zu mir herunter und küsste mich.

Ich war so überrumpelt, dass ich mich nicht bewegte. Olivers Lippen fühlten sich so anders an als Ethans. Voller, weicher, und sie bewegten sich auf eine völlig andere Weise. Stöhnend zog er meinen Kopf näher, und meine Arme fielen kraftlos herunter. Dann öffnete er meine Lippen und drang mit der Zunge in mich ein. Für einen Moment gab ich mich seinem Kuss hin, schloss die Augen und genoss das Gefühl seines Körpers an meinem, seiner starken, großen Hände. Dieses berauschende Gefühl, ehrlich begehrt zu werden. Es war wie Balsam für meine Seele. Als seine Hände sich jedoch auf meine Hüften legten, erwachte ich aus meiner Starre. Erst gestern hatte Ethan mich dort angefasst. Was zum Teufel machte ich hier?!

Entsetzt riss ich mich von Oliver los, der mich aus fiebrigen Augen ansah. „Ich … oh, mein Gott, das … Es tut mir leid", stammelte ich und machte einen Schritt zurück.

Tief atmete Oliver durch und fuhr sich durchs Haar, wie um wieder klarzukommen. „Nein", sagte er dann. „Es ist meine Schuld. Ich hätte dich nicht so überrumpeln dürfen. Ich hätte dich nicht küssen dürfen. Das war unfair von mir."

Mein Herz hämmerte. Vor Schreck, aber auch vor Entsetzen.

Sein Kuss hatte ein heftiges Bauchkribbeln in mir ausgelöst, und es fühlte sich so dermaßen falsch an, dass ich es am liebsten aus mir herausgeschnitten hätte. Meine schlimmste Horrorvorstellung war es gewesen, dass die Brüder meinetwegen miteinander konkurrieren könnten, und jetzt hatte ich beide geküsst. „Was du … was du da eben gesagt hast …"

„Ist die Wahrheit", sagte Oliver und sah mich jetzt geradeheraus an. „Ich hab' mich schon in dich verknallt, als du mich das erste Mal angelächelt hast, Allie."

„Aber … aber du hast mir nie ein Zeichen gegeben", stammelte ich hilflos.

„Weil ich dachte, du würdest es irgendwann von selbst erkennen." Er stieß ein bitteres Lachen aus. „Du solltest mittlerweile wissen, dass ich nicht der Typ bin, der Mädchen einfach an die Wand drückt und über sie herfällt – okay, mit Ausnahme von eben. Ich wollte, dass du dich von allein in mich verliebst, aber das war ja wohl offenbar die falsche Taktik."

„Tut mir leid", murmelte ich traurig.

Da schüttelte er den Kopf und holte den Schritt, den ich zurückgewichen war, zu mir auf. „Das soll dir doch nicht leidtut, Allie!" Sanft nahm er mich bei den Schultern. „Hältst du mich für so grausam, dass ich dir deswegen Vorwürfe machen würde?

Ich wünschte, ich hätte den Mut gehabt, es dir eher zu sagen. Aber was Ethan dir angetan hat …" Er schüttelte den Kopf und sein Griff um meine Schultern wurde fester. „Ich habe mich noch nie in meinem Leben geschlagen, aber wenn du willst, gehe ich auf der Stelle rüber und reiße ihm den Kopf ab!"

Fast hätte ich gelächelt. „Nein", sagte ich und schüttelte traurig den Kopf. „Das würde auch nichts ändern. Und es würde eure Beziehung nur noch verschlechtern."

Oliver schnaubte abfällig. „Als ob mir das jetzt noch wichtig wäre!" Als ich den Blick senkte, schob er zwei Finger unter mein Kinn und hob es an. „Er hat dich verletzt. Und dafür könnte ich ihn umbringen."

Auf einmal senkte Olivers Blick sich wieder auf meine Lippen, und er schluckte schwer.

Sanft, aber bestimmt machte ich mich von ihm los. Noch einen Kuss würde ich nicht ertragen. Er würde mein Herz nur noch mehr zerreißen. „Bitte nicht."

Er atmete tief durch, dann nickte er und trat einen Schritt zurück. „Tut mir leid, dass ich dich in Verlegenheit gebracht habe, aber das musste ich endlich loswerden. Auch wenn es jetzt zu spät ist. Du sollst wissen, was ich für dich empfinde und dass ich dich nie so behandeln würde."

Das Schlimmste war, dass ich mich wahrscheinlich in Oliver verliebt hätte. Ein bisschen hatte ich das sogar. Aber jetzt, nach allem, was zwischen Ethan und mir vorgefallen war, könnte ich das nicht mehr. Es würde sich anfühlen, als wäre Oliver meine zweite Wahl gewesen. Vielleicht hätte er wirklich öfter mitkommen müssen, dann wäre Ethan erst gar nicht in meine Nähe gekommen und ich hätte keine Gefühle für ihn entwickelt.

Aber das spielte alles keine Rolle mehr. Es war wie es war. Ich hatte mich in den falschen Bruder verliebt.

*

Eine Woche lang machte ich mich rar. Ich fuhr zur Uni und von dort aus direkt wieder nach Hause, wo ich mich entweder mit Feuereifer auf meine Studienunterlagen stürzte, Serien guckte oder malte. Weder lernte ich an den Nachmittagen mit Oliver, noch unternahm ich etwas mit Willow – was sie mir durchaus anbot und dafür sogar auf Unternehmungen mit Fred verzichten wollte. Ich brauchte ein bisschen Zeit für mich. Um mich zu sammeln und über Ethans Verrat hinwegzukommen … auch wenn sich dieser Prozess wohl noch eine Weile ziehen würde. Schade, dass es dafür keinen Vorspulknopf gab.

Diese unglückliche Episode meines Lebens hätte ich gern übersprungen.

„Du machst jetzt aber nicht einen auf Bridget Jones, futterst haufenweise Schokolade und suhlst dich in Selbstmitleid, oder?", fragte Willow amüsiert, als wir eine Woche später bei Starbucks saßen und ich mir Schoko-Muffin Nummer zwei gönnte.

Die Vorlesungen waren seit einer halben Stunde zu Ende und das Café lag nur einen Katzensprung von der Uni entfernt. Willow hatte Fred mit der Erklärung ausgeschlossen, Frauengespräche mit mir führen zu wollen, George war wie immer direkt nach Hause gefahren und Oliver hatte seine Freitagsschicht auf heute verschoben, damit er am Wochenende mit uns weggehen konnte. Jep. Richtig gehört. Meine Wut/Trauerphase war vorbei. Es war an der Zeit, die Vergangenheit hinter mir zu lassen und nach vorn zu blicken.

Lachend sagte ich: „Keine Sorge, ich hab' bloß nicht richtig zu Mittag gegessen und unfassbaren Kohldampf."

Spöttisch deutete Willow mit ihrer Gabel, an der noch ein Salatblatt klebte, zur Theke. „Wenn du Kohldampf hast, kann ich dir etwas weniger Zuckerhaltiges empfehlen, wie zum Beispiel einen Bagel."

Daraufhin biss ich demonstrativ in meinen Muffin und kaute dann genüsslich. Willow lachte. Sie zog mich zwar auf, aber in Wahrheit war sie einfach bloß erleichtert, dass ich wieder die *alte* Allie war, nicht dieser teilnahmslose Zombie, der ich in der vergangenen Woche gewesen war.

Nachdem ich den Bissen hinuntergeschluckt hatte, fragte ich: „Wann sollen wir Freitag vor der

Bar stehen? Desmond hat doch bestimmt wieder nur ein kurzes Zeitfenster, in dem er uns reinschmuggeln kann.“

Gut möglich, dass ich am Freitag auf Ethan treffen würde – immerhin war es seine Lieblingsbar –, aber ich hatte trotzdem darauf bestanden, den Abend dort zu verbringen. Ich wollte Ethan sogar treffen.

Nur so würde ich mir beweisen, dass ich seinen Anblick ertragen konnte. Außerdem wollte ich ihn wissen lassen, dass ich über seine verachtenswerte Person hinweg war und mich nicht weinend in meinem Bett verkroch.

War das kindisch? Vermutlich, aber ich sah es als eine Art Selbsttherapie an.

Als einen großen und notwendigen Schritt in Richtung Heilung.

„Ich glaube, um acht, aber ich frag‘ ihn noch mal. Ist ja noch ein paar Tage hin.“ Sie musterte mich, dann sagte sie: „Wir werden dich richtig schön aufstylen, sodass sich jeder Kerl nach dir umdrehen wird. Und dann suchen wir dir jemanden, der tausendmal heißer als *Du weißt schon wer* ist.“

Gefangen zwischen Tadel und Belustigung sah ich sie an. Als ob es mir bei Ethan nur ums Aussehen gegangen wäre.

Aber es war wirklich rührend gewesen, wie sich meine Freunde in der vergangenen Woche um mich kümmert hatten. Beinahe war es schon zu viel des Guten gewesen.

Es war ja nicht so, als hätte Ethan mich geschwängert und dann alleinerziehend zurückgelassen. *Das* wäre schlimm.

So gesehen konnte ich noch froh sein, wie die Dinge gelaufen waren. Oder anders ausgedrückt: Ich hatte Glück gehabt, dass ich Ethan überführt hatte, bevor meine Gefühle für ihn tiefer gegangen waren. An seinem Verrat würde ich noch eine Zeit lang zu knabbern haben, aber es hätte wirklich schlimmer kommen können – das rief ich mir jeden Tag ins Gedächtnis.

„Auf keinen Fall!", sagte ich. „Ethan soll nicht denken, ich würde mich für ihn aufbrezeln. Fehlt mir noch, dass er sich einbildet, ich wollte ihn damit zurückgewinnen oder eifersüchtig machen." Schmunzelnd fügte ich hinzu: „Aber an jedem anderen Tag stehe ich dir natürlich gern als Barbiepuppe zur Verfügung."

Willow lächelte zurück, dann kauten wir schweigend unser Essen, bis sich auf einmal Sorgenfalten auf ihrer Stirn bildeten. „Denkst du, es ist eine gute Idee, dass Oliver mitkommt? Wir können es ihm schlecht verbieten, aber ich weiß nicht, ob ein Aufeinandertreffen der beiden an einem öffentlichen Ort so gesund für ihn wäre. Stell dir nur mal vor, er sieht Ethan mit Samantha oder einem anderen Mädchen und tickt aus. Im Augenblick hat er ja genug mit deiner Abfuhr zu kämpfen."

Ich verzog das Gesicht. Abfuhr klang so böse. Als hätte ich ihm einen fiesen Korb gegeben. Dabei verstand Oliver, dass es mit uns nichts werden würde.

Das hatte er mir mehrfach versichert. „Ich glaube nicht, dass es so weit kommt. Hätten sie sich schlagen wollen, hätten sie das längst zu Hause machen können. Außerdem hat Oliver mir hoch und heilig versprochen, dass er nicht auf Ethan losgeht – was ihm sowieso nicht gut bekommen würde. Was geschehen ist, ist eine Sache zwischen Ethan und mir. Wenn, dann bin ich diejenige, die ihm eine reinhaut."

„Yeah, Frauenpower!", sagte Willow und hielt mir über den Tisch eine geballte Faust hin. *Ernsthaft jetzt?*, fragte ich sie mit einem erheiterten Blick, als sie mich abwartend ansah.

Doch sie zeigte einfach weiter mit der Faust auf mich, bis es mir peinlich war und ich lachend einschlug. Willow war schon ein Scherzkeks, aber sie schaffte es immer wieder, mich aufzumuntern – das schätzte ich so an ihr.

*

Zwei Stunden später waren wir auf dem Heimweg. Willow hatte darauf bestanden, mich mit dem Auto zu fahren. Möglicherweise kaufte sie mir meine Gelassenheit ja doch nicht ganz ab und hatte Angst, dass ich mich in einem schwachen Moment vor ein Auto werfen würde. Ehrlich, so schlecht ging's mir gar nicht. Ich war verletzt, traurig und wütend, aber mit Sicherheit würde ich mir deswegen nicht das Leben nehmen. Andere Mädchen hatten es auch geschafft, über verlogene Typen wie Ethan hinwegzukommen, und sogar viel Schlimmeres durchgestanden, also würde ich das auch. Irgendwann. In weiter Ferne.

„Du meldet dich, wenn etwas ist, ja?", bat meine Freundin, als wir vor meinem Grundstück standen.

Schmunzelnd stieg ich aus. „Mach ich, *Mom*. Und du fahr jetzt lieber zu deinem liebeskranken Freund. So lange wie heute wart ihr, glaube ich, noch nie voneinander getrennt, seitdem ihr zusammen seid", neckte ich sie.

Willows Lachen wurde von der Tür verschluckt, die ich zuwarf, dann schickte sie mir eine Kusshand durch das Fenster zu und düste davon.

Grinsend wandte ich mich ab und lief über unser Grundstück. Als ich hierhergezogen war, hatte ich mir nicht vorstellen können, jemals wieder eine so gute Freundin wie Anna zu finden, aber Willow hatte mich eines Besseren belehrt. Leider wurde der Kontakt zu Anna immer weniger. In den ersten Wochen nach meinem Umzug hatten wir fast jeden Tag miteinander geschrieben, aber das hatte in letzter Zeit stark nachgelassen. Ich vermutete, dass auch sie mittlerweile neue Freunde gefunden hatte. Ich hoffte es für sie.

Im Haus steuerte ich zuerst die Küche an und trank ein großes Glas Wasser. Gut möglich, dass ich es mit den Muffins doch übertrieben hatte –

mein Hals fühlte sich vor lauter Schokolade ganz verklebt an. Durstig stürzte ich das kalte Wasser hinunter und wollte das Glas gerade ins Waschbecken stellen, als es unerwartet an der Tür klingelte.

Ich erstarrte.

Unwahrscheinlich, dass es Willow war. Hätte sie etwas vergessen oder mir etwas mitteilen wollen, hätte sie mich einfach vom Auto aus angerufen. Und Oliver war arbeiten, es konnte also nur eine Person sein.

Sofort fing mein Herz an, zu hämmern. Wenn es wirklich Ethan war, dann musste er mich kommen gesehen haben. Durch eines der Küchenfenster vermutete ich, die auf unserer Seite des Grundstücks lagen. Ansonsten wäre es schon ein *gewaltiger* Zufall, dass er kaum eine Minute nach meinem Eintreffen hier klingelte.

„Allie“, kam es jetzt gedämpft durch die Tür. „Ich weiß, dass du da bist. Bitte mach auf.“

Okay, es *war* Ethan, und mein Körper schien sich unheimlich über diese Tatsache zu freuen, wie ich meinem heftigen Bauchkribbeln entnehmen konnte. Mist.

Wenn er wusste, dass ich da war, konnte ich ihn nicht ignorieren.

Ich wollte ja Stärke und Gleichgültigkeit demonstrieren, und das gelang mir nicht, indem ich mich vor ihm versteckte. Einmal ließ ich ihn noch läuten, dann holte ich tief Luft, ging zur Tür und machte sie auf.

Mein Herz verkrampfte sich, als ich zu Ethan hoch schaute. Vielleicht lag es daran, dass ich ihn eine Weile nicht gesehen hatte, aber er sah besser aus als je zuvor. Aufmerksam betrachtete er mich, als wollte er sich jeden Zentimeter von mir einprägen, und auch ich musterte ihn. Während mein Blick vor Verachtung nur so loderte, hinterließ seiner an den Stellen, an denen er mich streifte, jedoch heftige und absolut unangebrachte Schauer.

„Hey", sagte er und wagte es doch tatsächlich, mir ein schwaches Lächeln zu schenken.

Meine Begrüßung fiel weniger herzlich aus. Die Stirn in Falten gezogen verschränkte ich die Arme vor der Brust. „Was willst du?"

„Bestimmt fragst du dich, warum ich jetzt erst herkomme." Ethan wartete auf eine Antwort, doch ich erwiderte seinen Blick nur kalt. *Gut so, Allie. Zeig keine Regung. Zeig ihm ja nicht, wie sehr dich sein Anblick aus der Fassung bringt.* „Desmond ist schuld. Ich wollte schon am nächsten Tag zu dir, aber er hat es mir ausgeredet. Meinte, du würdest wahrscheinlich noch zu aufgebracht sein, um ein vernünftiges Gespräch mit dir führen zu können oder um mich überhaupt anzuhören."

Bei dem Wort vernünftig zog ich eine Braue hoch, doch er sprach weiter.

„Das war nicht leicht für mich. Deshalb bin ich für ein paar Tage zu ihm gezogen, um der Versuchung zu widerstehen, zu dir zu kommen, aber jetzt bin ich wieder da."

Ich starrte Ethan ein paar Sekunden lange an, dann fragte ich: „Wieso glaubst du, dass ich *jetzt* nicht mehr aufgebracht bin?"

Da schenkte er mir ein engelgleiches Lächeln. „Na ja, du hast mir noch nicht die Tür vor den Kopf geknallt."

Meine Mundwinkel zuckten verdächtig. Machte er jetzt ernsthaft Witze?

Ethans Lächeln verblasste wieder – fast bedauerte ich es –, und er musterte mich jetzt unter seinen dichten, langen Wimpern. „Darf ich reinkommen?"

Unwillkürlich musste ich daran denken, wie Oliver mich geküsst hatte und wie verboten gut sich seine Lippen auf meinen angefühlt hatten. Mein Herz zog sich schmerzhaft zusammen. Wieso fühlte ich mich so schlecht deswegen? Ethan und ich waren nie zusammen gewesen, ich konnte küssen, wen ich wollte. Und doch fiel es mir jetzt unheimlich schwer, Ethan in die Augen zu schauen. Dieselben grauen Augen, die auch Oliver hatte.

„Nein", antwortete ich mit schwerer Zunge. „Sag, was du zu sagen hast, und dann verschwinde wieder."

Auf den ersten Blick wirkte Ethan gefasst, aber seine mahlenden Kiefer verrieten mir, wie enttäuscht er über meine Antwort war. Was hatte er erwartet? Dass ich Kaffee und Kuchen servieren würde, damit wir in aller Ruhe darüber reden konnten? Es gab sowieso nichts, was er sagen könnte, dass es besser machte, aber ich hoffte, dass er mich danach in Ruhe lassen würde.

„Okay.“ Er holte tief Luft. „Fangen wir mit dem Wichtigsten an: Ja, ich habe Samantha geküsst, und dafür gibt es keine Entschuldigung. Aber ich würde dir gern erklären, wie es dazu gekommen ist.“

Mein Gesicht zeigte keine Regung. Hoffte ich jedenfalls. „Dann schieß mal los.“

„Wie du ja weißt, wollte ich den Sonntag mit dir verbringen, aber dann stand wie aus heiterem Himmel Samantha vor unserer Tür. Völlig aufgelöst und verheult. Sie erzählte mir, dass sie einen üblen Streit mit Marlon gehabt hätte. Dabei ging es wohl darum, dass er mit Drogen dealt und auch selbst konsumiert. Als er nicht mit sich reden lassen wollte, hat sie gedroht, mit ihm Schluss zu machen, und da ist es ausgeartet. Er hat sie geschlagen. Daraufhin floh sie aus seiner Wohnung.“

Mir klappte der Mund auf.

Das war ja furchtbar! Zugegeben, Samantha war nicht gerade das sympathischste Mädchen – man bedachte nur, was sie mir in der Bar an den Kopf geknallt hatte –, aber von ihrem Freund geschlagen zu werden, hatte sie nicht verdient.

„Das … tut mir leid für sie“, sagte ich aufrichtig.

Ethan nickte. „Jedenfalls wusste sie nicht, an wen sie sich sonst wenden sollte, und kam zu mir. Als ich ihr sagte, dass Oliver da wäre, wollte sie nicht so von ihm gesehen werden, also nahm ich sie mit auf mein Zimmer.“

So schrecklich diese Neuigkeiten auch waren, aber jetzt konnte ich nicht anders und stieß ein Schnauben aus. „Verstehe. Und dann dachtest du dir, du nutzt mal eben ihre Labilität aus und küsst sie, oder wie?“

„Nein, so war es nicht“, beteuerte Ethan kopfschüttelnd. „Ob du’s glaubst oder nicht, aber Samantha hat *mich* geküsst. Gerade erzählte sie mir noch, wie verängstigt sie wegen Marlon wäre, und plötzlich drückte sie ihre Lippen auf meine. So schnell konnte ich gar nicht gucken. Und ja, ich habe den Kuss erwidert – das will ich gar nicht bestreiten –, aber … es war nur eine Sekunde. Eine dämliche Sekunde, in der ich nicht nachgedacht habe, in der mich von meinen alten Gefühlen für sie habe überwältigen lassen, und genau in dem Moment bist du reingekommen.“

„Wow“, sagte ich und hätte beinahe applaudiert. „Und ich nehme an, du erwartest jetzt von mir, dass ich dir das einfach glaube?“

Unglücklich sah Ethan mich an. „Nein, natürlich nicht. Das wäre wohl zu schön, um wahr zu sein. Aber es ändert nichts daran, dass es so gewesen ist. Ich wollte es dir wenigstens gesagt haben. Was du damit anfängst, ist deine Sache.“

Abermals zog ich die Brauen hoch. An dem Punkt waren wir doch schon mal gewesen. Damals, als er sich wegen unseres ersten Kusses entschuldigt hatte.

Es kam mir wie eine Ewigkeit vor.

„Da ist noch mehr“, fuhr Ethan fort. „Nachdem der Freund deiner Mutter mich wieder ins Haus zurückgeschickt hat, hat Samantha mir gestanden, dass sie mich noch liebt und es bereut, mich verlassen zu haben.“

Das war der Moment, in dem meine gelassene Maskerade beinahe von mir abgefallen wäre. Samantha liebte ihn noch. Dieses selbstsüchtige Stück, das Ethan auf so üble Weise abserviert hatte, hatte ihn mir wieder weggenommen.

Doch dann sagte er etwas, dass mich völlig aus der Bahn warf. „Aber das hatte keine Bedeutung mehr für mich, Allie. Ich konnte nur an deinen Gesichtsausdruck denken, als du uns gesehen hast. Wie verletzt du meinetwegen warst. *Schon* wieder. Ich habe ihr klipp und klar gesagt, dass es mit uns vorbei ist. Wir hatten unsere Chance. Mehrere sogar und es ging nie lange gut mit uns.“

Jetzt lächelte Ethan bitter. „Weißt du, was mein erster Impuls war, als sie mir erzählte, was Marlon getan hat? Ich wollte zu ihm gehen und ihn krankenhausreif prügeln. So lief das bei uns immer. Samantha hat Mist gebaut und ich hab‘ mich für sie geschlagen, sie vor allem beschützt. Und trotzdem hat sie mich am Ende verlassen. Ich will ehrlich mit dir sein. Bis zu dem Sonntag hatte ich immer noch Gefühle für Samantha. Keine starken, aber man legt sie nun mal nicht über Nacht ab, wenn man jahrelang mit jemandem zusammen gewesen ist. Vielleicht habe ich den Kuss deshalb erwidert, ich weiß es nicht, aber nachdem du uns gesehen hast, nachdem du aus meinem Zimmer gerannt bist, da wurde mir klar, dass Samantha mir nicht mehr wichtig ist. Versteh mich nicht falsch. Marlon sollte für das, was er getan hat, bestraft werden, aber nicht von mir. Das ist nicht mehr meine Aufgabe. *Samantha* ist nicht mehr meine Aufgabe." Ethan holte tief Luft. „Ich hab' das Gefühl, dass ich mich in letzter Zeit nur noch wiederhole, aber *du* bist es, die ich will, Allie. Keine Samantha, keine andere."

Seine letzten Worte hallten in meinen Ohren wider und entfachten nun ganz neue Gefühle in mir. Verzweiflung, Glaube und Trotz kämpften jetzt um die Oberhand, sodass ich einmal mehr das Gefühl hatte, innerlich auseinandergerissen zu werden. Tief holte ich Luft, dann sagte ich bebend: „Danke, dass du es mir gesagt hast. Danke … für deine Ehrlichkeit."

Einen langen Moment sah Ethan mich einfach nur an. Sein Blick war so durchdringend, dass ich schon befürchtete, er würde sich damit nicht zufriedengeben und weiter versuchen, mich zu überzeugen. Aber dann nickte er, drehte sich weg und ging davon.

Bedacht machte ich die Tür hinter ihm zu und beobachtete durch das Fenster, wie er sich entfernte.

Erst, als Ethan aus meinem Blickfeld verschwunden war, stieß ich tief Luft aus, die ich unbemerkt angehalten hatte.

Schwer zu sagen, was ich in diesem Moment dachte oder fühlte. Mein Kopf war wie leergepumpt und schwappte gleichzeitig vor Gedanken nur so über. Ähnlich erging es meinem Herz. Das arme Ding hatte in letzter Zeit viel mitmachen müssen, aber das war gar nichts im Vergleich zu der Belastung, der es *jetzt* ausgesetzt war. Diesem geballten Ansturm an chaotischen, unlogischen und widersprüchlichen Gefühlen.

Auf zittrigen Beinen ging ich auf mein Zimmer. An Lernen war heute nicht mehr zu denken.

Kapitel 15

Die *Maze Bar* war rappelvoll, als wir dort eintrafen. Zum Glück war Freds Bruder schon früher da gewesen und hatte uns eine der begehrten hinteren Sitzecken freigehalten. Auch Curtis war überraschenderweise am Start, was wohl bedeutete, dass heute keine Boxkämpfe stattfanden, was wiederum die Chance erhöhte, dass Ethan kommen würde.

Ich freute ich über Curtis' Anwesenheit. Er war immer so besonnen und ruhig, außerdem hatte ich ihn seit Desmonds Party nicht mehr gesehen. Apropos Desmond. Seinen verstohlenen Blicken nach zu urteilen, war er bestens über Ethans und meine *Lage* informiert. Die ersten Minuten war er mir gegenüber etwas steif gewesen – er hatte wohl befürchtet, dass ich ihn in irgendeiner Weise mit Ethans Tat in Verbindung bringen würde, weil er sein bester Freund war –, aber nachdem ich mich ganz normal mit ihm unterhalten hatte, hatte er sich wieder entspannt.

Was wäre ich auch für ein Mensch, wenn ich Ethans Freunde da mit reinziehen würde? Desmond hatte genauso wenig mit der Sache zu tun wie sonst irgendjemand aus unserem, mittlerweile gemeinsamen, Freundeskreis. Außerdem war ich –

Schande über mich – längst nicht mehr so wütend auf Ethan wie vor unserem Gespräch. Ich hatte geglaubt, die größte Herausforderung läge darin, über Ethan hinwegzukommen, dabei trug ich den schwierigsten Kampf erst seit ein paar Tagen aus.

Ethans Ansprache hatte meine Einstellung zu seinem Kuss mit Samantha gehörig ins Wanken gebracht. Nicht, dass ich Verständnis dafür aufbrachte, aber ich konnte auch nicht seine Ehrlichkeit mir gegenüber ignorieren.

Dass er bis zu dem Zeitpunkt noch Restgefühle für Samantha gehabt hatte, rechtfertigte vielleicht nicht seine Tat, aber es begründete sie. Jetzt musste ich nur noch entscheiden, was ich damit anfangen würde. Mein Herz hatte darauf natürlich längst eine Antwort – das fing schon an, zu rasen, wenn ich nur an Ethan dachte. Nur mein Kopf weigerte sich noch. Die Frage war: für wie lange?

Umgeben von poppiger Musik und fröhlichen Gesichtern tranken wir unsere Cocktails, die Desmond uns besorgt hatte. Es war eine gesellige, lustige Runde. Willow ärgerte Fred, indem sie ihm immer wieder die Salzstangen aus der Hand klaute, Desmond gab wie immer lustige Geschichten zum Besten und Curtis und Jasper hatten die Köpfe zusammengesteckt und planten kommende Box-Events. Alle waren da, nur Ethan glänzte durch Abwesenheit.

Irgendwann wurde ein Billardtisch frei und Fred schlug vor, eine Runde zu spielen.

Willow, George und Desmond sprangen sofort auf. Ich hatte mich ebenfalls schon erhoben, als Oliver mich plötzlich am Arm zurückhielt. „Hast du kurz 'ne Minute? Ich wollte eigentlich schon die ganze Zeit etwas mit dir besprechen."

Stirnrunzelnd sank ich wieder aufs Sofa. Er wollte doch hoffentlich nicht unser letztes Gespräch wieder aufnehmen. Bei dem Gedanken geisterten mir sofort Willows Worte durch den Kopf, dass Oliver noch immer mit meiner Zurückweisung zu kämpfen hatte. Profi, wie ich mittlerweile war, ließ ich mir meine Unruhe deswegen nicht anmerken und fragte: „Was gibt's denn?"

„Also …" Oliver kratzte sich am Kopf. Scheinbar wusste er nicht recht, wie er anfangen sollte. Dann sagte er: „Ethan hat mir von eurem Gespräch erzählt."

Vor Überraschung wäre ich beinahe von der glatten Sofakante gerutscht. „Du meinst … unser letztes Gespräch? Das über Samantha und ihren Kuss?" Als Oliver nickte, war ich einfach nur baff. „Wann? Warum? Was … was hat er gesagt?"

„Vorgestern, und ich schätze, dasselbe, was er dir gesagt hat. Dass er den Kuss mit Samantha bereut, dass er dich nie verletzen wollte. Und …", Oliver holte tief Luft, „dass er in dich verliebt ist."

Meine Gesichtszüge entgleisten, während mein Herz einen kurzzeitigen Infarkt erlitt. Mein erster Impuls war es, Oliver für verrückt zu erklären. Vielleicht hatte er eine Wette verloren und erlaubte sich einen üblen Scherz mit mir. Oder jemand hatte ihm etwas ins Bier getan und er redete wirres Zeug. Doch je länger ich Oliver fassungslos anstarrte, desto klarer wurde mir, dass nichts dergleichen zutraf. Oliver war der ehrlichste, selbstloseste Mensch, den ich kannte. Er würde niemals Scherze über so ein ernstes Thema machen. Besonders nicht, wenn er darin involviert war. Demnach mussten seine Worte – so unglaublich es mir auch erschien –, wahr sein.

„Ich … ich verstehe nicht“, stammelte ich irritiert.

Da stieß Oliver ein bitteres Lachen aus. „Glaub mir, ich versteh es selbst nicht. Wenn ich nur einmal im Leben bloß an mich denken würde, würde ich dir das jetzt nicht sagen, aber ich schätze, ich hab‘ einfach ein zu gutes Herz. Also hör mir zu: Du glaubst Ethan nicht, was verständlich ist, da du ihn ja auf frischer Tat ertappt hast, aber wenn ich dir eins über meinen Bruder sagen kann, dann, dass er kein Lügner ist. Wir haben in der Vergangenheit vielleicht nicht viele Worte miteinander gewechselt, aber das heißt nicht, dass ich nichts von seinem Privatleben mitbekommen habe oder er von meinem. Ethan war immer ehrlich, wenn es um seine Freundinnen ging. Er ist nicht der Typ, der Spielchen spielt – auch wenn er auf den ersten Blick vielleicht so aussieht –, und er drückt sich auch nicht vor ernsten Gesprächen. Es gibt für mich also keinen Grund, seine Worte anzuzweifeln. Solltest du

Ethan verzeihen – und ich nehme an, du wirst es – , will ich euch nicht im Weg stehen."

Geradeheraus sah Oliver mich an. „Ethan bereut den Kuss von ganzem Herzen, und da ich weiß, dass wir beide niemals zusammenkommen werden, gibt es für mich keinen Grund, dir das nicht zu sagen. Er bereut es, Allie, und ich glaube ihm."

Seine Worte rissen mir den Boden unter den Füßen weg. Hätte ich nicht gesessen, wäre ich vermutlich wie eine Puppe ohne Fäden zu Boden gesackt. Ursprünglich war ich herkommen, um mit meinen Gefühlen für Ethan abzuschließen, dann hatte er mich unerwartet besucht und meine Gefühlswelt wieder durcheinandergewirbelt. Ehrlich gesagt wusste ich selbst nicht, was ich mir von dem heutigen Abend erhofft hatte, aber was Oliver da jetzt sagte …

Ich brauchte ein paar Sekunden, um meine Gedanken zu sammeln, dann fragte ich: „*Deshalb* bist du heute mitgekommen? Um ein gutes Wort für Ethan einzulegen? Um uns … wieder zu verkuppeln?"

Ein Lachen drang aus seiner Kehle. „Klingt wie ein schlechter Witz, was? Aber nein, Ethan und ich haben erst vorgestern miteinander gesprochen – da hatte ich meine Schicht längst getauscht. Ich wollte eigentlich mitkommen, um auf dich aufzupassen. Ich wusste ja, dass Ethan am Wochenende gern hierherkommt, und da dachte ich mir, es wäre gut, wenn ihn jemand davon abhält, dich eventuell wieder um den Finger zu wickeln. Tja, und dann hatte Ethan mich vorgestern zur Seite genommen und mich quasi *bekehrt*. Wie gesagt, ich glaube ihm. Und da ich sehe, wie sehr es euch beide quält – Ethan *und* dich –, habe ich beschlossen, eurem Elend ein Ende zu bereiten."

„Aber … das ist doch verrückt!" Ausgerechnet der Junge, der in mich verliebt war, setzte sich für seinen Rivalen ein? Kopfschüttelnd griff ich nach meinem Cocktailglas und trank einen großen Schluck. Dabei registrierte ich schaudernd, wie in meinem Magen die Schmetterlinge auseinanderstoben. Oliver glaubte seinem Bruder, und er kannte Ethan viel besser als ich. Welchen Grund gab es jetzt noch für mich, an Ethans Aufrichtigkeit zu zweifeln? Ich musste noch einen Schluck trinken, diesmal, um das Bauchkribbeln zu ersticken, das drohte, mir in den Kopf zu steigen. Dann fragte ich: „Wo ist Ethan?"

„Hängt vermutlich noch wegen Bühnenproben in der Uni fest. Aber er wollte heute auf jeden Fall kommen."

Bei dem Gedanken kribbelte mein Nacken. Ethan wollte also kommen, um mich zurückzugewinnen.

Und Oliver wollte ihm dabei helfen. Ich drehte meinen Cocktail in der Hand. Sicher, dass ich nicht zu tief ins Glas geguckt hatte und mir das alles nur einbildete?

Ein sanfter Stoß an meine Schulter, ließ mich wieder aufblicken. Lachend fragte Oliver: „Alles klar mit dir? Du siehst aus, als würdest du gleich in Ohnmacht fallen." Als ich zu Oliver schaute, funkelte ehrliche Belustigung in seinen Augen.

„Ich kann bloß nicht glauben, dass du das für Ethan tust. Da du doch …" Hilflos zuckte ich die Schultern.

„Ich bin eben der nettere Bruder", meinte er augenzwinkernd. „Aber im Ernst: Nach meinem Gespräch mit Ethan habe ich endgültig eingesehen, dass ich keine Chance bei dir haben werde. Du liebst Ethan, und er liebt dich. Wozu euch Steine in den Weg legen? Ich bin ein guter Verlierer, Allie, und sieh es mal so: Außer einem Kuss ist zwischen uns nichts Ernstes vorgefallen. Das Chaos hält sich also in Grenzen."

Da hatte er recht. Jetzt beschäftigte mich allerdings eine andere Frage. „Hast du Ethan von dem Kuss erzählt?"

Zu meiner Bestürzung nickte Oliver. „Wir hatten ein sehr langes, aufschlussreiches Gespräch. Zuerst wollte ich es für mich behalten, aber dann fand ich es einfach nicht richtig und bin mit der Sprache rausgerückt. Schon lustig. Da führen wir nach so vielen Jahren das erste Mal ein tiefgründiges Gespräch, und dann ausgerechnet über das Mädchen, das wir beide lieben."

Schmunzelnd nahm er einen Schluck aus seiner Flasche, doch mir schnürte sich bei seinen Worten die Kehle zu. Egal, wie gut Oliver die Begebenheiten nach außen hin wegsteckte, das hier, *dieses* Gespräch, war mit Sicherheit kein Zuckerschlecken für ihn. Es machte mich krank, dass ich der Grund für seinen Kummer war, aber diese Last konnte ich ihm leider nicht abnehmen. So gern ich es auch wollte.

„Klar, für uns drei wird es am Anfang erst mal komisch sein", sprach Oliver weiter. „Aber wir kriegen das schon irgendwie hin."

Bestürzt und den Tränen nahe betrachtete ich sein Profil. „Also bleiben wir Freunde?" Vielleicht war es egoistisch von mir, aber ich wollte Oliver unter keinen Umständen verlieren. Er war so ein toller Mensch und so ein guter Freund geworden, dass es mir das Herz brechen würde, wenn unsere Freundschaft in die Brüche gehen würde.

Blinzelnd sah Oliver zu mir. Er sah aus, als hätte er sich verhört. „Natürlich bleiben wir das – was für eine Frage!" Schmunzelnd nahm er mich in die Arme. „Ich verzichte doch nicht auf deine *Marvel*-Kenntnisse. Mit wem soll ich sonst über Superheldenfilme philosophieren?"

Mit einem erstickten Lachen drückte ich Oliver an mich. „Danke. Das bedeutet mir viel."

*

Eine Stunde später gingen Willow und ich an die Bar und bestellten Softdrinks. Nach unserem Gespräch hatten Oliver und ich uns der Billardrunde angeschlossen, aber unser Team hatte haushoch verloren. Daran war meine Wenigkeit schuld. Im Kugeln einlochen hatte ich einfach kein Talent. Lustig war es trotzdem gewesen – vor allem Jaspers und Desmonds Wortgefechte dabei, die das Spiel ein bisschen *zu* ernst genommen hatten.

Jetzt stand mir zwar noch ein Gespräch mit Ethan bevor, aber mein Herz platzte vor Freude trotzdem fast aus allen Nähten. Ich war so unfassbar glücklich, dass ich Oliver als Freund behalten konnte, und dass er sich für Ethan sogar eingesetzt hatte. Selbstverständlich war Willow unser Gespräch nicht entgangen, und so nutzte ich unseren kurzen Ausflug zur Bar, um ihr zu berichten.

Als ich fertig war, fiel sie mir fassungslos aber glücklich um den Hals. Sah ganz danach aus, als würde ich nun auch mein Happy End bekommen.

Mit eisgekühlten Getränken gingen wir schließlich wieder zu den anderen zurück. Wir waren höchstens zehn Minuten weggewesen, aber als wir dort ankamen, stand plötzlich Ethan vor mir. Nun ja, nicht wirklich vor mir, sondern ein paar Meter weiter, und er hatte mir auch den Rücken zugekehrt, aber ich erkannte ihn trotzdem sofort. Es war, als würden sich meine Sinne für Ethan schärfen, und alles andere um mich herum ausblenden. Selbst die Geräusche.

„Uhhh, das dürfte interessant werden“, meinte Willow neben mir und stieß mich neckisch mit dem Ellenbogen an. Falls sie eine Reaktion von mir erwartete, musste ich sie enttäuschen, denn während meine Knie vor Aufregung zu schlottern begannen, spielte sich in meinem Kopf bereits die Szene ab, wie Ethan auf mich zustürmte, mich in seine starken Arme riss und küsste.

Er stand am mittleren Billardtisch und unterhielt sich mit jemandem, dessen Gesicht von Desmond verdeckt wurde. Willow und ich stellten uns an den Billardtisch davor, an dem Fred gerade unter Jaspers aufmerksamen Blicken die Kugeln in Stellung brachte. Wie es aussah, hatten unsere Leute jetzt zwei Billardtische und sich aufgeteilt.

Als hätte er meine Anwesenheit gespürt, drehte Ethan sich genau in dem Moment zu mir um, als ich an meiner Cola nippte. Prompt verschluckte ich mich, konnte das Ganze aber kaschieren, indem ich mein Gesicht hinter dem Glas versteckte. Nur am Rande nahm ich wahr, wie Willow neben mir gluckste, denn jetzt sah ich, mit wem Ethan gesprochen hatte.

Mit Oliver.

Sofort schossen mir tausend Gedanken durch den Kopf. Hatte er Ethan gesagt, dass er mit mir gesprochen hatte? Waren Desmond und die anderen eingeweiht? Würde meine Vorstellung jetzt wahr werden und Ethan jeden Moment zu mir kommen?

Doch Ethan rührte sich nicht vom Fleck. Stattdessen schenkte er mir ein zaghaftes, fast schon schüchternes Lächeln, nahm einen Queue aus der Wandhalterung und schloss sich dem Billardspiel an. Okay, meine Vorstellung war wohl etwas kitschig und zu hollywoodmäßig gewesen, aber enttäuscht war ich trotzdem.

Jetzt, da Oliver mir all die Dinge gesagt hatte und ich Ethan im Herzen längst vergeben hatte, machte es mich ganz verrückt, dass er nicht zu mir kam.

Ich wollte von ihm umarmt werden, seinen unverkennbaren Duft einatmen und mich in seinen Küssen verlieren. Aber ich sah auch ein, dass das nicht der richtige Ort dafür war. Vermutlich hielt Ethan sich deshalb zurück.

Mit diesem beflügelnden Gedanken machte ich es ihm also nach, nahm mir einen Queue und spielte mit Fred und Jasper Billard. Willow hatte eigentlich keine Lust und wollte sich lieber hinsetzen, aber ich nötigte sie, an meiner Seite zu bleiben. Als Anstandsdame. Damit sie verhinderte, dass ich schwach wurde und mich überglücklich an Ethans Hals schmiss. Meine Sorge war gar nicht so unbegründet.

Während wir an verschiedenen Tischen Billard spielten, schaute Ethan immer wieder zu mir rüber, und jedes Mal, wenn sich unsere Blicke trafen, sprang mir fast das Herz aus der Brust. Ja, ich hatte ihm vergeben.

Wahrscheinlich hätte ich das auch ohne Olivers Einsatz getan, wenngleich es vielleicht ein bisschen länger gedauert hätte. Aber jetzt konnte ich es kaum erwarten, mit Ethan allein zu sein. Ethan, dessen Blicke so verheißungsvoll und voller Sehnsucht waren, dass sie mir den Atem raubten.

Irgendwann kapselte ich mich ab und ging auf die Toilette. Fast erwartete ich, dass Ethan mir nachkommen würde, mich gegen die Wand drücken und küssen würde. Doch sein erhoffter Überfall blieb aus. *Krieg dich wieder ein, Mädchen. Er wartet bestimmt, bis ihr zu Hause seid und euch in Ruhe unterhalten könnt*, sagte ich mir. *Solange versuchst du einfach, nicht unter seinen Blicken dahin zu schmelzen. Du kennst Ethan doch. Dich in den Wahnsinn zu treiben, ist seine Lieblingsbeschäftigung.*

Die Damentoiletten waren erstaunlich leer. Zwei Mädchen trockneten sich gerade die Hände ab und schoben sich dann kichernd an mir vorbei. Ansonsten war hier niemand. Ich ging zum Waschbecken und spritzte mir etwas Wasser ins Gesicht, um wieder runterzukommen, dann ging ich in die hinterste Kabine.

Dort wollte ich gerade meine Hose aufknöpfen, als mich ein lauter Knall zusammenfahren ließ. Zuerst war ich verwirrt, dann knallte es wieder und ich begriff, dass es die Eingangstür war, die jemand heftig aufgestoßen hatte.

Da hat aber jemand tief ins Glas geguckt, dachte ich kopfschüttelnd, als eine Stimme sagte: „Jetzt her mit dem Stoff. Ich brauch‘ noch eine!“ Im ersten Moment wollte ich nicht wahrhaben, wen ich da erkannte. Vielleicht war der eine Cocktail stärker gewesen, als ich gedacht hatte, und ich halluzinierte. Aber dann antwortete eine zweite, mir genauso bekannte Mädchenstimme: „Du hast doch schon eine Pille geschmissen. Außerdem hast du vorhin selbst gesagt, ich soll nichts mehr …“

„*Her* mit dem Stoff! Da wusste ich auch noch nicht, dass Ethan, dieser Bastard, sich hier rumtreibt! Wenn er denkt, er kann mir Samantha ungestraft wegnehmen, hat er sich mit dem Falschen angelegt. Dem werde ich seinen verschissenen Queue in den Arsch rammen! Und jetzt pass auf, dass niemand reinkommt.“

Okay, jetzt war ich mir sicher: Die Stimmen gehörten Marlon und Stella. Stellte sich bloß die Frage, was ich dem Schicksal getan hatte, dass es mich so bestrafte. Wie damals bescherte mir sein schneidender Ton eine Gänsehaut. Noch mehr beunruhigte mich allerdings, dass Marlon scheinbar auf eine Schlägerei mit Ethan aus war.

Meine Notdurft war vergessen. Mit angehaltenem Atem lauschte ich auf ein Rascheln, dann Schluckgeräusche, gefolgt von fließendem Wasser. Ich konnte mich unmöglich an den beiden vorbeischleichen, ohne gesehen zu werden. So groß waren die Toilettenräume nicht. Aber ich musste Ethan vorwarnen. Marlon war schon in nüchternem Zustand unberechenbar.

Auf einmal rief er: „Was soll der Scheiß? Hier fehlen ein paar Pillen!"

„Red' keinen Schwachsinn", kam es von Stella. „Es ist alles so, wie es sein sollte."

Eine schnelle Bewegung war zu hören, dann stöhnte Stella plötzlich auf.

„Willst du mich verarschen? Ich hab' genau nachgezählt, und hier fehlen eindeutig Pillen. Wo sind sie, wenn du angeblich erst fünf verkauft hast?!"

Stella quiekte vor Schmerzen. „Keine Ahnung! Ich hab' alles so gemacht, wie du es gesagt hast."

Das hörte ich mir nicht länger an. Schwungvoll stieß ich die Kabinentür auf und genoss mit einer gewissen Genugtuung, wie die beiden erschrocken zu mir herumfuhren.

„Lass sie sofort los, Marlon!"

Einen beunruhigenden Moment lang geschah gar nichts – sowohl Marlon als auch Stella starrten mich einfach nur verdattert an –, dann brach der Boxkämpfer in schallendes Gelächter aus.

„Ich glaub's nicht. Ethans Schlampe höchstpersönlich. Entweder bist du mutig oder einfach nur dumm, mir schon wieder dazwischenzufunken!"

Mein Blick fiel auf Stella, die Marlon fest an der Schulter gepackt hatte und mit dem Rücken gegen das Waschbecken drückte. Sie lag halb darin und verzog schmerzhaft das Gesicht.

„Lass sie los", wiederholte ich ruhig und heftete den Blick wieder auf Marlon.

Mit einem boshaften Grinsen ließ er eine Tüte mit blauen Pillen in seine Hosentasche verschwinden, bevor er, wie um mich zu provozieren, noch fester zudrückte. Stellas Wimmern tat mir in der Seele weh. Wütend ballte ich die Hände zu Fäusten, doch ich konnte ihr nicht helfen, ohne mich selbst in die Schusslinie zu werfen. Ein gezielter Schlag von Marlon und ich konnte mir die Radieschen zukünftig von unten ansehen. Leider kam ich auch nicht an ihm vorbei und konnte Hilfe holen – dafür stand der Hüne zu nahe an der Tür.

„Du willst, dass ich sie loslasse?“, fragte Marlon boshaft. „Aber mit Vergnügen doch. Wir beide haben sowieso noch eine Rechnung offen.“

Meine Augen wurden groß, als er Stella freigab und jetzt auf mich zukam. Oh, verdammt! So war das aber nicht geplant gewesen. Über die Schulter befahl er Stella, dass sie sich nicht vom Fleck rühren sollte.

Glücklicherweise hörte sie nicht auf ihn. Kaum hatte er einen Schritt in meine Richtung gemacht, stürmte sie aus dem Raum und entkam nur knapp seiner riesigen Pranke, als er herumwirbelte und sie packen wollte.

Hoffentlich holt sie Hilfe, dachte ich, denn jetzt war ich mit diesem Irren allein, und seinem hasserfüllten Blick nach zu urteilen, hatte ich Hilfe dringend nötig.

„Du Miststück gehst mir so was von auf den Sack!“

Verteidigend hob ich die Hände, als Marlon auf mich zu stürme. Zum Glück war er zugedröhnter als gedacht, denn es gelang mir in letzter Sekunde, mich unter ihm weg zu ducken. Doch ich hatte mich zu früh gefreut. Gerade als ich zur Tür rennen wollte, riss Marlon mich brutal an den Haaren zurück. Ich schrie auf und war mir sicher, dass er mir ein paar Haarbüschel ausgerissen hatte. Keuchend prallte ich gegen eine Kabinentür und stieß mir so heftig die Schulter, dass mir vor Schmerzen schlecht wurde.

Dieser Typ war total irre! Gewaltbereit *und* drogenabhängig. Gab es eine schlimmere Kombination? Zu allem Überfluss verlor ich auch noch das Gleichgewicht und stürzte auf eine Toilette. Nur durch ein Wunder kam ich mit den Händen auf und verhinderte, dass ich mir den Kopf auf dem Klodeckel aufschlug. Marlon hätte vermutlich weitergemacht. Mich herumgeschleudert oder in seinem Wahn sogar auf mich eingeprügelt. Doch gerade als ich dachte, es würde keine Rettung mehr kommen, krachte die Tür erneut auf, und mein Herz machte einen freudigen Satz. Ethan stand auf der Schwelle.

*

In wenigen Sekunden erfasste er die Situation, dann stürzte er sich mit einem wütenden Brüllen auf Marlon und riss ihn von mir weg. Vor Erleichterung sackte ich auf den Boden und hielt mir dort die brennende Schulter, auf der sich bereits ein hässlicher, blauer Fleck abzeichnete. In meinem Kopf drehte sich alles. Wie durch Watte nahm ich wahr, wie noch mehr Leute in den Raum kamen: Desmond, Curtis, gefolgt von Fred und Oliver. Sie alle waren gekommen.

Stella sei Dank.

Während die Boxer wie Kampfhunde aufeinander losgingen, kamen Curtis und Desmond zu mir geeilt.

„Komm her", murmelte Desmond und zog mich eilig auf die Beine.

Curtis schirmte uns von den Kämpfenden ab, die sich wie wild geworden in dem gekachelten Raum prügelten. Scheinbar war Marlon zwar bis oben hin zugedröhnt, konnte aber noch ordentlich austeilen.

„Jemand muss dazwischengehen, bevor sie sich gegenseitig umbringen!", rief Willow von der Tür her, und ich konnte ihr nur zustimmen. Marlon war sowieso nicht zurechnungsfähig, aber Ethan genau wenig – er schäumte vor Wut.

„Ich glaube, genau *das* ist ihr Plan", meinte Desmond trocken, während Curtis gleichzeitig rief: „Ethan, Marlon, das reicht jetzt!" Doch niemand hörte auf ihn.

Das hier war keine seiner Boxveranstaltungen. Curtis hatte hier keine Autorität. Immer weiter teilten die beiden Fausthiebe aus, bis das erste Blut floss.

„Tut doch jemand was!", rief ich. Ansonsten würde einer von den beiden im Krankenhaus landen, und wenn es nicht Ethan war, würde er zumindest eine Anzeige kassieren, Marlon dorthin geschickt zu haben. Marlon hatte seine Abreibung bekommen. Jemand musste das beenden.

Doch keiner war verrückt genug, dazwischenzugehen. Desmond hatte mich indessen aus der Schusslinie gezogen und zur Tür gebracht.

„Scheiße, ruft die Security!", brüllte Curtis jetzt und zog sich ebenfalls zur Tür zurück.

„Ich geh' schon", meinte Fred, dann bahnte er sich einen Weg durch die gaffende Menge, die sich vor der Mädchentoilette gesammelt hatte.

Desmond übergab mich an Oliver, der mich besorgt unter die Lupe nahm, dann schloss er sich Curtis an, der immer noch versuchte, die Kämpfenden verbal auseinanderzubringen. Erfolglos. „Komm weg hier", sagte Oliver, doch ich zögerte, als er mich aus dem Raum ziehen wollte. Ich konnte meinen Retter doch nicht hier zurücklassen. Leider schob Oliver mich unerbittlich weiter, sodass ich gerade noch einen ängstlichen Blick über die Schulter werfen konnte. Das Letzte, was ich sah, war, wie Marlon Ethan einen Kinnhaken verpasste und weiteres Blut spritzte.

*

Nicht mal eine Minute später wurde die Toilette von drei bulligen Türstehern gestürmt, die Ethan und Marlon auseinanderzerrten und dann vor die Tür schleiften. Unsere gesamte Gruppe flog aus dem Club, aber am schlimmsten traf es Marlon, denn der wurde direkt der Polizei übergeben, die jemand in der Zwischenzeit gerufen hatte. Sie stellten die Pillen in seiner Hosentasche sicher. Auf einen Drogentest vor Ort verzichteten sie, denn es war offensichtlich, dass er welche genommen hatte. Seine Pupillen sahen beängstigend unmenschlich aus. Ich erstattete Anzeige wegen Körperverletzung. Zusammen mit den anderen Vergehen dürfte das Marlon eine Weile aus dem Verkehr ziehen.

„Sieht so aus, als hätte ich endlich einen Grund, ihn von den Kämpfen auszuschließen", sagte Curtis, als der Polizeiwagen davonfuhr.

Wir alle sahen dem Streifenwagen nach, dann wanderte mein Blick zu Ethan. Er sah mitgenommen aus. Wüsste ich nicht, dass er es gewohnt war, Schläge einzustecken, hätte ich einen Krankenwagen für ihn rufen lassen. Desmond stand bei ihm. Er hatte eine Wasserflasche und Taschentücher besorgt und half ihm, sein Gesicht zu säubern und das Nasenbluten zu stillen. Währenddessen redeten alle wild durcheinander und werteten die Geschehnisse aus.

Nur Willow sagte nichts. Meine Freundin hatte sich fest bei mir eingehakt, als wollte sie mich nie wieder loslassen, und fragte mich alle 30 Sekunden, ob mit mir alles in Ordnung wäre. Fast wirkte es, als würde sie sich Vorwürfe machen, dabei hätte sie nichts tun können. Ich war einfach zur falschen Zeit am falschen Ort gewesen. Wieder mal!

Von Stella war keine Spur. Die hatte sich offenbar, nachdem sie meine Freunde zur Hilfe geholt hatte, schleunigst aus dem Staub gemacht. Wenigstens hatte sie mich nicht Marlon überlassen, aber auf weitere Begegnungen mit ihr würde ich in Zukunft gern verzichten.

Ich war gerade dabei, den anderen zu erzählen, was sich auf der Toilette abgespielt hatte, als Ethan plötzlich neben mir stand. Sein Nasenbluten hatte aufgehört und außer ein paar winzigen Schrammen und einem leicht bläulichen Auge sah er ganz okay aus.

„Wie geht's dir?“, fragte er und die verschiedensten Emotionen spiegelten sich in seinen Augen wider.

„Gut“, sagte ich mit einem schwachen Lächeln.

Doch Ethan konnte es nicht erwidern. Von seinen leidenschaftlichen Blicken vorhin war jetzt nichts mehr zu sehen. Stattdessen mahlten seine Kiefer, als müsste er sich schwer zusammenreißen. „Hast du einen Moment?“, fragte er.

Ich nickte, dann folgte ich ihm über den schummerigen Parkplatz, der nur von zwei Laternen erhellt wurde. Niemand hielt uns auf.

Allen war wohl klar, dass wir dringend Redebedarf hatten.

Als wir weit genug von den anderen entfernt standen, umfasste Ethan mein Gesicht und legte seine Stirn an meine. Tief atmete er durch, und ich nahm mit einem wilden Herzklopfen zur Kenntnis, wie sein Parfüm mich einhüllte.

„Es tut mir leid", hob er schließlich an. „Einfach alles. Ich wünschte, ich könnte das Geschehene rückgängig machen. Das, was ich in der Bar zu Samantha gesagt habe, den Kuss in meinem Zimmer … Es tut mir einfach so leid, Allie."

Ich lehnte mich zurück und sah lächelnd zu ihm hoch. „Weiß ich doch. Oliver hat mit mir geredet, und er hat sich *sehr* für dich eingesetzt."

Daraufhin schenkte Ethan mir ein trauriges Lächeln. „Scheint, als wäre er wirklich der bessere Bruder von uns beiden."

Forschend blickte ich in seine wunderschönen, grauen Augen, die mich vom ersten Moment an eingefangen hatten und jetzt so geplagt und reumütig aussahen. „Das mag sein", sagte ich, hob die Hand und strich ihm vorsichtig eine schwarze Haarsträhne aus dem Gesicht. „Aber ich habe mich für dich entschieden."

Ethan öffnete den Mund, wusste aber scheinbar nicht, was er sagen sollte. Und da Worte ohnehin nicht ausdrücken konnten, was ich in diesem Moment fühlte, küsste ich ihn. Küsste ihn so stürmisch, dass er vor Überraschung einen halben Schritt zurückmachte, bevor er sein Gleichgewicht wiederfand. Offenbar war er mehr mitgenommen, als ich gedacht hatte, aber ich konnte jetzt keine Rücksicht darauf nehmen. Wie ein Feuerwerk brachen die Emotionen aus mir heraus, als Ethan wieder mein Gesicht umfasste und den Kuss genauso leidenschaftlich erwiderte.

„Allie“, murmelte er einige Sekunden später an meine Lippen, doch ich wollte nichts hören, wollte ihn einfach fühlen, ihn schmecken und mich von seinen Küssen davontragen lassen. Aber dann wiederholte Ethan meinen Namen, und ich ließ irritiert von ihm ab.

„Nicht, dass ich mich beschweren will, aber … du brichst mir die Rippen“, erklärte er halb amüsiert, halb gequält.

Langsam sah ich an mir herab und merkte erst jetzt, dass ich meine Arme um ihn geschlungen hatte. Dann begriff ich. „Du bist verletzt!“ Schnell zog ich die Hände zurück.

Er lächelte gequält. „Ist nur eine Quetschung, aber es tut trotzdem höllisch weh.“

„Tut mir leid“, murmelte ich.

Da küsste er mich wieder. „Nein, du musst dich nicht entschuldigen. Für gar nichts, hörst du?“ Erst mit Verzögerung begriff ich, dass Ethan gar nicht meine Umklammerung gemeint hatte, aber da fügte er auch schon hinzu: „Und ich hab’s mir anders überlegt. Ich will mit dir zusammen sein.“

Mein Herz ging auf wie eine Blüte, und ich strahlte über das ganze Gesicht. „Du willst … mit mir zusammen sein? Aber, du sagtest doch …“

„Scheiß auf das, was ich gesagt habe. Das war sowieso Schwachsinn. Ich will schon mit dir zusammen sein, seitdem wir uns das erste Mal geküsst haben. Ich hatte nur Schiss, mich auf etwas Neues einzulassen“, sagte Ethan und legte seine Hände nun auf meine Hüften. „Als ich in der Bar zu dir sagte, es wäre besser für dich, wenn wir auf Abstand bleiben würden, meinte ich das ernst. Ich hatte immer noch Gefühle für Samantha, gleichzeitig hatte ich aber auch schon welche für dich entwickelt. Mir war von Anfang an klar, dass du dich nicht auf etwas Unbedeutendes einlassen würdest. Dass du nicht *die* Art von Mädchen bist. Ich wollte dich nicht verletzen, Allie, aber ich konnte auch nicht die Finger von dir lassen.“ Er schüttelte den Kopf. „Ich hätte mir erst über meine Gefühle im Klaren sein müssen, aber jetzt bin ich es. Und ich schwöre dir, ich werde nie wieder auch nur eine andere Frau angucken.“

Obwohl Ethan so ernst war, musste ich lachen. „Jetzt übertreibst du aber.“

„Ist mir egal“, meinte er, zog mich an sich und schlang seine Arme um meinen Körper. „Ich will nur, dass du mir verzeihst. Mir eine allerletzte, dritte Chance gibst.“ Sanft bettete er sein Kinn auf meinen Kopf, und mich packte die beflügelnde Gewissheit, dass Ethan mich vor allem und jedem beschützen würde. So, wie er mich vor Marlon beschützt hatte. Selbst, als er noch gar nichts für mich empfunden hatte.

Als Antwort schlang ich wieder meine Arme um ihn, diesmal behutsamer. Mein Gesicht ruhte jetzt an Ethans Hals, also drückte ich ihm einen sanften Kuss darauf, der ihn am ganzen Körper schaudern ließ.

Dann schloss ich glücklich lächelnd die Augen.

Wie sagte man so schön? Alle guten Dinge waren drei.

Fünf Wochen später

„Kannst du mal im Kühlschrank nachsehen, ob wir die Jalapeños schon rausgestellt haben?“, fragte ich Willow mit einem Blick über die Schulter, während ich die Limetten- und Gurkenscheiben in die große Karaffe warf. Noch ein paar Minzblätter und ausgepressten Zitronensaft und fertig war mein Lieblingsgetränk namens Infused Water.

„Jap. Ist alles schon draußen“, antwortete meine Freundin, nachdem sie nachgeschaut hatte, und machte den Kühlschrank wieder zu.

An diesem Sonntagnachmittag war in meinem Haus Hochbetrieb. All meine Freunde waren zu einem gemeinsamen Barbecue zusammengekommen: Willow, Fred, George, Oliver, Desmond, sogar Curtis und natürlich Ethan. Curtis und Desmond hatten die Nachhut gebildet und neben diversen Getränken auch eine Musikanlage mitgebracht. Eine ähnliche, wie ich sie aus der Lagerhalle kannte, nur nicht so groß. Sie hatten das Gerät im Flur angeschlossen und mithilfe eines langen Kabels auf die Veranda verlegt, wo sie uns nun mit poppiger Musik versorgte.

Die Idee mit dem Barbecue hatte Ethan gehabt, auch, dass wir unsere Gartentische – also, auch den der Jacksons – einfach in den Vorgarten stellen und daraus eine große Tafel basteln könnten, damit alle daran Platz hatten. Gesagt, getan. Jetzt quollen die Tische vor angerichteten Bohnen, Jalapeños, Pommes, mit Cheddar gefüllten Rinderwürstchen, die wir schon fertig beim Fleischer gekauft hatten, Soßen und eisgekühlten Softgetränken nur so über. Wem bei dem Anblick nicht das Wasser im Mund zusammenlief, dem konnte ich auch nicht mehr helfen. Das war der reinste Barbecue-Himmel.

Fehlten nur noch die Rinderfilets und Rippchen, die Oliver und Ethan gerade grillten.

Mit beiden Händen hob ich die schwere Karaffe an, um sie nach draußen zu tragen, als ein Klickgeräusch meine Aufmerksamkeit auf Willow lenkte. Sie hatte ihr Handy gezückt und hielt es direkt auf mein Gesicht. „Was wird das?“, fragte ich schmunzelnd und trug das Gefäß nach draußen.

Willow folgte mir, die Kamera wie ein Paparazzo auf mich gerichtet. „Ein Dokumentationsvideo. Jemand muss die Grillparty festhalten, damit wir später was zum Lachen haben. Also, erzähl doch mal: Was machst du gerade?“

„Nun ja, ich trage Wasser raus … wie man unschwer erkennen kann.“

Aus dem Augenwinkel sah ich, wie Willow mir einen mahnenden Blick zuwarf. „Schon mal was von Mitmachen gehört, du Spielverderberin?“

„Schon mal Infused Water im Gesicht gehabt?“, konterte ich grinsend.

Willow lachte, dann waren wir auf der Veranda und sie heftete sich an die Fersen ihres nächsten Opfers, das das Pech hatte, ihr in diesen Moment vor die Kamera zu laufen: Desmond. Ich ging zu den Tischen, dort stellte ich die Karaffe ab – Becher standen schon bereit –, dann holte ich den Salat aus der Küche.

Bevor Mom zu Ben gefahren war, damit wir hier in Ruhe feiern konnten, hatte sie einen Caesar Salad für uns gemacht. Mit ein bisschen Schieben und Quetschen brachte ich ihn auf der hoffnungslos überladenen Tafel unter und summte dabei die Musik mit, die im Hintergrund aus der Anlage kam. Die Sonne brannte heute zum Glück nicht ganz so intensiv, aber wir hatten vorsichtshalber einen Schirm aufgestellt, unter dem sich die Empfindlichen von uns – also meine Wenigkeit – notfalls verstecken konnten.

Jetzt mussten wir nur noch auf das Fleisch warten, also gesellte ich mich zu den Jackson-Brüdern, unsere heutigen Grillmeister. „Wie lange braucht das Fleisch noch?", erkundigte ich mich. „Ich glaube, einige von uns drehen vor lauter Hunger langsam frei."

„Noch fünf Minuten, dann können wir essen", meinte Ethan und nippte an seiner Cola. Ich folgte der Bewegung und hätte mich am liebsten in seine Arme geschmiegt. Wie er da mit hochgekrempelten Ärmeln und der Zange in der Hand vor dem Grill stand, sah er einfach nur heiß aus. Also wie immer.

Allerdings stand Oliver direkt daneben, und ich wollte ihm nicht vor den Kopf stoßen, indem ich vor seinen Augen mit Ethan rummachte, deshalb hielt ich mich zurück.

Ethan zog mich deswegen ständig auf. Er meinte, dass ich Oliver ruhig ein dickeres Fell zutrauen könnte, aber ich brachte es einfach nicht über mich. Nicht, nachdem Oliver mir seine Gefühle gestanden hatte. Es würde wohl noch eine ganze Weile dauern, bis ich meine Hemmungen abgelegt hatte.

„Wird auch endlich Zeit!", kam es von Desmond, der an der Anlage herumwerkelte, um den Bass einzustellen. Allzu laut konnten wir die Musik nicht drehen, da der Vorgarten direkt an der Straße lag, aber die Idee war trotzdem gut gewesen. Unser Küchenradio hätte nicht mal einen halb so guten Sound gemacht. „Einige von uns haben extra aufs Frühstück verzichtet, damit sie sich den Bauch mit Fleisch vollschlagen zu können, also Beeilung bitte!"

Wir lachten, und ich fing Ethans Blick auf, der fast schon anzüglich über meinen Körper wanderte. Ich trug ein luftiges, gelbes Sommerkleid, das viel Bein zeigte und meine roten Haare zur Geltung brachte, aber ich glaubte nicht, dass er mich deswegen so anguckte. Ethan war ein Experte darin, mich mit Blicken um den Verstand zu bringen – es musste eigens ein Fach dafür in seinem Schauspielstudium geben –, aber heute war etwas daran …

anders. Ich konnte nur nicht sagen, was. Lächelnd schüttelte ich den Kopf und signalisierte ihm damit, dass er aufhören sollte, was er nur tat, weil Oliver in dem Moment etwas zu ihm sagte, das ihn zum Lachen brachte.

Manchmal, wenn ich die beiden zusammen sah, konnte ich gar nicht glauben, wie sehr sich ihre Beziehung zueinander verbesserte hatte. Nicht, dass sie schlagartig die besten Freunde geworden wären – es würde seine Zeit brauchen, bis ihr brüderliches Band wieder zusammengeknüpft war –, aber sie nur miteinander reden oder lachen zu sehen, war für mich jedes Mal wie ein Wunder und hielt mir vor Augen, wie perfekt mein Leben gerade war.

Ich war mit dem heißesten Jungen in ganz Texas zusammen, hatte eine unschätzbare Freundin, den besten Kumpel, den man sich nur wünschen konnte, und überhaupt einen Freundeskreis, der mehr und mehr wie eine Familie für mich wurde. Das Ereignis in der *Maze Bar* hatte uns alle spürbar zusammengeschweißt, aber vor allem die Brüder.

So hatten Oliver und Ethan sich zum Beispiel vorgenommen, ihrem Vater, sobald er wieder nach Hause kam, eine gemeinsame Ansage zu machen. Was auch endlich Zeit wurde. Wenn Ross sah, dass sich nun auch sein Lieblingssohn gegen ihn stellte, würde er vielleicht endlich erkennen, was er seinen Söhnen all die Jahre angetan hatte, und Ethan konnte hoffentlich endgültig mit seiner Vergangenheit abschließen.

Wenige Minuten später fanden sich alle an der gedeckten Tafel ein. Oliver und Ethan brachten das Grillfleisch und George half mir, die Getränke einzugießen. Derweil lief Willow mit ihrer Kamera herum und dokumentierte alles. Als sie bei Fed vorbeikam, schlang er seine Arme um ihre Taille und zog sie auf seinen Schoß.

„Das reicht jetzt, Sweetie. Zeit, zu essen", meinte er, bevor er ihr sanft ins Ohr biss. Willow quiekte auf und versuchte, sich lachend zu befreien – vergebens. Das erinnerte mich daran, wie Ethan mich immer an sich drückte. Einmal in seinen Fängen hatte man keine Chance, ihm zu entkommen.

„Nur noch ein Foto", versprach sie, dann machte sie ein Gruppen-Selfie von uns allen, und das Festessen begann.

*

Eine knappe Stunde später hingen wir alle pappsatt in den Stühlen. Fred und George hatten für ordentlich Unterhaltung gesorgt, als sie sich um die Reste von Moms Salat gestritten hatten, aber die Krönung war Desmond gewesen, der es irgendwie fertiggebracht hatte, den Teller mit den gefüllten Rinderwürstchen aus seiner Hand rutschen zu lassen. Unter schallendem Gelächter waren sie in den Getränken, auf den Tellern und teilweise auf dem Rasen gelandet. Aber die Misere war schnell behoben, indem wir die Würstchen abgewaschen hatten.

Jetzt tranken wir eisgekühlte Limonade, witzelten herum und sprachen über die kommenden Kinofilme, auf die wir uns schon freuten. Besonders auf den neuen *Spiderman* waren Oliver und ich schon gespannt. Es war ein wundervoller Nachmittag, der, wenn es nach mir ginge, niemals enden sollte.

Irgendwann klatschte Desmond in die Hände und fragte: „Wer hat Lust auf 'ne Runde Flaschendrehen?"

Ein mehrheitliches Stöhnen ging durch die Reihen, gepaart mit Lachern. Beleidigt verschränkte Desmond die Arme vor der Brust. „Kommt schon, ihr Schlaftabletten, das wird lustig!" Doch alle schienen noch gut in Erinnerung zu haben, *wie* lustig das letzte Flaschendrehen gewesen war. Der Einzige, der sich köstlich amüsiert hatte, war Desmond gewesen, nämlich auf *Kosten* der anderen.

Ich begegnete Ethans spöttischem Blick, der sich wohl gerade an dieselbe Szene wie ich erinnerte, – als Desmond mich mit intimen Fragen ausgequetscht hatte – und schob schmunzelnd den Stuhl zurück. „Viel Spaß euch, aber da spüle ich lieber die Teller ab."

„Ich helfe dir", entschied Willow und stand ebenfalls auf, doch ich schüttelte den Kopf. „Nix da. Du hast heute schon genug geholfen. Fred, sorg' dafür, dass sie auf ihren vier Buchstaben sitzen bleibt", wies ich ihn an, woraufhin er Willow wieder nach unten zog.

„Soll *ich* dir helfen?“, fragte Curtis, doch ich schüttelte den Kopf.

„Quatsch, das mit dem Abwaschen war doch bloß Spaß. Ich stell‘ die Teller nur schnell in die Spülmaschine“, sagte ich, ging herum und sammelte sie ein. „Also alle schön sitzenbleiben.“

Im Haus war es wohltuend kühl, und der Deckenventilator surrte unaufdringlich vor sich hin. Ich stellte den Tellerstapel auf die Küchenzeile und wollte gerade die Spülmaschine öffnen, als sich jemand von hinten an mich drückte. Mein Mund forme ein Lächeln. Ich hätte es ahnen müssen, dass er mir folgen würde.

„Was machst du da?“, fragte ich amüsiert und klammerte mich an der Kante der Arbeitsplatte fest.

Ein leichter Grillgeruch haftete Ethan an, gemischt mit seinem Parfüm. Er hatte mich zwischen der Küchenzeile und sich eingeschlossen und legte jetzt seine Hände auf meine Hüften. „Dir helfen natürlich, was sonst?“

Aber klar doch! So, wie Ethan mich schon den ganzen Nachmittag mit Blicken verschlang, war es nicht schwer zu erraten, was er von mir wollen könnte. Trotzdem lächelte ich und genoss einen Moment das Gefühl seiner warmen Hände auf mir, bevor ich mich zu ihm umdrehte. Jetzt waren unsere Körper der Länge nach aneinandergepresst. „Gib’s zu, du willst mir doch gar nicht helfen“, sagte ich und schlang ihm die Arme um den Hals.

Mit einem schiefen Lächeln sah Ethan zu mir herunter.

„Stimmt. Ich will dir eigentlich schon die ganze Zeit etwas sagen. Aber es hat sich bis jetzt nicht ergeben."

Ich strich eine Haarsträhne aus seiner Stirn, die aber sofort wieder zurücksprang, und betrachtete sein makelloses Gesicht. Von den Kampfspuren mit Marlon war nichts mehr zu sehen. Nur noch ein blasser Fleck an seinen Rippen erinnerte an den schrecklichen Abend.

„Und das wäre?"

Jetzt wurde sein Blick intensiv und seine Augen wirkten heller, strahlender. „Ich liebe dich."

Verdattert starrte ich ihn an. Ich hatte jetzt eigentlich mit einem anzüglichen Spruch oder charmanten Kommentar gerechnet, aber *das* kam unerwartet. Mir war natürlich klar, dass Ethan Gefühle für mich hatte, sonst wäre er ja nicht mit mir zusammen, aber das L-Wort hatte er bisher noch nie benutzt. Das war eine Premiere.

„Meinst du das ernst?"

Daraufhin zog Ethan die Brauen hoch. „Sag mir nicht, dass dich das jetzt so überrascht."

„Nun ja, ich … also ich habe es natürlich gehofft, aber …"

„Ich liebe dich, Allie Clark", beendete Ethan mein Gestammel.

Dann zog er mich fest an sich und zeigte mir mit einem leidenschaftlichen Kuss, wie sehr.

College Princess

Mein Name ist Zoe Davis. Ich bin 19 Jahre alt und frischgebackene Studentin am Dawson-Elite-College. Wenn das kein Jackpot ist. Aber Moment, wo sind die hilfsbereiten, fleißigen Studenten abgeblieben, von denen man immer hört? Partys, Alkohol und Intrigen beherrschen den Alltag von Londons renommiertester Lehranstalt. Als ich in die Obhut eines gewissen Dorian gegeben werde, der sich als anmaßender, aber leider zum Sterben gut aussehender Neffe des Direktors entpuppt, will ich nur noch eins: Mich von ihm abkapseln und in Ruhe lernen. Leider habe ich ein ausgesprochenes Talent dafür, in Schwierigkeiten zu geraten, und für meine gibt es sogar einen Namen: Dorian Wilde!

Schokolade zum Verzaubern

Jeremy Benner hat nicht nur die ozeanblausten Augen, die Grace jemals gesehen hat, er ist vor allem wohlhabend, begehrt und legt eine aufstrebende Karriere als Arzt hin. Natürlich ahnt die 28-Jährige davon noch nichts, als sie ihm in einer Bar begegnet und sich – betrunken – ein Wortgefecht mit ihm liefert. Oder davon, dass sie sich am nächsten Morgen in seinem Bett wiederfinden wird. In der Hoffnung, ihn nie wiedersehen zu müssen, schleicht sie sich unbemerkt aus seinem Haus ... und trifft Jeremy Tage später auf ihrer neuen Arbeitsstelle, dem örtlichen Krankenhaus, wieder.

Oder soll sie ihn von nun an *Doktor* Benner nennen?

Der beste Freund meines Bruders

Die 17-jährige Ariana hat alles, was man sich wünschen kann. Gute Noten, tolle Freunde und einen verständnisvollen großen Bruder. Nur mit der Liebe will es nicht so recht klappen und daran ist nur Caleb Ferguson schuld. Der beste Freund ihres Bruders ist genauso gutaussehend wie unerreichbar. Zumindest solange, bis er eine spontane Entscheidung trifft und Ariana damit zur Zielscheibe der ganzen Schule macht. Doch den besten Freund seines Bruders sollte man nicht zu oft um Hilfe bitten …

Der letzte Tag - Lucan

Als die 17-Jährige Elena ein halbes Jahr nach ihrem Unfall an die Schule zurückkehrt, hat sich nicht nur ihr Leben verändert, sie hat auch einen neuen Klassenkameraden bekommen. Lucan. Ein Schüler, der nicht nur unheimlich attraktiv ist, sondern auch reifer und düsterer scheint als die anderen. Was Elena jedoch nicht ahnt: Lucan ist kein gewöhnlicher Junge und ehe er sich versieht, hat er ihr schon zweimal das Leben gerettet.

Dabei gibt es eine Regel: Misch dich niemals ein …

Printed in Poland
by Amazon Fulfillment
Poland Sp. z o.o., Wrocław

90217304R00242